Die Kapitalerhöhung in der AG nach deutschem und türkischem Recht

Necat Azarkan

Die Kapitalerhöhung in der AG nach deutschem und türkischem Recht

Eine rechtsvergleichende Untersuchung

PL ACADEMIC RESEARCH

Bibliografische Information der Deutschen Nationalbibliothek
Die Deutsche Nationalbibliothek verzeichnet diese Publikation in der Deutschen Nationalbibliografie; detaillierte bibliografische Daten sind im Internet über http://dnb.d-nb.de abrufbar.

Zugl.: Jena, Univ., Diss., 2008

Gedruckt auf alterungsbeständigem, säurefreiem Papier.

27
ISBN 978-3-631-67535-9 (Print)
E-ISBN 978-3-653-06951-8 (E-Book)
DOI 10.3726/978-3-653-06951-8

PL Academic Research ist ein Imprint der Peter Lang GmbH.

Peter Lang – Frankfurt am Main · Bern · Bruxelles · New York · Oxford · Warszawa · Wien

Diese Publikation wurde begutachtet.

www.peterlang.com

Im Andenken an meine verstorbenen
Eltern Gülistan & M. Emin Azarkan

Vorwort

Mein ganzbesonderer Dank gilt meinem Doktorvater, Herrn Professor Dr. Walter Bayer, der mir immer wider mit wichtigen Anregungen zur Seite stand. Er ließ mir bei der Ausgestaltung der Thematik sehr viel Freiheit und war zu jeder Zeit ein kooperativer Ansprechpartner für meine Vorstellungen.

Herrn Professor Dr. Hannes Unberath schulde ich Dank für sein in der unverzüglich erstellten Zweitbegutachtung zum Ausdruck kommendes Interesse an dieser Arbeit.

Frau Professor Dr. Martina Haedrich bin ich für ihre Mitwirkung am Promotionsverfahren sehr verbunden.

Besonders herzlicher Dank gebührt meinen Geschwistern, Mehmet Ali Azarkan und Necla (geb. Azarkan) Karaaslan. Ihre liebevolle Unterstützung hat die Anfertigung der vorliegenden Arbeit erst ermöglicht.

Natürlich danke ich jetzt auch an Menschen, die zwar in keinem direkten Zusammenhang mit der Untersuchung standen, ohne die sie aber vielleicht niemals möglich geworden wäre. Dies gilt insbesondere für Frau Gül Dagcoban sowie Frau Elif Dagcoban, die mir durch ihr Vertrauen die notwendige Sicherheit und Ausdauer für die Arbeit an der Dissertation gegeben haben, und für Hern Mirko A. Judernatz, der die unangenehme Aufgabe des Korrektur-Lesens übernommen hat. Etwaige verbliebene Tippfehler sind sicher darauf zurückzuführen, dass ich seine Korrekturen nicht richtig übertragen habe.

Es mir ein Anliegen, mich an dieser Stelle besonders herzlich bei Dekanatsekretärin, Frau Ellen Wohlleben, zu bedanken, die mir stets geduldig ihr Ohr verlieh.

Göttingen, August 2008 Necat Azarkan

Inhaltsverzeichnis

Abkürzungsverzeichnis

a.A.	anderer Ansicht
Abs.	Absatz
AcP	Archiv für civilistische Praxis
AG	Aktiengesellschaft; Die Aktiengesellschaft, Zeitschrift für das gesamte Aktienwesen
ADHGB	Allgemeines Deutsches Handelsgesetzbuch von 1881
AktG	Aktiengesetz, ohne weitere Angabe Aktiengesetz 1965
Anm.	Anmerkung
Art.	Artikel
Aufl.	Auflage
Ausf.	Ausführlich
BDDK	Ausschuss für die Regulierung und Aufsicht des Bankwesens
Batider	Banka ve Ticaret Hukuku Dergisi (Zeitschrift für Banken- und Handelsrecht).
BayObLG	Bayerisches Oberlandesgericht
BB	Betriebs-Berater
BBl	Das schweizerische Bundesblatt
Bd.	Band
BegrRegE	Begründung Regierungsentwurf
BGB	Bürgerliches Gesetzbuch
BGBl.	Bundesgesetzblatt
BGE	Entscheidungen des schweizerischen Bundesgerichts, Amtliche Sammlung
BGH	Bundesgerichtshof
BGHZ	Entscheidungen des deutschen Bundesgerichtshofs in Zivilsachen
BörsG	Deutsches Börsengesetz
BT-Drucks.	Bundestagsdrucksache
BVerfGE	Entscheidungen des Bundesverfassungsgerichts
bzw.	beziehungsweise
DAG	Die Aktiengesellschaft – Zeitschrift für das gesamte Aktienwesen
DB	Der Betrieb
ders.	derselbe

d. h.	das heißt Diss. Dissertation
DJT	Deutscher Juristentag
DST	Der Schweizer Treuhänder
DStR	Deutsches Steuerrecht
E.	Esas sayısı (Zulassungsziffer für die türkische Gerichtsentscheidungen)
Ed.	Edition
EG	Europäische Gemeinschaften
EinhM.	einhellige Meinung
EuGH	Europäischer Gerichtshof
f.	folgende
ff.	fortfolgende
FN.	Fußnote
FS	Festschrift/Festgabe
GV	Generalversammlung
GG	Grundgesetz
GmbH	Gesellschaft mit beschränkter Haftung
GroßKomm AktG	Großkommentar Aktiengesetz
HGB	Handelsgesetzbuch
hrsg.	Herausgeber
i. d. R.	in der Regel
IHFM	Istanbul Hukuk Fakültesi Mecmuası (Zeitschrift der rechtswissenschaftlichen Fakultät der Universität Istanbul)
insb.	insbesondere
i.S.	im Sinne
i.S.v.	im Sinne von
i.V.m.	in Verbindung mit
ikt. ve Mal.	Iktisat ve Maliye Dergisi (Zeitschrift für Ökonomie und Finanz)
IYUK	Idari Yargılama Usulü Kanunu (Türkisches Verwaltungsprozessverfahrensgesetzes)
JZ	Juristenzeitung
K.	Karar sayısı (Entscheidungsziffer für die türkische Gerichtsentscheidungen)
LG	Landgericht
MHAD	Mukayeseli Hukuk Araştırmaları Dergisi (Zeitschrift für rechtsvergleichende Rechtsforschung)
m.w.N.	mit weiterem Nachweis

MontanMitbestG	Gesetz über die Mitbestimmung der Arbeitnehmer in den Aufsichtsräten und Vorständen der Unternehmen des Bergbaus und der Eisen und Stahl erzeugenden Industrie
N	Note
NJW	Neue Juristische Wochenschrift
Nr.	Nummer
NZG	Neue Zeitschrift für das Gesellschaftsrecht
OLG	Oberlandesgericht; Entscheidungen der Oberlandesgerichte in Zivilsachen einschließlich der freiwilligen Gerichtsbarkeit
OR	Bundesgesetz betreffend die Ergänzung des schweizerischen Zivilgesetzbuches (fünfter Teil: Obligationenrecht) vom 30. März 1911
PreußALR	Preußisches Allgemeines Landrecht von 1794
Rdn.	Randnummer
RegE	Regierungsentwurf
RG	Resmi Gazete (Türkisches Gesetzblatt); Reichsgericht
RGZ	Entscheidungen des Reichsgerichts in Zivilsachen, Amtliche Sammlung
ROHG	Reichsoberhandelsgericht
s.	siehe
S.	Seite
SPK	Sermaye Piyasası Kurulu (Türkischer Kapitalmarktausschuss)
SZW	Schweizerische Zeitschrift für Wirtschaftsrecht
tBankG	Türkisches Bankengesetz
TD.	Ticaret Dairesi (türkisches Gerichtssenat für das Handelsrecht)
THG	Türkisches Handelsgesetz
TKMG	Türkisches Kapitalmarktgesetz
TMSF	Tasarruf Mevduatı Sigorta Fonu (Versicherungsfond für Depositen)
TZG	Türkisches Zivilgesetz
UmwG	Umwandlungsgesetz
Urt.	Urteil
u. a.	unter anderem
v.	von
VerwArch	Verwaltungsarchiv

vgl.	vergleiche
vol.	volume
VwGH	Der österreichische Verwaltungsgerichtshof
Yargitay	Der türkische Oberste Gerichtshof
YTL	Yeni Türk Lirası (Die neue Türkische Lira)
z. B.	zum Beispiel
ZfB	Zeitschrift für Betriebswirtschaft
ZGR	Zeitschrift für Unternehmens- und Gesellschaftsrecht
ZHR	Zeitschrift für das gesamte Handelsrecht und Wirtschaftsrecht
Ziff.	Ziffer
ZIP	Zeitschrift für Wirtschaftsrecht
zit.	zitiert
ZPO	Zivilprozessordnung
ZSR	Zeitschrift für schweizerisches Recht

Literaturverzeichnis

Ansay, Tuğrul: Anonim Şirketler Hukuku, 6. Bası, Ankara, 1982

Ansay, Tuğrul: Çağdaş Anonim Şirketlerin Sorunları ve Türk Anonim Şirketleri, Ankara, 1981

Ansay, Tuğrul: Anonim Şirket Idare Meclisi Kararlarının Iptali Meselesi, Banka ve Ticaret Enstitüsü Dergisi, C. III, Ankara, 1964

Aristoteles: Politika, 4. Bası, Istanbul, 1993

Arkan, Sabih: Halka Açık Anonim Ortaklıkların Özellikleri ve Dış Denetimleri, Ankara, 1976

Arrow, Kenneth J.: Wo Organisation endet – Management an den Grenzen des Machbaren, Wiesbaden, 1980

Arslan, Ibrahim: Şirketler Hukuku Bilgisi, 3. Baskı, Konya, 1998

Aytaç, Zühtü: Sermaye Piyasası Hukuku ve Hisse Senetleri, Ankara, 1988

Aytaç, Zühtü: Kayıtlı Sermayeli Anonim Ortaklıklarda Yönetim Kurulu Kararlarının Iptali Sorunu, Hirsch Armağanı, Ankara, 1986

Bahtiyar, Mehmet: Anonim Ortaklıkta Kayıtlı Sermaye Sistemi ve Sermaye Artırımı, Istanbul, 1996

Baldamus, Ernst A.: Reform der Kapitalrichtlinie – Abhandlungen zum deutschen und europäischen Handels- und Wirtschaftsrecht, Band 138, München, 2002

Bagel, Friderike: Der Ausschluß des Bezugsrechts in Europa, Abhandlungen zum deutschen und europäischen Handels- und Wirtschaftsrecht, Band 115, Köln u. a., 1999

Bauer, Markus: Gläubigerschutz durch eine formelle Nennkapital ziffer? – kapitalgesellschaftsrechtliche Notwendigkeit oder überholtes Konzept?: Eine rechtsvergleichende Untersuchung der Gläubigerschutzkonzepte des amerikanischen und deutschen Kapitalgesellschaftsrechts, Frankfurt am Main u. a., 1995

Baums, Theodor: Anfechtung von Hauptversammlungsbeschlüssen, http://www.jura.uni-frankfurt.de/fawz1/baums/ Bilder_und_Daten/Arbeitspapiere/paper85.pdf, zuletzt besucht am 20.08.2005

Baums, Theodor: Vorzugsaktien, Ausgliederung und Konzernfinanzierung, in: AG 1994, S. 1–12

Bayer, Walter: Materielle Schranken und Kontrollinstrumente beim Einsatz des genehmigten Kapitals mit Bezugsrechtsausschluß, in: ZHR 168 (2004), S. 132–173

Bayer, Walter: Transparenz und Wertprüfung beim Erwerb von Sacheinlagen durch genehmigtes Kapital, in: Festschrift für Peter Ulmer, hrsg. von Mathias Habersack u. a., Berlin/New York, 2003, S. 21–41

Bayer, Walter: Die Kontrollfunktion der aktienrechtlichen Anfechtungsklage – Rechtsdogmatische Grundlegung, in Gesellschaftsrecht in der Diskussion, VGR Band 2, Köln, 2000, S. 35–36

Bayer, Walter: Kapitalerhöhung mit Bezugsrechtsausschluß und Vermögensschutz der Aktionäre nach § 255 Abs. 2 AktG – Kritische Betrachtung der lex lata und Überlegungen de lege ferenda, in: ZHR 163 (1999), S. 505–553

Bayer, Walter/Habersack, Mathias: Aktienrecht im Wandel, Grundsatzfragen des Aktienrechts, hrsg. von Walter Bayer/Mathias Habersack, Band II, Tübingen, 2007 (zit.: Bearbeiter, in Bayer/Habersack, Aktienrecht im Wandel, Bd. II 2007)

Becker, Helmut: Bezugsrechtsauschluss gemäß § 186. Abs. 4 S. 2 des Aktiengesetzes in der Fassung der 2. EG-Richtlinie, in: BB 1981, S. 394–396

Becker, Michael: Verwaltungskontrolle durch Gesellschafterrechte, Eine vergleichende Studie nach deutschem Verbandsrecht und dem amerikanischen Recht der Corporation, Tübingen, 1997

Behnke, Thorsten: Anm. zu OLG Nürnberg, Beschl. vom 14.10.1998–12 U 1538/98, in: NZG 1999, S. 410–411

Berner Kommentar zum schweizerischen Zivilgesetzbuch: Einleitungsband, hrsg. von Peter Liver u. a., Bern, 1966, (zit: Bearbeiter, in: Berner Komm. zum schweizerischen ZGB)

Bezzenberger, Tilman: Das Bezugsrecht der Aktionäre und sein Ausschluß, in: ZIP 2002, S. 1917–1930

Bischoff, Thomas: Sachliche Voraussetzungen von Mehrheitsbeschlüssen in Kapitalgesellschaften, in: BB 1987, S. 1055–1061

Bitz, Michael/Hemmerde, Wilhelm/Rausch, Werner: Gesetzliche Regelungen und Reformvorschläge zum Gläubigerschutz – eine ökonomische Analyse, Heidelberg, 1986

Blumenröhr, Friedrich: Die inhaltlichen Schranken des Bezugsrechtsausschlusses und der Begebung neuer Aktien, Diss. iur., München, 1966

Böckli, Peter: Schweizer Aktienrecht – Mit Fusionsgesetz, Internationalen Rechnungslegungsgrundsätzen, FRS, Börsengesellschaftsrecht, Konzernrecht und Corporate Governance, 3. Aufl., Zürich, 2004

Bork, Reinhard: Die Einlagefähigkeit obligatorischer Nutzungsrechte, in: ZHR 154 (1990), S. 205–236

Bork, Reinhard/Stangier: Nachgründende Kapitalerhöhung mit Sacheinlagen, in: AG 1984, S. 320–323

Brandes, Helmut: Die Rechtsprechung des Bundesgerichtshof auf dem Gebiet des Aktienrechts, in: WM 1984, S. 289–297

Brauer, Ulrich G. H.: Die Zulässigkeit der Ausgabe von sog. Tracking Stocks durch Aktiengesellschaften nach deutschem Aktienrecht, in: AG 1993, S. 324–334

Brunkhorst, Heike: Verteilung der Finanzierungskompetenzen bei der bestehenden Aktiengesellschaft – ohne Gründung und Liquidation-, Diss. iur., Hamburg, 1995

Bruns, Victor: Der Eingriff in die Mehrheitsverhältnisse einer Aktiengesellschaft durch die Verwaltung – eine rechtsvergleichende Studie zum Aktienrecht der USA, England und Deutschland, Diss. iur., Tübingen 1973

Bungert, Hartwin: Ausnutzung eines genehmigten Kapitals mit Bezugsrechtsausschluss – Anmerkung zu den BGH-Urteilen Mangusta/Commerzbank I und II, in: BB 2005, S. 2757–2759

Bungert, Hartwin: Die Liberalisierung des Bezugsrechtsausschlusses im Aktienrecht, in: NJW 1998, S. 488–492

Bungert, Hartwin: Bezugsrechtsausschluss zur Platzierung neuer Aktien im Ausland – Zum Deutsche-Bank-Urteil des BGH vom 7. März 1994, in: WM 1995, S. 1–18

Busch, Torsten: Mangusta/Commerzbank – Rechtschutz nach Ausnutzung eines genehmigten Kapitals, in: NZG 2006, S. 81–88

Bürgi, Wolfhart F.: Kommentar zum schweizerischen Zivilgesetzbuch, Das Obligationenrecht, 5. Teil, Die Aktiengesellschaft, Zürich, 1969

Bydlinski, Franz: Der Gleichheitsgrundsatz im österreichischen Privatrecht, in: Verhandlungen des ersten österreichischen Juristentag, Wien, 1961

Cahn, Andreas: Ansprüche und Klagemöglichkeiten der Aktionäre wegen Pflichtverletzungen der Verwaltung beim genehmigten Kapital, in: ZHR 164 (2000), S. 113–154

Coase, Ronald H.: The Natur of the Firm, in: Economica 1937, Vol. 4, S. 386–405

Cahn, Andreas: Pflichten des Vorstandes beim genehmigten Kapital mit Bezugsrechtsausschluß, in: ZHR 163 (1999), S. 554–593

Cohn, Ernst: Der Grundsatz der gleichmäßigen Behandlung aller Mitglieder im Verbandsrecht, in: AcP 132 (1930), S. 129–175

Dahl, Robert A.: Vorstufen zur Demokratietheorie, Tübingen, 1976

Daum, Thomas: Die unkordinierte Übernahme einer AG nach deutschem Recht, Europäische Hochschulschriften, Reihe II, Band 1377, Frankfurt am Main u. a., 1993

Detterbeck, Steffen: Staatshaftung für die Mißachtung von EG-Recht, in: Verw-Arch 85 (1994), S. 159 ff.

Deutsch, Paul: Grundfragen der Finanzierung im Rahmen der betrieblichen Finanzwirtschaft, 2. Aufl., Wiesbaden 1967

Drinkuth, Henrik: Die Kapitalrichtlinie – Mindest- oder Höchstnorm?, Rechtsfragen der Handelsgesellschaften, Köln, 1998

Döllerer, Georg: Das Kapitalnutzungsrecht als Gegenstand der Sacheinlage bei Kapitalgesellschaften, in Festschrift für Hans-Joachim, hrsg. von Reinhard Goerdeler u. a., Berlin/New York, 1988, S. 35–52

Domaniç, Hayri: Anonim Şirketler Hukuku ve Uygulaması, 2. Bası, Istanbul, 1988.

Domaniç, Hayri: Sermaye Piyasasının Düzenlenmesi ve Denetimi Hakkında Kanun Tasarısı, Tenkit ve Temenniler, Istanbul, 1973

Dreier, Peter: Bezugsrechtsausschluss im Aktienrecht – Reduzierung der Anforderungen an die sachliche Rechtfertigung, Diss. iur., Münster, 2005

Drukarczyk, Jochen: Unternehmen und Insolvenz – Zur effizienten Gestaltung des Kreditsicherungs- und Insolvenzrechts, Wiesbaden, 1987

Drukarczyk, Jochen: Begrenzte Haftung, Gläubigerrisiko und Gesellschaftsdarlehen – Zur Vorschrift des § 32a GmbHG im Entwurf eines neuen GmbHG, Betriebswirtschaftslehre und Recht, Bericht von der wissenschaftlichen Tagung des Verbandes Hochschullehrer für Betriebswirtschaft e. V. vom 17. bis 19. Mai 1978 in Nürnberg, hrsg. von Anton Heigl u. a., Wiesbaden, 1979, S. 107–132

Eisenberg, Melvin A.: Legal Models of Management Structure in the Modern Corporation: Officers, Directors and Accountants, in: California Law Review 1975, S. 375 ff.

Eisenhardt, Ulrich: Gesellschaftsrecht, 13. Aufl., München, 2007

Ekkenga, Jens: Das Organisationsrecht des genehmigten Kapitals, Teil I, in: AG 2001, S. 567–579

Ekkenga, Jens: Das Organisationsrecht des genehmigten Kapitals, Teil II, in: AG 2001, S. 615–629

Ekkenga, Jens/Sittmann, Jörg: Anm. zu OLG München, Beschl. vom 28.9.1988–7 W 2358/88, in: AG 1989, S. 212–214

Eriş, Gönen: Anonim Şirketler Hukuku, Ankara, 1995

Eriş, Gönen: Açıklamalı-Içtihatlı Türk Ticaret Kanunu Şerhi, 2. Bası, Ankara, 1992

Escher-Weingart, Christina: Reform durch Deregulierung im Kapitalgesellschaftsrecht – Eine Analyse der Reformmöglichkeiten unter besonderer Berücksichtigung des Gläubigers- und Anlegerschutzes, in: Jus Privatum, Band 49, Tübingen, 2001

Esser, Albert: Stichwort „Interesse", in: Handbuch philosophischer Grundbegriffe, Band 2, hrsg. von Krings, Hermann u. a., München, 1973, S. 738–747

Fleischer, Holger: Aktienrechtliche Sonderprüfung und Corporate Governance – vergleichende Bestandsaufnahme zum deutschen und französischem Recht –, in: RIW 2000, S. 809–817

Forstmoser, Peter: Eingriffe der Generalversammlung in den Kompetenzbereich der Verwaltungsrates, in: SZW 66 (1994)

Forstmoser, Peter/Meier-Hayoz, Arthur/Nobel, Peter: Schweizerisches Aktienrecht, Bern, 1996

Franke, Günther/Hax, Herbert: Finanzwirtschaft des Unternehmens und Kapitalmarkt, 4. Aufl., Berlin/Heidelberg, 1999

Frey, Kasper: Einlagen in Kapitalgesellschaften: Gläubigerschutz und Gestaltungsfreiheit, Köln u. a., 1990

Friedrich, Carl J.: Demokratie als Herrschafts- und Lebensform, Heidelberg, 1966

Füchsel, Hans: Probleme des Bezugrechtsausschlusses im deutschen Aktienrecht, in: BB 1972, S. 1533–1540

Füchsel, Hans: Der Bezugsrechtsausschluß im deutschen Aktienrecht, Diss. iur., Frankfurt, 1969

Gernoth, Jan/Meinema, Martha: Niederländisches Enquêterecht: Vorbild für das deutsche Sonderprüfungsrecht?, in: RIW 2000, S. 844–849

Geßler, Ernst: Vollendete oder nur begonnene Aktienrechtsreform, in: DAG 1965, S. 343–349

Geßler, Ernst/Hefermehl, Wolfgang/Eckardt, Ulrich/Kropff, Bruno: Aktiengesetz, Kommentar, Band IV, München, 1973, (zit.: Bearbeiter, in: Geßler/Hefermehl/Eckardt/Kropff 1988).

Godin, Reinhard/Wilhelmi, Hans: Aktiengesetz vom 6. September 1965, Kommentar, 4. Aufl., Berlin/New York, 1971

Großfeld, Bernhard: Aktiengesellschaft, Unternehmenskonzentration und Kleinaktionär, in: Tübinger Rechtswissenschaftliche Abhandlungen, Band 21, Tübingen, 1968

Großkommentar zum AktG: Großkommentar zum Aktiengesetz, hrsg. von Hopt, Klaus J./Wiedemann, Herbert, 4. Aufl., Berlin/New York, 1992 ff., (zit.: Bearbeiter, in Großkomm. AktG, 4. Aufl. 1995)

Habersack, Mathias: Die Mitgliedschaft – subjektives und „sonstiges" Recht, Habilitationsschrift, Tübingen, 1996

Hachenburg, Max: Kommentar zum Gesetz betreffend die Gesellschaften mit beschränkter Haftung, hrsg. von Peter Ulmer, 8. Aufl., Berlin/New York, 1992, (zit.: Bearbeiter, in Hachenburg-GmbhG)

Heinsius, Theodor: Bezugsrechtsausschluss bei der Schaffung von Genehmigtem Kapital, in: Festschrift für Alfred Kellermann, hrsg. von Reinhardt Goerdeler u. a., ZGR Sonderheft 10, Berlin/New York, 1991, S. 115–131

Henn, Günter: Handbuch des Aktienrechts, 7. Aufl., Heidelberg, 2002

Henze, Hartwig: Zur Problematik der „verdeckten" (verschleierten) Sacheinlage im Aktien- und GmbH-Recht, in: ZHR 154 (1990), S. 105–127

Henze, Hartwig: Die treuhänderische und haftungsrechtliche Stellung des Sacheinlegers bei Kapitalerhöhungen unter besonderer Berücksichtigung der Banken, Diss. iur., Münster, 1970

Herchen, Hilke: Agio und verdecktes Agio im Recht der Kapitalgesellschaften, Köln u. a., 2004

Hirsch, Ernst E.: Praktische Fälle aus dem Handels- und Wirtschaftsrecht mit Lösungen, 4. Aufl., Frankfurt am Main, 1968

Hirsch, Ernst E.: Ticaret Hukuku Dersleri, 3. Bası, Istanbul, 1948

Hirsch, Ernst E./Tekinalp, Ünal: Das türkische Aktien- und GmbH-Recht, 2. Aufl., Baden Baden, 1993

Hirte, Heribert: Anm. zu OLG Karlsruhe, Beschl, vom 28.8.2002-7 U 137/01 (MLP), in: EWIR 2003, S. 299–300

Hirte, Heribert: Geldausgleich statt Inhaltskontrolle, in: WM 1997, S. 1001–1008

Hirte, Heribert: Bezugsrechtsausschluss und Konzernbildung – Minderheitenschutz bei Eingriffen in die Beteiligungsstruktur der Aktiengesellschaft, Köln u. a., 1986

Hirte, Heribert: Vereinbarkeit der Inhaltskontrolle des Bezugsrechtsausschlusses bei Sacheinlagen mit europäischem Recht? – Anmerkung zum Beschluß des BGH vom 30.1. 1995 – II ZR 132/93, DB 1995, S. 465 (Siemens AG), in: DB 1995, S. 1113–116

Horber, Felix: Die Kompetenzdelegation beim Verwaltungsrat der AG und ihre Auswirkungen auf die aktien-rechtliche Verantwortlichkeit. Unter Berücksichtigung des Entwurfes zu einem neuen Aktienrecht, Diss. iur., Zürich, 1986

Hueck, Götz: Die Behandlung von Nutzungsüberlassungen im Rahmen einer Betriebsaufspaltung als Gesellschafterdarlehen?, in: ZGR 1989, S. 216–243

Hueck, Götz: Der Grundsatz der gleichmäßigen Gleichbehandlung im Privatrecht, München, 1958

Hüffer, Uwe: Zur Holzmüller-Problematik: Reduktion des Vorstandsermessens oder Grundlagenkompetenz der Hauptversammlung?, in: Festschrift für Peter Ulmer, hrsg. von Mathias Habersack u. a., Berlin/New York 2003, S. 279–303

Hüffer, Uwe: Aktienbezugsrechte als Bestandteil der Vergütung von Vorstandsmitgliedern - gesellschaftsrechtliche Analyse, in: ZHR 161 (1997), S. 214–245

Hüffer, Uwe: Die gesetzliche Schriftform bei Berichten des Vorstands gegenüber der Hauptversammlung, in: Festschrift für Carsten Peter Claussen, hrsg. von Klaus-Peter Martens u. a., Köln u. a., 1997, S. 171–186

Hüffer, Uwe: Anfechtungsbefugnis und Mindestanteilsbesitz – Vorschläge und Überlegungen zu einer gesetzlichen Neuorientierung, in: Festschrift für Hans Erich Brandner, hrsg. von Gerd Pfeiffer u. a., Köln 1996, S. 57–71

Hüffer, Uwe: Zur gesellschaftlichen Treupflicht als richterrechtlicher Generalklausel, in: Festschrift für Ernst Steindorff, hrsg. von Jürgen F. Baur u. a., Berlin/New York, 1990, S. 59–78

Immenga, Ulrich: Vertragliche Vinkulierung der Aktien?, in: AG 1992, S. 79–83

Immenga, Ulrich: Die personalistische Kapitalgesellschaft. Eine rechtsvergleichende Untersuchung nach deutschem GmbH-Recht und dem Recht der Corporations in den Vereinigten Staaten, in: Wirtschaftsrecht und Wirtschaftspolitik, Band 15, Bad Homburg, 1970

Imregün, Oğuz: Anonim Ortaklıklar, Istanbul, 1989

Imregün, Oğuz: Kara Ticareti Hukuku Dersleri, 11. Aufl., Istanbul, 1984

Jellinek, Georg: System der subjektiven öffentlichen Rechte, 2. Aufl., Tübingen, 1905

Jensen, Michael C.: Verdeckte Sacheinlagen, in: ZIP 1990, S. 549–566

Jensen, Michael C. Meckling, William H.: Theory of the Firm: Managerial Behavior, Agency Costs and Ownership Structure; in: Journal of Financial Economics, Vol. 3, S. 305–360

Kallmeyer, Harald: Pflichten des Vorstands der Aktiengesellschaft zur Unternehmensplanung, in: ZGR 1993, S. 104–113

Kallmeyer, Harald: Bezugsrecht und Bezugsrechtsausschluss: Vorschlag für eine neue Bezugsrechtsdoktrin von AG und KGaA, in: AG 1993, S. 249–252

Kaestlin, Jurg: Die Funktionen der Generalversammlung, Diss. iur., Zürich, 1973

Karahan, Sami: Anonim Ortaklıklarda Imtiyazlı Paylar ve Imtiyazların Korunması, Istanbul, 1991

Karayalçın, Yaşar: Anonim Şirketin Yönetim Kurulu Kararlarına Karşı Hangi Davalar Açılabilir, Ticaret Hukuku ve Yargıtay Kararları Sempozyumu III, Ankara, 1986

Kindermann, Gottfried: Internationale Politik – eine Einführung in das Fach, in: in Politische Wissenschaft Heute, hrsg. von Leonard Reinisch, München, 1971

Kindler, Peter: Bezugsrechtsausschluß und unternehmerisches Ermessen nach deutschem und europäischem Recht - zu EuGH, Urteil vom 19.11.1996 - Rs. C-42/95 und BGH, Urteil vom 23.6.1997 - II ZR 132/93 –, in: ZGR 1998, S. 35–68

Kindler, Peter: Die sachliche Rechtfertigung des aktiengesetzlichen Bezugsrechtsauschlusses im Lichte der Zweiten Gesellschaftsrechtlichen Richtlinie der Europäischen Gemeinschaft, in: ZHR 158 (1994), S. 339–370

Klein, Werner: Die betriebswirtschaftliche Beurteilung eines neu-errichteten oder umgestalteten Unternehmens im Rahmen der aktienrechtlichen Gründungsprüfung, Düsseldorf, 1972

Klette, Dieter: Die Überpari-Emission bei der Kapitalerhöhung gegen Einlagen, in: DB 1968, S. 2203–2207

Kley, Martin: Bezugsrechtsausschluss und Deregulierungsanforderungen, Diss. iur., Köln 1998

Knobbe-Keuk, Brigitte: Das Recht des Gesellschafters einer Kapitalgesellschaft wegen gesetz- und satzungswidriger Maßnahmen der Geschäftsführung, in: Festschrift für Kurt Ballerstedt, hrsg. von Werner Flume u.a., Berlin, 1975, S. 239–255

Kölner Kommentar zum AktG: hrsg. Wolfgang Zöllner/Ulrick Noack, 2. Aufl., Köln u.a., 1986 ff., (zit.: Bearbeiter, in Kölner Komm. zum AktG)

Krieger, Gerd: Aktionärsklage zur Kontrolle des Vorstands- und Aufsichtsratshandelns, in ZHR 163 (1999), S. 343–363

Kropff, Bruno: Über die Ausgliederung, in Festschrift für Ernst Geßler, hrsg. von von Kurt Ballersttedt und Wolfgang Hefermehl, München, 1971, S. 111–126

Kubis, Dietmar: Information und Rechtsschutz der Aktionäre beim genehmigten Kapital, in: DStR 2006, S. 188–193

Kübler, Friedrich: Gesellschaftsrecht, Die privatrechtlichen Ordnungsstrukturen und Regelungsprobleme von Verbänden und Unternehmen, 5. Aufl., Heidelberg/Karlsruhe, 1998

Kußmaul, Heinz: Sind Nutzungsrechte Vermögensgegenstände bzw. Wirtschaftsgüter? Auch eine Stellungnahme zu dem Beitrag von D. E. Meyer-Scharenberg, in BB 1987, S. 2053–2065

Langhein, Heinrich A.W.: Das Prinzip der Analogie als juristische Methode – Ein Beitrag zur Geschichte der methodologischen Grundlagenforschung vom ausgehenden 18. bis zum 20. Jahrhundert, Hamburger Rechtsstudien, Heft 82, Berlin, 1992

Larenz, Carl/Canaris, C. Wilhelm: Methodenlehre der Rechtswissenschaft, 3. Aufl., Berlin/Heidelberg, 1995

Lehmann, Karl: Das Recht der Aktiengesellschaften, Band 2, Berlin, 1898

Liebere, Ulrike: Der Bezugsrechtsausschluss bei Kapitalerhöhungen von Aktiengesellschaften, in: Deutsche, Europäisches und Vergleichendes Wirtschaftsrecht, Band 35, hrsg. von Werner F. Ebke, Baden Baden, 2003

Lin, Keh-Jing: Das Bezugsrecht der Aktionäre in Taiwan und Deutschland, Diss. iur., Göttingen, 2002

Lippert, Hans-Dieter: Überwachungspflicht, Informationsrecht und gesamtschuldnerische Haftung des Aufsichtsrates nach dem Aktiengesetz 1965, Europäische Hochschulschriften, Reihe II, Band 142, Rechtswissenschaft, Frankfurt am Main u.a., 1976

Looschelders, Drik/Roth, Wolfgang: Juristische Methodik im Prozess der Rechtsanwendung: zugleich ein Beitrag zu den verfassungsrechtlichen Grundlagen von Gesetzesauslegung und Rechtsfortbildung, Berlin, 1996

Lutter, Marcus: Aktionärs-Klagerechte, in: JZ 2000, S. 837–842

Lutter, Marcus: Gesetzliches Garantiekapital als Problem europäischer und deutscher Rechtspolitik, in AG 1998, S. 375–377

Lutter, Marcus: Anm. zu BGH, Beschl. vom 23.06.1997 – II ZR 132/p1 (Siemens/Nold/), in JZ 1998, S. 50–53

Lutter, Marcus: Treuepflichten und ihre Anwendungsprobleme, in: ZHR 162 (1998), S. 164–185

Lutter, Marcus: Europäisches Unternehmensrecht, 4. Aufl., ZGR-Sonderheft 1, Berlin/New York, 1996

Lutter, Marcus: Anm. zu LG Frankfurt a.M., Beschl. vom 04.07.1990, in: (WuB) II A. § 221 AktG, 1991

Lutter, Marcus: 25 Jahre Aktiengesetz, Ein Symposion der Deutschen Schutzvereinigung für Wertpapierbesitz e.V. (DSW) am 30. Oktober 1990 in Bonn, Düsseldorf, 1991

Lutter, Marcus: Die Treuepflicht des Aktionärs, in: ZHR 153 (1989), S. 446–471

Lutter, Marcus: Verdeckte Sachleistung und Kapitalschutz, in Festschrift für Ernst C. Stiefel, hrsg. von Marcus Lutter u.a., München, 1987, S. 505–532

Lutter, Marcus: Vom formellen Mindestkapital zu materiellen Finanzierungsregeln im Recht der Kapitalgesellschaften, in: Festschrift für Stefan A. Riesenfeld, Berkeley-Kölner Rechtsstudien, Kölner Reihe Band 17, hrsg. von Erik Jayme u. a., Heidelberg, 1983, S. 168–185

Lutter, Marcus: Bezugsrechtsausschluss und genehmigtes Kapital, in: BB 1981, S. 861–864

Lutter, Marcus: Zur inhaltlichen Begründung von Mehrheitsentscheidungen – Besprechung der Entscheidung BHG WM 1980, 378, in: ZGR 1981, S. 171–182

Lutter, Marcus: Theorie der Mitgliedschaft. Prolegomena zu einem allgemeinen Teil des Kooperationsrechts, in: AcP (180) 1980, S. 84–158

Lutter, Marcus: Materielle und förmliche Erfordernisse eines Bezugsauschlusses – Besprechung der Entscheidung BGHZ 71, 40 (Kali + Salz), in: ZGR 1979, S. 401–418

Lutter, Marcus: Der Aktionär in der Marktwirtschaft, Schriftenreihe der Juristischen Studiengesellschaft e. V. Berlin, Heft 46, Berlin, 1974

Lutter, Marcus: Gescheiterte Kapitalerhöhungen, in Gesellschaftsrecht Unternehmensrecht. Festschrift für Wolfgang Schilling, hrsg. von Robert Fischer und Wolfgang Hefermehl, Berlin/New York, 1973, S. 207–233

Lutter, Marcus: Kapital, Sicherung der Kapitalaufbringung und Kapitalerhaltung in den Aktien- und GmbH-Rechten der EWG. Eine Untersuchung zur Ausfüllung von Artikel 54 Absatz 3 lit. G des Vertrages über die Errichtung einer europäischen Wirtschaftsgemeinschaft, Karlsruhe, 1964

Lutter, Marcus/Gehling, Christian: Verdeckte Sacheinlagen. Zur Entwicklung der Lehre und zu den europäischen Aspekten, in: WM 1989, S. 1445–1460

Lutter, Marcus/Hommelhoff: Nachrangiges Haftkapital und Unterkapitalisierung in der GmbH, in: ZGR 1979, S. 31–66

Marsch-Barner, Reinhard: Zum Bericht des Vorstands nach § 186 Abs. 4 Satz 2 AktG beim genehmigten Kapital – Urteilsanmerkung zu LG Frankfurt v. 21.1.1981, in: AG 1981, S. 211–215

Martens, Fritz: Die Aktiengesellschaft in der Kritik der ersten drei Viertel des 19. Jahrhunderts und ein Beitrag zu ihrer Geschichte, Diss. iur., Kiel 1934

Martens, Klaus-Peter: Richterliche und gesetzliche Konkretisierungen des Bezugsrechtsausschlusses, in: ZIP 1994, S. 669–678

Martens, Klaus-Peter: Der Einfluss von Vorstand und Aufsichtsrat auf Kompetenzen und Struktur der Aktionäre – Unternehmensverantwortung contra Neutralitätspflicht, in Festschrift für Karl Beusch, hrsg. von Heinrich Beisse u. a., Berlin/New York, 1993, S. 529–591

Martens, Klaus-Peter: Der Ausschluss des Bezugsrechts, in: ZIP 1992, S. 1667–1697

Martens, Klaus-Peter: Der Ausschluss des Bezugsrechts: BGHZ 33, S. 175. Zum Interesse an wirtschaftlicher Selbständigkeit, in: Festschrift für Robert Fischer, hrsg. von Marcus Lutter und Herbert Wiedemann, Berlin/New York, 1979, S. 437–460

Mayer, Dieter: Ein Beitrag zur „Entschleierung" der verschleierten Sacheinlage im GmbH-Recht, in: NJW München 1990, S. 2593–2600

Mertens, Hans J.: Der Aktionär als Wahrer des Rechts?, in: AG 1990, S. 49–55

Mestmäcker, Ernst J.: Zur aktienrechtlichen Stellung der Verwaltung bei Kapitalerhöhungen, in: BB Heidelberg 1961, S. 945–952

Mestmäcker, Ernst J.: Verwaltung, Konzerngewalt und Rechte der Aktionäre – Eine rechtsvergleichende Untersuchung nach deutschem Aktienrecht und dem Recht der Corporations in den Vereinigten Staaten, Karlsruhe 1958

Meier-Hayoz, Arthur/Forstmoser, Peter: Schweizerisches Gesellschaftsrecht, 9. Aufl., Bern, 2006

Meier-Hayoz, Arthur/Forstmoser, Peter: Einführung in das schweizerische Aktienrecht, 2. Aufl., Bern, 1980

Meilicke, Wienand: Vereinbarkeit der Inhaltskontrolle des Bezugsrechtsausschlusses mit dem europäischem Recht, in: DB 1996, S. 513–517

Meyer, Shamali: Paritätsprinzip: Sollen die Eigentümer wirklich nicht das letzte Wort haben?, http://www.rwi.unizh.ch/vdc/seminare/WS03/Seminararbeiten/Seminararbeit_SMeyer.pdf, zuletzt besucht am 19.01.2006

Michalski, Lutz: Abwehrmechanismen gegen unfreundliche Übernahmeangebote (unfriendly takeovers) nach deutschem Aktienrecht, in AG 1997, S. 152–163

Mohr, Jon Peder: Die Abgrenzung der Befugnisse der Generalversammlung und des Verwaltungsrates der Aktiengesellschaft, Diss. iur., Zürich, 1948

Moroğlu, Erdoğan: Türk Ticaret Kanunua Göre Anonim Ortaklıkta Genel Kurul Kararlarının Hükümsüzlüğü, Ankara, 1993

Moroğlu, Erdoğan: Anonim Ortaklıkta Esas Sermaye Artırımı, Istanbul, 1972

Moroğlu, Erdoğan: Türk Ticaret Kanununa Göre Anonim Ortaklıkta Esas Sermaye Artırımının Hukuki Niteliği, Mukayeseli Hukuk Araştirmaları Dergisi, Istanbul, 1972

Moroğlu, Erhan Seyfi: Bezugsrechtsausschluss im Spannungsfeld zwischen unternehmerischem Ermessen und Aktionärsschutz bei der Publikumsaktiengesellschaft, Juristische Schriften Reihe, Band 201, Münster, 2003

Mülbert, Peter O.: Aktiengesellschaft, Unternehmensgruppe und Kapitalmarkt – Die Aktionärsrechte bei Bildung und Umbildung einer Unternehmensgruppe zwischen Verbands- und Anlegerschutzrecht, München 1996

Mülbert, Peter O.: Das „Magische Dreieck" der Barkapitalaufbringung, in: ZHR 154 (1990), S. 95–145

Müller-Erzbach, Rudolf: Das private Recht der Mitgliedschaft als Prüfstein eines kausalen Rechtsdenkens, Weimar, 1948

Müller, Roland/Lipp, Lorenz/Plüss, Adrian: Der Verwaltungsrat – Ein Handbuch für die Praxis, 2. Aufl., Zürich, 1999

Münchner Handbuch des Gesellschaftsrechts: Die Aktiengesellschaft, 2. Aufl., Band IV, hrsg. von Michael Hoffman-Becking, München 1999, (zit.: Bearbeiter, in MünchHdb AG, Bd. IV, 2. Aufl. 1999)

Münchener Kommentar Zum Aktiengesetz: hrsg. von Bruno Kropff und Johannes Semler, 2. Aufl., München, 1999 ff., (zit.: Bearbeiter, in Münchener Komm. zum AktG)

Münchener Kommentar zum Bürgerlichen Gesetzbuch: hrsg. von Franz Jürgen Säcker und Roland Rixecker, 5. Aufl., München, 2006, (zit.: Bearbeiter, in Münchener Komm. zum BGB)

Myers, Stewart C./Majluf, Nicholas S.: Corporate Financing and Investment Decisions when Firms have Information that Investors Do not Have, in: Journal of Financial Economics 1984, Vol. 13, S. 187–221

Nassmacher, Hiltrud: Politikwissenschaft, 5. Aufl., München u. a., 2005

Natterer, Joachim: Bezugsrechtsausschluss und zweite gesellschafts-rechtliche Richtlinie, in: ZIP 1995, S. 1481–1489

Neuendorff, Hartmut: Der Begriff des Interesses. Eine Studie zu den Gesellschaftstheorien von Hobbes, Smith und Marx, Frankfurt, 1973

Noack, Ulrich: Die konzernrechtliche Sonderprüfung nach § 355 AktG, in: WPg 1994, S. 225–237

Nomer, Füsun: Anonim Ortaklıkta Oydan Yoksun Paylar, Istanbul, 1995

Otto, Hans Jochen: Übernahmeversuche bei Aktiengesellschaften und Strategien der Abwehr, in: BB 1988, Beilage Nr. 12, Heft 29, S. 2–13

Paefgen, Walter G.: Justiziabilität des Verwaltungshandels beim genehmigten Kapital, in: ZIP Köln 2004, S. 145–156

Papadimopoulos, Ioannis: Aktionärrechte, im deutschen und griechischen Aktienrecht – Eine rechtsvergleichende Untersuchung und zugleich ein Plädoyer für eine Aktienreform in Griechenland, Gießen, 1994

Paschos, Nikolaus: Berichtspflichten und Rechtsschutz bei der Ausübung eines genehmigten Kapitals – Anmerkungen zu den BGH-Urteilen vom 10.10.2005 – II ZR 148/03, DB 2005 S. 2738 (Mangusta/Commerzbank I) sowie II ZR 90/03, DB 2005 S. 2740 (Mangusta/Commerzbank II), in: DB 2005, S. 2731–2732

Penné, Günter: Die Prüfung der Sacheinlagen nach Aktienrecht, Diss. iur., Bamberg, 1983

Pentz, Andreas: Genehmigtes Kapital, Belegschaftsaktien und Sacheinlagefähigkeit obligatorischer Nutzungsrechte – das Adidas-Urteil des BGH, in: ZGR 2001, S. 901–920

Pieroth, Bodo/Schlink, Bernhard: Staatsrecht II, Grundrechte, 18. Aufl., Heidelberg/Karlsruhe, 2002

Poroy, Reha/Tekinalp, Ünal/Çamoğlu, Ersin: Ortaklıklar ve Kooperatif Hukuku, 8. Bası, Istanbul, 2000 (zit.: Bearbeiter, in Poroy/Tekinalp/Çamoğlu, Ortaklıklar ve Kooperatif Hukuku, 8. Bası, 2000)

Priester, Hans J.: Die nicht placierte Kapitalerhöhung – Abgelaufene Hauptversammlungsbeschlüsse, in: Festschrift für Herbert Wiedemann, hrsg. von Rolf Wank u. a., München, 2002, S. 1161–1175

Priester, Hans J.: Die klassische Ausgliederung – ein Opfer des Umwandlungsgesetzes 1994?, in: ZHR 163 (1999), S. 187–202)

Priester, Hans J.: Kapitalaufbringung bei korrespondierenden Zahlungsvorgängen, in: ZIP 1991, S. 345–355

Priester, Hans J.: Das gesetzliche Bezugsrecht bei der GmbH, in: DB 1980, S. 1925–1932

Priester, Hans J.: Die Verwendung von Gesellschafterforderungen zur Kapitalerhöhung bei der GmbH, in: DB 1976, S. 1801–1806

Pulaşlı, Hasan: Şirketler Hukuku, 3. Bası., Istanbul, 2001

Quack, Karlheinz: Die Schaffung genehmigten Kapitals unter Ausschluss des Bezugsrechts der Aktionäre – Besprechung der Entscheidung BGHZ 83, 319 ff., in: ZGR 1983, S. 257–267

Raettig, Lutz: Finanzierung mit Eigenkapital – Hohes Eigenkapital = mehr Kreditwürdigkeit?, Frankfurt am Main, 1974

Raisch, Peter: Zur Analogie handelsrechtlicher Normen, in: Festschrift für Walter Stimpel, hrsg. von Marcus Luther u. a., Berlin u. a., 1985, S. 29–46 (zit.: Raisch, FS Stimpel)

Raiser, Ludwig: Besprechung des Buches „Der Grundsatz der gleichmäßigen Behandlung im Privatrecht“, in: JZ 1959, S. 421–423

Reisoğlu, Seza: Sermaye Piyasası Kanunu Açısından Anonim Ortaklıklar (Kuruluş ve Sermaye Artırımı), Ankara, 1982

Renaud, Achilles: Das Recht der Actiengesellschaften, 2. Aufl., Leipzig 1875

Reuter, Dieter: Welche Maßnahmen empfehlen sich, insbesondere im Gesellschafts- und Kapitalmarktrecht, um die Eigenkapitalausstattung der Unternehmen langfristig zu verbessern, Gutachten B für den 55. Deutschen Juristentag (DJT), München, 1984

Roitzsch, Frank: Der Minderheitenschutz im Verbandsrecht, Schriften zum Wirtschafts- und Arbeitsrecht, Hanstein, 1981

Roth, Günther H.: Zur „economic analysis" der beschränkten Haftung, in: ZGR 1986, S. 271–282

Ruffner, Marcus: Die ökonomischen Grundlagen eines Rechts der Publikumsgesellschaft. Ein Beitrag zur Theorie der Corporate Governance, Zürich 2000

Schander, Albert Axel: Abwehrstrategien gegen feindliche Übernahmen und ihre Zulässigkeit im Lichte der Aktienrechtsreform, in: BB 1997, S. 1801–1804

Scheffler, York: Der Aufsichtsrat – nützlich oder überflüssig, in: ZGR 1993, S. 63–76

Scheuner, Ulrich: Das Mehrheitsprinzip in der Demokratie, Opladen, 1973

Schiessl, Maximilian: Die Kontrollfunktion der aktienrechtlichen Anfechtungsklage – Erwiderung aus der Sicht der Praxis, in Gesellschaftsrecht in der Diskussion 1999, VGR Band 2, Köln, 2000, S. 57–80

Schlaus, Wilhelm: Auskauf opponierender Aktionäre, in: AG 1990, S. 113–117

Schleyer, Rolf: Die unwirksame Kapitalerhöhung, in: AG 1957, S. 145–148

Schmidt, Karl G.: Die Funktionen des Eigenkapitals aus der Sicht der Unternehmungen und der Banken, in „Die Finanzierung mittelständischer Unternehmungen in Deutschland, Bayreuther Symposium für Betriebswirtschaft", hrsg. Peter Rütger Wossidlo, Berlin, 1985

Schmidt, Karsten: Gesellschaftsrecht, 4. Aufl., Köln u. a., 1997

Schmidt, Karsten: Aktionärs- und Gesellschafterzuständigkeiten bei der Freigabe vinkulierter Aktien, in: Festschrift für Karl Beusch, hrsg. von Heinrich Beisse u. a., Berlin/New York 1993, S. 759–781

Schmidt, Karsten: Die Sicherung der Kapitalaufbringung und Kapitalerhaltung in Kapitalgesellschaften, in: „Recht der Unternehmen in Europa", hrsg. von Uwe Blaurock, Baden, 1993, S. 103–129

Schmidt, Karsten: Obligatorische Nutzungsrechte als Sacheinlagen?, in: ZHR 154 (1990), S. 237–258

Schmidt, Karsten: Die Eigenkapitalausstattung der Unternehmen als rechtspolitisches Problem, in JZ 1984, S. 771–786

Schneider, Dieter: Investition, Finanzierung und Besteuerung, 7. Aufl., Wiesbaden, 1992

Schnorbus, York: Treuepflichten im Aktienrecht und Haftung des Stimmrechtsvertreters – BGHZ 129, 136 und OLG Düsseldorf, in: JuS 1998, S. 877–884

Schockenhoff, Martin: Der rechtsmäßige Bezugsrechtsausschluß, in AG, Köln, 1994, S. 45–59

Schockenhoff, Martin: Gesellschaftsinteresse und Gleichbehandlung beim Bezugsrechtausschluss, Abhandlungen zum deutschen und europäischen Handels- und Wirtschaftsrecht, Band 58, Köln u. a., 1988

Scholz, Franz: Kommentar zum GmbH-Gesetz, hrsg. von Georg Crezelius u. a., 10. Aufl., Köln, 2006

Schierenbeck, Henner: Grundzüge der Betriebswirtschaftslehre, 16. Aufl., München, 2003

Schubert, Werner/ Hommelhoff, Peter: Hundert Jahre modernes Aktienrecht, Berlin/New York, 1985

Schulz-Dornburg, Stefan: Die Verwaltung der Aktiengesellschaft in Deutschland und der Schweiz, Diss. iur., Zürich, 1966

Schuncany, Emil: Kommentar zum schweizerischen Aktienrecht, 2. Aufl., Zürich, 1960

Schürmann, Walter/ Körgfen, Kurt: Familienunternehmen auf dem Weg zur Börse, 3. Aufl., München, 1997

Schwark, Eberhard: Der vereinfachte Bezugsrechtsausschluss – Zur Auslegung des § 186 Abs. 3 Satz 4 AktG, in: Festschrift für Carsten Peter Claussen, hrsg. von Klaus-Peter Martens u. a., Köln u. a., 1997, S. 357–380 (zit.: Schwark, FS Claussen)

Schwark, Eberhard: Kapitalanlegerschutz im deutschen Gesellschaftsrecht, in: ZGR 1976, S. 271–306

Seibert, Ulrich: Die kleine AG: gesellschaftsrechtliche, umwandlungsrechtliche und steuerrechtliche Aspekte, hrsg. von Ulrich Siebert u. a., 3. Aufl., Köln, 1996

Semler, Johannes: Einschränkung der Verwaltungsbefugnisse in einer Aktiengesellschaft, in: BB 1983, S. 1566–1573

Semler, Johannes: Die Überwachungsaufgabe des Aufsichtsrats, Dissertation in: Abhandlungen zum deutschen und europäischen Handels- und Wirtschaftsrecht, hrsg. von Götz Hueck, Köln, 1980

Sheilfer, Andrei/ Wishny, Robert W.: A Survey of Corporate Governance, in Journal of Finance 1997, Volume 52 No. 2, S. 737–783

Sinewe, Patrick: Der Ausschluss des Bezugsrechts bei geschlossenen und börsennotierten Aktiengesellschaften, Diss. iur., Mainz, 2001

Sinewe, Patrick: Die Berichtspflicht beim Ausschluss des Bezugsrechts, in: ZIP 2001, S. 403–406

Sombart, Werner: Das Europäische Wirtschaftsleben im Zeitalter des Frühkapitalismus: vornehmlich im 16., 17. und 18. Jahrhundert, 2. Aufl., München/Leipzig, 1917

Somer, Mehmet: Sermaye Piyasası Kanunu Hükümlerinin Türk Ticaret Kanununun Tedrici Kuruluş Sistemi üzerine Etkileri, Istanbul 1990

Smith, Adam: Wohlstand der Nationen, Untersuchung der Natur und Ursachen von Nationalreichtümern, (Jubiläumsausgabe) Band II, Berlin, 1879

Sprüngli, Luzius R.: Die neue Rolle des Verwaltungsrates: Veränderte Stellung und Aufgaben sowie mögliche Ausgestaltung des Verwaltungsrates in mittelgroßen schweizerischen Industrieunternehmungen, St. Gallen 1990

Stauber, Eric F.: Das Recht des Aktionärs auf gesetz- und statutenmäßige Verwaltung, Schweizer Schriften zum Handels- und Wirtschaftsrecht, hrsg. von Peter Forstmoser, Band 79, Zürich, 1985

Steiger, Fritz von: Das Recht der Aktiengesellschaft in der Schweiz, 5. Aufl., Zürich, 1970

Stein, Friedrich/Jonas, Martin: Kommentar zur Zivilprozessordnung, 22. Aufl., Band 9, §§ 916–1068, Tübingen, 2002, (zit.: Bearbeiter, in Stein/Jonas, Komm. z. ZPO, 22. Aufl., Band 9, 2002)

Steinbeck, Anja: Obligatorische Nutzungsüberlassung als Sacheinlage und Kapitalersatz, in: ZGR 1996, S. 116–141

Steinitzer, Erwin: Ökonomische Theorie der Aktiengesellschaft, Leipzig, 1908

Sturies, Rainer: Bezugsrechtsausschluß bei Kapitalerhöhungen – Voraussetzungen und Berichtspflicht – Anmerkungen zur neueren Rechtsprechung des BGH in: WPg 1982, S. 581–587

Slosarčiková, Zuzana: Unternehmensfinanzierung durch Sacheinlagen, http://freenet-homepage.de/Slosarcikova/ Sacheinlagen.htm, zuletzt besucht am 28.03.2007

Swoboda, Peter: Betriebliche Finanzierung, 3. Aufl., Heidelberg, 1994

Tekinalp, Ünal: Sermaye Piyasası Hukukunun Esasları, Istanbul, 1982

Tekinalp, Ünal: Sermaye Piyasasının Hukuki Yönü ve Sorunları, Istanbul Hukuk Fakültesi Mecmuası, C. 38, Istanbul. 1978

Tekinalp, Ünal: Hakların En Az Zarar verecek Şekilde Kullanılmasi Ilkesi, Iktisat ve Maliye Dergisi, CXXVII, 1970

Tettinger, Peter W.: Materielle Anforderungen an den Bezugsrechtsausschluß – Normative Vorgaben für den gerichtlichen Minderheiten Schutz und seine Grenzen –, Studien zum Handels-, Arbeits- und Wirtschaftsrecht, hrsg. von Klaus J. Hopt u. a., Baden-Baden, 2003

Timm, Wolfram: Treuepflichten im Aktienrecht, Wertpapier-Mitteilungen, in: WM 1991, S. 481–494

Timm, Wolfram: Zur Sachkontrolle von Mehrheitsentscheidungen im Kapitalgesellschaftsrecht, dargestellt am Beispiel „strukturverändernder“ Entscheidungen, in: ZGR 1987, S. 403–442

Timm, Wolfram: Der Bezugsrechtsausschluss beim genehmigten Kapital, in: DB 1982, S. 211–217

Teoman, Ömer: Kendilerine Yasal Danışman Atanan Kişilerin Anonim Ortaklıkta Yönetim Kurulu Olup Olamayacakları Sorunu, Iktisat Ve Maliye Dergisi, C. XXVI 1980

Ulmer, Peter: Verdeckte Sacheinlagen im Aktien- und GmbH-Recht, in: ZHR 154 (1990), S. 128–144

Ünal, Mustafa: Die funktionsgerechte Verteilung von Leitungs- und Kontrollaufgaben nach deutschem und schweizerisch-türkischem Aktienrecht, Diss. iur., Berlin, 1977

Ünal, Oguz Kürşat: Sermaye Piyasalarında Halka Açık Anonim Ortaklıklar, Ankara, 1999

van Venrooy, Gerd: Berichtspflicht des Vorstandes beim genehmigten Kapital, in: DB 1982, S. 735–741

van Venrooy, Gerd: Voraussetzungen und Verwendbarkeit genehmigten Kapitals, in: AG 1981, S. 205–210

Vogel, Frank: Aktienoptionsprogramme für nicht börsennotierte AG – Anforderungen an Hauptversammlungsbeschlüsse, in: BB 2000, S. 937–940

Vollmer, Lothar: Die Verteilung der Finanzierungskompetenzen bei der AG – ein ungelöstes Problem der aktienrechtlichen Finanzverfassung, in: AG 1991, S. 94–102

von Gierke, Otto: Deutsches Privatrecht, Band I, Nachdruck der ersten Ausgabe Berlin 1895, Stockstadt am Main, 2001

von Gierke, Otto: Über die Geschichte des Majoritätsprinzips, in An den Grenzen der Mehrheitsdemokratie. Politik und Soziologie der Mehrheitsregel, hrsg. Bernd Guggenberger und Claus Offen, Opladen, 1984

von Planta, Andreas: Der Schutz der Aktionäre bei der Kapitalerhöhung, Basel, 1992

von Rechenberg, Wolf: Zustimmungsvorbehalte des Aufsichtsrats für die Unternehmensplanung, in: BB 1990, S. 1356–1364

Vormbaum, Herbert: Finanzierung der Betriebe, 9. Aufl., Wiesbaden, 1995

Wackerbarth, Ulrich: Investorvertrauen, Corporate Governance und die Abschaffung des Konzernrecht, http://www.bepress.com/cgi/viewcontent.cgi?art

icle=1119&context=gwp#search=%22investorvertrauen%20wackerbart%22, zuletzt besucht am 07.03.2007

Waclawik, Erich: Die Aktionärskontrolle des Verwaltungshandelns bei der Ausnutzung des genehmigten Kapitals der Aktiengesellschaft, in: ZIP Köln 2006, S. 397–406

Wallenhorst, Marcus: Schranken der Anfechtungsbefugnis von Aktionären, Europäische Hochschulschriften, Reihe II Rechtwissenschaft, Band 1908, Frankfurt am Main u. a., 1996

Wander, Jean: Die Organe der Aktiengesellschaft ihr gegenseitiges Verhältnis nach deutschen, französischem und schweizerischem Recht, Diss. iur., Bern, 1958

Weiss, Gottfried: Zum schweizerischen Aktienrecht, Bern, 1968

Werner, Winfried: Zur Treupflicht des Kleinaktionärs, in: Festschrift für Johannes Semler, hrsg. von Marcus Bierich u. a., Berlin/New York, 1993, S. 419–437

Westermann, Harm P.: Individualrechte und unternehmerische Handlungsfreiheit im Aktienrecht, in: ZHR 156 (1992), S. 203–226

Wiedemann, Herbert: Entwicklungen im Kapitalgesellschaftsrecht, in: DB 1993, S. 141–153

Wiedemann, Herbert: Zu den Treuepflichten im Gesellschaftsrecht, in: Festschrift für Theodor Heinsius, hrsg. von Friedrich Kübler u. a., Berlin/New York 1991, S. 949–966

Wiedemann, Herbert: Gesellschaftsrecht, Ein Lehrbuch des Unternehmens- und Verbandsrecht, Band I: Grundlagen, München, 1980

Wiethölter, Rudolf: Interessen und Organisation der Aktiengesellschaft im amerikanischen und deutschen Recht, Karlsruhe, 1961

Winter, Martin: Mitgliedschaftliche Treuebindungen im GmbH-Recht. Rechtsformspezifische Aspekte eines allgemeinen gesellschaftsrechtlichen Prinzips, München, 1988

Witt, Peter: Konsistenz und Wandlungsfähigkeit von Corporate Governance-Systemen, in: ZfB, 2001, Ergänzungsheft 4, S. 73–97

Worch, Karl-Heinz: Treupflichten von Kapitalgesellschaftern untereinander und gegenüber der Gesellschaft. Eine rechtsvergleichende Darstellung des deutschen und amerikanischen Rechts, Europäische Hochschulschriften, Reihe II- Rechtswissenschaft, Band 349, Frankfurt am Main u. a., 1983

Wöhe, Günter/ Bilstein, Jürgen: Grundzüge der Unternehmensfinanzierung, Lernbücher für Wirtschaft und Recht, 9. Aufl., München, 2002

Würdinger, Hans: Aktienrecht und das Recht der verbundenen Unternehmen, Eine systematische Darstellung, 4. Aufl., Heidelberg/Karlsruhe, 1981

Yanli, Veliye: Die Stellung des Vorstands der Aktiengesellschaft beim genehmigten Kapitals - Kapitalerhöhung gegen Geldeinlagen -, München, 1992

Yildiz, Şükrü: Anonim Ortaklıkta Yeni Pay Alma Hakkı, Istanbul, 1996

Zindel, Gaudenz: Bezugsrechte in der Aktiengesellschaft, Diss. iur., Zürich, 1984

Zöller, Richard: Zivilprozessordnung, 25. Aufl., Köln, 2005 (zit.: Bearbeiter, in Zöller, ZPO, 25. Aufl., 2005)

Zöllner, Wolfgang: Gerechtigkeit bei der Kapitalerhöhung, in: AG 2002, S. 585–592

Zöllner, Wolfgang: Zur Problematik der aktienrechtlichen Anfechtungsklage, in: AG 2000, S. 145–156

Zöllner, Wolfgang: Aktienrechtsreform in Permanenz - Was wird aus den Rechten des Aktionärs?, in: AG 1994, S. 336–342

Zöllner, Wolfgang: Die Anpassung dividendensatzbezogener Verpflichtungen von Kapitalgesellschaften bei effektiver Kapitalerhöhung, in: ZGR 1986, S. 288–309

Zöllner, Wolfgang: Neustückelung des Grundkapitals und Neuverteilung von Einzahlungsquoten bei teileingezahlten Aktien der Versicherungsgesellschaften, in: AG 1985, S. 19–30

Zöllner, Wolfgang: Die Schranken mitgliedschaftlicher Stimmrechtsmacht bei den privatrechtlichen Personenverbänden, München/Berlin, 1963

Einleitung

I. Problemstellung

Durch die zunehmende Globalisierung der Märkte und die damit einhergehenden Herausforderungen für die Geschäftstätigkeit von Unternehmen sehen sich viele Unternehmen einem immer stärkeren Wettbewerbsdruck ausgesetzt. Die dynamischen Veränderungen in Wirtschaft, Wissenschaft und Gesellschaft erfordern von jedem Unternehmen in zunehmendem Maße, eine optimale Finanzierung zu realisieren. Sie ist die Grundvoraussetzung für den nachhaltigen wirtschaftlichen Erfolg und die Wettbewerbsfähigkeit eines Unternehmens. Insbesondere bei größeren Unternehmen ist die Realisierung einer optimalen Finanzierungsstruktur mit hohem Kapitalbedarf verbunden; denn nahezu jede betriebliche Maßnahme wie grundlegende Rationalisierungen, Innovationen, Erweiterungen, die Anpassung an neue Marktgegebenheiten löst meist erheblichen Kapitalbedarf aus. Um den Kapitalbedarf zu decken und somit den unterschiedlichen Zielsetzungen der Finanzierung gerecht zu werden, stehen dem Unternehmen mehrere Varianten zur Verfügung. Als wichtigste Form der Kapitalbeschaffung ist hier die Kapitalerhöhung zu nennen.

Für die Beschaffung neuen Eigenkapitals durch Kapitalerhöhung kennt das deutsche Aktiengesetz drei Formen: die ordentliche Kapitalerhöhung gegen Einlagen, die bedingte Kapitalerhöhung und das genehmigte Kapital. Die ordentliche Kapitalerhöhung, die in dieser Arbeit den Grundfall darstellen soll, dient als effektive Kapitalerhöhung der Zuführung neuer Betriebsmittel. Dies geschieht ähnlich wie bei der bedingten und der genehmigten Kapitalerhöhung gegen die Gewährung von Einlagen durch die Anteilseigner (§ 182 Abs. 1 Satz 4 AktG). Dafür ist ein Beschluss der Hauptversammlung erforderlich, der außer der Mehrheit der abgegebenen Stimmen (§ 133 Abs. 1 AktG) einer Mehrheit von mindestens drei Viertel des bei der Beschlussfassung vertretenen Grundkapitals bedarf (§ 182 Abs. 1 Satz 1 AktG). Die bedingte Kapitalerhöhung stellt eine Sonderform der regulären Kapitalerhöhung gegen Einlagen dar. Hierbei ist die Übernahme neuer Einlagen von einer zusätzlichen Entscheidung der zunächst als Fremdkapitalgeber auftretenden potentiellen Anteilseigner abhängig. Weiterhin darf die Maßnahme nur bestimmten Zwecken dienen wie z. B. der Gewährung von Umtausch- oder Bezugsrechten an Gläubiger von Wandelschuldverschreibungen (§ 192 Abs. 1 AktG). Beim genehmigten Kapital beschließt die Hauptversammlung keine aktuelle Erhöhung des Grundkapitals, sondern ermächtigt die Verwaltung der Gesellschaft per Beschluss, innerhalb eines zeitlich festgelegten Rahmens das Grundkapital gegen Hereinnahme neuer Einlagen ohne weitere Mitwirkung der Hauptversammlung bis zu einem bestimmten Betrag zu erhöhen (§§ 202 ff. AktG). Dabei muss die Ermächtigung in der Satzung vorgesehen sein oder durch eine spätere Satzungsänderung erfolgen, die ihrerseits einen Hauptversammlungsbeschluss erfordert, der gemäß § 202 Abs. 2 Satz 2 AktG mit mindestens einer Drei-Viertel-Mehrheit des bei der Beschlussfassung vertretenen Grundkapitals ergehen muss.

Nach Art. 272 THG muss das Grundkapital einer türkischen Aktiengesellschaft mindestens 50.000 YTL[1] (Art. 272 Satz. 1 THG) betragen. Um das Grundkapital über die notwendige Mindesteinlage von fünfzigtausend YTL hinaus zu erweitern, ist eine von der Aktiengesellschaft durchzuführende Kapitalerhöhung nötig[2]. Das türkische Handelsgesetz unterscheidet hierbei zwei verschiedene Varianten, die ordentliche Kapitalerhöhung gegen Einlagen und die Kapitalerhöhung durch die Heraufsetzung der Nennbeträge vorhandener Aktien (Art. 388 Abs. 1 THG). Außer dieser beiden Möglichkeiten der Kapitalerhöhung gibt es die Möglichkeit, eine registrierte Kapitalerhöhung durchzuführen, indem die Zuständigkeit der Generalversammlung, über die Ausgabe neuer Aktien zu entscheiden, unter bestimmten Voraussetzungen auf den Verwaltungsrat übertragen wird. Die registrierte Kapitalerhöhung wird in Art. 12 TKMG und ergänzend im Erlass des Kapitalmarktausschusses betreffend die Richtlinien des System des registrierten Kapitals (Serie IV Nr. 7)[3] sowie im Erlass des Kapitalmarktausschusses betreffend die Eintragung beim Kapitalmarktausschuss und Verkauf der Aktienurkunden (Serie I Nr. 26)[4] geregelt.

Die Kapitalerhöhung führt zu einer Erweiterung der Eigenkapitalbasis und sichert damit die Liquidität der Gesellschaft. Diese Funktion der Kapitalerhöhung ist deshalb vor allem wichtig, weil über die Kapitalausstattung die Aktivitäten der Aktiengesellschaft gesteuert werden. Eine der wesentlichen Fragestellungen in diesem Zusammenhang ist, wie die im Zuge einer Kapitalerhöhung ausgegebenen neuen Aktien zu verteilen sind. Um die Aktionäre mitgliedschaftsrechtlich vor einer Verwässerung ihres Einflusses auf die Geschicke der Gesellschaft und vermögensrechtlich vor einer Verwässerung ihres Vermögens zu schützen, gewähren die deutschen und türkischen Gesetzgeber jedem Aktionär ein gesetzliches Bezugsrecht (§ 186 Abs. 1 AktG, Art. 394 THG). Dieses Recht, neue Aktien im Verhältnis zum alten Aktienbesitz zu beziehen, kann jedoch aufgrund besonderer Umstände mit qualifizierter Mehrheit in der Haupt-/Generalversammlung

---

1 Nach aktuellem Kurs: 1 € @ 1.7 YTL.

2 Eine Veränderung des Grundkapitals ist auch durch Kapitalherabsetzung möglich.

3 Erlass des Kapitalmarktausschusses betreffend die Richtlinien des System des registrierten Kapitals, Serie IV Nr. 7, Resmi Gazete Nr. 21284 vom 14.7.1992.

4 Erlass des Kapitalmarktausschusses betreffend die Eintragung beim Ausschuss und Verkauf der Aktienurkunden, Serie I Nr. 26, Resmi Gazete Nr. 23524 vom 15.11.1998.

ausgeschlossen werden (§ 186 Abs. 3 AktG, Art. 394 THG). Die Umstände, die aus Sicht der Gesellschaft im konkreten Einzelfall einen Ausschluss des Bezugsrechts der Aktionäre als geboten erscheinen lassen, sind vielfältiger Natur. Da die technische Abwicklung einer Kapitalerhöhung mit Bezugsrecht der Aktionäre wegen der zweiwöchigen Ausübungsfrist gemäß § 186 Abs. 1 Satz 2 AktG in der Regel mehrere Wochen in Anspruch nimmt, kann es z. B. für die Gesellschaft schwierig sein, die neuen Aktien zu einem besonders günstigen Zeitpunkt schnell und flexibel am Markt zu platzieren[5]. Durch den Verzicht auf die zeit- und kostenaufwendige Abwicklung des Bezugsrechts kann der Eigenkapitalbedarf aus sich kurzfristig bietenden Marktchancen gedeckt werden. In dem Spannungsfeld zwischen Gesellschaftsinteressen und Interessen der Aktionäre ist eine gerechter Ausgleich zu finden. Die Gesellschaft muss die Möglichkeit haben, das Bezugsrecht auszuschließen, dabei dürften aber die Aktionärsinteressen nicht über Gebühr beeinträchtigt werden. Nur wenn man die Voraussetzungen des Bezugsrechtsausschlusses angemessen festlegt, können die Aktiengesellschaften einerseits Rechtsicherheit für die Kapitalbeschaffung bekommen, andererseits können die Aktionärsinteressen genügend geschützt werden.

II. Zielsetzung

Primäres Ziel der vorliegenden Arbeit ist die Schaffung eines umsichtigen Bildes der Kapitalerhöhung in beiden untersuchten Rechtsordnungen.

Die vorliegende Arbeit verfolgt zudem den Zweck, die Abwägungskriterien beim Bezugsrechtsausschluss herauszuarbeiten und die Ergebnisse für die rechtspolitische Neugestaltung der Bezugsrechtsregelung in der Türkei fruchtbar zu machen. Obwohl die verschiedenen sozialen und wirtschaftlichen Traditionen verschiedener Länder Einfluss auf die Bezugsrechtspolitik haben, können wahrscheinlich Rückschlüsse aus der deutschen Lehre und Rechtsprechung gezogen werden. Es ist zu wünschen, dass durch die Untersuchung der Erfahrungen in Deutschland ein Vorschlag für einen Gesetzesentwurf über den Bezugsrechtsausschluss in der Türkei entstehen kann.

Als weiteres Ziel soll diese Arbeit herausfinden, welche Rechtschutzmöglichkeiten der Aktionäre gegen eine Kapitalerhöhung mit rechtswidrigen Bezugsrechtsausschluss erforderlich sind. Hierzu werden die bestehenden Rechtsschutzmöglich-

---

5 Der deutsche Gesetzgeber trägt diesem Umstand Rechnung, indem er in § 186 Abs. 3 und 4 AktG die Möglichkeit eines Bezugsrechtsausschlusses für zulässig erklärt, wenn der Bezugsrechtsausschluss von einer qualifizierten Hauptversammlungsmehrheit von mindestens drei Vierteln des bei der Beschlussfassung vertretenen Kapitals getragen wird.

keiten in beiden untersuchten Rechtsordnungen herausgearbeitet und es wird im Spannungsfeld von Aktionärschutz und Gesellschaftsinteressen untersucht, ob sie ausreichend sind, ausgeweitet werden müssen oder einzuschränken sind.

III. Abgrenzung der Untersuchung

Im Rahmen dieser Arbeit werden die Kapitalerhöhung gegen Einlagen und die Kapitalerhöhung aufgrund eines genehmigten/registrierten Kapitals behandelt. Da das türkische Handelsgesetz die bedingte Kapitalerhöhung nicht kennt und es mithin an einer Grundlage für einen Vergleich fehlt, soll die bedingte Kapitalerhöhung nach §§ 192 ff. AktG lediglich in ihren Grundzügen dargestellt werden, ohne auf die Einzelheiten einzugehen. Außerhalb des Untersuchungsbereichs dieser Arbeit bleibt die in Art. 388 Abs. 1 THG geregelte Kapitalerhöhung durch die Heraufsetzung der Nennbeträge vorhandener Aktien. Diese Form der Kapitalerhöhung wird in der türkischen Praxis kaum genutzt, weil für die Heraufsetzung der Nennbeträge vorhandener Aktien die Einstimmigkeit aller Aktionäre erforderlich ist (Art. 388 Abs. 1 THG).

IV. Gang der Untersuchung

Im ersten Kapitel der Arbeit soll die Organisationsstruktur der türkischen Aktiengesellschaft aufgezeigt werden. Während der Gründung einer Aktiengesellschaft nach dem türkischen Aktienrecht eine staatliche Genehmigung zugrunde liegt (Konzessionssystem), geht das deutsche Aktienrecht von dem System der Normativbedingungen aus. Dies hat unter anderem zur Folge, dass die Kompetenzen der aktienrechtlichen Organe in den zu betrachtenden Gesellschaften nicht gleich sind. Das bedeutet weiter, dass der innergesellschaftliche Entscheidungsprozess und die Beziehungen der Organe untereinander unterschiedlich zu bewerten sind. Die anschließenden drei Kapiteln beschäftigen sich eingehend mit der Erhöhung des Grundkapitals. Hier sollen die in beiden untersuchten Rechtsordnungen vorgesehenen Möglichkeiten der Kapitalerhöhung rechtsvergleichend gegenübergestellt werden. Von dem Ergebnis der Untersuchung zur Kapitalerhöhung und insbesondere der materiellen Voraussetzungen des Bezugsrechtsausschlusses ausgehend, soll im fünften Kapitel die Aktionärsklage gegen den rechtswidrigen Ausschluss des Bezugsrechts untersucht werden. Am Ende dieser Arbeit sollen zusammenfassend Reformvorschläge für das türkische Aktienrecht erarbeitet werden, weil das türkische Aktienrecht mit der Rechtswirklichkeit nicht übereinstimmt. Hier ist eine Anpassung an die Anforderungen des EU-Rechts und insbesondere an die EU-Richtlinien über das Gesellschaftsrecht dringend erforderlich.

Kapitel 1: Organisationsstruktur der türkischen Aktiengesellschaft

Das vorliegende Kapitel befasst sich mit der Organisationsstruktur der türkischen Aktiengesellschaft. Dabei sollen die folgenden Ausführungen keine umfassende Darstellung der gesetzlichen Regelungen in der Türkei vermitteln. Vielmehr sollen einzelne charakteristische Elemente der türkischen Aktiengesellschaft herausgegriffen werden. Dies soll dazu führen, eine solide Grundlage für die rechtsvergleichende Untersuchung von rechtlichen Aspekten der Kapitalerhöhung zu schaffen.

I. Aktiengesellschaft im System des türkischen Gesellschaftsrechts

Das türkische Rechtssystem gehört zum kontinental-europäischen Rechtsystem. Deshalb lassen sich zahlreiche Parallelen zwischen dem deutschen und türkischen Aktienrecht aufzeigen, so dass man die Strukturen der türkischen Aktiengesellschaft ohne große Schwierigkeiten nachvollziehen kann. Dennoch scheint es hier angebracht, vorweg auf einige gesellschaftsrechtliche Gesichtspunkte hinzuweisen, die für das Verständnis der rechtlichen Besonderheiten der türkischen Aktiengesellschaft und ihrer Stellung im System des türkischen Gesellschaftsrechts[6] relevant sind.

A. Gesellschaftsbegriff

Eine allgemeine Umschreibung des Gesellschaftsbegriffs erfolgt in Art. 520 TOG[7], der die einfache Gesellschaft (Adi Şirket) als Grundform aller Gesellschaften de-

---

6 In der Türkei besteht – wie auch in Deutschland – kein einheitlich kodifiziertes Gesellschaftsrecht; statt dessen sind die gesetzlichen Bestimmungen für die verschiedenen Gesellschaftsformen in diversen Gesetzen enthalten. Im Wesentlichen finden sich die gesellschaftsrechtlichen Bestimmungen im Zivilgesetz, im Obligationengesetz, im Handelsgesetz und im Kapitalmarktgesetz. Hinzu kommen noch eine Reihe von Einzelgesetze, die spezielle Vorschriften für andere besondere Gesellschaften enthalten, wie z. B. für Genossenschaften, die im Genossenschaftsgesetz Nr. 1163 geregelt sind. Weitere Sondergesetze bestehen für Banken, Sonderfinanzgesellschaften, Versicherungen und Leasingunternehmen.

7 Für die Übertragung der türkischen Gesetzestexte in das Deutsche wurde vor allem die zweite Auflage von „Das türkische Aktien- und GmbH-Recht", hrsg. von Hirsch/Tekinalp, herangezogen, wobei allerdings darauf hingewiesen werden soll, dass die

finiert. Demnach ist eine Gesellschaft ein Vertrag[8], mittels welchem zwei oder mehrere Personen[9] zur Erreichung eines gemeinsamen Zwecks Sachen oder Dienstleistungen einbringen. Mit der Annerkennung eines gemeinsamen Zwecks ist die Verpflichtung verbunden, die Erreichung dieses Zwecks in geeigneter Weise zu fördern[10]. In der gemeinsamen Zweckförderung und in der Absicht gemeinsamer Beteiligung am Ergebnis liegen die begriffsnotwendigen Wesenszüge, welche die Gesellschaft von anderen Vertragsverhältnissen unterscheiden[11].

B. Numerus Clausus der Gesellschaftsformen

Das türkische Gesellschaftsrecht wird, wie das deutsche Gesellschaftsrecht, durch einen sog. „Numerus Clausus" der Gesellschaftsformen geprägt[12]. Dies bedeutet, dass die zulässigen Gesellschaftsformen in ihren Grundzügen durch Gesetze vorgegeben werden. Es ist nicht zulässig, eine andere als die gesetzlich geregelten Gesellschaftstypen zu gründen[13]. Der „Numerus Clausus" der Gesellschaftsformen, dessen Statuierung sich aus dem Schutz des Rechtsverkehrs vor dem Auf-

---

dort verwendete Terminologie teilweise aus der schweizerischen Rechtsterminologie stammt, welche nicht immer mit der jeweiligen Entsprechung des deutschen Rechts übereinstimmt.

8 Der Gesellschaftsvertrag ist grundsätzlich an keine besondere Form gebunden, soweit das Gesetz nicht ausnahmsweise etwas anderes vorschreibt (Art. 11 Abs. 1 TOG). Eine Ausnahme besteht, wenn der Vertrag ein formbedürftiges Leistungsversprechen enthält, wie etwa die Übereignung eines Grundstückes gemäß Art. 634 TZG. Eine andere Ausnahme betrifft die Handelsgesellschaften. Bei allen Handelsgesellschaften bedürfen die Gesellschaftsverträge der Schriftform (Art. 154, 244, 279, 505 THG). Es ist nicht erforderlich, die Gesellschaftsverträge in notariell beurkundeter Form abzuschließen. Notarielle Beglaubigung der Unterschriften der Gründer ist vielmehr ausreichend (Art. 154, 244, 279, 505 THG).

9 Die Gründung von Einmanngesellschaften, wie sie bei Kapitalgesellschaften des deutschen Rechts anerkannt ist (vgl. § 2 AktG, § 1 GmbHG), ist nach türkischem Recht nicht möglich.

10 Arslan Ibrahim, Şirketler Hukuku Bilgisi, 3. Baskı 1998, S. 13 f.

11 Poroy, in Poroy/Tekinalp/Çamoğlu, Ortaklıklar ve Kooperatif Hukuku, 8. Bası 2000, S. 34 Rdn. 60.

12 Anders als im deutschen Recht, in dem der „Numerus Clausus" der Gesellschaftsformen keine ausdrückliche Regelung gefunden hat, wurde vom türkischen Gesetzgeber ein „Numerus Clausus" der Gesellschaftsformen geschaffen, indem er in Art. 520 Abs. 2 TOG die einfache Gesellschaft auch negative definiert, als jene Gesellschaftsform, welche nicht die Voraussetzungen für eine andere Gesellschaftsform erfüllt.

13 ausführlicher dazu Poroy, in Poroy/Tekinalp/Çamoğlu, Ortaklıklar ve Kooperatif Hukuku, 8. Bası 2000, S. 14 Rdn. 18.

treten allzu vielgestaltiger Verbände rechtfertigt, der aber auch dem Schutz der Gesellschafter dient, da deren Rechte und Pflichten durch eine Anzahl zwingender Rechtsnormen im voraus festgelegt sind, wird dadurch abgemildert, dass im Rahmen der näheren vertraglichen Ausgestaltung den Gründern der Gesellschaft ein gewisser Gestaltungsspielraum überlassen bleibt[14].

C. Typisierung der Gesellschaftsformen

Im türkischen Recht gibt es keine gesetzliche Regelung zur Einteilung der verschiedenen Gesellschaftsformen. Um typische Rechtsfolgen zu indizieren bzw. grundsätzliche Unterschiede deutlich zu machen, wird im rechtswissenschaftlichen Schrifttum versucht, die verschiedenen Gesellschaftsformen systematisch einzuteilen[15]. Hinzuweisen ist an dieser Stelle auf die im Schrifttum häufig verwendeten Systematisierungsansätze, welche die wesentlichen Grundsätze des gesellschaftsrechtlichen Aufbaus betreffen. Dabei handelt es sich um die Einteilung in Personen- und Kapitalgesellschaften sowie Gesellschaften mit und ohne Rechtspersönlichkeit.

1. Personen- und Kapitalgesellschaften

a. Personengesellschaften des türkischen Rechts

Personengesellschaften unterscheiden sich von den Kapitalgesellschaften dadurch, dass bei ihnen die Persönlichkeit der Gesellschafter im Vordergrund steht[16]. Besonderes Kennzeichen dieser Gesellschaften ist die Nichtübertragbarkeit der Gesellschafterstellung mit der Folge, dass ein Gesellschafterwechsel nur mit Zustimmung der anderen Gesellschafter vollzogen werden kann (Art. 532 Abs. 1 TOG, Art. 195 ff. THG). Für die Personengesellschaften ist ferner spezifisch, dass alle Gesellschafter persönlich und solidarisch für die Schulden der Gesellschaft haften (Art. 534 TOG, Art. 179 THG) und grundsätzlich die Geschäfte der Gesellschaft selber führen (Art. 525 TOG, Art. 160 THG). Zu den Personengesellschaften gehören Adi Şirket (~die einfache Gesellschaft), Kollektif Şirket (~die Kollektivgesellschaft) und Komandit Şirket (~die Kommanditgesellschaft).

---

14 Tekinalp, in Poroy/Tekinalp/Çamoğlu, Ortaklıklar ve Kooperatif Hukuku, 8. Bası 2000, S. 123 f. Rdn. 165.

15 Poroy, in Poroy/Tekinalp/Çamoğlu, Ortaklıklar ve Kooperatif Hukuku, 8. Bası 2000, S. 12 ff.; Arslan Ibrahim, Şirketler Hukuku Bilgisi, 3. Baskı 1998, S. 14 ff.; Pulaşlı, Şirketler Hukuku, 3. Bası 2001, S. 7 ff.

16 Poroy, in Poroy/Tekinalp/Çamoğlu, Ortakliklar ve Kooperatif Hukuku, 8. Bası 2000, S. 22 Rdn. 35.

b. Kapitalgesellschaften des türkischen Rechts

Bei den Kapitalgesellschaften ist die Mitgliedschaft auf die reine Kapitalbeteiligung und nicht auf persönliche Mitarbeit der Gesellschafter zugeschnitten[17]. Die Anteile können daher frei veräußert und vererbt werden[18]. Ein Gesellschafterwechsel sowie der Tod oder Konkurs eines Gesellschafters haben grundsätzlich keine Auswirkung auf den Bestand der Gesellschaft[19]. Für die Schulden der Gesellschaft haften nicht die Gesellschafter, sondern allein das Vermögen der Gesellschaft[20]. Das türkische Recht unterscheidet drei Arten von Kapitalgesellschaften: Anonim Şirket (~die Aktiengesellschaft), Limited Şirket (~die Gesellschaft mit beschränkter Haftung) und Paylı Komandit Şirket (~die Kommanditgesellschaft auf Aktien).

2. Gesellschaften mit und ohne Rechtspersönlichkeit

In der türkischen Rechtsordnung unterscheidet man zwischen Gesellschaften mit und ohne Rechtspersönlichkeit. Damit ist die Unterscheidung zwischen Gesellschaften, die als juristische Personen angesehen werden und solchen, denen dieses Kriterium fehlt, gemeint. Diese Differenzierung hat im türkischen Gesellschaftsrecht – zumindest in Bezug auf die Handelsgesellschaften[21] – eine relativ geringe Bedeutung; denn alle Handelsgesellschaften besitzen das Recht der Persönlichkeit, das durch die Eintragung in das Handelsregister erworben wird (Art. 137, 138, 301 THG, Art. 45 TZG). Sie sind also juristische Personen und damit rechtsfähig[22]. Infolge der Rechtsfähigkeit können sie selbst am Rechtsverkehr als Träger von Rechten und Verbindlichkeiten teilnehmen, die sie durch Handlung ihrer Orga-

---

17 Arslan Ibrahim, Sirketler Hukuku Bilgisi, 3. Baskı 1998, S. 16 f.

18 Arslan Ibrahim, Sirketler Hukuku Bilgisi, 3. Baskı 1998, S. 16 f.

19 Arslan Ibrahim, Sirketler Hukuku Bilgisi, 3. Baskı 1998, S. 16 f.

20 Poroy, in Poroy/Tekinalp/Çamoğlu, 8. Bası 2000, S. 22 Rdn. 35a.

21 Die Handelsgesellschaften sind Gesellschaften, die durch das Handelsgesetz geregelt werden. Sie sind nach Art. 18 Abs. 1 THG Kaufleute, und zwar unabhängig davon, ob ihr Zweck in dem Betrieb eines kaufmännischen Unternehmens liegt. Art. 136 THG beinhaltet eine abschließende Auflistung der Handelsgesellschaften. Handelsgesellschaften sind danach die Kollektivgesellschaft, die Kommanditgesellschaft, die Kommanditgesellschaft auf Aktien, die Genossenschaft, die Aktiengesellschaft und die Gesellschaft mit beschränkter Haftung.

22 Das türkische Recht ist eines der wenigen europäischen Rechtssysteme, in denen Kollektivgesellschaft und Kommanditgesellschaft als juristische Personen anerkannt werden.

ne erwerben bzw. eingehen[23]. Ihre Rechtsfähigkeit wird allerdings durch den im Gesellschaftsvertrag bestimmten Unternehmensgegenstand begrenzt (Art. 1137, 271 Abs. 2 THG).

D. Ultra-Vires-Theorie

Nach Art. 137 THG können die Handelsgesellschaften „im Rahmen des im Gesellschaftsvertrag festgelegten Gegenstands des Unternehmens alle Rechte erwerben und Verbindlichkeiten eingehen". Im Gegensatz zu der in Art. 48 des türkischen Zivilgesetzes (TZG) für alle sonstigen juristischen Personen anerkannten „Theorie der realen Verbandspersönlichkeit"[24], wonach die Rechtsfähigkeit der juristischen Personen gänzlich unbeschränkt ist, gilt somit für die türkischen Handelsgesellschaften die sogenannte „Ultra-Vires-Theorie"[25], nach

23 Arslan Ibrahim, Şirketler Hukuku Bilgisi, 3. Baskı 1998, S. 14 f.; Pulaşlı, Şirketler Hukuku, 3. Bası 2001, S. 8.

24 Zur ausführlichen Darstellung dieser Theorie; Gierke; Deutsches Privatrecht I, S. 467 ff.

25 In der Diskussion um die rechtliche Einordnung der Ultra-Vires-Rechtsgeschäfte wird weit zurückgegriffen, bis zu den Corporations im Mittelalter. Die eigentliche Ultra-Vires-Lehre wurde jedoch aus den Bestimmungen des English Companies Act von 1862 entwickelt. Grundlegend war die Entscheidung des House of Lords von 1875 in dem Fall Ashbury Railway Carriage Co. v. Riche, Taylor v. Chichester and Midhurst Railway Co. (1867), R 2 Exch. 356. In jenem auch heute noch als „leading case" im Bereich der Ultra-Vires Lehre geltenden Fall stand die rechtliche Würdigung eines Ultra-Vires-Akts einer unter dem Companies Act von 1862 registrierten Gesellschaft zur Entscheidung. Der Gegenstand der Ashbury Railway Co. war „die Herstellung und Verkauf oder Vermietung von Eisenbahnpersonenwagen und -güterwaggons sowie aller Arten von Eisenbahnbetriebsanlagen, -montagen, -maschinen und rollendem Material etc.". Diese Gesellschaft hatte mit dem Kläger „Riche" einen Vertrag geschlossen, der den Bau einer Eisenbahnlinie in Belgien vorsah. Der Vertrag wurde zunächst von der Ashbury Railway Co. vereinbarungsgemäß erfüllt. Dann verweigerte sie die Zahlung, da die Verträge ultra-vires seien. Der Klage der Fa. Riche wurde in den ersten beiden Instanzen stattgegeben. Zwar waren die Richter der Meinung, Law Reports 9 (1874), S. 224, dass die Verträge außerhalb des Satzungszwecks und damit ultravires seien. Sie gingen aber davon aus, dass die Verträge von den Anteilseignern wirksam genehmigt worden seien. In der dritten Instanz vor dem House of Lords wurde auf die Revision des Beklagten hin der Rechtsstreit zugunsten der Beklagten entschieden. Das House of Lords folgte ausdrücklich der Ansicht, House of Lords, Law Reports 7 (1875), S. 653, 672, dass die Zeichner die Gegenstände festsetzen müssten, für welche die vorgeschlagene Gesellschaft errichtet werden solle, und dass die Existenz sowie die Errichtung der Gesellschaft für jene Gegenstände und nur für jene Gegenstände gelte. Lord Cairns,

der die Grenzen der Rechtsfähigkeit durch den Gegenstand des Unternehmens gezogen werden[26].

E. Stellung des Staates zu den Gesellschaften

1. Errichtung von Gesellschaften

Für die Errichtung einer Aktiengesellschaft ist die Genehmigung des Industrie- und Handelsministeriums erforderlich (Art. 273 THG)[27]. Ohne diese Geneh-

---

der seinerzeitige Lordkanzler und höchste Richter Englands, führt dazu aus, House of Lords, Law Reports 7 (1875), S. 653, 672,: „… wenn das der Zweck ist, für den die Körperschaft errichtet worden ist, so handelt es sich um eine Art von Inkorporierung, die in sich sowohl das Bejahende als auch das Verneinende enthält. Diese Art der Inkorporierung setzt nämlich positiv den Umfang und das Ausmaß der Lebensfähigkeit und der Rechtsmacht fest, die der Korporation gegeben sind; Sie stellt andererseits negativ fest – falls dies überhaupt nötig ist –, dass nichts über diesen Umfang hinaus getan werden soll, das korporative Leben für irgendeinen anderen Zweck zu gebrauchen, als den so spezifizierten… Das Memorandum einer Vereinigung ist der Bereich, über den hinaus die Handlung der Gesellschaft nicht gehen kann… Nicht die Gesetzmäßigkeit des Vertrages, sondern die Rechtsmacht der Gesellschaft, den Vertrag abzuschließen, steht hier in Rede… Wenn jeder Aktionär der Gesellschaft im Verhandlungszimmer gewesen wäre und gesagt hätte: Dies ist ein Vertrag, den wir schließen wollen, zu dessen Abschluss wir die Direktoren der Gesellschaft ermächtigen und der mit dem Siegel der Gesellschaft versehen werden darf, so würde das für die Entscheidung keinen Unterschied machen. Die Aktionäre würden dadurch nämlich einstimmig versucht haben, das zu tun, woran sie nach dem Parlamentsakt gehindert seien“. Nach einer Änderung des Companies Act am 04.02.1991 ist in England die ultra-vires Lehre, zumindest für das Außenverhältnis, nahezu hinfällig geworden. Sie hat jedoch auch heute noch Bedeutung beim Innenverhältnis der Public Company. Die Vertretungsbefugnis der Direktors und des Secretary können in der Gegenstandsklausel des Memorandums of Association eingeschränkt werden. Überschreitet ein Direktor seine Vertretungsbefugnisse, so macht er sich gegenüber der Public Company schadensersatzpflichtig (vgl. eingehend Ferran, Company Law and Corporate Finance, Oxford 1999, S. 83 ff.).

26 Die Ultra-Vires-Lehre ist im deutschen Recht nicht anerkannt. § 1 AktG erkennt der Aktiengesellschaft die Rechtsfähigkeit ohne Einschränkungen zu. Sehr vereinzelt wird eine Zweckbindung für die Aktiengesellschaft vertreten/gefordert. Die Rechtsfähigkeit der Aktiengesellschaft sei auf ihren Zweck begrenzt. Der Zweck bilde einen integrierenden Bestandteil der Rechtsperson. Bei einer Zweckänderung entstehe eine neue juristische Person, s. hierzu Fischer, Die AG, in Handbuch des gesamten Handelsrechts, Band III, S. 358 ff

27 Dieses Erfordernis gilt gemäß Art. 509 Abs. 1 THG auch für die GmbH.

migung kann die Gesellschaft nicht ins Handelsregister eingetragen werden[28]. Allerdings darf das Ministerium die Genehmigung nicht allein deshalb verweigern, weil in der Satzung von nachgiebigen Bestimmungen des Gesetzes abgewichen wird (Art. 280 Abs. 2 THG). Wird die Genehmigung verweigert, kann gegen diese Entscheidung vor dem Verwaltungsgericht geklagt werden[29].

2. *Satzungsänderungen*

Wie für die Gründung bedarf es auch für jegliche Satzungsänderungen einer staatlichen Genehmigung (Art. 386, 392 Abs. 1 Satz 1 THG). Zuständig hierfür ist wiederum das Industrie- und Handelsministerium (Art. 273 THG). Auch hier darf das Ministerium die Genehmigung nicht deshalb verweigern, weil die Satzung die Bestimmungen enthält, welche von nachgiebigen Vorschriften des Gesetzes abweichen (Art. 280 Abs. 2 THG). Weigert sich das Ministerium, eine Genehmigung zu erteilen, so kann vor dem Verwaltungsgericht gemäß Art. 2 des Verwaltungsprozessverfahrensgesetzes gegen diesen Beschluss eine Anfechtungsklage erhoben werden.

3. *Staatliche Kontrolle der gesellschaftlichen Tätigkeit*

Türkische Aktiengesellschaften unterliegen einer dauernden staatlichen Aufsicht[30]. Die Tätigkeit und der Geschäftsbetrieb der Aktiengesellschaft wird in einer durch eine Rechtsverordnung[31] bestimmten Weise[32] vom Industrie- und

---

28 Arslan Ibrahim, Sirketler Hukuku Bilgisi, 3. Baskı 1998, S. 253 f.

29 Imregün, Kara Ticareti Hukuku Dersleri, 11. Aufl., S. 273 ff.; Poroy, in Poroy/Tekinalp/Çamoğlu, Ortaklıklar ve Kooperatif Hukuku, 8. Bası 2000, S. 278 Rdn. 490; Domaniç, Anonim Şirketler Hukuku ve Uygulaması, 2. Bası 1988, S. 246.

30 Die GmbH untersteht wie die AG der dauernden staatlichen Aufsicht.

31 Die in Art. 274 Abs. 1 THG vorgesehene Rechtsverordnung, Ortaklıkların Denetimine Dair Tüzük, Resmi Gazete vom 7.8.1972, Nr. 14269, wurde im Jahre 1972 erlassen.

32 Die staatliche Aufsicht wird von den Kommissaren des Industrie- und Handelsministeriums ausgeübt. Die Kommissare nehmen an den ordentlichen und außerordentlichen Generalversammlungen der Aktionäre bzw. Gesellschafter teil. Sie haben zwar das Recht, festzustellen, ob die gesetzlich vorgeschriebenen Handelsbücher und Urkunden vorhanden sind, sie sind jedoch nicht befugt, in die Handelsbücher Einsicht zu nehmen. Jedenfalls soll sich die Tätigkeit der Kommissare ausschließlich auf die Überwachung beschränken, während ihnen eine Einmischung in die Geschäftsführung ausdrücklich untersagt ist. Auch die Eröffnung einer Auflösungsklage gegen die Gesellschaft wegen Verstoßes gegen die öffentliche Ordnung liegt nicht in ihrer Zuständigkeit, sondern bedarf einer besonderen Anordnung des Industrie- und Handelsministeriums.

Handelsministerium beaufsichtigt (Art. 274 Abs. 1 Satz 1 THG). Die Beaufsichtigung umfasst die Prüfung der Gesellschaftsbilanz hinsichtlich der Grundsätze der Klarheit und Wahrheit (Art. 274 Abs. 1 Satz 2 THG). Werden Umstände oder Geschäfte festgelegt, die dem Gesetz, der Satzung oder der öffentlichen Ordnung widersprechen (Art. 274 Abs. 2, 556 THG), so kann das Ministerium gegen die Gesellschaft Auflösungsklage erheben.

F. Ergebnis

Der kleine Streifzug durch das türkische Gesellschaftsrecht hat gezeigt, dass die Ähnlichkeiten zum deutschen Gesellschaftsrecht gegenüber den Unterschieden die Oberhand gewinnen. Neben den überwiegenden Gemeinsamkeiten liegt der signifikanteste Unterschied zu den deutschen Regelungen in der Stellung des Staates zu den Gesellschaften. Während sich die Gründung einer deutschen Aktiengesellschaft nach dem System der Normativbestimmungen vollzieht, bei dem eine besondere staatliche Genehmigung nicht erforderlich ist, ist die Errichtung einer türkischen Aktiengesellschaft an eine konstitutive, vom Industrie- und Handelsministeriums zu erteilende Genehmigung gebunden. Gegenüber dem Normativsystem, das der deutsche Gesetzgeber bereits 1870 einführte[33], liegt der Hauptvorteil des Konzessionssystems in der Möglichkeit, rasch auf Krisen durch Änderung der Konzessionspraxis zu reagieren. Auf der anderen Seite bietet letztere keinen durchgreifenden Schutz gegen Missbrauch, Spekulation und Schwindelgründungen. Bei fehlender wirtschaftlicher Kompetenz der Konzessionsbehörde kann ein starres und formales Vorgehen das Entstehen zukunftsträchtiger Unternehmen und somit die freie Entwicklung der Wirtschaft erschweren bzw. verhindern. Es besteht zudem die Gefahr, dass andere Ziele mit der Genehmigung verfolgt werden und insofern sachfremde Erwägungen der Verwaltung in die

---

33 Das Konzessionssystem, welches im preußischen Gesetz über Aktiengesellschaften von 1843, PrGS 1843, S. 341, erstmalig gesetzlich geregelt wurde, herrschte in Deutschland bist etwa 1870. Die sog. Aktienrechtsnovelle des Norddeutschen Bundes vom 11.6.1870, BGBl. des Norddt. Bundes, S. 375, schaffte dieses ab und führte das seitdem in Geltung gebliebene System der Normativbestimmungen, bei dem eine besondere staatliche Genehmigung nicht erforderlich ist. Wie die Begründung zu dieser Änderung deutlich zeigt, war man sich bewusst, dass dadurch eine „Periode des Aktienschwindels" heraufbeschworen werden konnte. Man hat aber diese „vorübergehenden Nachteile" bewusst im Interesse eines „dauernden besseren Zustands" in Kauf genommen (vgl. Eckardt, in Geßler/Hefermehl/Eckardt/Kropff AktG 1988, Vorb. S. 6 Rdn. 9). Bei Vorliegen der im Gesetz festgelegten formellen Voraussetzungen wird die Gesellschaft ins Handelsregister eingetragen und erlangt dadurch die Rechtsfähigkeit.

Genehmigungserteilung einfließen. Das Konzessionssystem, das das Entstehungsschicksal der Aktiengesellschaft vom Behördenwillen abhängig macht, ist mit der in Art. 33 Abs. 1 TGG geregelten Vereinigungsfreiheit und mit dem Grundsatz der Verfügungsfreiheit des Privatvermögens (Art. 35 Abs. 1 TGG) nicht zu vereinbaren. Dieses System kann auch mit der durchaus liberalen Grundhaltung des türkischen Gesetzgebers nicht in Einklang gebracht werden, die unter anderem darin zum Ausdruck kommt, dass sie die Umwandlung einer Handelsgesellschaft von einem Typ in einen anderen zulässt (Art. 152 THG). Deshalb empfiehlt sich für die türkische Aktiengesellschaft statt des Konzessionssystems vorzugsweise das System der Normativbestimmungen.

Als eine weitere Folge des im türkischen Gesellschaftsrechtrecht verankerten Konzessionssystems zeigt sich das Genehmigungserfordernis für jegliche Satzungsänderungen, darunter für Kapitalerhöhungen. Während der türkische Gesetzgeber auf der einen Seite das Ziel verfolgt, der Gesellschaft durch verschiedene Vorschriften, insbesondere durch die Ermöglichung der Übertragung der Zuständigkeit der Generalversammlung zur Kapitalerhöhung auf den Verwaltungsrat, die Beschaffung von Eigenkapital zu erleichtern, kompliziert er an dieser Stelle mit dem Genehmigungserfordernis das Kapitalerhöhungsverfahren, ohne dass dazu eine Notwendigkeit oder auch nur ein Anlass besteht. Verstößt der Kapitalerhöhungsbeschluss gegen die Bestimmungen von Gesetz oder Satzung und vor allem auch gegen die Grundsätze von Treu und Glauben, so haben die Aktionäre und der Verwaltungsrat sowie jedes einzelne Mitglied des Verwaltungsrates gemäß Art. 381 THG die Möglichkeit, eine Anfechtungsklage gegen diesen Beschluss zu erheben. Das Fallenlassen dieses Genehmigungserfordernisses wird daher in dem Verfahren, in dem sich die Türkei von einem Konzessionssystem auf ein System der Normativbestimmungen zu bewegt, einen weiteren Schritt bei der Aufhebung bürokratischer Verkrustungen und der Steigerung der Autonomie der Kapitalgesellschaften markieren.

II. Entwicklung des türkischen Aktienrechts

Wirft man einen Blick auf die Rechtsentwicklung im türkischen Aktienrecht, so muss gesagt werden, dass sie die gesamte politische und wirtschaftliche Geschichte der jungen „Republik Türkei“[34] widerspiegelt. Diese Geschichte ist eine

34 Der nach der Unterzeichnung des Waffenstillstandsabkommens von Mondoros am 30. Oktober 1918 einsetzenden Besatzung des Osmanischen Reiches durch die Alliierten widersetzte sich das türkische Volk. Um diesen Widerstand zu organisieren, fuhr Mustafa Kemal Pascha nach Samsun am Schwarzen Meer, wo er am 19. Mai 1919

Geschichte der Reformen Atatürks[35], der sich zum Ziel gesetzt hatte, die Türkei zu einem modernen Staat westlicher Prägung zu machen. Diese Reformen, die eine völlige Abkehr von dem islamisch fundierten „Osmanischen Reich" signalisierten, richteten sich auf unterschiedliche rechtliche Gebiete und führten sowohl zur Verabschiedung neuer Gesetze als auch zur Änderung bestehender gesetzlicher Grundlagen. Ein Ergebnis dieser gewaltigen Anstrengungen war das am 04.10.1926 in Kraft getretene Handelsgesetz[36], das an die Stelle des damals formell in Geltung befindlichen Landhandelsgesetzes von 1850 (Kanunname-i Ticaret)[37] trat.

Das Handelsgesetz von 1926 regelte in neun Kapiteln, deren erstes die für alle Gesellschaftstypen gemeinsam anwendbaren Vorschriften enthielt, die Kollektivgesellschaft, die Kommanditgesellschaft, die Aktiengesellschaft, die Kommanditgesellschaft auf Aktien, die Kooperativgesellschaft, die Gesellschaft mit beschränkter Haftung, die Zivilgesellschaft in handelsrechtlicher Form und die stille Gesellschaft. Allerdings bestand weder zwischen dem allgemeinen Teil und den einzelnen Kapiteln noch diesen selbst untereinander der erforderliche Zusammenhang, da die Vorschriften des allgemeinen Teils und denen für die einzelnen Gesellschaftstypen ganz verschiedenen ausländischen Vorbildern entlehnt waren. So stammte der allgemeine Teil des Gesellschaftsrechts aus dem italienischen Handelsgesetz von 1882 (Codice Commerciale), während das Aktienrecht eine Mischung aus italienischem, deutschem und schweizerischem Recht darstellte. Die mangelnde Einheitlichkeit zeigte sich auch zwischen

---

landete. Damit begann unter Führung von Mustafa Kemal Pascha ein organisierter Kampf gegen die Besatzungsmächte in Anatolien. Nach dem Ende des Befreiungskampfes wurde der Friedensvertrag von Sèvre, der von dem osmanischen Staat und den Alliierten am 10. August 1920 geschlossen worden war, revidiert und am 24. Juli 1923 der Friedensvertrag von Lausanne unterzeichnet. Mit diesem Vertrag erhielt die türkische Nation ihre Freiheit und Unabhängigkeit. Am 29. Oktober 1923 wurde die Türkische Republik ausgerufen.

35 Mustafa Kemal Atatürk (1881–1938), Gründer und erster Staatspräsident der „Republik Türkei".

36 Eski Ticaret Kanunu, Resmi Ceride, 28.6.1926, Nr. 406, 413, 584, 5103.

37 Kanunname-i Ticaret, das mit 43 Artikeln die erste beachtenswerte Regelung des Gesellschaftsrechts auf türkischem Boden enthielt, war eine partiell fehlerhafte Übersetzung des französischen Handelsgesetzes von 1807 (Code de Commerce). Alle hintereinander folgenden Vorschriften des Dritten Buches von „Code de Commerce" waren ohne Rücksicht auf die Systematik wortwörtlich übernommen. Das Landhandelsgesetz sah bei der Gründung der Aktiengesellschaften eine staatliche Genehmigung vor.

dem Handelgesellschaftsrecht und dem bürgerlich-rechtlichen Vereins- und Gesellschaftsrecht.

Am 01.1.1957 trat ein neues Gesetz[38] an die Stelle des Handelsgesetzes von 1926 (ETK). Das türkische Handelsgesetz[39], das nach der ausdrücklichen Bestimmung seines Art. 1 einen untrennbaren Teil des Türkischen Zivilgesetzes (TZG)[40] ist[41], bildet eine in sich geschlossene Kodifikation. Es stellt eine Zusammenfassung von Regelungsbereichen dar, die zum einen den kaufmännischen (Handels-) Verkehr betreffen und zum anderen die Organisation und Verwaltung von Gesellschaften. Da das türkische Handelsgesetz die Handelsgesellschaften dem Einzelkaufmann grundsätzlich gleichstellt, werden eine Reihe von Vorschriften, welche nicht von der Organisationsform eines Unternehmens abhängen, in einem allgemeinen Teil vorangestellt. Dies betrifft das Handelsregister, das Firmenrecht, den unlauteren Wettbewerb, die kaufmännische Buchführungspflicht, das Kontokorrent und die Handelsvertretung. Die für alle Handelsgesellschaften gemeinsam anwendbaren Vorschriften über die Rechtspersönlichkeit, Einlageverpflichtung und Unternehmensumwandlung folgen darauf. Daran anschließend erfolgen die speziellen Regelungen der einzelnen Handelsgesellschaften. Die rechtsformspezifischen Normen der türkischen Aktiengesellschaft befinden sich in den Art. 269 bis 485 des Handelsgesetzes.

38 Das neue Türkische Handelsgesetz (THG) war formell zwar ein neues Gesetz, sachlich aber, zumindest was das Aktienrechts betrifft, nur ein erneuertes Gesetz. Denn der größte Teil der aktienrechtlichen Vorschriften des Handelsgesetzes von 1926 war unverändert ins neue Handelsgesetz aufgenommen. Man beschränkte sich bewusst darauf, wie der Begründung des Regierungsentwurfs, zum RegE. THG, S. 27, zu entnehmen ist, lediglich diejenigen Vorschriften zu ändern, die nach der Praxis der letzten Jahre abänderungsbedürftig schienen, um einige Lücken auszufüllen.

39 Türk Ticaret Kanunu, Resmi Gazete, 9.7.1956, Nr. 9353.

40 Das türkische Zivilgesetz datiert auf den 1.1.2002 und behandelt aus dem Bereich des Gesellschaftsrechts in Artikel 47 bis 117 allgemeine Bestimmungen über juristische Personen, die Vereine und Stiftungen.

41 Das Türkische Obligationenrecht ist nach seinem Art. 544 ebenfalls ein untrennbarer Bestandteil des Türkischen Zivilgesetzes. So stellen diese drei Gesetze, ergänzt durch ihre Einführungsgesetze, eine sachlich zusammengehörige und einheitlich geformte Normenmasse dar, deren einzelne Vorschriften immer nur mit Bezug auf das Ganze und im Zusammenhang mit allen anderen Bestimmungen richtig gewürdigt und beurteilt werden können.

III. Wesen der türkischen Aktiengesellschaft

Um einen möglichst aussagekräftigen Rechtsvergleich zu ermöglichen, soll hier ein Blick auf die wesentlichen Merkmale der türkischen Aktiengesellschaft geworfen werden.

A. Bezeichnung

Die Aktiengesellschaft wird im türkischen Recht mit „Anonim Şirket" bezeichnet. Diese Bezeichnung entspricht dem französischen Ausdruck „société anonyme". Allerdings darf nicht angenommen werden, dass dieser Anlehnung in der Bezeichnung auch eine Anlehnung in der rechtlichen Regelung derart entspräche, dass der Gesellschaftstypus „Anonim Şirket" den Grundsätzen des französischen Gesellschaftsrechts nachgebildet wäre[42]. Die türkische Aktiengesellschaft ist im Wesentlichen nach dem Vorbild der schweizerischen Aktiengesellschaft aufgebaut, so dass man im Falle von Auslegungsschwierigkeiten und gesetzlichen Unzulänglichkeiten auf Regelungsansätze im schweizerischen Recht zurückgreifen kann, die die betreffenden Fragen behandeln.

B. Begriff

Eine Legaldefinition des Rechtsbegriffs „Anonim Şirket" gibt es im türkischen Handelsgesetz nicht[43]. In Art. 269 THG sind lediglich die grundlegenden und wesentlichen Strukturen dieser Gesellschaftsform beschrieben, die einer Begriffsbestimmung allerdings sehr nahe kommen. Demnach ist „Anonim Şirket" eine Gesellschaft mit eigener

42 Hirsch/Tekinalp, Das türkische Aktien- und GmbH-Recht, 2. Aufl. 1993, Einl. S. 37 f.: „In Wirklichkeit handelt es sich nur um einen sprachlichen Notbehelf, da die ersten zum Geschäftsbetrieb in der Türkei zugelassenen Gesellschaften dieser Art ausländischen Ursprungs waren und der Gesetzgeber bei der Kodifizierung des türkischen Gesellschaftsrechts nicht den Ehrgeiz sprachlicher Neuschöpfung hatte, sondern die den Kaufleuten und Juristen geläufig gewordenen Ausdrücke übernahm".

43 Nach Poroy, in Poroy/Tekinalp/Çamoğlu, Ortaklıklar ve Kooperatif Hukuku, 8. Bası 2000, S. 229 Rdn. 428, haben die Definitionsversuche in der Literatur keine praktische Bedeutung. Dies liege an den Erfordernissen bei der Errichtung der Gesellschaft, wie Eintragung ins Handelsregister und die Genehmigung des Industrie- und Handelsministeriums. Wenn diese erfüllt seien, sei es nicht vorstellbar, dass eine andere Gesellschaftsform vorliegt; ebenso Grunewald, Gesellschaftsrecht, 3. Aufl., S. 226 Rdn. 1, die zu dem Ergebnis kommt, dass die Frage, ob eine Aktiengesellschaft vorliegt, zu bejahen ist, „wenn die Gesellschafter diese Rechtsform wählen und eine entsprechende Eintragung im Handelsregister erfolgt".

Firma, deren im voraus bestimmtes Kapital (Grundkapital) in Aktien zerlegt ist und für deren Verbindlichkeiten nur das Gesellschaftsvermögen haftet.

C. Zweck

Während sowohl nach deutschem als auch nach schweizerischem Recht die Aktiengesellschaft für jeden zulässigen und möglichen Zweck gegründet werden kann (§ 3 AktG, Art. 620 Abs. 3 OR), ist die Gründung einer türkischen Aktiengesellschaft nur zulässig, wenn der Zweck des Unternehmens wirtschaftlicher[44] Natur ist (Art. 271 THG). Ist der Zweck nicht wirtschaftlicher Natur, so kommt als Rechtsform für die Gemeinschaft nur ein Verein oder eine einfache Gesellschaft in Betracht, weil auch für die Rechtsform der GmbH die gleiche Beschränkung auf den wirtschaftlichen Bereich in Art. 503 Abs. 3 THG ausdrücklich ausgesprochen wird und für die offene Handelsgesellschaft und Kommanditgesellschaft auch nach deutschem und schweizerischem Recht nichts anderes gilt.

D. Eigene Rechtspersönlichkeit

Die türkische Aktiengesellschaft ist eine Gesellschaft mit eigener Rechtspersönlichkeit, die durch die Eintragung ins Handelsregister erworben wird (Art. 301 Abs. 1 THG). Damit erlangt sie eine ähnliche Rechtstellung wie eine natürliche Person und nimmt wie diese am Rechtsverkehr teil. Die Aktiengesellschaft selbst, nicht die Aktionäre, ist Trägerin der Rechte und Verbindlichkeiten, soweit diese nicht ihrer Natur nach den natürlichen Personen vorbehalten sind. Abgesehen von diesen Beschränkungen, die sich aus der Verschiedenheit der natürlichen und juristischen Person ergeben, beschränkt das Gesetz die Rechtsfähigkeit der

---

44 Hirsch/Tekinalp, Das türkische Aktien- und GmbH-Recht, 2. Aufl. 1993, Art. 271 Anm. 1: „Nach der Begründung des Rechtsausschusses ist das Wort »wirtschaftlich« eingefügt worden, um klarzustellen, dass eine AG sich ausschließlich auf wirtschaftlichem Gebiet betätigen kann, auch wenn ihre Geschäfte keine kaufmännischen sein müssen. Das Wort »wirtschaftlich« kann sich also nur auf den Gegenstand beziehen; andernfalls würde die Harmonie mit dem TZG gestört: nach Art. 52 Abs. 2 TZG sind die Vereinigungen, die einen wirtschaftlichen Zweck verfolgen, den Vorschriften über die »Gesellschaften« unterstellt. Dem zivilrechtlichen Vereinsrecht (Art. 53 ff. TZG) unterstehen dagegen die politischen, religiösen, wissenschaftlichen, künstlerischen, wohltätigen, geselligen, sportlichen und alle anderen, dem Hauptzweck nach nichtwirtschaftlichen Vereinigungen. Doch kann ein derartiger Verein mit nichtwirtschaftlichem Zweck zu dessen Erreichung sich mit wirtschaftlichen Geschäften abgeben, insbesondere ein kaufmännisches Unternehmen betreiben (Art. 54 Abs. 2 TZG)".

Aktiengesellschaft auf die Vornahme von Geschäften, die sich auf den satzungsgemäßen Aufgabenbereich beziehen (Art. 137, 271 Abs. 2 THG).

E. Grundkapital

Das Grundkapital der türkischen Aktiengesellschaft beträgt mindestens 50.000 YTL (Art. 272 Satz. 1 THG). Gemäß Art. 269 THG ist dieses Grundkapital in Teilsummen (Aktien) zerlegt, die auf einen bestimmten Nennwert lauten. Der Mindestnennbetrag der Aktienurkunden[45] darf nicht niedriger als eine „Neue Kuruş"[46] sein (Art. 399 Abs. 1 Satz 1 THG), wobei dieser Wert nicht auf einen bestimmten Höchstbetrag begrenzt ist. Eine Überpariemission ist demnach zulässig, nicht jedoch eine Unterpariemission. Die Aktien können entweder auf Inhaber oder auf Namen lauten (Art. 409 Abs. 1 THG). Enthält die Satzung keine gegenteilige Bestimmung, so müssen die Aktienurkunden auf Namen lauten (Art. 409 Abs. 2 THG). Es ist unzulässig, Inhaberurkunden auszugeben, solange die Aktien nicht voll eingezahlt sind (Art. 409 Abs. 2 und 3 THG).

F. Gründung

Eine türkische Aktiengesellschaft wird von mindestens fünf Personen[47] gegründet (Art. 277 THG). Gründer können natürliche und juristische Personen sein. Die

45 Man darf sich durch die Formulierung „Aktienurkunden" in Art. 399 THG nicht beirren lassen, da die Art. 399–408 THG von Aktien und nicht von den Urkunden handeln. Gemeint ist nicht die Urkunde über die Aktie, sondern diese selbst.

46 Kuruş (sprich: Kurusch) ist ein Hunderstel der neuen türkischen Lira. Die vor über 20 Jahren aus dem Verkehr gezogene Kuruş wurde durch eine Währungsreform zum 1. Januar 2005, bei der von der „Türkischen Lira" 6 Nullen gestrichen wurden, wieder eingeführt. Die „Neue Türkische Lira" (YTL), die in 100 „Neue Kuruş" unterteilt ist, ersetzt die Vorgängerwährung „Türkische Lira" (TL) und ist nunmehr verbindliches Zahlungsmittel in der Türkei.

47 Die Gründung von Einmanngesellschaften, wie sie bei Kapitalgesellschaften des deutschen Rechts anerkannt ist (vgl. § 2 AktG, § 1 GmbHG), ist demnach nach türkischem Recht nicht möglich. Allerdings ist ein Schrumpfen der Gesellschaft auf eine Einmanngesellschaft möglich, ohne dass dieser Vorgang automatisch die Auflösung der Gesellschaft zur Folge hätte. Das Prinzip des Zusammenwirkens mehrerer Personen in einer Gesellschaft betrifft die Errichtungs- bzw. Gründungsphase. Für die Zeit nach der Gründung gilt, dass, „wenn die Zahl der Aktionäre unter fünf (...) sinkt, das Gericht auf Antrag eines Aktionärs oder Gesellschaftsgläubigers oder des Handelsministeriums die Auflösung der (Aktien-)Gesellschaft anordnen kann, sofern die Gesellschaft nicht binnen angemessener Frist den gesetzmäßigen Zustand wieder herstellt" (Art. 435 THG). Dass die Aktiengesellschaft nicht automatisch

Errichtung einer Aktiengesellschaft kann in Form der Einheitsgründung (Simultangründung) oder der Stufengründung (Sukzessivgründung)[48] erfolgen (Art. 276 Abs. 1 THG)[49].

untergeht, wenn die Anzahl der Aktionäre nach der Gründung unter fünf Personen fällt und nur durch Gerichtsbeschluss auf Antrag eines Aktionärs oder Gläubigers auflösbar ist, zeigt, dass das Gesetz die Möglichkeit einer nachträglichen Vereinigung aller Gesellschaftsanteile in einer Hand zumindest faktisch anerkennt. So kann die Aktiengesellschaft auch nur mit einem Aktionär bestehen, solange kein Antrag auf die Auflösung der Gesellschaft gestellt wird. In der Realität wird eine zwangsweise Auflösung auf Antrag kaum erfolgen, da den Gläubigern eher an der Begleichung ihrer Forderungen als an der Auflösung der Gesellschaft gelegen sein wird und die Aktionäre keinen Grund haben dürften, die Auflösung ihrer eigenen Gesellschaft zu verlangen. Aus dem Gesagten ergibt sich, dass das türkische Aktienrecht die Einmann-Aktiengesellschaft indirekt anerkennt. Dennoch sollte im Rahmen einer nächsten Revision des türkischen Aktienrechts die Einmann-Aktiengesellschaft ausdrücklich normiert werden. Dieser Schritt entspricht der Rechtsentwicklung in europäischen Ländern, wie Deutschland, Belgien, Italien, Frankreich, Spanien England, Portugal sowie den Richtlinien der Europäischen Union.

48 Seit der Abschaffung der Stufengründung im Jahre 1965 kennt das deutsche Aktienrecht nur noch die Einheitsgründung (vgl. § 29 AktG). Die im AktG von 1937 besonders eingehend geregelte Stufengründung erwies sich als sehr kompliziert und setzte sich in der Praxis kaum durch. In der Begr. zu § 34 RegE heißt es dazu: „Schon die Entwürfe I und II zu einem Aktiengesetz aus den Jahren 1930 und 1931 sahen die Stufengründung nicht mehr vor, da, wie eine Rundfrage ergeben hatte, diese Gründungsform praktisch nicht mehr genutzt wurde. Das Aktiengesetz behielt sie dagegen bei, weil es eine Gründung ohne Hilfe der Banken ermöglichen wollte und dies angesichts des erhöhten Mindestgrundkapitals von 500 000 RM sonst nicht möglich schien. Diese Begründung trifft auf die nach dem Entwurf bestehende Rechtslage nicht mehr zu, da es ein Mindestgrundkapital von 100 000 DM erlaubt. Ein sonstiger Grund, der für die Beibehaltung der Stufengründung spricht, ist nicht ersichtlich. Die Regelung der Stufengründung muss, um im Interesse der Gläubiger und Kapitalanleger gefährliche Gesellschaftsgründungen zu verhüten, notwendig so umständlich sein, dass sie nicht mehr den praktischen Bedürfnissen der Wirtschaft entspricht.“.

49 Die weitaus größte Zahl der türkischen Aktiengesellschaften wird durch die Einheitsgründung errichtet. Das Verfahren ist einfach, zumal die Gründer unter sich das Maß der Beteiligung, die Satzung und die Organe der Gesellschaft beraten.

Kapitel 2: Ordentliche Kapitalerhöhung

Im vorigen Kapitel wurde der organisatorische Aufbau der türkischen Aktiengesellschaft und die diesen bestimmende Verteilung der Entscheidungskompetenzen dargestellt. In jeder Aktienrechtsordnung verfolgen die Gesetzgeber auf verschiedene Weise das Ziel, die Gesellschaftsorgane mit den Mitteln des Organisationsrechts in ein ausgewogenes und den praktischen Bedürfnissen entsprechendes Verhältnis zueinander zu bringen und damit eine angemessene Ausbalancierung der Interessen aller Beteiligten sicherzustellen. Im Mittelpunkt der auf Machtbalance abzielenden Kompetenzordnung steht der Schutz der wirtschaftlichen und rechtlichen Stellung des Aktionärs gegenüber der Gesellschaft und ihrer Verwaltung. Dem tragen die türkischen und deutschen Gesetzgeber Rechnung, wenn sie für bestimmte Maßnahmen die Beschlussfassung der Gesellschafterversammlung fordern und diese damit von der der Verwaltung allein zustehenden Geschäftsführung ausschließen; dabei gilt das besondere Augenmerk den Maßnahmen der Kapitalbeschaffung, die zu den ausschließlichen Zuständigkeit der Haupt-/Generalversammlung gehören (§ 119 Abs. 1 Ziff. 6 AktG, Art. 391 THG.) Damit gemeint sind die in §§ 182 ff. AktG, Art. 391 ff. THG ausdrücklich normierten Fälle der Eigenkapitalzuführung, und zwar speziell die Erhöhung des satzungsmäßig festgelegten Grundkapitals[50]. Im Folgenden werden zunächst Begriff und Funktionen des Grundkapitals erläutert und eine Abgrenzung des Eigenkapitals vom Fremdkapital vorgenommen. Im nächsten Schritt erfolgt die Darstellung der verschiedenen Formen der Grundkapitalerhöhung. Anschließend daran werden die Motive und die allgemeinen Grundsätze sowie Zulässigkeitsvoraussetzungen der ordentlichen Kapitalerhöhung dargestellt. Darauf folgt eine ausführliche Beschreibung des Ablaufs des Erhöhungsverfahrens. Zum Schluss werden die rechtlichen Rahmenbedingungen nach deutschem und türkischem Aktienrecht über das Bezugsrecht und dessen Möglichkeiten des Ausschlusses dargestellt.

50 Ekkenga, AG 2001, S. 568 FN. 3: „Dass mit „Maßnahmen der Kapitalbeschaffung“ im Sinne der Vorschrift Kapitalerhöhungen gem. §§ 182 ff. AktG gemeint sind, ergibt sich aus der gleichlautenden Überschrift zu diesen Vorschriften im Zweiten Abschnitt des sechsten Teils.“

I. Erhöhung des Grundkapitals

A. Begriff und Funktionen des Grundkapitals

1. Begriff

Während es auf den ersten Blick klar zu sein scheint, was „Kapital“[51] bedeutet, ist es sehr schwer, eine allgemein gültige Definition dafür anzugeben, da der Begriff „Kapital“ eine Vielzahl von unterschiedlichen Aspekten beinhaltet[52]. In dieser Arbeit wird auf die unterschiedlichen Definitionen und Sichtweisen des Kapitalbegriffs nicht eingegangen, sondern folgende Feststellung getroffen: Sowohl das deutsche Aktiengesetz als auch das türkische Handelsgesetz verstehen unter dem Begriff „Kapital“ lediglich das „Grundkapital“ einer Aktiengesellschaft. Das Grundkapital ist ein Kapitalbetrag von fester, nur durch Satzungsänderung modifizierbarer Größe, zu dessen Aufbringung sich die Gründer bei der Gründung durch die Übernahme von Aktien verpflichten[53].

2. Funktionen des Grundkapitals

Das Grundkapital hat eine Reihe Funktionen, die im Folgenden kurz dargestellt werden.

a. Sicherstellung der Haftungsbasis für Gläubiger

Die zentrale Bedeutung des Grundkapitals liegt darin, dass es „als eine Art Garantieziffer“[54] der Sicherung der Haftungsgrundlage für Gesellschaftsgläubi-

---

51 Etymologisch leitet sich das Wort „Kapital“ vom lateinischen Ausdruck „Summe capitalis“ ab, der die Hauptsumme einer geliehenen Geldsumme im Gegensatz zu den dafür geschuldeten Zinsen oder Interessen bezeichnete. Die volkstümliche Sprache ist dieser ursprünglichen Deutung bis heute nahe geblieben, indem sie den Namen „Kapital“ vorzugsweise auf werbend angelegte Geldsummen anzuwenden beliebt.

52 Hicks, Capital and Time, S. V: „Kapital… ist ein sehr weiteres Forschungsgebiet mit vielen Aspekten. Es ist schwierig, mehr als einige wenige Gesichtspunkte des gesamten Komplexes ins Blickfeld zu bringen, gleichgültig von welchem Ausgangspunkt man beginnt. Es ist gerade so, als ob man Bilder von neinem Gebäude aufnimmt; obwohl es das gleiche Gebäude ist, sieht es von unterschiedlichen Standpunkten sehr verschieden aus“.

53 Eisenhardt, Gesellschaftsrecht, 13. Aufl., S. 274 Rdn. 488; Eckardt, in Geßler/Hefermehl/Eckardt/Kropff AktG 1988, § 1 Rdn. 36; Lutter, in Kölner Komm. z. AktG, 2. Aufl. 1995, § 1 Rdn. 27.

54 Hueck/Windbichler, Gesellschaftsrecht, § 21 Rdn. 3.

ger dient[55]. Das Grundkapital sorgt dafür, dass den Gläubigern der Gesellschaft nur das Gesellschaftsvermögen und nicht das Gesellschaftervermögen haftet. Das Gesellschaftsvermögen stellt die ausschließliche Haftungsgrundlage dar, weil die Aktionäre selbst nicht haften (§ 1 Satz. 2 AktG, Art. 269 THG).

b. Grundkapital als Betriebskapital

Das Grundkapital gestattet die Gesellschaft nicht nur mit einem gewissen Eigenkapital aus, wie es betriebswirtschaftlich grundsätzlich und typischerweise erforderlich ist, sondern gewährt der Gesellschaft auch die für den Anfang sinnvollen Betriebsmittel, die nötig sind, um eine sofortige Überschuldung zu vermeiden[56]. Hier bietet das Grundkapital gegenüber dem Fremdkapital den Vorteil, dass es der Gesellschaft auch in Krisenzeiten zur Verfügung steht und nicht wie ein Kredit gekündigt werden kann. Außerdem hat die Gesellschaft für das Eigenkapital, zu dem das Grundkapital zählt, keine Zinsen zu zahlen, was ebenfalls insbesondere in der Zeit von Ertragsschwächen von Vorteil ist[57].

c. Mäßigung der Gesellschafter

Eine weitere Funktion des Grundkapitals wird in der mäßigenden Wirkung auf die Gesellschafter gesehen[58]. Der Ausgangspunkt dieser Theorie ist die Annahme, dass als Folge der Haftungsbeschränkung die Gefahr besteht, dass die Gesellschafter wegen des begrenzten Risikos eher bereit sind, geschäftlich höhere oder sogar verantwortungslose Risiken mit höherem Gewinnpotenzial einzugehen, als wenn sie selbst für den Fall des Misserfolgs haften müssten[59]. Dieses im Verhalten der Gesellschafter liegende Risiko wird im anglo-amerikanischen Bereich als „moral

55 Lutter, AG 1998; S. 375; Wiedemann, DB 1993, S. 141, 147; Bahtiyar, Anonim Ortaklıkta Kayıtlı Sermaye Sistemi ve Sermaye Artırımı, 1996, S. 11 f.

56 Bauer, Gläubigerschutz durch eine formelle Nennkapitalziffer, S. 112; Lutter, in Kölner Komm. z. AktG, 2. Aufl. 1995, Vorb. § 53 a Rdn. 8; ders., AG 1998, S. 375; in diese Richtung geht auch vom europäischen Parlament verabschiedete Verordnung über das Statut des SE.. In deren Einleitung, Verordnung Nr. 2157/2001; Abl. EG vom 10.11.2011, L 294, Einleitung Nr. 13, heißt es: „Es empfiehlt sich für die Gesellschaft ein Mindestkapital festzusetzen, dass die Gewähr dafür biete, dass diese Gesellschaften über eine ausreichende Vermögensgrundlage verfügen".

57 Raettig, Finanzierung mit Eigenkapital, S. 174.

58 Roth, ZGR 1986, S. 371, 378; Baldamus, Reform der Kapitalrichtlinie, S. 79.

59 Adams, Eigentum, Kontrolle und Beschränkte Haftung, S. 35 ff.; Drukarczyk, Begrenzte Haftung, S. 107 m.w.N.

hazard“ bezeichnet[60]. Unter „moral hazard“ wird im Allgemeinen das Phänomen verstanden, dass bei unvollständigen Kontrakten ein Vertragspartner zum Nachteil des anderen wider den Geist des Kontrakts verstößt[61]. Insbesondere bei mangelnder persönlicher Verantwortlichkeit besteht zur Erzielung eines höheren Gewinns ein Anreiz, höhere Risiken einzugehen, die mangels der persönlichen Haftung letztlich von den Vertragspartnern getragen werden[62]. Da die Gesellschafter die unternehmerischen Risiken gewissenhafter abschätzen werden, wenn sie selbst finanziell engagiert sind und folglich im Falle des Misserfolges auch einen finanziellen Verlust erleiden, steigt laut dieser Theorie die Wahrscheinlichkeit, dass sich die Gesellschafter um so mehr um die Gesellschaft bemühen, da sie durch das Grundkapital zumindest teilweise die Kosten im Falle eines Scheiterns der Gesellschaft tragen.

d. Risikoprämientheorie

In eine ähnliche Richtung geht der Ansatz, wonach das Grundkapital eine Prämie für die Gewährung der Haftungsbegrenzung darstellt, die dafür sorgen soll, dass die Gesellschafter sich bemühen, „die Schäden für Dritte gering zu halten“[63]. Nach einer betriebswirtschaftlichen These berechnet der potenzielle Gläubiger einer Forderung beim Vertragsabschluss das Risiko des Ausfallens der Forderung und kalkuliert dieses Risiko in den Preis ein[64]. Verlangt der Schuldner eine Haftungsbeschränkung und erhöht sich mithin das Ausfallsrisiko des Gläubigers, so hat dies ein Ansteigen des Preises zur Folge. Diesen Risikozuschlag soll das Grundkapital darstellen. Der Gesetzgeber nimmt die Regelung der Vertragsparteien vorweg, wodurch die Vertragsparteien nicht mehr für jeden einzelnen Fall die Risikoprämie vereinbaren müssen. Dadurch werden Transaktionskosten gespart[65].

e. Schutz vor unseriösen Gesellschaftsgründungen

Eine andere Funktion des Grundkapitals wird in dem Schutz vor sogenannten Schwindelgründungen angesehen[66]. Die gesetzlichen Regelungen des festen

---

60 Bauer, Gläubigerschutz durch eine formelle Nennkapitalziffer, S. 95; Escher-Weingart, Deregulierung, S. 17.

61 Arrow, Wo Organisation endet, S. 34

62 Franke/Hax, Finanzwirtschaft des Unternehmens und Kapitalmarkt, S. 410.

63 Wiedemann, DB 1993, S. 141, 147.

64 Drukarczyk, Unternehmen und Insolvenz, S. 177; Roth, ZGR 1986, S. 371, 374.

65 Roth, ZGR 1986, S. 371, 374.

66 Baldamus, Reform der Kapitalrichtlinie, s. 85; K. Schmidt, die Sicherung der Kapitalaufbringung und Kapitalerhaltung in Kapitalgesellschaften, S. 103, 127; Lutter, FS Riesenfeld, S. 165, 168.

Grundkapitals sollen demnach nicht nur während des Betreibens der Unternehmung die Gesellschafter zur Vernunft mäßigen, sondern auch bereits von vornherein die Personen abhalten, Aktiengesellschaften ohne ein gewisses Maß geschäftlicher Planung oder gar zu betrügerischen oder sonstigen kriminellen Zwecken gründen.

f. Signalwirkung des Grundkapitals

Das Grundkapital kann auch ein „Glaubwürdigkeitssignal an die Fremdkapitalgeber“ darstellen[67]. Da der Erfolg der Gesellschaft nicht vorhersehbar und ungewiss ist, bedeutet die finanzielle Selbstbeteiligung durch die Gesellschafter ein Signal an die Fremdkapitalgeber, dass diese selbst von ihren den Fremdkapitalgebern präsentierten Erfolgskalkulationen überzeugt sind.

g. Verwertungspufferfunktion

Eine weitere Funktion des Grundkapitals ist ihre sog. Verwertungspufferfunktion. Das Grundkapital übernimmt in der Liquidation der Gesellschaft einen Teil des Verwertungsrisikos, d. h. des Risikos, dass bei der Veräußerung der Vermögensgegenstände der Gesellschaft im Rahmen der Abwicklung nicht der volle Wert dieser Gegenstände realisiert werden kann. Ist zum Zeitpunkt der Abwicklung der Gesellschaft noch ein Teil des Grundkapitals vorhanden, so trägt dies bei, dass das bezüglich der Vermögensgegenstände der Gesellschaft bestehende Verwertungsrisiko nicht oder zumindest nicht voll zu Lasten der Gläubiger geht[68].

B. Abgrenzung zwischen Eigen- und Fremdkapital

Das Grundkapital ist in der Bilanz auf der Passivseite zu finden und ist unter dem Eigenkapital eingeordnet.

1. Eigenkapital

Betriebswirtschaftlich wird unter dem Begriff „Eigenkapital“ das Reinvermögen eines Unternehmens, also der Überschuss des Aktivvermögens über die Verbindlichkeiten, verstanden[69]. Es ist der Teil des Unternehmenswertes, welcher den Eigentümern verbleibt, wenn sämtliche Verbindlichkeiten und Kredite des

---

67 Adams, Eigentum, Kontrolle und Beschränkte Haftung, S. 40.

68 Bitz/Hemmerde/Rausch, Gesetzliche Regelungen und Reformvorschläge zum Gläubigerschutz, S. 135; Lutter, AG 1998, S. 375, 372, bezeichnet diese Funktion des Grundkapitals als „Warnlampenfunktion“.

69 Wiedemann, in Großkomm. AktG, 4. Aufl. 1995, Vor § 186 Rdn. 3.

Unternehmens zurückgezahlt sind. Unter juristischem Blickwinkel wird die Einteilung in Eigen- und Fremdkapital nach der rechtlichen Form der Kapitalüberlassung vorgenommen. Steht der Kapitalgeber in einem Eigentümerverhältnis zum Unternehmen, gelten die von ihm bereitgestellten Mittel als Eigenkapital. Nimmt der Kapitalgeber hingegen eine Gläubigerstellung ein, werden die von ihm bereitgestellten Mittel als Fremdkapital bezeichnet.

2. Fremdkapital

Wenn ein Unternehmen das notwendige Kapital nicht aus unternehmenseigenen Mitteln decken kann oder will, wird Fremdkapital herangezogen. Unter dem Begriff „Fremdkapital" sind alle Finanzierungsmittel zusammengefasst, die dem Unternehmen häufig nur auf absehbare Zeit zur Verfügung stehen und durch deren Vergabe keine Rechte an dem Unternehmen erworben werden[70]. Im Gegensatz zur Finanzierung mit Eigenkapital ist der Fremdkapitalgeber nicht am Unternehmen beteiligt[71]. Er ist ein Gläubiger des Unternehmens, der einen Anspruch auf Kapitalrückzahlungen (Tilgung) und auf eine angemessene Verzinsung des überlassenen Kapitals hat[72]. Die regelmäßigen Zahlungen von Zins und Tilgung belasten die Liquidität eines Unternehmens und schränken die finanzielle Flexibilität ein. Meist müssen Sicherheiten auch mit persönlicher Haftung geleistet werden[73].

3. Funktionen des Eigenkapitals

In der betriebswirtschaftlichen Literatur werden im Allgemeinen folgende charakterisierende Merkmale des Eigenkapitals unterschieden: die Dauerhaftigkeit der Kapitalüberlassung, die Verantwortung des Eigenkapitals (Haftungs- und Verlustübernahmefunktion), die Beteiligung am Gewinn der Unternehmung, die Begründung von Mitwirkungsrechten am unternehmerischen Entscheidungsprozess.

a. Dauerhaftigkeit der Kapitalüberlassung

Da Eigenkapital in der Regel[74] unbegrenzt lange und ohne Anspruch auf Verzinsung zur Verfügung steht, erfüllt es die Finanzierungsfunktion, die auch Einsatz-

70 Vormbaum, Finanzierung der Betriebe, 9. Aufl., S. 38.

71 Vormbaum, Finanzierung der Betriebe, 9. Aufl., S. 38.

72 Vormbaum, Finanzierung der Betriebe, 9. Aufl., S. 38.

73 Vormbaum, Finanzierung der Betriebe, 9. Aufl., S. 38.

74 Es gibt auch kurzfristiges Eigenkapital, z. B. in der Form des Gewinnes, über dessen Einhaltung oder Ausschüttung noch zu beschließen ist, oder als gekündigtes Eigen-

oder Arbeitsfunktion genannt wird[75], in idealer Weise. Jede denkbare Investition lässt sich durch Eigenkapital fristenkongruent finanzieren[76]. Dies gilt auch für risikoreiche Investitionen. Je langfristiger, je innovativer und je risikoreicher Investitionen sind, desto höher sollte der Eigenkapitalanteil sein[77]. Das vorhandene Eigenkapital stellt auch die Grundlage für die Erlangung weiterer Kredite dar[78]. Reuter vergleicht das Eigenkapital mit dem Risikopolster, dessen Stärke für die Erlangung und vor allem für den Umfang weitere Kredite maßgeblich ist[79]. Eine solide Eigenkapitalausstattung schafft somit die Voraussetzung, weiteres Fremdkapital zu bekommen. Denn Fremdkapitalgeber werden in der Regel nur dann Kapital zur Verfügung stellen, wenn das Unternehmen angemessene Sicherheiten aufweist. Aufgrund der Voraushaftungsfunktion des Eigenkapitals sind diese Sicherheiten vom Anteil des Eigenkapitals am Gesamtkapital abhängig. Nur in Sonderfällen gibt es Unternehmen, die ohne Eigenkapital arbeiten und Fremdkapital aufnehmen können. Eine solide Eigenkapitalbasis schafft zugleich aber auch eine größere Unabhängigkeit von Kreditkreditgebern[80].

b. Verantwortung des Eigenkapitals

Das in einem Unternehmen eingesetzte Kapital unterliegt bestimmten Unternehmensrisiken. Hinsichtlich dieser Unternehmensrisiken ergibt sich eine klare Abgrenzung zwischen Eigen- und Fremdkapital. Verluste mindern zunächst immer das Eigenkapital. Erst wenn das Eigenkapital aufgezehrt ist, berühren sie das Fremdkapital. Für den Fremdkapitalgeber ergibt sich daraus, dass sein

---

kapital, falls ein Gesellschafter von seinem Kündigungsrecht Gebrauch gemacht hat. Als kurzfristig zur Verfügung gestelltes Eigenkapital sind vorsorglich auch Teile der in der Bilanz enthaltenen Rücklagen (offene oder stille Rücklagen) anzusehen, soweit sie durch einen Auflösungsbeschluss des geschäftsführenden Organs oder der Gesellschaftersammlung in Gewinne umgewandelt und damit als solche ausgeschüttet werden können, siehe hierzu Vormbaum, Finanzierung der Betriebe, 9. Aufl., S. 37.

75 Vormbaum, Finanzierung der Betriebe, 9. Aufl., S. 35.

76 Fritsch, Eigenkapitallücke, S. 16.

77 Schmidt Karl G., Die Funktionen des Eigenkapitals aus der Sicht der Unternehmungen und der Banken, S. 140; Arnim, Eigenkapital, S. 286.

78 Schmidt, Karsten, Die Eigenkapitalausstattung der Unternehmen als rechtspolitisches Problem, in JZ 1984, S. 773.

79 Reuter, Welche Maßnahmen empfehlen sich, insbesondere im Gesellschafts- und Kapitalmarktrecht, um die Eigenkapitalausstattung der Unternehmen langfristig zu verbessern, Gutachten B für den 55. DJT, S. B75

80 Harms/Kütting, Das Dilemma der Eigenkapitalbeurteilung im Rahmen der externen Bilanzanalyse, in BB 1983, S. 1449.

Kredit bei entsprechend höherer Eigenkapitalbasis weniger gefährdet ist, da er erst angegriffen wird, wenn Verluste das im Unternehmen vorhandene Eigenkapital übersteigen[81]. Aufgrund der Voraushaftungsfunktion des Eigenkapitals gegenüber dem Fremdkapital wird das Eigenkapital auch als Haftungs- und Verlusttilgungspotential eines Unternehmens bezeichnet[82]. Die Rechtfertigung der Voraushaftungsfunktion des Eigenkapitals ist zum einen darin zu sehen, dass das Fremdkapital dem Unternehmen als Arbeitskapital zur Verfügung steht, und zum anderen darin, dass die von der Unternehmensleitung getroffenen Dispositionen bestimmend für das Ausmaß von Risikoverlusten sind[83]. Die Haftungsfunktion des Eigenkapitals wird als erfüllt angesehen, wenn das Grundkapital zum Fremdkapital in einem bestimmten Verhältnis steht[84].

c. *Beteiligung am Gewinn des Unternehmens und Begründung von Mitwirkungsrechten am unternehmerischen Entscheidungsprozess*

Das Eigenkapital begründet ein Beteiligungsverhältnis. Nach seinem Anteil an der Aufbringung des Eigenkapitals beteiligt sich der Eigenkapitalgeber am Gewinn und Verlust des Unternehmens. Grundsätzlich erhält er sein Kapital nicht zurück, hat aber einen anteiligen Anspruch an Vermögen des Unternehmens, soweit der Liquidationserlös die Verbindlichkeiten des Unternehmens übersteigt. Bei einem erfolgreichen Betrieb kann dieser Liquidationserlös weit über das eingelegte Kapital hinausgehen[85]. Bei einer unvorteilhaften Entwicklung kann das eingelegte Kapital allerdings auch teilweise oder ganz verloren gehen, weil Unternehmensverluste das Eigenkapital angreifen, bevor sie das Fremdkapital aufzehren können[86]. Daraus folgt, dass Eigenkapitalgeber grundsätzlich mehr Interesse an der Entwicklung des Betriebs haben als Fremdkapitalgeber und oft sogar vertretungs- und/oder geschäftsführungsberechtigt tätig sein wollen. Jedenfalls haben sie Geschäftsführungs-, Informations- und Kontrollrechte, die eine gewisse Einflussnahme auf die Geschäftspolitik ermöglichen[87].

---

81 Wittgen, Einführung in die Betriebswirtschaftslehre, 2. Aufl., S. 225.

82 Harms/Kütting, Das Dilemma der Eigenkapitalbeurteilung im Rahmen der externen Bilanzanalyse, in BB 1983, S. 1067.

83 Vormbaum, Finanzierung der Betriebe, 9. Aufl., S. 37 f.

84 Arnim, Eigenkapital, S. 286.

85 Vormbaum, Finanzierung der Betriebe, 9. Aufl., S. 37.

86 Wittgen, Einführung in die Betriebswirtschaftslehre, 2. Aufl., S. 225.

87 Vormbaum, Finanzierung der Betriebe, 9. Aufl., S. 37.

C. Formen der Grundkapitalerhöhung

Das deutsche Aktienrecht unterscheidet verschiedene Formen der Kapitalerhöhung, welche sich grundsätzlich in zwei Formen gliedern lassen, und zwar in die effektive Kapitalerhöhung oder Kapitalerhöhung gegen Einlagen und in die nominelle Kapitalerhöhung oder Kapitalerhöhung aus Gesellschaftsmitteln. Bei letzterem kommt es zu keinem Zufluss an Einlagen, vielmehr werden offene Rücklagen (einschließlich Gewinnvorträge) in Grundkapital umgewandelt.

1. Effektive Kapitalerhöhung

Eine effektive Kapitalerhöhung liegt vor, wenn der Gesellschaft neue Mittel durch Einlagen zugeführt werden. Für die effektive Kapitalerhöhung stellt das deutsche Aktiengesetz drei Möglichkeiten zur Verfügung:

a. Ordentliche Kapitalerhöhung

Die ordentliche Kapitalerhöhung, geregelt in den §§ 182 ff. AktG stellt eine effektive Kapitalerhöhung dar, die der Gesellschaft neues Eigenkapital zuführen soll und erfolgt gegen Ausgabe neuer Aktien. Sie dient dem Zweck, der Gesellschaft einen genau bezeichneten Betrag zusätzlicher Betriebsmittel unmittelbar zuzuführen[88]. Dafür ist zunächst der Erhöhungsbeschluss zu fassen, der außer der Mehrheit der abgegebenen Stimmen (§ 133 Abs. 1 AktG) einer Mehrheit von mindestens drei Viertel des bei der Beschlussfassung vertretenen Grundkapitals bedarf (§ 182 Abs. 1 Satz 1 AktG) und zum Handelsregister anzumelden ist. Die Kapitalerhöhung erfolgt in der Regel gegen Bareinlagen. Für den Ausnahmefall der Erbringung von Sacheinlagen finden die Sonderbestimmungen der §§ 183 und 184 Abs. 1 Satz 2 AktG Anwendung. Bei Kapitalerhöhung gegen Einlagen steht den Aktionären ein gesetzliches Bezugsrecht auf die neu auszugebenden Aktien zu (§ 186 Abs. 1 AktG). Zu dem möglichen Ausschluss des Bezugsrechts nach § 186 Abs. 3 und 4 AktG wird im Weiteren noch ausführlich Stellung genommen.

b. Bedingte Kapitalerhöhung

Die bedingte Kapitalerhöhung (§§ 192 ff. AktG) stellt ein flexibles Kapitalbeschaffungsinstrument der Aktiengesellschaft dar, das ihr die Befriedigung eines in seiner Höhe bei der Beschlussfassung noch nicht definitiv feststehenden Kapitalbedarfs ermöglicht[89]. Die bedarfsabhängige Kapitalbeschaffung wird nur insoweit

88 Kübler, Gesellschaftsrecht, 5. Aufl., S. 214 f.

89 Fuchs, in MünchKomm. z. AktG, 2. Aufl. 2005, § 192 Rdn. 1.

durchgeführt, als tatsächlich junge Aktien zur Bedienung von Umtausch- und Bezugsrechten benötigt werden. Dabei sichert sie nicht nur die Inhaber derartiger Rechte besser und umfassender als alle alternativen Formen der Bereitstellung von Aktien ab, sondern dient zugleich den Interessen der Gesellschaft an einer Ausdifferenzierung und Flexibilisierung ihrer Finanzmöglichkeiten[90].

c. Genehmigtes Kapital

Bei dem genehmigten Kapital (§§ 202 ff. AktG) handelt es sich um die, dem Vorstand in Form einer Satzungsbestimmung oder Satzungsänderung erteilte, Ermächtigung, das Grundkapital bis zu einem bestimmten Nennbetrag durch Ausgabe neuer Aktien gegen Einlagen zu erhöhen. Sinn und Zweck des genehmigten Kapitals sind darin zu sehen, dass die Gesellschaft Bewegungsfreiheit und Handlungsspielraum bei der Beschaffung von Kapital, insbesondere im Hinblick auf den Erwerb bzw. Angliederung anderer Unternehmen, erlangt[91]. Der Vorstand hat dadurch die Möglichkeit, das Grundkapital zu einem von ihm als geeignet angesehenen Zeitpunkt, insbesondere auch unter Ausnutzung einer besonders günstigen Börsensituation, zu erhöhen, ohne den aufwendigen Apparat einer Hauptversammlung in Anspruch zu nehmen[92]. Um eine zu weitgehende Entmachtung der Hauptversammlung zu verhindern, wird die Ermächtigung des Vorstands nach § 202 Abs. 2 Satz 1 AktG auf fünf Jahre beschränkt. Für das Verfahren der Emission verweist § 203 Abs. 1 AktG auf die Regeln der ordentlichen Kapitalerhöhung (§ 185–191 AktG).

2. Nominelle Kapitalerhöhung

Außer der Kapitalerhöhung mit effektiver Mittelzuführung gibt es die Möglichkeit, eine nominelle Kapitalerhöhung durchzuführen, indem offene Rücklagen (Kapitalrücklage und Gewinnrücklagen) in Grundkapital umgewandelt werden (§§ 207 ff. AktG). Auf diese Weise wird das Grundkapital lediglich nominell erhöht und damit gebunden, ohne der Gesellschaft neue Mittel zuzuführen, da bereits im Unternehmen vorhandene Rücklagen umgewandelt werden. Hierdurch kann das Unternehmen wirtschaftlich gestärkt werden, denn seine Kreditwürdigkeit und sein Ansehen bei den Gläubigern wird gestärkt[93]. Außerdem wird das Verhältnis zwischen dem vorhandenen – die Dividende erwirtschaftenden – und

---

90 Fuchs, in MünchKomm. z. AktG, 2. Aufl. 2005, § 192 Rdn. 11.
91 Eisenhardt, Gesellschaftsrecht, 13. Aufl., S. 282 Rdn. 506.
92 Eisenhardt, Gesellschaftsrecht, 13. Aufl., S. 282 Rdn. 506.
93 von Rechenberg, Die HV als Oberstes Organ der Ag, S. 111.

dem dividendenberechtigten Kapital verbessert[94]. Die Durchführung dieser Kapitalerhöhung ist in den §§ 207–220 AktG geregelt, wobei auch hier die Grundlage ein Hauptversammlungsbeschluss ist (§ 207 AktG) und die Erhöhung erst mit der Eintragung des Beschlusses im Handelsregister (§ 211 AktG) wirksam wird. Für den Beschluss gelten die gleichen Mehrheiten wie bei einer ordentlichen Kapitalerhöhung, d. h. eine Mehrheit von mindestens drei Viertel des bei der Beschlussfassung vertretenen Grundkapitals ist erforderlich (§§ 207 Abs. 2, 182 Abs. 1 Satz 1 AktG).

D. Motive für die Durchführung einer Kapitalerhöhung

Motive für die Durchführung einer Kapitalerhöhung können unterschiedlicher Natur sein[95]. Zu den zentralen Motiven einer Kapitalerhöhung gehört die Verbesserung der Liquidität des Unternehmens. Mit der Erhöhung des Kapitals fließen der Gesellschaft in der Regel[96] zusätzliche liquide Mittel zu[97]. Werden diese liquiden Mittel benutzt, um fällige Kapitalteile (Eigenkapital oder Fremdkapital) zurückzuzahlen, hat dies keine Erweiterung der Kapitalbasis, sondern eine Änderung der Kapitalstruktur zur Folge. Eine Verbesserung der Liquiditätssituation des Betriebs ist aber gegeben, weil damit an die Stelle fälligen Kapitals langfristiges Kapital getreten ist, das die Ausgabenreihe des Betriebes vorläufig nicht belastet. Erfolgt die Kapitalerhöhung durch Einlage zusätzlicher Geldmittel, so hat sie eine Erweiterung der Haftungsbasis des Unternehmens zur Folge, die in der Regel zur Zunahme der Kreditwürdigkeit bzw. Bonität der Gesellschaft führt. Auch Rationalisierungsmaßnahmen, insbesondere Modernisierungsinvestitionen zur Berücksichtigung technischer Fortschritte können die Durchführung einer Kapitalerhöhung erforderlich machen. Schließlich kann eine Kapitalerhöhung erfolgen, wenn ein Unternehmen seine Kapazität erweitern, größere Umstellungen im Produktionsprogramm vornehmen, oder sich an anderen Unternehmen beteiligen will und folglich zusätzliche Mittel zur Finanzierung benötigt.

---

94 von Rechenberg, Die HV als Oberstes Organ der Ag, S. 111.

95 Deutsch, Grundfragen der Finanzierung, 2. Aufl., S. 141 ff.

96 Ein Liquidationszufluss findet bei einer Kapitalerhöhung aus Gesellschaftsmitteln nicht statt. Bei dieser Art der Kapitalerhöhung werden der Aktiengesellschaft keine neuen Mittel zugeführt, sondern es wird lediglich bisher schon vorhandenes Vermögen der Gesellschaft in Grundkapital umgewandelt.

97 Ausführlich zu den einzelnen Motiven für die Durchführung einer Kapitalerhöhung Wöhe/Bildstein, Grundzüge der Unternehmensfinanzierung, 7. Aufl., S. 68; Vormbaum, Finanzierung der Betriebe, 9. Aufl., S. 213; Tekinalp, in Poroy/Tekinalp/Çamoğlu, Ortakliklar ve Kooperatif Hukuku, 8. Bası 2000, S. 693 Rdn. 1379.

E. Wesen der Kapitalerhöhung

Während es heute in Deutschland außer jeder Diskussion steht, dass die Kapitalerhöhung eine Satzungsänderung darstellt, die eines Hauptversammlungsbeschlusses mit einer Mehrheit von drei Vierteln des bei der Beschlussfassung vertretenen Grundkapitals bedarf[98] (§ 179 Abs. 3 AktG), scheint in der Türkei der Streit um das Wesen der Kapitalerhöhung noch nicht völlig beigelegt zu sein. Ausgangspunkt dieses langwierigen Streits ist Art. 392 Abs. 1 Satz 1 THG, wonach die Vorschriften über die Gründung der Aktiengesellschaften entsprechend gelten, wenn die Generalversammlung einen Beschluss auf Erhöhung des Grundkapitals durch Ausgabe neuer Aktien fasst. Dieser, angesichts des engen Sachzusammenhangs gesetzgebungstechnisch nicht zu tadelnde, aber keinesfalls als Vorbild zu akzeptierende Verweis auf das Gründungsrecht, wird im türkischen Schrifttum unterschiedlich gedeutet.

Laut einigen Stimmen in der Literatur stellt die Kapitalerhöhung eine „Teil-Neugründung" dar[99]. Zur Begründung dieser Auffassung wird auf die Verwandtschaft zwischen Kapitalerhöhung und Gründung abgestellt, die besonders augenfällig wird, wenn ein Unternehmen erst mit geringem Kapital und wenigen Gesellschaftern gegründet wird, das Kapital später aber unter Beteiligung neuer Aktionäre vervielfacht werden soll. Wirtschaftlich stelle sich dieser Vorgang, nämlich die Aufnahme neuer Mitglieder in die Gesellschaft, als eine Art Stufengründung dar, die sich dadurch charakterisiert, dass im Gründungsstadium die Gründer einen Teil der Aktien selbst übernehmen und der Rest beim Publikum untergebracht wird. Die Gegenansicht[100] weist demgegenüber zutreffend darauf hin, dass es bereits eine Gesellschaftsorganisation existiert. Dies bedeutet zum einen, dass die Kapitalerhöhung nicht auf Vertrag beruht, sondern auf Mehrheitsbeschluss mit allen sich daraus ergebenden Folgen für die Mehrheitserfordernisse, und zum anderen, dass sie nicht von den Gründungsaktionären, sondern von der Aktiengesellschaft selbst vorgenommen wird.

Für die Einreihung der Kapitalerhöhung in das Recht der Satzungsänderungen sprechen zudem die dem Gründungsrecht unbekannten Erfordernisse des Bezugsrechts und des angemessenen Ausgabebetrages, die bei der Durchführung

---

98 Nach § 179 Abs. 2 Satz 2 AktG kann die Satzung eine andere Kapitalmehrheit beschließen.

99 Hirsch, Ticaret Hukuku Dersleri, 3. Bası 1948, S. 205 ff; Arslanlı, Anonim Şirketler, Band I, S. 108 f.

100 Vgl. nur E. Moroğlu, Türk Ticaret Kanununa Göre Anonim Ortaklıkta Esas Sermaye Artırımının Hukuki Niteligi, in MHAD 1972, S. 9, 31 ff.

einer Kapitalerhöhung zu beachten sind. Diese Erfordernisse führen dazu, dass der gegenwärtige Besitzstand herrschafts- und vermögensmäßig nach Möglichkeit erhalten bleibt. Einen Fingerzeig dahin, dass die Kapitalerhöhung in eine Reihe mit anderen Satzungsänderungen gestellt werden soll, stellt auch die systematische Stellung der Vorschriften über die Kapitalerhöhung im Gesetz hinter den Vorschriften über die Satzungsänderungen dar. Unter einer Satzungsänderung ist jede im Rahmen der Satzungsgestaltung zulässige Änderung desjenigen Satzungstextes durch Änderung oder Aufhebung bestehender Bestimmungen oder durch Einfügung von neuen Bestimmungen zu verstehen, die durch Gründungsaktionäre festgestellt worden sind und damit die erste Verfassung der nach Übernahme aller Aktien durch die Gründer errichteten Gesellschaft darstellt[101].

F. Allgemeine Grundsätze und Zulässigkeitsvoraussetzungen

1. Einzahlung der ausstehenden Einlagen

Nach § 182 Abs. 4 Satz 1 AktG soll das Grundkapital einer Aktiengesellschaft nicht erhöht werden, solange ausstehende Einlagen auf das bisherige Grundkapital noch erlangt werden können. Eine dem § 182 Abs. 4 Satz 1 AktG entsprechende Regelung enthält Art. 391 Satz 1 THG. Demnach kann die Generalversammlung die Erhöhung des Grundkapitals durch Ausgabe neuer Aktien nicht beschließen, solange die auf das Grundkapital zu leistenden Aktienbeträge nicht voll eingezahlt sind.

a. Subsidiarität der Kapitalerhöhung

Auf den ersten Blick scheint eine volle Übereinstimmung zwischen den Wortlauten des § 182 Abs. 4 Satz 1 AktG und des Art. 391 Satz 1 THG zu bestehen; eine Erhöhung des Grundkapitals soll nicht erfolgen, solange noch Einlagen auf das bisherige Grundkapital ausstehen. Legt die Bestimmung des § 182 Abs. 4 Satz 1 AktG aber den Schwerpunkt – im Gegensatz zum Art. 391 Satz 1 THG, dessen Kernpunkt „die volle Einzahlung" der auf das Grundkapital zu leistenden Einlagen bildet –, darauf, ob die ausstehenden Einlagen auf das bisherige Grundkapital „noch erlangt werden können", so ist in der deutschen Bestimmung die Frage wesentlich, ob die ausstehenden Einlagen realisierbar sind oder nicht. Während eine türkische Aktiengesellschaft nur dann eine Kapitalerhöhung vornehmen darf, wenn die auf das Grundkapital zu leistenden Aktienbeträge voll eingezahlt sind, gilt das in § 182 Abs. 4 Satz 1 AktG geregelte Verbot nur, solange die noch

101 Vgl. Henn, Handbuch des Aktienrechts, 7. Aufl., S. 85.

offenen Einlagen erlangt werden können. Das bedeutet, dass die Verbotsvorschrift des § 182 Abs. 4 Satz 1 AktG nicht greift, wenn die ausstehenden Einlagen weder von dem betreffenden Aktionär beigetrieben noch nach Kaduzierung von einem seiner Vormänner hereingeholt (§ 65 Abs. 1 Satz 1 AktG) oder im Wege des Verkaufs (§ 65 Abs. 3 AktG)[102] beschafft werden können[103]. Eine Zwangsvollstreckung braucht nicht versucht werden, wenn feststeht, dass sie sowohl bei dem betreffenden Aktionär als auch bei seinen Vormännern zwecklos wäre[104]. Nicht mehr möglich ist die Einholung der ausstehenden Sacheinlagen i.S.v. § 182 Abs. 4 Satz 1 AktG, wenn ihr Gegenstand endgültig untergegangen ist und ein diesbezüglicher Ersatzanspruch der Gesellschaft gemäß § 285 BGB nicht besteht oder feststeht, dass er nicht beizutreiben ist[105].

Nach § 182 Abs. 4 Satz 1 AktG soll das Grundkapital nicht erhöht werden, solange ausstehende Einlagen auf das bisherige Grundkapital noch erlangt werden können. Der Sinn und Zweck dieser im verstärkten Maße auch im türkischen Aktienrecht verankerten Kapitalerhöhungssperre liegt darin, zu verhindern, dass die Aktiengesellschaft ohne ein tatsächliches Bedürfnis den Kapitalmarkt in Anspruch nimmt und somit die mit einer Kapitalerhöhung verbundenen weitreichenden Folgen für die Aktionäre auslöst[106]. Im Einzelfall kann ein Kapitalbedarf der Gesellschaft vorhanden sein. Stehen aber Einlagen noch aus, besteht kein tatsächliches Bedürfnis dafür, das Grundkapital zu erhöhen, weil das Grundkapital noch nicht effektiv erbracht ist, d. h. noch ein Anspruch auf ausstehende Einlagen gegenüber den Aktionären besteht[107]. Zugleich kann damit der Gefahr vorgebeugt werden, dass die Gesellschaft ein größeres Grundkapital angibt und publiziert, als tatsächlich von ihren Aktionären aufgebracht wird[108]. Die Regelung des § 182 Abs. 4 Satz 1 AktG besteht demnach sowohl im Interesse von Gläubigern der Gesellschaft, die auf das Grundkapital zur Erfüllung ihrer Verbindlichkeiten zugreifen wollen, als auch im Interesse der (Minderheits-)Aktionäre, die gegen

102 § 65 Abs. 3 Satz 1 AktG besagt, dass die Gesellschaft die Aktien unverzüglich zum Börsenpreis und beim Fehlen eines Börsenpreises durch öffentliche Versteigerung zu verkaufen hat, wenn die Zahlung des rückständigen Betrags von Vormännern nicht zu erlangen ist.

103 Wiedemann, in Großkomm. AktG, 4. Aufl. 1995, § 182 Rdn. 82.

104 Lutter, in Kölner Komm. z. AktG, 2. Aufl. 1995, § 182 Rdn. 37.

105 Wiedemann, in Großkomm. AktG, 4. Aufl. 1995, § 182 Rdn. 82.

106 Peifer, in MünchKomm. z. AktG, 2. Aufl. 2005, § 182 Rdn. 58; Lutter, in Kölner Komm. z. AktG, 2. Aufl. 1995, § 182 Rdn. 32.

107 Peifer, in MünchKomm. z. AktG, 2. Aufl. 2005, § 182 Rdn. 58.

108 Wiedemann, in Großkomm. AktG, 4. Aufl. 1995, § 182 Rdn. 80.

eine Aushöhlung des wirtschaftlich auch ihnen gehörenden Gesellschaftsvermögens durch die Mehrheitsaktionäre geschützt werden sollen.

An dieser Stelle ist darauf hinzuweisen, dass§ 182 Abs. 4 Satz 1 AktG eine Sollvorschrift ist und somit eine entgegenstehende Kapitalerhöhung nicht unter allen Umständen verhindert. Tritt der Fall auf, dass die Gesellschaft nicht in der Lage ist, die ausstehenden Einlagen aus tatsächlichen oder rechtlichen Gründen – sei es aus vorübergehender Leistungsunfähigkeit des Schuldners oder mangelnder Fälligkeit – „nicht rechtzeitig" zu erlangen, so ist zu fragen, ob ein zeitweiliges Leistungshindernis oder die noch mangelnde Fälligkeit einer Einlagepflicht die Kapitalerhöhung hindert. Für die Beantwortung dieser Frage kann der im Bereich des bürgerlichen Rechts von der Rechtsprechung des Bundesgerichtshofes entwickelte Grundsatz über die Leistungsstörungen bei der Abwicklung von gegenseitigen Schuldverhältnissen analog herangezogen werden, da die Leistung eines Aktionärs mit der eines Schuldners nach §§ 241 BGB vergleichbar ist. Demnach ist ein zeitweiliges Leistungshindernis einem dauernden dann gleich zu achten, wenn die Erreichung des Vertragszwecks durch die vorübergehende Unmöglichkeit in Frage gestellt wird und deshalb dem Vertragsgegner nach dem Grundsatz von Treu und Glauben unter billiger Abwägung der Belange beider Vertragsteile die Einhaltung des Vertrages nicht zugemutet werden kann[109]. Bezogen auf die hier zu behandelnde Problematik heißt dies, dass ein zeitweiliges Leistungshindernis dann einer dauernden Unmöglichkeit als gleichgestellt anzusehen ist, wenn die Erreichung des mit der von der Gesellschaft beabsichtigten, noch vorzunehmenden Kapitalerhöhung verfolgten Zwecks durch das vorübergehende Leistungshindernis in Frage gestellt wird und deshalb der Aktiengesellschaft nach dem Grundsatz von Treu und Glauben unter billiger Abwägung der Interessen der Gesellschaft und ihrer Aktionäre ein Abwarten bis zum Wegfall des Leistungshindernisses nicht zugemutet werden kann.

b. Ausnahmen vom Subsidiaritätsgrundsatz

Das türkische Handelsgesetz sieht keine Ausnahmen vom Verbot des Art. 391 Satz 1 THG vor. Selbst wenn die Formulierung des Art. 391 Satz. 1 THG „kann... nicht beschließen", einen Kann-Charakter der Vorschrift ausweist, ist Art. 391 Satz 1 THG nicht dahin auszulegen, dass Ausnahmen von dem in Art. 391 Satz 1 THG enthaltenen Verbot möglich wären. Einem derartigen Verständnis der Verbotsvorschrift steht der den zwingenden Charakter von Art. 391 Satz 1 THG bestätigenden Wortlaut von Art. 392 Abs. 2 THG entgegen, wonach ein Verstoß

109 Vgl. BGHZ 83, S. 197, 200.

gegen Art. 391 Satz 1 THG den Kapitalerhöhungsbeschluss nichtig macht und zur gesamtschuldnerischen Haftung von Mitgliedern des Verwaltungsrates und Kontrolleuren gegenüber der Gesellschaft, den einzelnen Aktionären und dritten Personen führt. Das deutsche Aktiengesetz hingegen lässt eine Kapitalerhöhung in drei Fällen zu, auch wenn Einlagen noch ausstehen. Eine weitere Ausnahme sieht § 69 Abs. 1 Satz 1 UmwG vor.

aa. Sonderformen der Kapitalerhöhung

Die Vorschrift des § 182 Abs. 4 AktG ist nicht anwendbar auf die bedingte Kapitalerhöhung (§ 193 Abs. 1 Satz 3 AktG) und auf die Kapitalerhöhung zur Durchführung einer Verschmelzung (§ 343 Abs. 1 Satz 1 AktG). Bei diesen Sonderformen der Kapitalerhöhung stellt das Vorhandensein ausstehender Einlagen kein Erhöhungshindernis dar. Lediglich beim genehmigten Kapital sollen neue Aktien nicht ausgegeben werden, solange ausstehende Einlagen auf das bisherige Grundkapital noch erlangt werden können (§ 203 Abs. 3 Satz 1 AktG). Hierbei ist allerdings darauf hinzuweisen, dass das Verbot des § 203 Abs. 3 Satz 1 AktG den Vorstand nicht daran hindert, eine Kapitalerhöhung zu beschließen, da es sich lediglich auf die Ausgabe neuer Aktien bezieht[110].

bb. Geringfügigkeit der ausstehenden Einlagen

Stehen nur Einlagen in verhältnismäßig geringem Umfang aus, ist eine Kapitalerhöhung ebenfalls zulässig (§ 182 Abs. 4 Satz 3 AktG). Das Grundkapital der Gesellschaft wird hierbei als entscheidende Bemessungsgrundlage herangezogen[111]. Das Gesetz nennt keine feste Verhältniszahl. Im Schrifttum werden für das genau Verhältnis Prozentansätze angegeben, die sich nach der Höhe des Grundkapitals unterscheiden. Demnach soll bei kleinen Gesellschaften mit einem Grundkapital von bis zu 250.000 Euro die Kapitalerhöhung entbehrlich sein, wenn noch Einlagen in Höhe von 5 % des Grundkapitals ausstehen. Bei größeren Gesellschaften mit einem Grundkapital von mehr als 250.000 Euro sinkt dieser Prozentansatz herab[112].

---

110 Peifer, in MünchKomm. z. AktG, 2. Aufl. 2005, § 182 Rdn. 65.

111 Peifer, in MünchKomm. z. AktG, 2. Aufl. 2005, § 182 Rdn. 65; Lutter, in Kölner Komm. z.bAktG, 2. Aufl. 1995, § 182 Rdn. 38; Hefermehl/Bungeroth, in Geßler/Hefermehl/Eckardt/Kropff AktG 1988, § 182 Rdn. 89.

112 Lutter, in Kölner Komm. z. AktG, 2. Aufl. 1995, § 182 Rdn. 38; Wiedemann, in Großkomm. AktG, 4. Aufl. 1995, § 182 Rdn. 88; Krieger, in MünchHdb AG, Bd. IV, 2. Aufl. 1999, § 58 Rdn. 5.

cc. Versicherungsaktiengesellschaften

Eine weitere Ausnahme von dem in § 182 Abs. 4 Satz 1 AktG geregelten Subsidiaritätsgrundsatz betrifft die Versicherungsaktiengesellschaften. Diese Gesellschaften können in ihrer Satzung bestimmen, dass eine Kapitalerhöhung auch bei noch ausstehenden Einlagen vorgenommen werden darf. Dies rechtfertigt sich vor dem Hindergrund, dass Versicherungsgesellschaften ihr Grundkapital nur teilweise als Betriebskapital benötigen, sehr viel stärker jedoch als Haftungskapital, auf das nur im Notfall zurückgegriffen werden soll[113]. Die Risikovorsorge kann es sinnvoll erscheinen lassen, eine Kapitalerhöhung auch dann schon durchzuführen, wenn noch Ansprüche auf noch offenstehenden Einlagen bestehen[114]. Enthält die Satzung bereits eine derartige Bestimmung, so kann die Hauptversammlung auch bei erheblichen Rückständen auf die Einlagen zum bisherigen Grundkapital über eine Kapitalerhöhung beschließen.

dd. Verschmelzung

Eine letzte Ausnahme findet sich schließlich im Umwandlungsgesetz. Nach § 69 Abs. 1 Satz 1 UmwG ist § 182 Abs. 4 Satz 1 AktG nicht anzuwenden, wenn die übernehmende Aktiengesellschaft zur Durchführung der Verschmelzung ihr Grundkapital erhöht.

c. Rechtsfolgen bei Verstößen

Während ein Verstoß gegen die Bestimmung des Art. 391 Satz 1 THG den Kapitalerhöhungsbeschluss nichtig macht und die gesamtschuldnerische Haftung von Mitgliedern des Verwaltungsrates und Kontrolleuren gegenüber der Gesellschaft, den einzelnen Aktionären und dritten Personen zur Folge hat (Art. 392 Abs. 2 THGB), führt eine Verletzung des Subsidiaritätsgebots von § 182 Abs. 4 Satz 1 AktG nicht zur Nichtigkeit des Kapitalerhöhungsbeschlusses, da § 182 Abs. 4 Satz 1 AktG eine Sollvorschrift ist[115]. Umstritten ist allerdings, ob ein Verstoß gegen das Gebot der Subsidiarität zur Anfechtbarkeit führen kann. Überwiegend wird die Ansicht vertreten, dass es sich bei § 182

---

113 Wiedemann, in Großkomm. AktG, 4. Aufl. 1995, § 182 Rdn. 89; Peifer, in MünchKomm. z. AktG, 2. Aufl. 2005, § 182 Rdn. 67; Lutter, in Kölner Komm. z. AktG, 2. Aufl. 1995, § 182 Rdn. 39; Zöllner, AG 1985, S. 18.

114 Zöllner, AG 1985, S. 19; Lutter, in Kölner Komm. z. AktG, 2. Aufl. 1995, § 182 Rdn. 39.

115 EinhM, vgl. Lutter, in Kölner Kommentar z. AktG, 2. Aufl. 1995, § 182 Rdn. 40; Wiedemann, in Großkomm. AktG, 4. Aufl. 1995, § 182 Rdn. 91; Krieger, in MünchHdb AG, Bd. IV, 2. Aufl. 1999, § 56 Rdn. 6.

Abs. 4 Satz 1 AktG um eine reine Ordnungsvorschrift handelt, auf deren Verletzung keine Klagebefugnis i.S.v. § 243 Abs. 1 AktG gegründet werden könnte[116]. Eine Mindermeinung weist demgegenüber darauf hin, dass lediglich die Verletzung offenbar unbedeutender Ordnungsvorschriften eine Anfechtung ausschließt[117]. Der Kapitalerhöhungsbeschluss sei immer verbunden mit einer potentiellen Einschränkung der Rechte der Altaktionäre. Eine angesichts ausstehender Einlagenforderungen nicht erforderliche Kapitalerhöhung möge den Finanzierungsinteressen der Gesellschaft entgegenkommen, sie gefährde aber die Interessen der Aktionäre[118]. Daher sei es angebracht, den Aktionären diesbezüglich auch ein Anfechtungsrecht zu gewähren[119]. Der Gegenansicht ist insoweit zuzustimmen, dass der Kapitalerhöhungsbeschluss immer mit einer potentiellen Einschränkung der Rechte der Altaktionäre verbunden ist. Allerdings wird die Gefahrenlage nicht durch die Entscheidung darüber herbeigeführt, wann, in welcher Höhe und zu welchem Anlass das Grundkapital erhöht werden soll, sondern erst durch ein aktives Tun, nämlich durch die Durchführung der Kapitalerhöhung. Der Beschluss wird voll wirksam, wenn die noch ausstehenden Einlagen bis zur Durchführung der Kapitalerhöhung auf das Grundkapital geleistet werden[120]. Werden die noch ausstehenden Einlagen bis dahin nicht geleistet und ist dies nicht einmal beabsichtigt, so dürften Vorstand und Aufsichtsratsvorsitzender den Kapitalerhöhungsbeschluss nicht zur Eintragung ins Handelsregister anmelden[121]. Wird der Beschluss ungeachtet dessen eingetragen, so ist der Registerrichter nicht nur berechtigt, sondern auch verpflichtet, die Eintragung des Kapitalerhöhungsbeschlusses und namentlich die Eintragung der Durchführung der Kapitalerhöhung abzulehnen[122].

---

116 Lutter, in Kölner Komm. z. AktG, 2. Aufl. 1995, § 182 Rdn. 40; Wiedemann, in Großkomm. AktG, 4. Aufl. 1995, § 182 Rdn. 91; Hefermehl/Bungeroth, in Geßler/Hefermehl/Eckardt/Kropff AktG 1988, § 182 Rdn. 94.

117 Hüffer, AktG, 7. Aufl. 2006, § 182 Rdn. 29; Schlegelberger/Quassowski, AktG, 3. Aufl., § 149 Rdn. 19.

118 Peifer, in MünchKomm. z. AktG, 2. Aufl. 2005, § 182 Rdn. 69.

119 Hüffer, AktG, 7. Aufl. 2006, § 182 Rdn. 29; Schlegelberger/Quassowski, AktG, 3. Aufl., § 149 Rd. 19.

120 Wiedemann, in Großkomm. AktG, 4. Aufl. 1995, § 182 Rdn. 91.

121 Wiedemann, in Großkomm. AktG, 4. Aufl. 1995, § 182 Rdn. 91.

122 Wiedemann, in Großkomm. AktG, 4. Aufl. 1995, § 182 Rdn. 92; Krieger, in MünchHdb AG, Bd. IV, 2. Aufl. 1999, § 56 Rdn. 6; Hüffer, AktG, 7. Aufl. 2006, § 182 Rdn. 30; einschränkend Lutter, in Kölner Komm. z. AktG, 2. Aufl. 1995, § 182 Rdn. 41, der die Ablehnung ins Ermessen des Gerichts stellen will.

2. *Sachliche Rechtfertigung der Kapitalerhöhung*

Eine Kapitalerhöhung kann für überstimmte Aktionäre zu Belastungen führen, da diese vor den Zwang gestellt werden, entweder weiteres Kapital in das Unternehmen zu investieren oder eine Verringerung ihrer Beteiligungsquote in Kauf zu nehmen[123]. Gleichwohl gilt der für den Bezugsrechtsausschluss von der deutschen Rechtsprechung entwickelte Rechtsgrundsatz, dass ein Eingriff in Positionen der Minderheit einer besonderen sachlichen Rechtfertigung bedarf, bei der Kapitalerhöhung nicht. Notwendig ist eine sachliche Kontrolle bei der Kapitalerhöhung vor allem deshalb nicht, weil den Aktionären zum Ausgleich einer etwaigen Anteilsverwässerung ein gesetzliches Bezugsrecht auf die neuen Anteile (§ 186 Abs. 1 AktG, Art. 394 THG) zusteht[124]. Das veräußerbare Bezugsrecht dient zum einen dem Erhalt der Beteiligungsquote und zum anderen dem Schutz vor vermögensmäßiger Verwässerung des Aktienanteils[125]. Außerdem fehlt es bei der Kapitalerhöhung an einer dem Ausschluss des Bezugsrechts vergleichbaren Benachteiligung der Altaktionäre[126], die dort in der Möglichkeit des (Teil-)Ausschlusses gegen den Willen des betroffenen Aktionärs liegt[127]. Die Durchführung einer Sachkontrolle auch bei der gewöhnlichen Kapitalerhöhung würde auf eine Kontrolle der Geschäftspolitik durch die Minderheit hinauslaufen, ohne dass eine besondere Belastung dieser Minderheit dies rechtfertigen würde[128]. Ausreichend ist es deshalb, wenn bei der ordentlichen Kapitalerhöhung nur eine allgemeine Missbrauchskontrolle vorgenommen wird[129]. Ein Missbrauch läge z. B. vor, wenn

---

123 Hirte, Bezugsrechtsausschluss, S. 95 f.

124 Krieger, in MünchHdb AG, Bd. IV, 2. Aufl. 1999, § 56 Rdn. 7; Hirte, Bezugsrechtsausschluss, S. 95 f.

125 Bayer, ZHR 163 (1999), S. 506, 508; Wiedemann, in Großkomm. AktG, 4. Aufl. 1995, § 186 Rdn. 13.

126 Hirte, Bezugsrechtsausschluss, S. 95 f.: „Eine Beeinträchtigung der Minderheit tritt bei einer gewöhnlichen Kapitalerhöhung nur ein, wenn der Ausgabekurs der Aktien zu hoch angesetzt ist. Dann handelt es sich um einen Fall des faktischen Bezugsrechtsausschlusses, der wie ein echter Bezugsrechtsausschluss einer Sachkontrolle und der damit verbundenen Berichtspflicht unterliegt. Oder die Aktionäre können mangels Liquidität oder Investitionsbereitschaft den Preis für die jungen Aktien nicht entrichten, so dass ihr Anteil am Unternehmen sinkt. Bei mangelnder Investitionsbereitschaft ist der Verlust jedoch auf ein Verhalten des geschädigten Aktionärs selbst zurückzuführen. Mangelnde Zahlungsbereitschaft ist dem Aktionär auch dann zuzurechnen, wenn er sie nicht zu vertreten hat.".

127 Hirte, Bezugsrechtsausschluss, S. 95 f.

128 Hirte, Bezugsrechtsausschluss, S. 95 f.

129 Hirte, Bezugsrechtsausschluss, S. 95 f., 150 ff.

die durchgeführte Kapitalerhöhung missbräuchlich dazu dienen soll, die Aktionäre, die ihr Bezugsrecht nicht ausüben wollen, um ihre Schlüsselposition oder ihren Quotenbesitz zu bringen oder sie überhaupt aus der Gesellschaft zu verdrängen[130]. Liegt ein solcher Missbrauch vor, so kann der Kapitalerhöhungsbeschluss angefochten werden (§ 243 Abs. 2 AktG, Art. 381 THG AktG).

3. *Kein wohlerworbenes Recht auf den Betrag des bisherigen Grundkapitals*

Die Aktionäre haben weder ein wohlerworbenes Recht[131] auf Beibehaltung des Aktienkapitals in seiner bisherigen Höhe, noch ein Recht darauf, dass der innere Wert der bisherigen Aktien beibehalten bleibt. Sie müssen grundsätzlich eine per Mehrheitsbeschluss gewollte Kapitalerhöhung dulden. Eine Schranke wird lediglich dort angesetzt, wo der Beschluss, hinter dem die absolute Mehrheit der vertretenen Stimmen steht, in die Stellung der Aktionäre eingreift, d. h. sachlich oder proportional ungerechtfertigt oder nicht gesetzes- und satzungsmäßig ist. Ist dies nicht der Fall, so muss es sich der Minderheitsaktionär gefallen lassen, wenn er infolge einer mit absoluter Mehrheit beschlossenen Kapitalerhöhung eine Kapital- und Gewinnverwässerung erleidet.

4. *Verpflichtung zur Durchführung oder Unterlassung einer Kapitalerhöhung*

Eine gesellschaftsrechtliche Verpflichtung der Aktionäre, einem Kapitalerhöhungsbeschluss zuzustimmen oder sich durch Ausüben des Bezugsrechts daran zu beteiligen, besteht grundsätzlich nicht[132]. In besonderen Ausnahmefällen kann allerdings aus der gesellschaftsrechtlichen Treupflicht des Einzelaktionärs eine positive Stimmpflicht oder wenigstens ein Stimmenthaltungsgebot hinsichtlich der Kapitalerhöhung folgen, soweit dieser zur Rettung des Unternehmens dringend

130 Wiedemann, in Großkomm. AktG, 4. Aufl. 1995, § 186 Rdn.

131 Art. 385 Abs. 2 THGB definiert die wohlerworbenen Rechte als Rechte, die nach den Bestimmungen des Gesetzes oder der Satzung der Beschlussfassung der Generalversammlung und des Verwaltungsrates entzogen sind oder sich aus dem Teilnahmerecht an den Tagungen der Hauptversammlung ergeben, insbesondere Rechte wie die Mitgliedschaft, das Stimmrecht, das Recht auf Erhebung der Anfechtungsklage, das Dividendenbezugsrecht und das Recht auf Beteiligung am Liquidationserlös.

132 Vgl. BGHZ 90, S. 381, 389; Wiedemann, in Großkomm. AktG, 4. Aufl. 1995, § 182 Rdn. 38; Hefermehl/Bungeroth, in Geßler/Hefermehl/Eckardt/Kropff AktG 1988, § 182 Rdn. 6.

erforderlich und dem einzelnen Aktionär zumutbar ist[133]. Eine Verpflichtung, selbst neue Aktien zu zeichnen, besteht aber in keinem Fall[134]. Der in § 54 Abs. 1 AktG geregelte Grundsatz der beschränkten Leistungspflicht des Aktionärs gilt auch bei Kapitalerhöhungen. Danach kann kein Aktionär verpflichtet werden, neue Aktien zu erwerben oder eine Nachschusspflicht zu erfüllen. Möglich sind allerdings Vereinbarungen von Aktionären mit der Gesellschaft, anderen Aktionären oder Dritten, durch die eine schuldrechtliche Verpflichtung zur Mitwirkung am Kapitalerhöhungsbeschluss oder zur Übernahme der im Rahmen der Kapitalerhöhung ausgegebenen neuen Aktien begründet wird[135].

II. Erhöhungsverfahren

A. Beschlussfassung

Die ordentliche Kapitalerhöhung beginnt mit einem Beschluss der Haupt-/Generalversammlung, der den Willen der Aktiengesellschaft äußert, ihr Grundkapital durch Ausgabe neuer Aktien zu erhöhen.

1. Zuständigkeit

Bei einer ordentlichen Kapitalerhöhung liegt die Entscheidungskompetenz bei der Haupt-/Generalversammlung (§§ 23 Abs. 3 Ziff. 3 und 4, 182 AktG, Art. 391 THG). Dies entspricht dem in Art. 25 Abs. 1 Satz 1 der 2. EG-Richtlinie geregelten Grundsatz, wonach jede Kapitalerhöhung von der Hauptversammlung beschlossen werden muss[136]. Trotz der klaren gesetzlichen Lage bleibt die Frage unbeantwortet, weshalb die Aktionäre über die Erhöhung des Grundkapitals zu entscheiden haben. Bevor auf diese Frage eingegangen wird, soll jedoch zunächst

---

133 Wiedemann, in Großkomm. AktG, 4. Aufl. 1995, § 182 Rdn. 38; Hefermehl/Bungeroth, in Geßler/Hefermehl/Eckardt/Kropff AktG 1988, § 182 Rdn. 7; K. Schmidt, ZGR 1982, S. 519, 524 f.

134 Wiedemann, in Großkomm. AktG, 4. Aufl. 1995, § 182 Rdn. 38; Hefermehl/Bungeroth, in Geßler/Hefermehl/Eckardt/Kropff AktG 1988, § 182 Rdn. 7; K. Schmidt, ZGR 1982, S. 19, 525.

135 Hefermehl/Bungeroth, in Geßler/Hefermehl/Eckardt/Kropff AktG 1988, § 182 Rdn. 7.

136 Art. 25 Abs. 2 der Zweiten EG-Richtlinie eröffnet die Möglichkeit einer von diesem Grundsatz abweichenden Ermächtigung eines anderen Gesellschaftsorgans durch Satzung, Errichtungsakt oder Hauptversammlungsbeschluss (Genehmigtes Kapital). Art. 23 Abs. 5 AktG erlaubt eine Abweichung von den gesetzlichen Zuständigkeiten der aktienrechtlichen Organe, wenn dies gesetzlich geregelt und durch die Satzung zugelassen ist.

die Stellung der einzelnen Organe der türkischen Aktiengesellschaft mit ihrem Aufgabenbereich rechtsvergleichend dargestellt werden. Dies zum einen, um einen Überblick über die Grundlagen der türkischen Generalversammlung und ihre Einordnung in das Kompetenzgefüge innerhalb der türkischen Aktiengesellschaft zu erhalten, und zum anderen, um herauszuarbeiten, ob die Haupt-/Generalversammlung als das oberste, „allmächtige" Organ konzipiert ist, das die Kompetenz hat, in allen Angelegenheiten der Gesellschaft verbindliche Entscheidungen zu treffen, was für die Beantwortung der obigen Frage nicht völlig unerheblich ist.

a. Verteilung der Organkompetenzen

Recherchiert man in der rechtswissenschaftlichen Literatur über die Organisationsstruktur der Aktiengesellschaft, so sieht man sich bei der institutionellen Verteilung von Leitungs- und Kontrollaufgaben zwei Systemen gegenübergestellt, die den Verwaltungsaufbau der Aktiengesellschaft charakterisieren: Entweder obliegen die Verwaltungsfunktionen einem einzigen Organ, dem Verwaltungsrat, oder es bestehen für Leitung und Kontrolle zwei funktionell voneinander getrennte Organe, der Vorstand und der Aufsichtsrat. Während die Zweiteilung der Verwaltung zwischen dem Aufsichtsrat und dem Vorstand als „Aufsichtsratssystem" gekennzeichnet wird, ist das System mit seiner einheitlichen Verwaltungsorganisation als „Verwaltungsratssystem" bekannt.

aa. Aufsichtsratssystem

Das kontinentaleuropäisch geprägte Aufsichtsratssystem[137] verteilt die beiden Verwaltungsfunktionen, unabhängige Leitung und deren Überwachung, auf zwei funktionell von einander getrennte Organe: Vorstand und Aufsichtsrat. Während sich der Aufsichtsrat auf die Überwachungsfunktion konzentriert, zeichnet der Vorstand allein für die Frage der Geschäftsführung verantwortlich. Die klare Aufgabenverteilung und die Förderung einer unabhängigen Überwachung sind als Vorteile des Aufsichtsratssystems hervorzuheben. Denen stehen als Nachteile die Entscheidungsferne und das daraus entstehende Informationsdefizit des Aufsichtsrats gegenüber.

bb. Verwaltungsratssystem

Das Verwaltungsratssystem, das vor allem im angelsächsischen Rechtskreis praktiziert wird, sieht ein einheitliches Leitungsorgan (Board of Directors oder Ver-

137 Gesetzlich vorgeschrieben ist es nur in Österreich und Deutschland.

waltungsrat) vor, dem sowohl Leitungs- als auch Kontrollfunktionen übertragen sind. Dieses Organ setzt sich aus geschäftsführenden und nicht geschäftsführenden Mitgliedern zusammen (executive and non executive directors) und wird generell von den Aktionären auf ihrer Generalversammlung gewählt und entlassen. Der Board of Directors wählt die Manager, legt die Unternehmenspolitik fest und ist mit der Geschäftsführung im allgemeinen betraut, während das Management die festgelegten Geschäftsführungsmaßnahmen umsetzt[138]. Die stärkere Einbindung der externen Boardmitglieder, die an allen Boardsitzungen teilnehmen und über die Geschäftsführungsmaßnahmen mitentscheiden, sowie die im Vergleich zu den üblichen Aufsichtsratssitzungen (ca. 4 mal im Jahr)[139] regelmäßiger und häufiger stattfindenden Boardsitzungen (8 bis 12 mal im Jahr)[140], die eine intensivere und zeitnähere Überwachung ermöglichen, sind die deutlichen Vorteile dieses Board- und Verwaltungsratssystems. Diese starke Machtkonzentration wirkt andererseits einer effizienten Kontrolle entgegen, zumal Zugehörigkeit zu mehreren Organen zulässig ist (inside directors)[141].

cc. Aufsichtsrat der deutschen Aktiengesellschaft

aaa. Geschichtliche Entwicklung

Bis zum Inkrafttreten des ADHGB von 1861 wurde die Kontrolle über die Geschäftsführung von den „Hauptpartizipanten, das heißt von den mit dem größeren Aktienbesitz versehenen Mitgliedern“[142] ausgeübt. Ursprünglich ersetzten sie die Hauptversammlung; später, als die Aufgaben der letzteren wuchsen und auch den Kleinaktionären das Teilnahmerecht an der Hauptversammlung gewährt wurde, blieb den Großaktionären ein gewisser Einfluss auf die Verwaltung gewahrt. Sie bildeten einen ständigen Beirat der Direktoren, der diese beaufsichtigte und zu gewissen wichtigen Geschäften seine Zustimmung zu erteilen hatte[143]. Die Hauptaufgabe dieses Gremiums, das sich Verwaltungsrat nannte und von der Hauptversammlung gewählt wurde, bestand darin, als die höchste Leitungsinstanz der Aktiengesellschaft die Direktoren zu ernennen, ihnen Weisungen zu erteilen und über die wichtigen Geschäfte zu beschließen. Die Entlassung der Direktoren, Festsetzung der Bilanz und der Dividende waren ihm ebenfalls

---

138 Eisenberg, Legal Models of Management Structure in the Modern Corporation, in Cal. Law Rev. 1975, S. 376.

139 Bleicher/Paul, DBW 1986, S. 223.

140 Scheffler, ZGR 1993, S. 64, Bleicher/Paul, DBW 1986, S. 223.

141 Scheffler, ZGR 1993, S. 63 ff.

142 Lehmann, Das Recht der Aktiengesellschaften, Band 2, S. 336.

143 Lehmann, Das Recht der Aktiengesellschaften, Band 2, S. 336.

zugewiesen. Darüber hinaus hatte er das Recht, die Gesellschaft zu vertreten. Im Gegensatz dazu hatten die Direktoren die Aufgabe, die laufenden Geschäfte der Aktiengesellschaft zu führen.

Mit dem Inkrafttreten des ADHGB von 1861 wurde zum ersten Mal in der deutschen Aktienrechtgeschichte ein Organ geschaffen, das die Verwaltung zu überwachen hatte und die Aufgabe der Rechnungsprüfung wahrnehmen sollte. Allerdings war der Aufsichtrat im ADHGB von 1861 kein obligatorisches, sondern nur ein fakultatives Gesellschaftsorgan[144]. Im Gegensatz zur obligatorischen Einführung des Aufsichtsrats bei der Kommanditgesellschaft auf Aktien hatte sich der Gesetzgeber dafür entschieden, den Aufsichtsrat für alle Aktiengesellschaften nicht zwingend vorzuschreiben.

Der seit dem ADHGB von 1861 als ein fakultatives Organ an der Aktiengesellschaft teilnehmende Aufsichtsrat wurde dann durch die Aktienrechtsnovelle vom 11. Juli 1870[145] als Ersatz der staatlichen Aufsicht[146] obligatorisch in das Gesetz aufgenommen. Art. 209 ADHGB von 1870 wollte in jedem Gesellschaftsvertrag „die Bestellung eines Aufsichtsrats von mindestens drei, aus der Zahl der Aktionäre zu wählenden Mitgliedern" angeordnet sehen. Gemäß Art. 210a Nr. 3 ADHGB von 1870 musste bei der Anmeldung zum Handelsregister der Nachweis beigefügt sein, dass der Aufsichtsrat nach Inhalt des Vertrages in einer Generalversammlung der Aktionäre gewählt worden war, wobei gemäß Art. 225 i.V.m. Art. 191 ADHGB von 1870 der Aufsichtsrat das erste Mal nicht länger als für ein Jahr, später nicht länger als für fünf Jahre gewählt werden konnte. Die Aufgaben des Aufsichtrates waren in Art. 225a Abs. 2 ADHGB von 1870 aufgezählt und bestanden aus der umfassenden Überwachung des Vorstands. Somit wurde die Dreiteilung der Funktionen in Hauptversammlung, Aufsichtsrat und Vorstand zum Regelfall.

Von der ersten gesetzlichen Regelung bis zum geltenden Recht wurde immer wieder an dieser Aufteilung der Aufgaben der einzelnen Organe festgehalten. Die Hauptversammlung ist das über die grundsätzlichen Fragen der Gesellschaft beschließende und den Aufsichtsrat wählende Organ, der Aufsichtsrat das Kontrollorgan und der Vorstand das leitende und geschäftsführende Organ der deutschen Aktiengesellschaft.

---

144 Art. 225 ADHGB von 1870 besagte: „Ist ein Aufsichtsrat bestellt, so überwacht derselbe die Geschäftsführung der Gesellschaft in allen Zweigen der Verwaltung".

145 Das Gesetz betreffend die Kommanditgesellschaften auf Aktien und Aktiengesellschaften, BGBl. Des Norddt. Bundes S. 375 ff.

146 F. Martens, Die Aktiengesellschaft in der Kritik, S. 19.

bbb. Zusammensetzung

Der Aufsichtsrat besteht aus mindestens drei Mitgliedern (§ 95 Abs. 1 AktG). Die Zusammensetzung des Aufsichtsrats richtet sich aber wesentlich nach dem Mitbestimmungsstatus der Gesellschaft[147]. In den Aufsichtsrat wählbar sind nur natürliche, unbeschränkt geschäftsfähige Personen (§ 100 Abs. 1 AktG), die weder dem Vorstand angehören noch leitende Angestellte der Aktiengesellschaft sein dürfen (105 AktG). Die Bestellung der Aufsichtsratsmitglieder erfolgt, soweit es sich um die Vertreter der Anteilseigner handelt, meist durch Wahl[148]. Die Anteilseignervertreter werden von der Hauptversammlung durch Mehrheitsbeschluss[149] auf höchstens vier Jahre gewählt (§§ 101, 102 AktG). Die Abberufung von Aufsichtsratsmitgliedern vor Ablauf ihrer Amtzeit ist nach Maßgabe und unter den Voraussetzungen des § 103 AktG jederzeit möglich. Der Abberufungsbeschluss bedarf einer qualifizierten Mehrheit, wenn die Satzung nichts anderes bestimmt (§ 103 Abs. 1 Satz 2 und 3 AktG)[150].

ccc. Kompetenzen

Die Hauptaufgaben des Aufsichtrats sind die Bestellung und Abberufung des Vorstands (§ 84 AktG) und die Überwachung der Geschäftsführung durch den Vorstand (§ 111 AktG)[151].

---

147 Unterliegt die Gesellschaft der „Montanmitbestimmung“, so hat sie nach § 41 MontanmitbestG einen elfköpfigen Aufsichtsrat, der aus je vier Vertretern der Anteilseigner und der Arbeitnehmer sowie aus drei Vertretern des öffentlichen Interesses besteht. Unterliegt die Gesellschaft dem MitbestG, so ist der Aufsichtsrat gemäß § 7 MitbestG mit je sechs, je acht oder je zehn Vertretern der Anteilseigner und der Arbeitnehmer besetzt. Hat die Gesellschaft weniger als 2000 Arbeitnehmer und fällt auch nicht unter das MontanmitbestG, so gilt in der Regel § 76 Abs. 1 BetrVG, wonach der Aufsichtsrat zu zwei Dritteln mit Vertretern der Anteilseigner und zu einem Drittel mit Vertretern der Arbeitnehmer zu besetzen ist.

148 Die Wahl der Arbeitnehmervertreter erfolgt nach den jeweils einschlägigen Vorschriften der die Mitbestimmung regelnden Gesetze.

149 Von dieser Regelung kann jedoch die Satzung abweichen und eine relative oder qualifizierte Mehrheit sowie weitere Erfordernisse festsetzen; näher BGHZ 76, 191.

150 Vgl. LG Frankfurt, in AG 1987, S. 160

151 Neben diesen Hauptaufgaben fallen dem Aufsichtrat noch einzelne weitere Aufgaben zu: die gerichtliche und außergerichtliche Vertretung der Gesellschaft gegenüber Vorstandsmitgliedern (§ 112 AktG), die Einberufung einer außerordentlichen Hauptversammlung, wenn das Wohl der Gesellschaft es erfordert (§ 111 Abs. 3 AktG), die Gründungsprüfung (§ 33 Abs. 1 AktG), die Prüfung des Jahresabschlusses, des Lageberichts und des Vorschlags für die Gewinnverwendung (§ 171 AktG),

aaaa. Bestellung und Abberufung des Vorstands

Gemäß § 84 Abs. 1 AktG obliegt dem Aufsichtsrat die Bestellung und Abberufung des Vorstands. Die Vorstandsmitglieder werden vom Aufsichtsrat auf höchstens fünf Jahre bestellt. Eine erneute Bestellung oder eine Verlängerung der Amtszeit ist zwar zulässig, bedarf jedoch eines Aufsichtsratsbeschlusses[152]. Der Aufsichtsrat kann nach § 84 Abs. 3 Satz 1 AktG die Bestellung zum Vorstandsmitglied widerrufen, wenn ein wichtiger Grund vorliegt. Ein solcher liegt namentlich in grober Pflichtverletzung, Unfähigkeit zur ordnungsmäßigen Geschäftsführung oder Vertrauensentzug durch die Hauptversammlung vor, es sei denn, dass das Vertrauen aus offenbar unsachlichen Gründen entzogen worden ist (§ 84 Abs. 3 Satz 2 AktG).

bbbb. Überwachung der Geschäftsführung

Der Aufsichtsrat hat insbesondere die Aufgabe, die Geschäftsführung des Vorstands zu überwachen (§ 111 Abs. 1 AktG). Die Überwachung bezieht sich auf alle Maßnahmen des Vorstands, die zur Leitung der Gesellschaft gehören[153]. Dies umfasst sowohl die Kontrolle der Rechtmäßigkeit als auch der Wirtschaftlichkeit und Zweckmäßigkeit der Leitungsentscheidungen des Vorstands[154]. Insbesondere hat sich der Aufsichtsrat zu vergewissern, dass die Vorstandsmitglieder bei ihrer Geschäftsführung die „Sorgfalt eines ordentlichen und gewissenhaften Geschäftsleiters" im Sinne von § 93 Abs. 1 Satz 1 AktG anwenden[155]. Leitlinie für den Aufsichtsrat ist dabei das Unternehmensinteresse Daher kann sich der Aufsichtsrat nicht damit begnügen, die Pflichtmäßigkeit des Vorgehens des Vorstands zu prüfen, sondern er muss bei seiner laufenden Überwachung der Geschäftsführung zu überprüfen, ob sich der Vorstand wirklich nur ausschließlich von den Interessen der Unternehmensbeteiligten hat leiten lassen oder ob vielmehr

---

das Recht auf Einsicht in die Bücher und Schriften sowie auf die Prüfung der Vermögensgegenstände (§ 113 AktG), die Feststellung des Jahresabschlusses (§ 172 AktG) und die Bildung von Gewinnrücklagen ((§ 58 Abs. 2 AktG).

152 Vgl. BGHZ 10, S. 187, 194.

153 Maßnahmen, die der Vorstand aufgrund seiner außerhalb der Geschäftführung liegenden Kompetenzen gegenüber anderen Organen der Gesellschaft trifft, sind somit von der Überwachung ausgenommen, vgl. Hoffmann-Becking, in MünchHdb AG, Bd. IV, 2. Aufl. 1999, S. 254 Rdn. 22.

154 BGHZ 114, S. 127, 129; Eisenhardt, Gesellschaftsrecht, 13. Aufl., S. 305 Rdn. 555; Semler, Überwachungsaufgabe, S. 68 ff.

155 Hoffmann-Becking, in MünchHdb AG, Bd. IV, 2. Aufl. 1999, S. 254 Rdn. 25.

eigene Ziele (Ziele der Unternehmensleitung) den Ausschlag für die konkrete Entscheidung gegeben haben[156].

Damit der Aufsichtsrat seiner Überwachungsfunktion gerecht werden kann, gewährt ihm § 111 Abs. 2 AktG die Befugnis, die Bücher und Schriften der Gesellschaft sowie die Vermögensgegenstände, namentlich die Gesellschaftskasse und die Bestände an Wertpapieren und Waren, einzusehen und zu prüfen. Weiter ist der Vorstand zu einer umfassenden Unterrichtung des Aufsichtsrats verpflichtet (§ 90 AktG). Demnach muss der Vorstand u. a. regelmäßig berichten über die beabsichtigte Geschäftspolitik, die Rentabilität der Gesellschaft und über den Gang der Geschäfte, insbesondere den Umsatz, und die Lage der Gesellschaft (§ 90 Abs. 1 AktG). Außerdem kann der Aufsichtsrat vom Vorstand jederzeit einen Bericht verlangen über Angelegenheiten der Gesellschaft, über ihre rechtlichen und geschäftlichen Beziehungen zu verbundenen Unternehmen sowie über geschäftliche Vorgänge bei diesen Unternehmen, die auf die Lage der Gesellschaft erheblichen Einfluss nehmen können (§ 90 Abs. 3 AktG).

Als besonders wirksames Instrument für die Überwachung des Vorstands durch den Aufsichtsrat ist der Zustimmungsvorbehalt des Aufsichtsrat anzusehen. Gemäß § 111 Abs. 4 Satz 2 AktG kann die Satzung oder der Aufsichtsrat selbst festlegen, dass bestimmte Arten von Geschäften nur mit der Zustimmung des Aufsichtsrats vorgenommen werden dürfen. Die Satzung kann das Recht des Aufsichtsrats, bestimmte Arten von Geschäften seiner Zustimmung zu unterwerfen, weder aufheben noch einschränken[157]. Verweigert der Aufsichtsrat seine Zustimmung, so kann der Vorstand verlangen, dass die Hauptversammlung über die Zustimmung beschließt (§ 111 Abs. 4 Satz 3 AktG).

Der Zustimmungsvorbehalt ermöglicht dem Aufsichtsrat eine präventive Überwachung des Vorstands und die Mitwirkung an der Geschäftsführung. Eine eigenständige Geschäftsführungsbefugnis ist ihm allerdings damit nicht gegeben. Soweit bestimmte Arten von Geschäften der Zustimmung des Aufsichtsrates bedürfen (§ 111 Abs. 4 Satz 2 AktG), so kann der Aufsichtsrat das Tätigwerden des Vorstands nach Art eines Vetorechts verhindern. Die betreffenden Geschäfte kann er jedoch nicht selbst vornehmen. Ein Weisungsrecht, mit dem er bestimmte Maßnahmen positiv durchsetzen könnte, steht ihm auch nicht zu[158].

Zustimmungsbedürftige Geschäfte können in der Satzung, in der Geschäftsordnung des Aufsichtsrats, in einer vom Aufsichtsrat beschlossenen

156 Hoffmann-Becking, in MünchHdb AG, Bd. IV, 2. Aufl. 1999, S. 254 Rdn. 26.

157 Mertens, in Kölner Komm. z. AktG, 2. Aufl. 1995, § 111 Rdn. 60; Semler; Überwachungsaufgabe, S. 79.

158 Hoffmann-Becking, in MünchHdb AG, Bd. IV, 2. Aufl. 1999, S. 257 Rdn. 35.

Geschäftsordnung des Vorstands oder durch einen besonderen Beschluss des Aufsichtsratsplenums bestimmt werden[159]. In der Regel werden nur solche Geschäfte zustimmungspflichtig gemacht, die für die Gesellschaft von herausragender Bedeutung sind. Eine besondere Regelung diesbezüglich ist im Aktiengesetz ersichtlich. Da die Ausgabe neuer Aktien über den Rahmen einer bloßen Geschäftsführungsmaßnahme hinaus die Kapitalgrundlagen der Aktiengesellschaft verändert, sieht das Aktiengesetz entsprechend ihrer großen Bedeutung für die Gesellschaft eine Mitwirkung des Aufsichtsrats bei der Durchführung der Kapitalerhöhung vor. Gemäß § 202 Abs. 3 Satz 2 AktG sollen die neuen Aktien aufgrund eines genehmigten Kapitals nur mit Zustimmung des Aufsichtsrats ausgegeben werden. Beim genehmigten Kapital handelt es sich um eine satzungsmäßige Ermächtigung des Vorstands, ohne Befragen der Hauptversammlung das Grundkapital bis zu einem bestimmten Nennbetrag durch Ausgabe neuer Aktien zu erhöhen. Wenn nun der Vorstand von seiner Ermächtigung Gebrauch machen und zu diesem Zweck neue Aktien ausgeben will, so soll er vorher die Einwilligung des Aufsichtsrats[160] einholen.

cccc. Übertragung der Geschäftführungsmaßnahmen an den Aufsichtsrat

Im deutschen Aufsichtsratssystem ist der Aufsichtsrat von der Beteiligung an der Geschäftsführung grundsätzlich ausgeschlossen. Maßnahmen der Geschäftsführung können ihm nicht übertragen werden (§ 111 Abs. 4 Satz 1 AktG). Dabei sieht § 111 Abs. IVb Satz 2 AktG einen Sonderfall vor, wonach die Satzung oder der Aufsichtsrat selbst anordnen können, dass bestimmte Arten von Geschäften nur mit seiner Zustimmung vorgenommen werden dürfen. Die Reichweite und die genaue Abgrenzung dieses Zustimmungsvorbehalts werden in der Literatur nicht einheitlich beantwortet. Man ist sich aber darüber einig, dass Handlungen des gewöhnlichen Geschäftsbetriebs nicht einem Zustimmungsvorbehalt unterstellt werden dürfen. Es dürfen nur solche Geschäfte einem Zustimmungsvorbehalt unterworfen werden, die nach Umfang, Gegenstand, Bedeutung oder Risiko für das konkrete Unternehmen aus dem

159 Hoffmann-Becking, in MünchHdb AG, Bd. IV, 2. Aufl. 1999, S. 258 Rdn. 36.

160 Hoffmann-Becking, in MünchHdb AG, Bd. IV, 2. Aufl. 1999, S. 259 Rdn. 39: „Die Zustimmung des Aufsichtsrats ist im Regelfall vor der Vornahme des Geschäfts in Form der Einwilligung einzuholen. Ausnahmsweise, z. B. bei besonderer Eilbedürftigkeit des Geschäfts, darf sich der Vorstand mit einer nachträglichen Genehmigung begnügen, vorausgesetzt, der Vorstand kann bei Vornahme des Geschäfts nach pflichtgemäßem Ermessen davon ausgehen, dass sich die Mehrheit des Aufsichtsrats mit dem Geschäft einverstanden erklären wird".

routinemäßigen Geschäftsbetrieb herausfallen[161]. Als zulässig werden Zustimmungsvorbehalte für den Erwerb von Beteiligungen, Grundstücksgeschäfte und Kreditaufnahmen, die einen bestimmten Rahmen überschreiten, betrachtet[162]. Verweigert der Aufsichtsrat seine Zustimmung, so kann der Vorstand verlangen, dass die Hauptversammlung über die Zustimmung beschließt (§ 111 Abs. IV Satz 3 AktG). Der Beschluss, durch den die Hauptversammlung zustimmt, bedarf in diesem Fall einer Dreiviertelmehrheit der abgegebenen Stimmen (§ 111 Abs. IV Satz 4 AktG).

dd. Verwaltungsrat der türkischen Aktiengesellschaft

Während dem deutschen Aktiengesetz das Aufsichtsratssystem zugrunde liegt, ist die Organisationsstruktur der Aktiengesellschaften in der Türkei unter das Verwaltungsratssystem zu subsumieren. Die Leitungs- und Überwachungsaufgaben werden insgesamt von dem Verwaltungsrat vorgenommen. Dieser ist eines der gesetzlich notwendigen Organe der türkischen Aktiengesellschaft[163] und entspricht etwa dem Vorstand der deutschen Aktiengesellschaft[164]. Fehlt der Verwaltungsrat, so setzt das Handelsgericht am Sitz der Gesellschaft auf Antrag eines Aktionärs oder Gesellschaftsgläubigers oder des Industrie- und Handelsministeriums zunächst eine angemessene Frist, durch Satzungsänderung den Mangel zu beheben. Erst wenn der Mangel innerhalb der Frist nicht behoben wird, ordnet es durch Beschluss die Auflösung der Gesellschaft an (Art. 435 Abs. 1 THG).

aaa. Zusammensetzung und Bestellung

Während der deutsche Vorstand durch den Aufsichtsrat bestellt und abberufen wird (§ 84 Abs. 3 AktG), steht die Zuständigkeit für die Berufung und Entlassung der Mitglieder des türkischen Verwaltungsrats der Generalversammlung zu (Art. 312 Abs. 1, 369 Abs. 4 THG). Die Übertragung dieser Zuständigkeit, die der Generalversammlung einen unmittelbaren Einfluss auf die Zusammensetzung des Verwaltungsrats sichert, auf andere Stellen ist nicht zulässig[165]. Auch

---

161 Von Rechenberg, BB 1990, S. 1358.

162 Hüffer, AktG, 7. Aufl. 2006, § 111 Rn. 18.

163 Imregün, Kara Ticareti Hukuku Dersleri, 11. Aufl., S. 324.

164 Der Vorstand ist das Leitungsorgan der deutschen Aktiengesellschaft (§ 76 Abs. 1 AktG). Er führt die Geschäfte (§ 77 AktG) und vertritt die Gesellschaft gerichtlich und außergerichtlich (§ 78 Abs. 1 AktG).

165 Pulaşlı, Şirketler Hukuku, 3. Bası 2001, S. 396 ff.

wenn der Verwaltungsrat, falls eine Stelle durch Tod oder durch Erlöschen des Amtes aus den im Gesetz aufgelisteten Gründen[166] frei wird, jemanden, der die in Art. 312 vorgesehenen gesetzlichen Voraussetzungen erfüllt, provisorisch wählen und ihn der nächsten Generalversammlung zur Bestätigung vorschlagen kann (Art. 315 Abs. 1 THG), ist dies nicht als eine Delegation an den Verwaltungsrat anzusehen. Zum einen ist die Regelung des Art. 315 Abs. 1 THG durch Satzung abänderbar. Zum anderen ist die Generalversammlung nicht verpflichtet, auf den Vorschlag des Verwaltungsrats einzugehen. Im letzten Fall wirkt der Absagebeschluss der Generalversammlung jedoch ex – nunc (Art. 315 Abs. 1 Satz 2 THG)[167].

Im deutschen Recht kann der Vorstand aus einem oder mehreren Mitgliedern bestehen[168]. Das türkische Handelsgesetz hingegen schreibt zwingend vor, dass der Verwaltungsrat aus mindestens drei Personen bestehen muss (Art. 312 Abs. 1 THG). In der Satzung kann jedoch eine höhere Anzahl vorgesehen werden, da das Gesetz keine Höchstgrenze vorsieht[169].

Nach § 84 Abs. 1 AktG können die Vorstandsmitglieder auf höchsten 5 Jahre bestellt werden. Demgegenüber ist die Amtszeit von Verwaltungsratsmitgliedern auf höchstens drei Jahre beschränkt (Art. 314 Abs. 1 Satz 1 THG). Eine Wiederwahl ist zulässig, sofern die Satzung keine gegenteilige Bestimmung enthält (Art. 314 Abs. 1 Satz 2 THG).

Jedes Verwaltungsratsmitglied kann jederzeit durch Beschluss der Generalversammlung abberufen werden (Art. 316 Abs. 1 THG).

---

166 Art. 315 Abs. 2 THBG besagt: „Gehört ein Mitglied des Vorstands zu den Personen, die dem Konkursverfahren unterliegen und wird über ihn Konkurs eröffnet, wird er entmündigt oder verliert er die für die Mitgliedschaft erforderlichen gesetzlichen Voraussetzungen, so erlischt sein Amt. Das gleiche gilt im Falle der Verurteilung zu Zuchthaus, oder wegen Urkundenfälschung, Unterschlagung oder Untreue, Diebstahl oder Betrug".

167 Çamoğlu, in Poroy/Tekinalp/Çamoğlu, Ortaklıklar ve Kooperatif Hukuku, 8. Bası 2000, S. 308 Rdn. 547.

168 Es kann jedoch per Satzung angeordnet werden, dass bei einer Gesellschaft mit einem Grundkapital von mehr als drei Millionen Euro, bei der das Gesetz eine Mindestzahl von zwei Vorstandsmitglieder verlangt, (§ 76 Abs. 2 AktG), der Vorstand nur aus einer Person besteht. Für eine abweichende Satzungsklausel ist die Formulierung ausreichend, dass der Vorstand aus einer oder mehreren Personen bestehen kann, vgl. Mertens, in Kölner Kommentar zum AktG, 2. Aufl., § 76 Rdn. 35.

169 Imregün, Kara Ticareti Hukuku Dersleri, 11. Aufl., S. 325; Çamoğlu, in Poroy/Tekinalp/Çamoğlu, Ortaklıklar ve Kooperatif Hukuku, 8. Bası 2000, S. 293 Rdn. 521b f.

Zum Verwaltungsratsmitglied kann jede natürliche, unbeschränkt geschäftsfähige Person[170] bestellt werden (Art. 312 Abs. 1 THG)[171]. Es ist nicht erforderlich, dass die Verwaltungsratsmitglieder zugleich Aktionäre sind. Auch Nicht-Aktionäre können als Mitglied des Verwaltungsrats gewählt werden. Allerdings dürfen sie ihr Amt erst antreten, nachdem sie die Aktionärseigenschaft erworben haben (Art. 312 Abs. 2 Satz 1 THG)[172].

bbb. Aufgaben

Dem Verwaltungsrat der türkischen Aktiengesellschaft steht die Leitung - und nicht ihre Geschäftsführung - und Vertretung der Gesellschaft zu. (Art. 317 THG). Die Anweisungen für die Geschäftsführung werden im Wesentlichen vom Verwaltungsrat gegeben. Die Ausführung dieser Direktiven, d.h. die Geschäftsführung im eigentlichen Sinne, obliegt einem oder mehreren hierfür gemäß Art. 319 ff., 342 ff. THG durch den Verwaltungsrat bestellten Delegierten, welche Mitglieder des Verwaltungsrates sind, oder besonders bestellten, nicht dem Verwaltungsrat angehörenden Direktoren[173]. Diese organisatorische Maßnahme führt eine Arbeitsteilung herbei und trägt zu einer Rationalisierung der verwaltungsinternen Arbeitsbewältigung bei[174]. Sie gibt dem Verwaltungsrat die Gelegenheit, nachdem er sich der Aufgaben der Geschäftsführung entledigt hat, als Oberleitung im Wesentlichen Weisungen für die Geschäftsführung zu erteilen, die Richtlinien für die Geschäftspolitik aufzustellen und die Kontrolle darüber auszuüben[175]. Der Verwaltungsrat hat nur noch die nicht delegierbaren Befugnisse zu erfüllen und die der Überwachung dienenden Aufgaben zu versehen.

Die Übertragung von Geschäftsführungsaufgaben der Verwaltung auf Dritte oder auf einzelne Mitglieder des Verwaltungsrates bedarf zu ihrer Wirksamkeit

---

170 Yargıtay 11. HD., 05.12.1986, E. 6726/K. 6565 (in Eriş, Türk Ticaret Kanunu Şerhi, 2. Bası 1992, S. 880; Teoman, Kendilerine Yasal Danışman Atanan Kişilerin Anonim Ortaklıklarda Yönetim Kurulu Üyesi Olup Olamayacakları Sorunu, Ikt. Mal. 1980, C. XXVI S. 416, 422 ff.; Ansay, Anonim Şirketler Hukuku, 6. Bası 1982, S. 94 ff.

171 Gemäß Art. 312 Abs. 2 Satz 2 THG kann eine juristische Person, auch wenn sie Aktionär ist, nicht zum Verwaltungsratsmitglied bestellt werden, sondern höchstens deren gesetzlicher Vertreter als natürliche Person.

172 Pulaşlı, Şirketler Hukuku, 3. Bası 2001, S. 392 f.

173 Hirsch/Tekinalp, Das türkische Aktien- und GmbH-Recht, 2. Aufl. 1993, Einl. S. 48 f.; Ünal, Anonim Ortaklıklarda Yönetim ve Yönetim Görevlerinin Murahhaslara Bırakılması, Batider 1982, C. XI, Sayı 3, S. 49 ff.

174 Horber, Kompetenzdelegation, S. 81.

175 M. Ünal., Verteilung von Leitungs- und Kontrollaufgaben, S. 10 ff.

der gemäß Art. 279 Ziff. 6 THG in die Satzung aufzunehmenden Ermächtigung der Generalversammlung oder des Verwaltungsrates. Eine Übertragung durch einen Beschluss der Generalversammlung ohne entsprechende Grundlage in der Satzung ist unzulässig. Keine Verbindlichkeit und Gültigkeit hat auch eine Reglementierung der Übertragung von Verwaltungsaufgaben, die auf keiner satzungsmäßigen Ermächtigung oder zumindest einem Hinweis darauf beruht[176]. Hierbei ist allerdings festzustellen, dass es in der Praxis nicht häufig anzutreffen ist, die ganze Verwaltungsorganisation der Aktiengesellschaft in der Satzung zu ordnen und die Aufgaben der Delegierten oder Direktoren ausführlich zu beschreiben. Es wird vielmehr in der Satzung eine nur vorläufige Verteilung vorgenommen, um es dann dem Verwaltungsrat aufgrund seiner besseren Einschätzung der Bedürfnissen der Gesellschaft zu überlassen, nähere Bestimmungen über die Art und Weise der Arbeitsteilung unter den Mitgliedern des Verwaltungsrates oder Dritten in einem Reglement zu treffen.

In Art. 319 Abs. 2 THG ist ausdrücklich vorgesehen, dass die Ermächtigung zur Übertragung von Geschäftsführungsaufgaben zu ihrer Verbindlichkeit der Aufnahme in die Satzung bedarf. Nimmt der Verwaltungsrat trotz fehlender Ermächtigung eine Aufgabenverteilung vor und verteilt die gemäß Art. 317 THGB ihm zustehenden Geschäftsführungsbefugnisse mit der Absicht, nur noch als Oberleitung in Funktion zu treten, so kommt dieser Verteilung nur eine interne Bedeutung zu. Sie ist für die Aktionäre und Dritte nicht verbindlich; denn sowohl die Aktionäre als auch die Gläubiger haben ein berechtigtes Interesse daran, zu wissen, von wem und wie die Geschäfte der Gesellschaft geführt werden[177].

Ist ein Teil der Gesellschaftsangelegenheiten, der die Geschäftsführung betrifft, durch die Satzung oder durch Beschluss der Generalversammlung oder des Verwaltungsrates einem Direktor übertragen, so ist dieser Direktor nach Maßgabe der für die Mitglieder des Verwaltungsrates geltenden Haftungsbestimmungen der Gesellschaft, den Aktionären und den Gesellschaftsgläubigern verantwortlich, wenn er die ihm durch Gesetz, Satzung oder andere die Geschäftsbesorgung regelnden Bestimmungen auferlegten Verpflichtungen nicht ordnungsgemäß oder gar nicht erfüllt (Art. 342 Satz 1 THG). Eine diesem Grund entgegenstehende Bestimmung der Satzung oder der Umstand, dass der Direktor nach Weisung und unter Aufsicht des Verwaltungsrates gehandelt hat, kann die Haftung nicht ausschließen (Art. 342 Satz 2 THG).

---

176 Pulaşlı, Şirketler Hukuku, 3. Bası 2001, S. 437 f.

177 M. Ünal, Verteilung von Leitungs- und Kontrollaufgaben, S. 107 ff.

ccc. Einfluss der Generalversammlung auf die Leitung der Gesellschaft

Der Einfluss der Generalversammlung auf die Leitung der Gesellschaft lässt sich im schweizerisch-türkischen Recht unterschiedlich danach beantworten, wie man die Stellung der Generalversammlung beurteilt. Über die Funktion und Stellung der Generalversammlung im Gefüge des Kompetenzsystems der Aktiengesellschaft werden in der schweizerischen Literatur verschiedene Theorien vertreten, die im Folgenden kurz skizziert werden. Vor der Darstellung der Grundideen dieser Theorien findet sich ein Überblick über die Zusammensetzung und Struktur der türkischen Generalversammlung.

aaaa. Zusammensetzung und Struktur der Generalversammlung

Die Generalversammlung ist das Willensbildungsorgan der türkischen Aktiengesellschaft und entspricht der Hauptversammlung deutscher Aktiengesellschaften[178].

(1). Einberufung der Generalversammlung

Die Generalversammlung findet innerhalb von drei Monaten nach dem Ende jeder Rechnungsperiode und mindestens einmal jährlich statt, kann jedoch je nach Bedürfnis auch als außerordentliche Generalversammlung zusätzlich einberufen werden[179] (Art. 364 Abs. 1 und 3 THG). Die ordentliche Generalversammlung

---

178 Die Hauptversammlung ist die Zusammenkunft aller Aktionäre und ihrer bevollmächtigten Vertreter, in welcher sie ihre Rechte ausüben (§118 Abs. 1 AktG). Grundsätzlich steht jedem Aktionär das Recht zur Teilnahme an der Hauptversammlung und der Beteiligung an zu fassenden Beschlüssen zu. Dabei ist es gleichgültig, ob der Aktionär zur Ausübung des Stimmrechts berechtigt ist oder nicht. Die Teilnahme oder die Ausübung des Stimmrechts kann nur durch die Satzung davon abhängig gemacht werden, dass die Aktien bis zu einem bestimmten Zeitpunkt vor der Versammlung hinterlegt werden oder dass sich die Aktionäre vor der Versammlung anmelden (§ 123 Abs. 2 AktG). Überdies sollen die Mitglieder des Vorstands und des Aufsichtsrats, auch wenn sie nicht Aktionäre sind, an der Hauptversammlung teilnehmen (§ 118 Abs. 2 AktG).

179 Die Hauptversammlung der deutschen Aktiengesellschaft findet mindestens einmal jährlich statt (§ 120 Abs. 1 AktG), kann jedoch auch als außerordentliche Hauptversammlung wegen besonderer Anlässe zusätzlich einberufen werden. Anlass für eine außerordentliche Hauptversammlung bilden etwa Verluste in Höhe der Hälfte des Grundkapitals (§ 92 Abs. 1 AktG) oder das Bedürfnis einer Änderung des Grundkapitals. Sie ist immer dann einzuberufen, wenn das Wohl der Gesellschaft dies erfordert (§ 121 Abs. 1 AktG). Außerdem können nach § 122 Abs. 1 AktG Aktionäre, deren Aktien zusammen den zwanzigsten Teil des Grundkapitals erreichen, vom

wird durch den Verwaltungsrat einberufen. Das Einberufungsbefugnis zu außerordentlichen Tagungen steht sowohl dem Verwaltungsrat wie auch, nach Maßgabe von Art. 355 THG, den Kontrolleuren zu (Art. 365 THG). Die Einberufung einer Generalversammlung kann auch von Aktionären, die zusammen mindestens zehn Prozent des Grundkapitals vertreten, verlangt werden (Art. 366 THG). Die Einberufung hat in der in der Satzung bestimmten Art und Weise zu erfolgen und in der Handelsregisterzeitung mindestens zwei Wochen vor dem Tage der Versammlung anzukündigen (Art. 368 THG).

(2). Beschlussfassung

Die Generalversammlung ist Beschlussorgan der türkischen Aktiengesellschaft. Sie ist beschlussfähig, wenn Aktionäre anwesend oder vertreten sind, deren Anteile ein Viertel des Grundkapitals entsprechen. Die Beschlussfassungen der Generalversammlung haben, sofern das Gesetz oder die Satzung nicht anderes vorschreiben, mit der Mehrheit der vorhandenen Stimmen zu erfolgen (Art. 278 Abs. 1 THG). Als Voraussetzung für die Geltung der Beschlüsse sieht das Gesetz außerdem vor, dass ein Kommissar des Industrie- und Handelsministeriums an den Sitzungen teilnimmt und die Niederschrift über die Sitzung, deren Fertigung von ihm beaufsichtigt wurde, unterschreibt (Artikeln 378 Abs. 2 und 297 THG). Eine notariell beglaubigte Abschrift der Niederschrift ist in das Handelsregister einzutragen.

(3). Kompetenzen

Die Generalversammlung hat durch eine Reihe von Einzelbestimmungen genau festgelegte Befugnisse für die Festsetzung und Änderung der Satzung (Art. 385 THG), die Wahl und Abberufung der Verwaltung[180] (Art. 312, 316 THG) und der Kontrollstelle (Art. 347 Abs. 2, 350, 369 THG), die Bestätigung der Gesellschaftsbilanz und Gewinn- und Verlustrechnung sowie die Beschlussfassung über die Gewinnverteilung (Art. 369 Abs. 1 Ziff. 2 THG). Die Generalversammlung ist außerdem zuständig für die Beschlussfassung über die Gegenstände, die der Generalversammlung durch das Gesetz oder Satzung vorbehalten sind, sowie

---

Vorstand die Einberufung einer außerordentlichen Hauptversammlung verlangen und notfalls auch vom Gericht ermächtigt werden, selbst die Hauptversammlung einzuberufen. Die Einberufung erfolgt mit einer Frist von mindestens einem Monat vor dem Tag der Hauptversammlung (§ 123 Abs. 1 AktG) und ist in den Gesellschaftsblättern bekannt zu machen (§ 121 Abs. 3 AktG).

180 Im türkischen Recht kann die Verwaltung auch durch die Satzung bestellt werden (Art. 312 Abs. 1 THG).

die Erhöhung oder Herabsetzung des Grundkapitals (Art. 391, 396 THG), die Schaffung von Spezialreserven (Art. 469 Abs. 1 und 2 THG), die Erweiterung der Aufgaben der Kontrollstelle (Art. 353 letzter Satz THG)[181], die Ernennung besonderer Kommissare oder Sachverständiger (Art. 348 Abs. 1 THG), die Wahl und Abberufung von Liquidatoren (Art. 441, 442 THG), Konstituierung der Gesellschaft (289 THG), die Festsetzung von Tantiemen (Art. 72 THG), die Ausgabe von Aktien über pari (Art. 286 Abs. 2 THG), die Fusion (Art. 451 ff. THG) und die Zustimmung im Falle der Auflösung ohne Liquidation (Art. 454 Abs. 1 THG).

bbbb. Theorien zur Stellung der Generalversammlung

(1). Absolute Omnipotenztheorie

Die Vertreter der absoluten Omipotenztheorie betrachten die Generalversammlung als das oberste Organ der Aktiengesellschaft, welches die Kompetenz hat, in allen Angelegenheiten der Gesellschaft verbindliche Entscheidungen zu treffen, was auch das Recht impliziert, dem Verwaltungsrat verbindliche Weisungen für die Geschäftsführung zu erteilen oder verbindlich an seiner Stelle zu entscheiden[182]. Als die an der Spitze der hierarchischen Ordnung stehende Instanz dürfe die Generalversammlung jederzeit in die Kompetenzen der anderen Organe eingreifen oder ihnen bindende Weisungen erteilen[183]. Der Verwaltungsrat sei schließlich ein Exekutiv-Organ, dessen selbständigen Beschlussfassung davon abhängig sei, ob die Generalversammlung dem Verwaltungsrat jeweils eine freie Entschließung zugestehen will oder nicht[184].

(2). Eingeschränkte Omnipotenztheorie

Die Generalversammlung kann laut der eingeschränkten Omnipotenztheorie unter bestimmten Voraussetzungen vom Verwaltungsrat Handlungen und Beschlüsse erzwingen, d. h. in deren Kompetenzbereich eingreifen[185]. Nach Bürgi, der als

181 Hirsch/Tekinalp, Das türkische Aktien- und GmbH-Recht, 2. Aufl. 1993, Anm. 13 zu Art. 353.

182 Schmitt, Das Verhältnis zwischen Generalversammlung und Verwaltung in der Aktiengesellschaft, S. 41.

183 Steiger, Das Recht der Aktiengesellschaft in der Schweiz, S. 196; Schuncany, Kommentar zum schweizerischen Aktienrecht, 2. Aufl., N. 5 zu Art. 698 OR.

184 Mohr, Die Abgrenzung der Befugnisse der Generalversammlung und des Verwaltungsrates der Aktiengesellschaft, S. 28.

185 Bürgi, Kommentar zum schweizerischen Zivilgesetzbuch, N. 12 zu Art. 721 OR, Schulz-Dornburg, Die Verwaltung der Aktiengesellschaft in Deutschland und der Schweiz, S. 22.

Hauptvertreter dieser Theorie gilt, steht ein solcher Eingriff der Generalversammlung in den Kompetenzbereich des Verwaltungsrates nur ausnahmsweise und unter besonderen Umständen zu, namentlich beim Ausfall der Geschäftsführung[186]. Dies bedeutet, dass, wenn der Verwaltungsrat ausfällt und sofern die Beschlüsse und Handlungen an sich den Kompetenzkreis der Geschäftsführung oder Vertretung betreffen, die Generalversammlung selbst Verwaltungsfunktionen ausüben darf.

(3). Paritätstheorie

Die Anhänger der Paritätstheorie lehnen die Spitzenstellung der Generalversammlung auch nicht ab. Sie sind aber der Meinung, dass sie nicht so ausgelegt werden sollte, wie dies die Befürworter der Omnipotenztheorie tun. Die Generalversammlung sei zwar formell, d. h. von einem hierarchischen Gesichtspunkt aus betrachtet, das oberste Organ der Aktiengesellschaft. Sie habe diese hervorragende Stellung aber nur deswegen, weil ihr die wichtigsten Funktionen anvertraut sind[187]. Funktionell betrachtet kämen jedem Organ bestimmte Aufgaben vollständig und verbindlich zu und jedes Organ sei in seinem Aufgabenbereich grundsätzlich allein zuständig[188]. Eingriffe in den Aufgabenbereich eines anderen Organs dürften weder statutarisch noch vertraglich vorgesehen sein[189]. Solche Eingriffe würden eine effiziente Geschäftsführung unmöglich machen würden. Außerdem würde im Falle eines Fehlers nur das eigentlich zuständige Organ verantwortlich gemacht werden, während das Organ, das sich eingemischt hat, nicht zur Rechenschaft gezogen werden könne. Die Organe müssten deswegen „ungefähr" gleichrangig sein und getrennte Aufgaben erledigen[190].

cccc. Stellung der türkischen Generalversammlung

Bis zur Aktienrechtsrevision von 1991 galt in der Schweiz die eingeschränkte Omnipotenztheorie. Im Mittelpunkt der Argumentation dieser Theorie stand Art. 698 Abs. 1 des schweizerischen Obligationenrechts (OR), in dem die General-

---

186 Bürgi, Kommentar zum schweizerischen Zivilgesetzbuch, N. 44 zu den Vorb. zu Art. 721 OR.

187 Wander, Organe der AG, S. 40 und 66; Kaestlin, Funktionen der GV, S. 21.

188 Vgl. Sprüngli, Die neue Rolle des Verwaltungsrates, S. 9; Forstmoser, SZW 1994, S. 170.

189 Mohr, Die Abgrenzung der Befugnisse der Generalversammlung und des Verwaltungsrates der Aktiengesellschaft, S. 45.

190 Mohr, Die Abgrenzung der Befugnisse der Generalversammlung und des Verwaltungsrates der Aktiengesellschaft, S. 45.

versammlung der Aktionäre als das oberste Organ der Aktiengesellschaft bezeichnet wird. Die ausdrückliche Bezeichnung der Generalversammlung als oberstes Organ war für die Vertreter der eingeschränkten Omnipotenztheorie Anlass, die Gleichstellung der Organe abzulehnen. Mit der Novellierung des Art. 716a OR im Rahmen der Aktienrechtsrevision von 1991 hat sich das Blatt gewendet. Die heute herrschende Lehre in der Schweiz interpretiert die Einführung von Art. 716a OR, der die unübertragbaren und unentziehbaren Zuständigkeiten[191] des Verwaltungsrat festschreibt[192], als eine klare Absage an die Omnipotenztheorie[193]. Im bundesrätlichen Entwurf sei nur von „unübertragbaren" Aufgaben des Verwaltungsrates die Rede gewesen. Der Ständerat habe das Wort „unentziehbar" hinzugefügt[194]. Die in Art. 716a Abs. 1 OR aufgezählten Aufgaben seien infolgedessen nicht nur unübertragbar im Sinne einer freiwilligen Weitergabe an ein

191 In dem Zuständigkeitskatalog des Art. 716a OR sind dem schweizerischen Verwaltungsrat folgende Kompetenzen zugewiesen: gemäß Ziff. 1 die Oberleitung der Gesellschaft und die Erteilung der nötigen Weisungen, gemäß Ziff. 2 die Festlegung der Organisation, gemäß Ziff. 3 die Ausgestaltung des Rechnungswesens, der Finanzkontrolle sowie der Finanzplanung, sofern diese für die Führung der Gesellschaft notwendig ist, gemäß Ziff. 4 die Ernennung und Abberufung der mit der Geschäftsführung und der Vertretung betrauten Personen, gemäß Ziff. 5 die Oberaufsicht über die mit der Geschäftsführung betrauten Personen, namentlich im Hinblick auf die Befolgung der Gesetze, Statuten, Reglemente und Weisungen; gemäß Ziff. 6 die Erstellung des Geschäftsberichtes sowie die Vorbereitung der Generalversammlung und die Ausführung ihrer Beschlüsse und gemäß Ziff. 7 die Benachrichtigung des Richters im Falle der Überschuldung.

192 Müller/Lipp/Plüss, Der Verwaltungsrat, S. 122, betrachten die in Art. 716a OR enthalten Aufzählung als abschließend. a.A Forstmoser/Meier-Hayoz/Nobel, Schweizerisches Aktienrecht, § 30, N 30, sind der Meinung, dass dieser Kompetenzkatalog nicht abschließend ist, weil auch an anderer Stelle Aufgaben erwähnt sind, die der Verwaltungsrat selbst erfüllen muss; näheres bei Böckli, Schweizer Aktienrecht, 3. Aufl., Teil III, Kap. 10, N 1518a, der alle weitere gesetzliche Kompetenzen des Verwaltungsrates enumeriert; Horber, Kompetenzdelegation, S. 76, betrachtet die Kompetenzliste in Art. 716a Abs. 1 OR als abschließend. Er erklärt, dass andere Kompetenzen, wie die Ernennung von Prokuristen und anderen Bevollmächtigten (Art. 721) sowie die Ausgabe autorisierten Aktienkapitals (Art. 651 Abs. 4) zwar als undelegierbar eingestuft werden. Diese Artikel erscheinen jedoch seiner Meinung nach als spezielle Fälle von den undelegierbaren Kompetenzen in Art. 716a OR, ist doch in Ziffer 4 von der Ernennung der mit der Geschäftsführung betrauten Personen und in Ziffer 7 von der Ausführung von Generalversammlungsbeschlüssen die Rede.

193 Botschaft über die Revision des Aktienrechts vom 23. Februar 1983, BBl 1983, S. 842.

194 Amtl. Bull. Ständerat 1988, 514 f.

anderes Organ, die eine Delegation nach oben und nach unten verunmöglicht, sondern auch unentziehbar im Sinne einer externen Beschränkung, die der Generalversammlung verbietet, solche Aufgaben dem Verwaltungsrat zu entziehen[195].

Der Blick auf die in der schweizerischen Literatur bis zur Aktienrechtsrevision im Jahre 1991 lebhaft geführte Diskussion über Parität oder Omnipotenz zwischen der Generalversammlung und dem Verwaltungsrat zeigt, dass es sich hierbei um zwei Ausgangspunkte handelte: die ausdrückliche Bezeichnung der Generalversammlung als oberstes Organ der schweizerischen Aktiengesellschaft und die Unbestimmtheit der Kompetenzen des Verwaltungsrates. Es kann aufgrund der eindeutigen Bezeichnung der Generalversammlung als oberstes Organ der schweizerischen Aktiengesellschaft im schweizerischen Obligationenrecht (OR) davon ausgegangen werden, dass der letztere Ausgangspunkt, nämlich die Unbestimmtheit der Kompetenzen des Verwaltungsrates bis zur Aktienrevision von 1991, die Hauptursache für die schweizerische Diskussion um die Funktion und Stellung der Generalversammlung war. Diese beiden Aspekte sind in der Türkei nicht vorhanden.

Im Gegensatz zum Art. 698 Abs. 1 OR, in dem die Generalversammlung der Aktionäre als das oberste Organ der schweizerischen Aktiengesellschaft bezeichnet wird, enthält das türkische Handelsgesetz (THG) keine ausdrückliche Regelung hinsichtlich der hierarchischen Abstufung der aktienrechtlichen Organe. Es räumt aber der Generalversammlung viele gewichtige Zuständigkeiten ein, die ihr einen erheblichen Einfluss auf die gesellschaftlichen Angelegenheiten sichern. So hat die Generalversammlung einer türkischen Aktiengesellschaft ausschließliche Zuständigkeit für die grundlegende Entscheidungen wie Kapitalerhöhung und Kapitalherabsetzung (Art. 391, 396 THG), Änderung der Satzung (Art. 385 THG), Verwendung des Blinzgewinns (Art. 369 Abs. 1 Ziff. 2 THG) und Auflösung der Gesellschaft (Art. 434 Abs. 1 Ziff. 9 THG). Sie wählt und beruft nach freiem Ermessen die Verwaltungsratsmitglieder und die Kontrolleure ab (Art. 312, 316, Art. 347 Abs. 2, 350 THG) und hat damit die nicht zu unterschätzende Möglichkeit, auf die Geschäftsführung - zumindest mittelbar - einzuwirken. In der Türkei lässt sich nicht die Auffassung vertreten, dass das türkische Aktienrecht auf dem Paritätsprinzip beruht, da dem Verwaltungsrat keine im Gesetz bestimmten, unentziehbaren Aufgaben zugewiesen sind. Im Gegensatz zum schweizerischen Obligationenrecht (OR), das die Zuständigkeiten der aktienrechtlichen Organe zwingend und sehr umfassend regelt und somit die Herstellung eines Gleichgewichts zwischen dem Einfluss der Generalversammlung und der Unabhängigkeit

195 Meyer, Paritätsprinzips, S. 9 f.

sowie der Flexibilität der Unternehmensleitung ermöglicht, enthält das türkische Handelsgesetz (THG) keine umfassende Kodifikation, welche die Aufgaben und Einwirkungsmöglichkeiten der aktienrechtlichen Organe in klarer und zwingender Weise regelt. Da ein solcher Aufbau der Organisationsstruktur kein relativ konfliktloses Verhältnis der aktienrechtlichen Organe garantieren kann, das insbesondere für die Funktion einer Publikumsgesellschaft von enormer Bedeutung ist, müssen die Organkompetenzen der türkischen Aktiengesellschaft dem schweizerischen Vorbild entsprechend im Gesetz klar bestimmt werden, um eventuell auftretende Probleme im Verhältnis zwischen Generalversammlung und Unternehmensleitung zu beseitigen.

dddd. Stellung der deutschen Hauptversammlung

In zusammenfassender Betrachtung der vom geltenden Aktiengesetz vorgeschriebenen Kompetenzverteilung unter den Gesellschaftsorganen kann man sagen, dass die deutsche Hauptversammlung nach dem Konzept des Aktiengesetzes nicht das oberste, sondern eines der drei „grundsätzlich unabhängigen und selbstständigen Organe der Aktiengesellschaft“[196] ist. Die Stellung der Hauptversammlung, wie sie heute ist, hat eine lange Entwicklung hinter sich. Das „Allgemeine Deutsche Handelsgesetzbuch“ (ADHGB) von 1861 enthielt eine vollständige Kodifikation der inneren Verfassung der Aktiengesellschaft. Danach gab es drei Organe, von denen die Generalversammlung und der Vorstand obligatorisch, der Aufsichtsrat fakultativ waren. Es fehlte jedoch noch eine klare Kompetenzgliederung. Eine schärfere Abgrenzung der Rechte und Pflichten der einzelnen Organe wurde erst in der Aktienrechtsnovelle von 1884 vorgenommen[197]. Demnach sollte die Generalversammlung mit erweiterter Kompetenz alleiniges Willensorgan, der Vorstand Ausführungsorgan und der Aufsichtsrat Kontrollorgan sein. Auf dieser Grundlage der konkretisierenden Kompetenzverteilung gingen die Rechtslehre und die Rechtsprechung davon aus, dass die Generalversammlung als Willensträger der Anteilseigner das oberste Organ der Gesellschaft und damit vollumfänglich weisungsbefugt gegenüber dem Vorstand sei[198]. Die dominierende Stellung der Hauptversammlung als das oberste, souveräne Willensbildungsorgan, das unmittelbar Einfluss auf die Geschäftsführung nehmen konnte, wurde

196 Hirsch, Praktische Fälle aus dem Handels- und Wirtschaftsrecht mit Lösungen, 4. Aufl. 1968, S. 183.

197 Schiessl, in AG 1999, S. 443; Meyer-Landrut, in Großkomm. AktG, Einl. Rdn. 1 und 2.

198 Renaud, Das Recht der Actiengesellschaften, S. 442; Geßler, Vorstand und Aufsichtsrat im neuen Aktiengesetz, in JW 1937, S. 497.

jedoch in der Praxis als problematisch empfunden[199] und schließlich durch die Aktienrechtsreform von 1937 beseitigt.

Nach Auffassung des BGH[200] hat der Gesetzgeber von 1937 bewusst die bis dahin bestehende zentrale Stellung der Hauptversammlung als das für die Geschicke der Aktiengesellschaft maßgebende Organ[201], von dem Aufsichtsrat und Vorstand ihre Befugnisse herleiten, zurückgenommen, weil sie nach ihrer ganzen Struktur typischerweise die ihr bis dahin zugedachte Aufgabe nicht sachgerecht erfüllen konnte. Nach der über Jahre sich hinziehenden Diskussion mit Wissenschaft und Praxis habe sich die Erkenntnis durchgesetzt, dass die Hauptversammlung in Anbetracht ihrer inhomogenen, dem Zufall ausgelieferten Zusammensetzung und ihrer Ferne zu den jeweils zu treffenden Geschäftsführungsmaßnahmen ihrer ganzen Struktur nach für die Mitwirkung an der Leitung einer Aktiengesellschaft ungeeignet sei, dass ihr aber die Grundlagenkompetenz für die „Verfassung", nämlich die Aufstellung und Änderung der Satzung, einschließlich der Entscheidung über eine Kapitalerhöhung, sowie für die Bestellung und Abberufung des Aufsichtsrats und die Entlastung der Geschäftsführung zugewiesen bleiben müsse. Diese mit § 70 AktG 1937 eingeführten Regeln habe der Gesetzgeber des geltenden Aktienrechts, ohne nach der konkreten Struktur der Gesellschaft zu differenzieren, ausdrücklich übernommen und die Befugnisse der Hauptversammlung lediglich in einzelnen Geschäftsführungsfragen erweitert, von denen er – wie etwa beim Abschluss von Unternehmensverträgen – annahm, sie seien so wesentlich für die weitere Entwicklung der Gesellschaft, dass sie dem Vorstand nicht allein überlassen bleiben könnten. Durch das Aktiengesetz von 1965 wurde das Prinzip der Eigenverantwortlichkeit des Vorstands sowie dessen Leitungsbefugnis eingeführt. Dem Aufsichtsrat wurde die Weisungsunabhängigkeit zuerkannt. In einem Zuständigkeitskatalog wurden die Befugnisse der Hauptversammlung enu-

199 Hierzu ein Zitat von einer Wirtschaftszeitung, bei Geßler, DAG 1965, S. 345: „Unternehmerische Entscheidungen lassen sich nicht unter Mitbefragung von Herrn Hold – ich darf hinzufügen, oder irgendeines anderen Aktionärs – treffen, Keine soziale Marktwirtschaft könnte so verschwommen sein, dass sie den Vorstand der AG entmachten würde.".

200 BGH, Urteil von 26. April 2004, Az. II ZR 154/02, abgedruckt in AG 2004, S. 384, 387 f.

201 In der Begründung der Aktienrechtsreform von 1937, Deutscher Reichsanzeiger und Preußischer Staatsanzeiger von 28.02.1937, Nr. 28, S. 1., heißt es dazu: „Es geht nicht an, dass diese (AG) bei ihrer Geschäftsführung in dem bisherigen Umfang von der Masse der unverantwortlichen Aktionäre abhängig sind, denen meist auch der notwendige Überblick über die Geschäfte fehlt…".

merativ aufgezählt. Zur Zuständigkeit der Hauptversammlung einer deutschen Aktiengesellschaft gehören nach § 119 Abs. 1 AktG insbesondere die Bestellung der Mitglieder des Aufsichtsrats, soweit sie nicht in den Aufsichtsrat zu entsenden oder als Aufsichtsratsvertreter der Arbeitnehmer nach dem Betriebsverfassungsgesetz oder Mitbestimmungsergänzungsgesetz zu wählen sind (§ 119 Abs. 1 Ziff. 1 AktG), die Verwendung des Bilanzgewinns (§ 119 Abs. 1 Ziff. 2 AktG), die Entlastung des Vorstands und des Aufsichtsrats (§ 119 Abs. 1 Ziff. 3 AktG) sowie die Bestellung des Abschlussprüfers (§ 119 Abs. 4 Ziff. 1 AktG). Die Hauptversammlung ist ferner zuständig für Satzungsänderungen gemäß § 119 Abs. 1 Ziff. 5 AktG, den Beschluss über die Maßnahmen der Kapitalbeschaffung und der Kapitalherabsetzung gemäß § 119 Abs. 1 Ziff. 6 AktG, die Bestellung von Prüfern zur Prüfung von Vorgängen bei der Gründung oder der Geschäftsführung gemäß § 119 Abs. 1 Ziff. 7 AktG und die Auflösung der Gesellschaft gemäß § 119 Abs. 1 Ziff. 8 AktG.

Das Aktiengesetz enthält noch eine Anzahl verstreuter Bestimmungen über Maßnahmen, die in die Kompetenz der Hautversammlung fallen: Verzicht und Vergleich über Ersatzansprüche (§§ 50, 93 Abs. 4, 116 AktG), Zustimmung zu Nachgründungsverträgen (§ 52 AktG), gewisse Maßnahmen zur Vorbereitung von Hauptversammlungsbeschlüsse (§ 83 Abs. 1 AktG), Vertrauensentzug gegenüber dem Vorstand (§ 84 Abs. 3 AktG), Abberufung von Aufsichtsratsmitgliedern (§ 103 Abs. 1 AktG), Fortsetzungsbeschlüsse (§ 274 Abs. 1 und 2 AktG), Zustimmung zum Abschluss und zur Änderung von Unternehmensverträgen (§§ 293 Abs. 1 und 2, 295 Abs. 1 AktG), Übertragungsbeschlüsse (§ 327 a AktG), Eingliederungsbeschlüsse (§§ 319 Abs. 1 und 2; 320 AktG) und Zustimmung zu einem Verschmelzungsvertrag (§§ 340 Abs. 1, 353 Abs. 1 AktG).

§ 119 I AktG bestimmt, dass die Hauptversammlung in den im Gesetz oder in der Satzung ausdrücklich bestimmten Fällen beschließt. Demnach können grundsätzlich durch ausdrückliche Bestimmung in der Satzung weitere Zuständigkeiten der Hauptversammlung begründet werden. Eine Kompetenzausdehnung der Hauptversammlung zu Lasten des Vorstands und Aufsichtsrats ist allerdings trotz des Satzungsvorbehalts in § 119 Abs. 1 AktG wegen der zwingenden Kompetenzordnung in der Aktiengesellschaft (§ 23 Abs. 5 AktG) nicht zulässig, d. h., die Satzung kann der Hauptversammlung grundsätzlich Zuständigkeiten aller Art übertragen, keinesfalls aber kann sie Zuständigkeiten des Vorstands oder des Aufsichtsrates auf die Hauptversammlung verlagern (§ 23 Abs. 5 AktG).

Neben diesen geregelten Fällen kennt das deutsche Recht auch durch höchstrichterliche Rechtsfortbildung entstandene und anerkannte Kompetenzen der Hauptversammlung, die nicht kodifiziert sind[202].

ee. Ergebnis

Die rechtliche Organisation der deutschen Aktiengesellschaft unterscheidet sich von derjenigen der türkischen Aktiengesellschaft durch den Einbau des Aufsichtsrats zwischen den beiden regulären und unerlässlichen Organen Vorstand einerseits und Hauptversammlung andererseits. Die Mitglieder des Vorstands werden vom Aufsichtsrat bestellt und abberufen (§ 84 AktG) und führen die Geschäfte der Aktiengesellschaft in eigener Verantwortung (§ 76 Abs. 1 AktG). Der Aufsichtsrat überwacht den Vorstand (§ 111 Abs. 1 AktG) und kann die Vornahme bestimmter Maßnahmen durch den Vorstand an seine Zustimmung knüpfen (§ 111 Abs. 4 Satz 2 AktG). Die Kompetenz der Hauptversammlung schränkt schließlich die Zuständigkeiten von Vorstand und Aufsichtsrat ein, welche eine erhebliche Menge von Entscheidungsbefugnissen (§ 119 Abs. 1 AktG), insbesondere die Zuständigkeit für Kapitalerhöhung, für sich in Anspruch nimmt (§ 182 AktG).

Das türkische Handelsgesetz sieht zwar wie das deutsche Aktiengesetz die Dreiteilung der aktienrechtlichen Organe vor. Die Kontrolleure als das dritte notwendige Organ haben sich jedoch in der Praxis nicht sehr bewährt. Sie sind bei ihrer Bestellung, Vergütung und Abberufung von den Mehrheitsaktionären abhängig, so dass faktisch keine echte Überwachung des Verwaltungsorgans stattfinden kann. Deshalb sind als Hauptorgane der türkischen Aktiengesellschaft nur zwei anzusehen, die sowohl in ihrer Funktion als auch in ihrer Rechtsstellung in das Unternehmensgeschehen einbezogen sind: die Generalversammlung und der Verwaltungsrat.

Im Gegensatz zum deutschen Aktienrecht, das nahezu alle satzungsrelevanten Regelungsbereiche berücksichtigt und diese durch eine ungewöhnliche, teilweise sogar perfektionistische Regelungsdichte ausfüllt und somit den Aktionären keinen großen Freiraum einräumt, enthält das türkische Handelsgesetz (THG) keine umfassende Kodifikation, welche die Aufgaben und Einwirkungsmöglichkeiten der aktienrechtlichen Organe in klarer und zwingender Weise regelt. Es überlässt den Gründern der Aktiengesellschaft einen außerordentlich weiten Bereich sat-

---

202 Vgl. Holzmüller Urteil des BGH vom 25.Februar 1982, BGHZ 83, S. 122 ff.; Gelatine Entscheidungen des BGH, Urteile von 26. April 2004, Az. II ZR 154/02 und II ZR 155/02, abgedruckt in AG 2004, S. 384 ff.; Macroton-Entscheidung des BGH, Urteil v. 25.11.2002, Az. II ZR 133/01, abgedruckt in AG 2003, S. 273 ff.

zungsautonomer Gestaltung, Zusammensetzung, Organisation und Zuständigkeiten der Organen durch Satzungsbestimmungen zu regeln.

Das türkische Handelsgesetz nimmt, wie das deutsche Aktiengesetz, das keinem Organ den Vorrang oder das rechtliche Übergewicht einräumt, keine hierarchische Abstufung der aktienrechtlichen Organe vor. Es räumt der Generalversammlung aber viele gewichtige Zuständigkeiten ein, die ihr einen erheblichen Einfluss auf die gesellschaftlichen Angelegenheiten sichern.

Im deutschen Aktienrecht obliegt dem Vorstand die eigenverantwortliche Leitung der Aktiengesellschaft. Der Aufsichtsrat nimmt vorwiegend Überwachungsaufgaben wahr und in einer Anzahl von Fällen übt er eigene Geschäftsführungsbefugnisse oder bei bestimmten unternehmerischen Entscheidungen ein Zustimmungsrecht aus. Im türkischen Recht hingegen obliegt die Verwaltung nur einem Organ, nämlich dem Verwaltungsrat. Die Leitungs- und Überwachungsaufgaben werden insgesamt von dem Verwaltungsrat vorgenommen.

b. *Gründe für die Zuständigkeit der Hauptversammlung*

Im Folgenden ist zu klären, weshalb die Aktionäre über die Erhöhung des Grundkapitals zu entscheiden haben. Zu dieser Frage finden sich in der Literatur vereinzelte, z. T. nur implizite Äußerungen.

aa. Kapitalerhöhung als Satzungsänderung

Ein Grund für die Zuständigkeit der Hauptversammlung zur Fassung eines Kapitalerhöhungsbeschlusses mag darin zu sehen sein, dass die Höhe des Grundkapitals zum notwendigen Mindestinhalt der Satzung der Aktiengesellschaft gehört (§ 23 Ziff. 3 AktG, Art. 279 Abs. 2 Ziff. 3 THG), sodass die Satzung bei Fehlen oder Unwirksamkeit dieses Bestandteils nichtig ist[203]. Ist die Höhe des Grundkapitals in der Satzung festgelegt und insofern ein Gegenstand der Satzung, so bedarf jede Maßnahme, durch die dieser Betrag verändert wird, einer Satzungsänderung, die nur in einer Haupt-/Generalversammlung vorgenommen werden kann[204].

bb. Auswirkungen auf die gesellschaftsrechtliche Beteiligungsstruktur

Das Grundkapital ist, wie bereits dargelegt, der Maßstab für die Bemessung der Mitgliedschaftsrechte, also der Stimm-, Dividenden-, und Bezugsrechte[205].

---

203 Hefermehl/Bungeroth, in Geßler/Hefermehl/Eckardt/Kropff AktG 1988, vor § 182 Rdn. 7; § 182 Rdn. 3; Lutter, in Kölner Komm. z. AktG, 2. Aufl. 1995, § 182 Rdn. 3.

204 Kübler, Gesellschaftsrecht, 5. Aufl., S. 213.

205 Mestmäcker, Verwaltung, Konzerngewalt und Rechte der Aktionäre, S. 219.

Dies wird von Volmer[206] als der ausschlaggebende Grund für die Kompetenz der Hauptversammlung zur Kapitalerhöhung angesehen, da durch die Aufnahme von Eigenkapital, nicht aber durch die Aufnahme von Fremdkapital, zusätzliche Stimm- und/oder Gewinnrechte Dritter begründet werden. Deutlich werde dies vor allem an der in § 221 Abs. 1 AktG getroffenen Regelung. Danach ist die Ausgabe von Wandel- und Gewinnschuldverschreibungen, obwohl eine Maßnahme der Fremdfinanzierung, ebenfalls nur aufgrund eines mit qualifizierter Mehrheit zu fassenden Hauptversammlungsbeschluss möglich, weil sich hierbei – anders als bei der Ausgabe von „normalen" Obligationen – Auswirkungen auf die gesellschaftsrechtliche Beteiligungsstruktur ergeben[207]. Dies zeige, dass der Gesetzgeber die Entscheidungskompetenzen über die Aufnahme von Eigen- und Fremdkapital maßgeblich unter dem Aspekt ihrer rechtlichen Relevanz für die gesellschaftsrechtlichen Beteiligungsverhältnisse, nicht aber unter dem Aspekt ihrer wirtschaftlichen Bedeutung für die Aktionäre und die Funktionsfähigkeit des Kapitalmarktes vorgenommen hat[208].

cc. Unternehmenspolitische Relevanz der Kapitalerhöhung

Ein weiterer Grund für die Zuständigkeit der Hauptversammlung wird darin gesehen, dass das Grundkapital für eine Aktiengesellschaft als juristische Person notwendiges Konstruktionselement sei[209]. Eine Veränderung des Grundkapitals stelle eine Änderung der wesentlichen Grundlagen der Gesellschaft dar[210]. Von Rechenberg hält dies sogar für das wichtigste Recht des Aktionärs, weil die Gesellschaft gerade für Investitionen und die langfristige Planung einen steigenden Kapitalbedarf habe[211]. Hierbei wird der Aspekt angesprochen, dass es sich bei dieser Entscheidung zur Kapitalerhöhung um eine Maßnahme mit unternehmenspolitischer Bedeutung handelt. Lutter[212] spricht in diesem Zusammenhang von den unternehmerischen Mitentscheidungsbefugnissen des Aktionärs, der als Kapitallieferant das Risiko unternehmerischer Grundentscheidungen trage und damit Einfluss auf die Geschäftspolitik nehme. Er sieht in der Kompetenz

206 Volmer, AG 1991, S. 94, 95.

207 Volmer, AG 1991, S. 94, 95; ebenso Lutter, Der Aktionär in der Marktwirtschaft, S. 13.

208 Volmer, AG 1991, S. 94, 95 f.

209 Kraft, in Kölner Komm. zum AktG, 2. Aufl. 1995, § 1 Rdn. 27; von Rechenberg, Die HV als Oberstes Organ der Ag, S. 107.

210 von Rechenberg, Die HV als Oberstes Organ der Ag, S. 106 f.

211 von Rechenberg, Die HV als Oberstes Organ der Ag, S. 107, 111.

212 Lutter, Der Aktionär in der Markwirtschaft, S. 12.

zur Erhöhung des Grundkapitals einen unmittelbaren Eingriff in die Geschäftsführung bzw. Geschäftspolitik. Mit der Zustimmung zur Kapitalerhöhung werde die Grundzüge der Geschäftspolitik der Verwaltung und bestimmter künftiger Schwerpunkte der Geschäftsführung gebilligt[213]. Auch Schwark sieht die wesentliche Funktion einer Kapitalerhöhung in der Mitentscheidungsbefugnis der Aktionäre über die künftige Unternehmenspolitik[214]. Ebenso halten Lutter/Hommelhof die Entscheidungsbefugnis über die Höhe des Grundkapitals für ein bedeutendes Mittel, um alle Aktionäre in ihrer Gesamtheit an den wesentlichsten unternehmerischen Entscheidungen teilhaben zu lassen, da vom Umfang des Eigenkapitals in beträchtlichem Maße die künftigen Investitionen, Art und Umfang der Geschäftsabschlüsse und Kreditaufnahmen abhängen[215]. Der gleiche Gedanke findet sich bei Wiedemann, wonach der Umfang der Kapitalerhöhung und die Höhe des Ausgabebetrags seiner Ansicht nach unternehmenspolitische Entscheidungen ersten Ranges sind[216].

dd. Zusammenfassung

Die Gründe für die Zuständigkeit der Hauptversammlung lassen sich folgendermaßen zusammenfassen. Zum einen wird formal darauf abgestellt, dass es sich bei der Grundkapitalerhöhung um eine Satzungsänderung handelt, für die die Hauptversammlung bereits nach § 179 AktG die Änderungskompetenz hat. Da nach § 179 Abs. 1 Satz 2 AktG auch der Aufsichtsrat[217] ermächtigt werden kann, Änderungen in der Wortfassung der Satzung vorzunehmen[218], kann dies nicht der ausschlaggebende Grund für die Zuständigkeit der Hauptversammlung sein. Es ist zwar zwischen der materiellen Änderung der Satzung und der rein formalen Anpassung des Satzungswortlautes an diese Änderungen zu unterscheiden. Dies ändert aber nichts an der Tatsache, dass auch eine bloße Fassungsänderung eine echte Satzungsänderung darstellt, die, ohne die Sondervorschrift des § 179 Abs. 1 Satz 2 AktG, einen entsprechenden Beschluss der Hauptversammlung erfordern würde. Zum anderen wird auf die mit einer Grundkapitalerhöhung hervorgerufene Änderung der Beteiligungsstruktur abgestellt, die die Interessen

---

213 Lutter, Der Aktionär in der Markwirtschaft, S. 13.

214 Schwark, ZGR 1976, S. 271, 289.

215 Lutter/Hommelhoff, ZGR 1979, S. 31, 43.

216 Wiedemann, in Großkomm. AktG, 4. Aufl. 1995, § 182 Anm. 2.

217 Das türkische Handelsgesetz enthält keine Aussage über die Anpassung der Satzung an die tatsächlich durchgeführte Kapitalerhöhung.

218 Brunkhorst, Verteilung der Finanzierungskompetenzen, S. 194 f.

der Aktionäre beeinträchtigen könnte[219], da der Aktionär nach einem Kapitalerhöhungsbeschluss gegen Einlagen vor der Entscheidung steht, entweder weiteres Kapital in das Unternehmen zu investieren oder eine Verringerung seiner Beteiligungsquote in Kauf zu nehmen. Für die Frage, ob die Hauptversammlung auch für die Kapitalerhöhung aus Gesellschaftsmitteln zuständig sein muss, fällt dieser Grund jedoch weg, da hierdurch keine Änderung der Beteiligungsstruktur herbeigeführt wird (§ 212 AktG). Von Interesse im Rahmen der vorliegenden Arbeit bleibt somit der Grund, dass eine Entscheidung über die Erhöhung des Grundkapitals auch unternehmenspolitische Relevanz hat, weil dadurch der Bestand des Unternehmens und der Umfang des Geschäftsbetriebs betroffen ist.

2. *Mehrheitserfordernisse*

a. *Deutsches Recht*

aa. Gesetzliche Mehrheitserfordernisse

Die Erfordernisse für den satzungsändernden Hauptversammlungsbeschluss über die Kapitalerhöhung stimmen mit denen überein, die für die Satzungsänderung im allgemeinen nach § 179 Abs. 1 und 2 AktG vorgeschrieben sind. Das bedeutet, dass stets eine Mehrheit erforderlich ist, die mindestens Dreiviertel des bei der Beschlussfassung vertretenen Grundkapitals umfasst. Zugleich muss, wie bei jeder Beschlussfassung mit Kapitalmehrheit, die einfache Stimmenmehrheit gegeben sein.

---

219 Die Erhöhung des Grundkapitals kann den Aktionären insofern Nachteile bringen, als sich die Höhe der mit den bisherigen Aktien verbundenen Beteiligung an der Aktiengesellschaft relativ vermindert und die alten Aktien im Falle der Ausgabe neuer Aktien unter Wert einen Wertverlust erleiden. Diesen Nachteilen kann ein Aktionär sich nur dadurch entziehen, dass er an der Kapitalerhöhung teilnimmt. Ein Recht auf Unterbleiben der Kapitalerhöhung steht ihm nicht zu. Eine per Mehrheitsbeschluss gewollte Kapitalerhöhung muss er dulden, sofern ihm die Satzung kein Zustimmungsrecht einräumt. Das Gesetz räumt ihm deshalb, wie später im Einzelnen noch auszuführen sein wird, ein Bezugsrecht ein, das nur unter erschwerten Bedingungen ausgeschlossen werden kann. Mit der Einräumung des Bezugsrechts soll den Altaktionären grundsätzlich die Möglichkeit eröffnet werden, durch anteiligen Zuerwerb der ausgegebenen neuen Aktien die bestehende Mitgliedschaft sowohl im Hinblick auf die Stimmrechtsmacht als auch im Hinblick auf die Vermögenssubstanz in der Quote unverändert beizubehalten und zugleich Machtstrukturverschiebungen vorzubeugen. Nutzen also alle Aktionäre ihr Bezugsrecht, ändern sich die Stimmrechtsverhältnisse nicht und es treten auch keine Vermögensnachteile ein.

bb. Satzungsmäßige Mehrheitserfordernisse

Die Satzung kann eine größere Kapital- und Stimmenmehrheit verlangen als das Gesetz dies vorschreibt[220]. Nicht zulässig ist jedoch, die Kapitalerhöhung an die Zustimmung eines anderen Gesellschaftsorgans oder Dritter zu binden[221]. Die Satzung kann auch nicht auf eine Kapitalmehrheit ganz verzichten und etwa ausschließlich die Stimmenmehrheit genügen lassen[222]. Ebenso wenig kann sie auf das zusätzliche Erfordernis der einfachen Stimmenmehrheit verzichten[223]. Soweit im Rahmen der Kapitalerhöhung

cc. Notwendigkeit der Sonderbeschlüssen

Existieren in der Aktiengesellschaft verschiedenen Aktiengattungen, so bedarf der Kapitalerhöhungsbeschluss zu seiner Wirksamkeit der Zustimmung der Aktionäre jeder Gattung (§ 182 Abs. 2 Satz 1 AktG), und zwar unabhängig davon, ob eine der Gattungen benachteiligt wird oder nicht[224]. Für jede Aktiengattung muss ein gesonderter Zustimmungsbeschluss gefasst werden. Derartige Sonderbeschlüsse sind selbst auch dann nötig, wenn die Hauptversammlung die Kapitalerhöhung einstimmig beschlossen hat[225]. Nicht erforderlich ist ein Sonderbeschluss hingegen, soweit eine Aktiengattung aus stimmrechtslosen

---

220 EinhM, vgl. Hefermehl/Bungeroth, in Geßler/Hefermehl/Eckardt/Kropff AktG 1988, § 182 Rdn. 25, 26; Lutter, in Kölner Komm. z. AktG, 2. Aufl. 1995, § 182 Rdn. 5, 6; Wiedemann, in Großkomm. AktG, 4. Aufl. 1995, § 182 Rdn.40; Peifer, in MünchKomm. z. AktG, 2. Aufl. 2005, § 182 Rdn. 18; Krieger, in MünchHdb AG, Bd. IV, 2. Aufl. 1999, § 56 Rdn. 14.

221 Lutter, in Kölner Komm. z. AktG, 2. Aufl. 1995, § 182 Rdn. 14; Wiedemann, in Großkomm. AktG, 4. Aufl. 1995, § 182 Rdn. 41; Peifer, in MünchKomm. z. AktG, 2. Aufl. 2005, § 182 Rdn. 20.

222 Lutter, in Kölner Komm. z. AktG, 2. Aufl. 1995, § 182 Rdn. 6; Wiedemann, in Großkomm. AktG, 4. Aufl. 1995, § 182 Rdn. 40; Krieger, in MünchHdb AG, Bd. IV, 2. Aufl. 1999, § 56 Rdn. 14

223 Lutter, in Kölner Komm. z. AktG, 2. Aufl. 1995, § 182 Rdn. 5; Wiedemann, in Großkomm. AktG, 4. Aufl. 1995, § 182 Rdn. 40; Krieger, in MünchHdb AG, Bd. IV, 2. Aufl. 1999, § 56 Rdn. 14.

224 Lutter, in Kölner Komm. z. AktG, 2. Aufl. 1995, § 182 Rdn. 9; Hefermehl/Bungeroth, in Geßler/Hefermehl/Eckardt/Kropff AktG 1988, § 182 Rdn. 35; Hüffer, AktG, 7. Aufl. 2006, § 182 Rdn. 18.

225 RGZ 148, S. 175, 186; Lutter, in Kölner Komm. z. AktG, 2. Aufl. 1995, § 182 Rdn. 9; Hefermehl/Bungeroth, in Geßler/Hefermehl/Eckardt/Kropff AktG 1988, § 182 Rdn. 36; Hüffer, AktG, 7. Aufl. 2006, § 182 Rdn. 18.

Vorzugsaktien besteht[226]. Dies ergibt sich aus dem klaren Wortlaut des durch das Gesetz vom 02. August 1994[227] geänderten § 182 Abs. 2 Satz 1 AktG[228]. Die Zustimmung der jeweiligen Aktiengattung kann in einer gesonderten Versammlung der Aktionäre der jeweiligen Gattung oder in der allgemeinen Hauptversammlung mit gesonderter Abstimmung erfolgen (§ 138 Satz 1 AktG), sofern diese gesonderte Abstimmung als Gegenstand der Tagesordnung ordnungsgemäß bekannt gemacht wurde (§124 AktG). Aktionäre mit 10 % der bei dem jeweiligen Sonderbeschluss stimmberechtigten Anteile können stets die Einberufung einer gesonderten Versammlung verlangen (§ 138 Satz 3 AktG). Für die Sonderbeschlüsse gelten die Vorschriften über den Kapitalerhöhungsbeschluss sinngemäß (§ 132 Satz 2 AktG).

Solange nicht alle erforderlichen Sonderbeschlüsse vorliegen, ist der Kapitalerhöhungsbeschluss der Hauptversammlung schwebend unwirksam[229]. Haben

---

226 Eines Sonderbeschlusses auch der stimmrechtslosen Vorzugsaktionäre bedarf es gemäß § 141 Abs. 2 Satz 2 AktG für die Ausgabe neuer Vorzugsaktien, die den vorhandenen bei der Verteilung des Gewinns oder des Liquidationserlöses vorgehen oder gleichstehen sollen, sofern nicht die Ausgabe weiterer Vorzugsaktien ausdrücklich vorbehalten war und das Bezugsrecht der Vorzugsaktionäre nicht ausgeschlossen wird.

227 BGBl. I, S. 1961.

228 Die in Deutschland bis zur kleinen Aktienrechtsreform von 1994 geführte Diskussion um die Frage, ob die Regelung des § 182 Abs. 2 Satz 1 AktG das Stimmrecht voraussetzt, ist in der Türkei nicht präsent, da Art. 373 Abs. 1 Satz 1 THG ausdrücklich klarstellt, dass jede Aktie mindestens eine Stimme gewährt (im Einklang mit § 692 Abs. 2 des schweizerischen Obligationengesetzes). Die Möglichkeit der Ausgabe von stimmrechtslosen Vorzugsaktien ist im Kapitalmarktgesetz vorgesehen. Nach Art. 14a Abs. 1 TKMG können die Aktiengesellschaften, sofern in ihrer Satzung eine diesbezügliche Bestimmung vorgesehen ist, die mit einem Vorzug bei der Verteilung des Gewinns ausgestatteten stimmlosen Aktien ausgeben und die Aktienurkunden, die diese Aktien repräsentieren, an das Publikum verkaufen. Gemeint sind hier allerdings lediglich die Gesellschaften, die den Bestimmungen des Kapitalmarktgesetzes unterliegen, vgl. Karahan, Anonim Ortaklıkta Imtiyazlı Paylar ve Imtiyazların Korunması, S. 35; Nomer, Anonim Ortaklıkta Oydan Yoksun Paylar, S. 25; a.A. Ünal, Sermaye Piyasalarında Halka Açık Anonim Ortaklıklar, S. 20 f., Als Emittenten auftreten können nach Art. 3h TKMG Aktiengesellschaften, öffentliche Wirtschaftsunternehmen, kommunale Verwaltungen und deren Einrichtungen, Verwaltungen und Unternehmen, einschließlich derjenigen, die nach ihrer Gesetzgebung in den Rahmen der Privatisierung fallen.

229 EinhM, vgl. RGZ 148, S. 175, 186; Krieger, in MünchHdb AG, Bd. IV, 2. Aufl. 1999, § 56 Rdn. 15; Lutter, in Kölner Komm. z. AktG, 2. Aufl. 1995, § 182 Rdn. 13; Wiede-

die Aktionäre einer Gattung die Zustimmung verweigert, so ist der Kapitalerhöhungsbeschluss endgültig unwirksam[230]. Solange die Unwirksamkeit noch nicht feststeht, darf der Registerrichter den Kapitalerhöhungsbeschluss nicht in das Handelsregister eintragen[231]. Erfolgt die Eintragung gleichwohl, so kann der Sonderbeschluss noch nachgeholt werden[232]. Geschieht dies nicht, bleibt der Kapitalerhöhungsbeschluss unwirksam und tritt Heilung erst analog § 242 Abs. 2 AktG nach Ablauf von drei Jahren ein.[233]

b. Türkisches Recht

aa. Genehmigung des Industrie- und Handelsministeriums

Als Satzungsänderung bedarf die reguläre Kapitalerhöhung einer Genehmigung des Industrie- und Handelsministeriums (Artikeln 386, 392 Abs. 1 Satz 1 THG). Das Ministerium kann den Entwurf zur Änderung der Satzung über die Erhöhung des Grundkapitals genehmigen, ablehnen[234] oder seine Änderung veranlassen. Die Genehmigung muss vor der Einberufung der Hauptversammlung eingeholt werden. Dies ergibt sich aus dem Wortlaut des Art. 386 THG, wonach der vom Industrie- und Handelsministerium genehmigte abgeänderte Text gemeinsam mit dem ursprünglichen Wortlaut nach

Maßgabe des Art. 368 THG bekannt gemacht und den Beteiligten mitgeteilt werden muss, bevor die Generalversammlung zur Änderung der Satzung eingeladen wird. Der Sinn und Zweck dieser Regelung ist es, der Aktiengesellschaft eine

---

mann, in Großkomm. AktG, 4. Aufl. 1995, § 182 Rdn. 53; Hüffer, AktG, 7. Aufl. 2006, § 182 Rdn. 21.

230 RGZ 148, S. 175, 186; OLG Stuttgart, in AG 1993, S. 94; Lutter, in Kölner Komm. zum AktG, 2. Aufl., § 182 Rdn. 13; Hefermehl/Bungeroth, in Geßler/Hefermehl/Eckardt/Kropff AktG 1988, § 182 Rdn. 44; Hüffer, AktG, 7. Aufl. 2006, § 182 Rdn. 21.

231 EinhM, vgl. Hefermehl/Bungeroth, in Geßler/Hefermehl/Eckardt/Kropff AktG 1988, § 182 Rdn. 45; Hüffer, AktG, 7. Aufl. 2006, § 182 Rdn. 21; Lutter, in Kölner Komm. z. AktG, 2. Aufl. 1995, § 182 Rdn. 13.

232 Peifer, in MünchKomm. z. AktG, 2. Aufl. 2005, § 182 Rdn. 27; Krieger, in MünchHdb AG, Bd. IV, 2. Aufl. 1999, § 56 Rdn. 17.

233 Hefermehl/Bungeroth, in Geßler/Hefermehl/Eckardt/Kropff AktG 1988, § 182 Rdn. 45; Hüffer, AktG, 7. Aufl. 2006, § 182 Rdn. 21.

234 Weigert sich das Ministerium, eine Genehmigung zu erteilen, so kann gemäß Art. 2 des Verwaltungsprozessverfahrensgesetzes (IYUK) vor dem Verwaltungsgericht gegen diesen Beschluss eine Anfechtungsklage erhoben werden. Allerdings darf das Ministerium die Genehmigung nicht deshalb verweigern, weil die Satzung die Bestimmungen enthält, welche von nachgiebigen Vorschriften des Gesetzes abweichen (Art. 280 Abs. 2 THGB).

Menge unangenehmer Formalitäten und Aufwendungen, die mit der Einberufung einer Generalversammlung verbunden sind, zu ersparen.

bb. Beschlussfähigkeit der Generalversammlung

Nach Erteilung der erforderlichen Genehmigung durch das Industrie- und Handelsministerium wird die Generalversammlung einberufen. Gemäß Art. 368 Satz 1 THG hat die Einladung zur Tagung der Generalversammlung mindestens zwei Wochen vor dem Sitzungstag zu erfolgen, wobei der Tag der Bekanntmachung und der Tag der Tagung nicht einzurechnen sind. Die Generalversammlung tagt bei Anwesenheit von Aktionären oder ihren Vertretern, die Inhaber von mindestens der Hälfte des Gesellschaftskapitals sind. Wenn beim ersten Termin dieses Quorum nicht erreicht wird, kann innerhalb eines Monats ein zweiter einberufen werden. Bei diesem ist zur Beschlussfähigkeit die Anwesenheit von Aktionären oder Vertretern erforderlich, die Inhaber von mindestens einem Drittel des Gesellschaftskapitals sind (Art. 388 Abs. 3 THG). Der Kapitalerhöhungsbeschluss wird mit der Mehrheit der vorhandenen Stimmen gefasst (Art. 388 Abs. 4 THG).

cc. Anfertigung der Niederschrift

Zur Gültigkeit der Generalversammlungsbeschlüsse ist ferner erforderlich, dass die Niederschrift gemäß den in Art. 297 THG festgelegten Grundsätzen[235] angefertigt wird (Art. 378 Abs. 2 Satz 1 THG). Der Niederschrift sind die in Art. 376 THG genannte Liste mit Vor- und Nachnamen der auf der Tagung anwesenden Aktionäre oder ihrer Vertreter und die Urkunden darüber beizufügen, die die Ordnungsmäßigkeit der Einladung zur Tagung bezeugen (Art. 378 Abs. 2 Satz 2 THG). Wird der Inhalt der genanten Urkunden in der Niederschrift wiedergegeben, so brauchen sie nicht gesondert beigefügt zu werden (Art. 378 Abs. 2 Satz 3 THG). Der Verwaltungsrat ist verpflichtet, eine notariell beglaubigte Abschrift der Niederschrift unverzüglich dem Handelsregister zu übergeben und den Inhalt der Niederschrift insoweit, als er der Eintragung und Bekanntmachung bedürftig ist, eintragen und bekannt machen zu lassen (Art. 378 Abs. 2 Satz 4 THG).

---

235 Nach Art. 297 THG ist zur Gültigkeit der Beschlüsse der Gründungsgeneralversammlungen ist erforderlich, dass an den Sitzungen ein Kommissars des Handelsministeriums teilnimmt. Der Staatskommissars hat die Aufgabe, die ordnungsgemäße Anfertigung des Protokolls zu gewährleisten und dieses gemeinsam mit den von ihrem Stimmrecht Gebrauch machenden Aktionären zu unterzeichnen.

dd. Sonderbeschlüsse

Sind mehrere Gattungen von Aktien vorhanden, so müssen neben dem Kapitalerhöhungsbeschluss der Generalversammlung stets auch zusätzlich entsprechende Sonderbeschlüsse der Aktionäre jeder Aktiengattung gefasst werden (Art 391 Satz 2 THG). Im Unterschied zu Art. 389 Satz 1 THG[236] ist dabei nicht vorausgesetzt, dass die Aktionäre der einen oder der anderen Gattung durch den Kapitalerhöhungsbeschluss benachteiligt werden[237]. Vielmehr ist unterschiedslos für sämtliche Aktiengattungen, seien sie Stamm- Mehrstimmrechts- oder Vorzugsaktien, ein Sonderbeschluss über die beabsichtigte Kapitalerhöhung herbeizuführen.

3. Beschlussinhalt

Eine zusammenhängende gesetzliche Regelung über den Inhalt des Kapitalerhöhungsbeschlusses gibt es weder im deutschen noch im türkischen Recht. Aus dem Charakter der Kapitalerhöhung als Satzungsänderungsbeschluss folgt allerdings auch ohne eine ausdrückliche Regelung, dass der Beschluss den Umfang der Kapitalerhöhung und die wesentlichen Einzelheiten enthalten muss. Zuständig für die Festsetzung der einzelnen Bedingungen der Kapitalerhöhung ist die Haupt-/Generalversammlung, da jegliche Satzungsänderungen in die Kompetenz der Haupt-/Generalversammlung fallen (§ 179 Abs. 1 AktG, Art. 385 Ab. 1 THG). Im Folgenden soll die Frage untersucht werden, welche Bedingungen der Kapitalerhöhung im Erhöhungsbeschluss festgelegt werden müssen. Daran anschließend wird die Frage untersucht, in welcher Weise die Haupt-/Generalversammlung die ihr überlassenen Ermessensspielräume nutzen darf.

a. Erhöhungsbetrag

Zwingend erforderlich ist die Festlegung des Erhöhungsbetrags. Dies ergibt sich aus § 23 Abs. 3 Nr. 3 AktG bzw. Art. 279 Ziff. 3 THG, der ein ziffernmäßig bestimmtes Grundkapital als Satzungsangabe verlangt. In der Praxis wird der endgültige Erhöhungsbetrag oftmals davon abhängig gemacht, wie viele neue Aktien gezeichnet werden. Dies ist zulässig und praktikabel, da bei einer Kapitalerhö-

---

236 Art. 389 Satz 1 THG besagt, dass ein von der Generalversammlung gefasster Beschluss über die Änderung der Satzung, der die Rechte der Inhaber von Vorzugsaktien berührt, nicht ausgeführt werden kann, solange er nicht durch einen anderen Beschluss bestätigt worden ist, der in einer besonderen Versammlung der genannten Aktionäre zu fassen ist.

237 Tekinalp, in Poroy/Tekinalp/Camoglu, Ortaklıklar ve Kooperatif Hukuku, 8. Bası 2000, S. 692 Rdn. 1376; Pulaşlı, Şirketler Hukuku, 3. Bası 2001, S. 858.

hung, die erst noch platziert werden muss, ein fester Erhöhungsbetrag das Risiko erhöht, dass die Kapitalerhöhung scheitert, weil der fixe Erhöhungsbetrag nicht erreicht und der Erhöhungsbeschluss daher undurchführbar wird[238]. In einem solchen Fall werden auch die schon vorhandenen Zeichnungsscheine unwirksam, da ihre Wirksamkeit von vornherein davon abhängig ist, dass die Kapitalerhöhung so wie beschlossen in Kraft tritt[239]. Nicht zulässig ist es allerdings, dem Vorstand die Festlegung des Umfangs der Kapitalerhöhung zu überlassen[240].

b. Durchführungsfrist

Zum Inhalt des Kapitalerhöhungsbeschlusses gehört regelmäßig, aber nicht notwendig, auch die Angabe einer Durchführungsfrist. Fehlt sie, so ist die Kapitalerhöhung unverzüglich durchzuführen[241]. Trifft die Haupt-/Generalversammlung Regelungen über Durchführungsfristen, so müssen diese Regelungen deutlich begrenzt sein. Ist die Durchführungsfrist zu großzügig bemessen, ist der Beschluss nach § 241 Nr. 3 AktG nichtig, da der Erhöhungsbeschluss in dem Fall die Grenze zum genehmigten Kapital überschreitet[242].

c. Ausgabebetrag der neuen Aktien

Zum Inhalt des Kapitalerhöhungsbeschluss gehört nach einhelliger Auffassung im deutschen Schrifttum auch die Angabe des Ausgabebetrags, zu dem die neuen Aktien den Zeichnern offeriert werden[243]. Die Bestimmung des Ausgabebetrags erfolgt durch die Hauptversammlung, da der Hauptversammlung mit der Entscheidung über die Kapitalerhöhung auch die Entscheidung über deren Bedingungen zukommt[244]. In der Bestimmung des Ausgabebetrags ist die Hauptversammlung grundsätzlich frei, muss aber das in § 9 Abs. 1 AktG geregelte Verbot

---

238 Vgl. RGZ 55, S. 65, 67; Peifer, in MünchKomm. z. AktG, 2. Aufl. 2005, § 182 Rdn. 36; Wiedemann, in Großkomm. AktG, 4. Aufl. 1995, § 182 Rdn. 55; Lutter, in Kölner Komm. z. AktG, 2. Aufl. 1995, § 182 Rdn. 17.

239 Vgl. RGZ 55, S. 65, 67; Wiedemann, in Großkomm. AktG, 4. Aufl. 1995, § 182 Rdn. 55; Lutter, in Kölner Komm. zum AktG, 2. Aufl., § 182 Rdn. 17.

240 Krieger, in MünchHdb AG, Bd. IV, 2. Aufl. 1999, § 56 Rdn. 23.

241 RGZ 144, S. 138, 141; Lutter, in Kölner Komm. zum AktG, 2. Aufl., § 182 Rdn. 17; Hefermehl/Bungeroth, in Geßler/Hefermehl/Eckardt/Kropf AktG 1988, § 182 Rdn. 55.

242 Lutter, in Kölner Komm. zum AktG, 2. Aufl., § 182 Rdn. 17; Hefermehl/Bungeroth, in Geßler/Hefermehl/Eckardt/Kropf AktG 1988, § 182 Rdn. 55.

243 Peifer, in MünchKomm. z. AktG, 2. Aufl. 2005, § 182 Rdn. 44.

244 Vgl. Klette, DB 1968, S. 2203.

der Unterpariemission beachten[245]. Sofern die Hauptversammlung das Bezugsrecht der Aktionäre ausgeschlossen hat, ist auch § 255 Abs. 2 AktG zu berücksichtigen. Danach ist eine Anfechtung des Kapitalerhöhungsbeschlusses zulässig, wenn im Falle des Bezugsrechtsausschlusses der Ausgabebetrag unangemessen niedrig ist. Beschließt die Hauptversammlung somit eine Kapitalerhöhung mit Bezugsrechtsausschluss, so muss sie einen angemessenen Ausgabebetrag festsetzen[246]. Jenseits dieser Grenzen hat die Hauptversammlung Gestaltungsfreiheit[247]. Sie kann den Ausgabebetrag ziffernmäßig oder in der Berechnungsweise genau festlegen, sich aber auch darauf beschränken, einen Mindestbetrag, evtl. zusätzlich auch einen Höchstbetrag für die Ausgabe festzusetzen und die endgültige Bestimmung innerhalb dieses Bereichs der Verwaltung überlassen. Dies ergibt sich aus dem Umkehrschluss aus dem § 182 Abs. 3 AktG, wonach der Mindestbetrag, unter dem die Aktien nicht ausgegeben werden dürfen, im Kapitalerhöhungsbeschluss festzusetzen ist, wenn die Aktien zu einem höheren Betrag als den Nennbetrag ausgegeben werden sollen. Legt die Hauptversammlung eine Bandbreite durch die Bestimmung eines Mindest- und eines Höchstbetrags fest, innerhalb derer die Festlegung des genauen Ausgabebetrags der Verwaltung überlassen bleibt, so ist der konkrete Ausgabebetrag der neuen Aktien von der Verwaltung nach pflichtgemäßem Ermessen festzusetzen[248]. Dies gilt auch für den Fall, dass der Kapitalerhöhungsbeschluss keinerlei Vorgaben für den Ausgabebetrag enthält. In einem solchen Fall ist der Beschluss nicht fehlerhaft, da § 182 Abs. 3 AktG eine konkrete Angabe des Ausgabebetrags nur bei Überpariemission vorsieht. Das Schweigen der Hauptversammlung ist hierbei als Ermächtigung an die Verwaltung anzusehen[249]. Trifft die Hauptversammlung keine Bestimmung über den Ausgabekurs, so darf die Verwaltung den Ausgabebetrag nach pflichtgemäßem Ermessen frei bestimmen[250]. Zusammenfassend lässt sich sagen, dass der Hauptversammlung bzw. der Verwaltung – soweit sie für die Festsetzung des Ausgabekurses zuständig ist –, ein Entscheidungsspielraum zur Festsetzung eines Ausgabebetrags zusteht.

---

245 Peifer, in MünchKomm. z. AktG, 2. Aufl. 2005, § 182 Rdn. 47.

246 Lutter, in Kölner Komm. z. AktG, 2. Aufl. 1995, § 182 Rdn. 24; Peifer, in MünchKomm. z. AktG, 2. Aufl. 2005, § 182 Rdn. 47.

247 EinhM,. vgl. für alle: Peifer, in MünchKomm. z. AktG, 2. Aufl. 2005, § 182 Rdn. 48.

248 Priester, FS Wiedemann, S. 1161, 1163; Krieger, in MünchHdb AG, Bd. IV, 2. Aufl. 1999, § 56 Rdn. 26.

249 Vgl. Wiedemann, in Großkomm. AktG, 4. Aufl. 1995, § 182 Rdn. 66.

250 Vgl. Bayer, ZHR 163 (1999), S. 505, 518; Hefermehl/Bungeroth, in Geßler/Hefermehl/Eckardt/Kropf AktG 1988, § 182 Rdn. 69 f.; Krieger, in MünchHdb AG, Bd. IV, 2. Aufl. 1999, § 56 Rdn. 22.

Fraglich ist, welchen Ermessensspielraum die Hauptversammlung bzw. die Verwaltung hierbei hat. Dies lässt sich unterschiedlich danach beurteilen, ob das Bezugsrechts der Aktionäre ausgeschlossen ist oder nicht.

aa. Höhe des Ausgabebetrags bei bestehendem Bezugsrecht

Bei der Festsetzung eines Ausgabebetrags bei bestehendem Bezugsrecht ist die Hauptversammlung bzw. die Verwaltung einerseits nach unten hin auf den Nennbetrag beschränkt (§ 9 Abs. 1 AktG). Im Falle der Ausgabe der neuen Aktien unterpari ist die Kapitalerhöhung gemäß § 241 Ziff. 3 AktG nichtig und darf vom Registerrichter nicht eingetragen werden. Andererseits darf der Ausgabebetrag nicht unangemessen hoch sein, um Aktionäre an der Ausübung ihres Bezugsrechts zu hindern[251]. Die Festsetzung eines unangemessen hohen Ausgabebetrags kann einen faktischen Ausschluss des gesetzlichen Bezugsrechts darstellen und daher, soweit die in diesem Fall erforderlichen formellen und materiellen Voraussetzungen nicht vorliegen, anfechtbar sein[252]. Innerhalb dieses Rahmens ist die Hauptversammlung bzw. die Verwaltung frei in ihrer Entscheidung[253]. Benachteiligungen der Aktionäre, insbesondere eine Verwässerung durch die Aktienausgabe unter Wert, sind in diesem Fall nicht zu befürchten, da sich diese durch Ausübung des Bezugsrechts völlig vermieden oder durch Veräußerung des Bezugsrechts zumindest finanziell kompensieren lassen[254].

bb. Höhe des Ausgabebetrags bei Bezugsrechtsausschluss

Wird das Bezugsrecht der Aktionäre ganz oder teilweise ausgeschlossen, darf der Ausgabebetrag nicht unangemessen niedrig sein, sonst ist der Kapitalerhöhungsbeschluss nach § 255 Abs. 2 Satz 1 AktG anfechtbar. Praktische Relevanz hat § 255 Abs. 2 AktG nicht nur im Falle der Anfechtung einer von der Hauptversammlung beschlossenen Kapitalerhöhung. Vielmehr ist das Verwässerungsverbot des § 255 Abs. 2 AktG auch dann zu beachten, wenn der Verwaltung die Entscheidung über die Festsetzung des Ausgabekurses der neuen Aktien überlassen ist, also

251 Lutter, in Kölner Komm. z. AktG, 2. Aufl. 1995, § 186 Rdn. 87; Krieger, in MünchHdb AG, Bd. IV, 2. Aufl. 1999, § 56 Rdn. 25; Wiedemann, in Großkomm. AktG, 4. Aufl. 1995, § 186 Rdn. 11.

252 Bayer, ZHR 163 (1999), S. 505, 517 f.; Krieger, in MünchHdb AG, Bd. IV, 2. Aufl. 1999, § 56 Rdn. 25.

253 EinhM, für alle: Bayer, ZHR 163 (1999), S. 505, 517.

254 Bayer, ZHR 163 (1999), S. 505, 517; Hefermehl/Bungeroth, in Geßler/Hefermehl/Eckardt/Kropf AktG 1988, § 182 Rdn. 69.

insbesondere bei der Ausnutzung eines genehmigten Kapitals[255]. Im Rahmen seines pflichtgemäßen Ermessens hat der Vorstand diese Vorschrift ebenfalls zu berücksichtigen, um den in § 255 Abs. 2 AktG angestrebten Verwässerungsschutz zu erreichen[256].

Der in § 255 Abs. 2 AktG verwendete Begriff „unangemessen niedrig" ist auslegungsbedürftig. Was darunter zu verstehen ist, wird im deutschen Schrifttum kontrovers diskutiert. Zum Teil wird – ausgehend vom Wortlaut des § 255 Abs. 2 AktG – die Auffassung vertreten, dass § 255 Abs. 2 AktG nur die Ausgabe zu einen unangemessen niedrigen Betrag verbiete und nicht schlechthin eine Ausgabe unter Wert[257]. Nach einer anderen im Schrifttum vertretenen Meinung hingegen ist die gesetzliche Regelung in Hinblick auf deren Zweck so zu verstehen, dass jede Ausgabe unter Wert stets unangemessen niedrig und damit unzulässig sei[258]. Die Schutzfunktion des § 255 Abs. 2 AktG liege darin, im Falle eines zulässigen Bezugsrechtsausschlusses zu verhindern, dass zu dem Verlust an quotaler Stimmrechtsmacht auch noch eine Verwässerung des Aktienvermögens hinzukommt[259]. Die Vorschrift stehe insofern in einer Linie mit den parallelen Regelungen, die im Interesse der Gesellschaft dem Aktionär eine quotale Beeinträchtigung seiner Mitgliedschaft abverlangen, ihm aber für den mit seinem Beteiligungsverlust verbundenen Vermögensnachteil einen vollen Wertausgleich zubilligen[260]. Vermeiden lasse sich ein Wertverlust der durch den Bezugsrechtsausschluss geschmälerten Mitgliedschaft nur dadurch, wenn die neuen Aktien zum vollen Wert ausgegeben werden[261]. Eine Aktienausgabe ohne eine solche vollständige Kompensation wäre nach Habersack „der Sache nach eine Quersubventionierung der Bezugsberechtigten durch die vom Bezugsrecht ausgeschlossenen Altaktionäre"[262]. Auch Mülbert äußert sich dahin, dass jede Aktienausgabe unter Wert eine Vermögensverschiebung von den vom Bezug

---

255 Vgl. Bayer, ZHR 163 (1999), S. 505, 507; Hüffer, in Geßler/Hefermehl/Eckardt/Kropf AktG 1988, § 255 Rdn. 14; Lutter, in Kölner Komm. z. AktG, 2. Aufl. 1995, § 182 Rdn. 26.

256 Hüffer, in Geßler/Hefermehl/Eckardt/Kropf AktG 1988, § 255 Rdn. 14; Lutter, in Kölner Komm. z. AktG, 2. Aufl. 1995, § 182 Rdn. 26.

257 Brunkhorst, Verteilung der Finanzierungskompetenzen, S. 37; Zöllner, in Kölner Komm. z. AktG, 2. Aufl. 1995, §255 Rdn. 9.

258 Bayer ZHR 163 (1999), S. 505, 515, 532 ff.; Mülbert, Aktiengesellschaft, Unternehmensgruppe und Kapitalmarkt, 2. Aufl., S. 262 ff.; Hirte WM 1997, S. 1001, 1004.

259 Vgl. Bayer, ZHR 163 (1999), S. 505, 530.

260 BGHZ 71, S. 40, 50; Bayer, ZHR 168 (2004), S. 505, 532.

261 Bayer, ZHR 168 (2004), S. 132, 140 f.

262 Habersack, Die Mitgliedschaft – subjektives und „sonstiges" Recht, S. 264.

ausgeschlossenen Aktionären zu den bezugsberechtigten Aktienerwerbern zur Folge habe und daher einen Sondervorteil i.S.v. § 243 Abs. 2 AktG darstelle. Da eine Anfechtung nach dieser Vorschrift jedoch bei fehlendem Vorsatz ausscheide und § 255 Abs. 2 AktG die Anfechtungsmöglichkeit der vom Bezug ausgeschlossenen Aktionäre gegenüber § 243 Abs. 2 AktG erweitern wolle, könne dieses Ergebnis stimmig nur erricht werden, wenn man jeden Sondervorteil für die Erwerber der neuen Aktien ausschließe, mithin also eine Ausgabe unter Wert verbiete.

Der Ansicht, die Regelung des § 255 Abs. 2 AktG sei in Hinblick auf deren Zweck so zu verstehen, dass jede Ausgabe unter Wert stets unangemessen niedrig und damit unzulässig sei, ist zu folgen. Dass § 255 Abs. 2 AktG als eine Anfechtungsvorschrift konzipiert ist, legt nahe, dass es kaum die mit der Regelung des § 255 Abs. 2 AktG verfolgte Intention des Gesetzgebers gewesen sein kann, der Möglichkeit einer Ausgabe unter Wert Tür und Tor zu öffnen. Vielmehr ist davon auszugehen, dass die Vorschrift bezweckt, die vom Bezugsrecht ausgeschlossenen Aktionäre davor zu schützen, dass Aktien ausgegeben werden, ohne dass die dafür geleisteten Einlagen dem Wert der Mitgliedschaft entsprechen und dadurch der Wert ihrer eigenen Aktien gemindert wird. Dieser Schutz kann nur dann gewährleistet werden, wenn die neuen Aktien zum vollen Wert ausgegeben werden.

Ebenso wie bei der ordentlichen Kapitalerhöhung ist auch beim genehmigten Kapital daran festzuhalten, dass eine Ausgabe der neuen Aktien nur dann i.S.v. § 255 Abs. 2 AktG angemessen ist, wenn der Vermögensverlust der ausgeschlossenen Aktionäre durch eine vollwertige Einlage kompensiert wird. Die Zulassung einer Wertunterschreitung bei der Ausnutzung eines genehmigten Kapitals wäre vor allem deshalb nicht sachgerecht, weil die Schutzmöglichkeiten der Aktionäre hier eingeschränkt sind. Wird im Rahmen des genehmigten Kapitals das Bezugsrecht erst durch den Vorstand ausgeschlossen und/oder enthält der Ermächtigungsbeschluss der Hauptversammlung keine Aussage zum Ausgabebetrag der neuen Aktien, sondern überlässt auch diese Entscheidung dem Vorstand, so läuft der Verwässerungsschutz des § 255 Abs. 2 AktG insoweit leer, als eine Beschlussanfechtung hier ausscheidet; denn zum Zeitpunkt der Beschlussfassung über die Ermächtigung steht noch nicht fest, ob das Bezugsrecht des Aktionärs ausgeschlossen und/oder die neuen Aktien unter Wert ausgegeben werden sollen[263].

263 EinhM, vgl. Bayer, ZHR 163 (1999), S. 505, 521 m.w.N.

B. Einbringung der Sacheinlage

1. Deutsches Recht

a. Begriff der Sacheinlage

Hauptpflicht des Aktionärs ist nach § 54 Abs. 1 AktG seine Verpflichtung zur Leistung der Einlage, die durch den Ausgabebetrag der Aktien begrenzt wird. Sie entsteht entweder durch Übernahme von Aktien bei der Gründung (§ 29 AktG), durch Abschluss eines Zeichnungsvertrags bei der Kapitalerhöhung (§ 185 AktG) oder durch den Erwerb einer nicht volleingezahlten Aktie (§ 65 AktG). Die Einlagepflicht des Aktionärs ist im gesetzlich geregelten Normalfall auf die Zahlung einer bestimmten Geldsumme gerichtet (§ 54 Abs. 2 AktG). Daneben erlaubt das deutsche Aktiengesetz Einlagen, die nicht durch eine Geldzahlung zu bewirken sind, und bezeichnet sie als Sacheinlagen (§ 27 Abs. 1 AktG)[264]. Eine Sacheinlage ist demnach jede Einlage, die nicht durch Einzahlung des Ausgabebetrags zu erbringen ist[265]. Es handelt sich demzufolge um eine Kapitalerhöhung mit Sacheinlage, wenn die Einlage nicht durch Bareinzahlung des Ausgabebetrags der Aktien, sondern durch Übertragung eines Vermögensgegenstandes zu leisten ist[266], wobei es zulässig ist, bei ein- und derselben Kapitalerhöhung gleichzeitig eine Geld- und eine Sacheinlagepflicht, und zwar auch für denselben Aktionär zu begründen (gemischte Einlage)[267].

b. Gefahren der Sacheinlage

Die Einräumung der Sacheinlagen in das Gesellschaftskapital hat ihren Preis, weil sie an strenge Voraussetzungen geknüpft werden muss. Der Grund dafür liegt in der Tatsache, dass Sachen oder sonstige Vermögensgegenstände Bewertungsschwierigkeiten bereiten. Diese Schwierigkeiten bei der Bewertung von Sacheinlagen müssen bewältigt werden, weil sie einen Raum für Manipulations-

---

264 Nach Art. 521 Abs. 1 Satz 1 TOG hat jeder Gesellschafter einen Beitrag zu leisten, sei es in Geld, Sachen, Forderungen oder Arbeit. Eine Wahl zwischen Bareinlage und Sacheinlage wird im türkischen Recht zugelassen. Was unter „Sacheinlage" zu verstehen ist, wird im türkischen Obligationengesetz allerdings nicht definiert.

265 Peifer, in MünchKomm. z. AktG, 2. Aufl. 2005, § 183 Rdn. 7; Hüffer, AktG, 7. Aufl. 2006, § 183 Rdn. 2; Wiedemann, in Großkomm. AktG, 4. Aufl. 1995, § 183 Rdn. 26;

266 Krieger, in MünchHdb AG, Bd. IV, 2. Aufl. 1999, § 56 Rdn. 36.

267 Wiedemann, in Großkomm. AktG, 4. Aufl. 1995, § 183 Rdn. 26; Hirte, Bezugsrechtsausschluss, S 81; Hüffer, AktG, 7. Aufl. 2006, § 183 Rdn. 2.

potential öffnen[268]. Es besteht vor allem die Gefahr, dass der Wert des als Sacheinlage eingebrachten Gegenstands nicht den geringsten Ausgabebetrag der im Gegenzug gewährten Aktien erreicht und deshalb den Gläubigern eine geringere Haftungsmasse zur Verfügung steht[269]. Außerdem kann die wirtschaftliche Handlungsfähigkeit der Geschäftsführung dadurch eingeschränkt sein, dass die Verkehrsfähigkeit einer Sacheinlage regelmäßig geringer sein wird als die von Bargeld. Deshalb sieht das deutsche Aktiengesetz einige Sondervorschriften vor, die auf die Prinzipien „Offenlegung", „Wertprüfung" und „Wertdeckungshaftung" zurückgehen. Die Offenlegung der sachlichen und persönlichen Umstände der Sacheinlage dient zum einen der sicheren und gleichmäßigen Information aller Aktionäre. Diese sollen, auch wenn sie nicht an der Generalversammlung teilgenommen haben, über die näheren Bedingungen der Sacheinlage unterrichtet werden. Zum anderen soll damit die mit der Sacheinlage verbundene Gefahr nicht vollständiger Kapitaldeckung durch Bekanntgabe des Einlagegegenstandes und des Einlageschuldners gebannt werden[270].

c. *Sacheinlagevereinbarungen*

Wollen die Aktionäre Sachen oder sonstige, nicht in Geld bestehende Vermögensgegenstände, leisten, so ist es im Hinblick auf die notwendigen Festsetzungen nach § 183 Abs. 1 Satz 1 AktG – auch wenn das Gesetz dies nicht verlangt – zweckmäßig, wenn die Rahmenbedingungen zwischen dem Sacheinleger und der Aktiengesellschaft schon vor dem Kapitalerhöhungsbeschluss vereinbart werden, damit dieser auf einer sicheren Grundlage zustande kommt[271]. Durch den Kapitalerhöhungsbeschluss wird lediglich die Grundlage für den Abschluss einer Vereinbarung mit dem künftigen Einleger über die Übernahme von Gegenständen gegen neue Einlagen geschaffen[272]. Der Kapitalerhöhungsbeschluss selbst verpflichtet nur die Verwaltung zur Durchführung und bindet den Einleger noch nicht. Damit der Kapitalerhöhungsbeschluss nicht „in der Luft hängt"[273], sollte eine Vereinbarung über die wesentlichen Rahmendaten der Kapitalerhöhung mit

268 Slosarčiková; Unternehmensfinanzierung durch Sacheinlagen, S. 2.
269 Peifer, in MünchKomm. z. AktG, 2. Aufl. 2005, § 183 Rdn. 2; van Venrooy, DB 1982, S. 735, 740.
270 Wiedemann, in Großkomm. AktG, 4. Aufl. 1995, § 183 Rdn. 3.
271 Hüffer, AktG, 7. Aufl. 2006, § 183 Rdn. 6; Wiedemann, in Großkomm. AktG, 4. Aufl. 1995, § 183 Rdn. 71, Peifer, in MünchKomm. z. AktG, 2. Aufl. 2005, § 183 Rdn. 45.
272 Peifer, in MünchKomm. z. AktG, 2. Aufl. 2005, § 183 Rdn. 45.
273 Peifer, in MünchKomm. z. AktG, 2. Aufl. 2005, § 183 Rdn. 45.

dem Einleger bereits vor diesem Beschluss getroffen werden. Die Sacheinlagevereinbarung erfordert einen schuldrechtlichen Vertrag zwischen Aktiengesellschaft und Sacheinleger, aus dem die Verpflichtung des letzteren folgt, sich an der Kapitalerhöhung zu beteiligen und einen oder mehrere bestimmte Gegenstände als Einlage in die Gesellschaft einzubringen[274]. Der Verpflichtungsvertrag muss zumindest die in § 183 Abs. 1 Satz 1 AktG für den Kapitalerhöhungsbeschluss vorgeschriebenen Festsetzungen enthalten, da er die Grundlage für den Kapitalerhöhungsbeschluss darstellt[275]. Darüber hinaus können Einzelheiten über die einzubringende Sache mit verpflichtender Wirkung festgelegt werden[276].

d. Kapitalerhöhungsbeschluss

Sacheinlagen müssen gemäß § 183 Abs. 1 AktG ausdrücklich im Kapitalerhöhungsbeschluss der Hauptversammlung festgesetzt werden. Anzugeben sind der Gegenstand, die Person, von der die Gesellschaft den Gegenstand erwirbt, und der Nennbetrag der bei der Sacheinlage zu gewährenden Aktien. Enthält der Kapitalerhöhungsbeschluss die in § 183 Abs. 1 AktG vorgeschriebenen Festsetzungen nicht, sind Verträge über Sacheinlagen und die Rechtshandlungen zu ihrer Ausführung der Gesellschaft gegenüber unwirksam (§ 183 Abs. 2 Satz 1 AktG).

aa. Gegenstand der Sacheinlage

Im Einklang mit Art. 7 der Zweiten (Kapital-)Richtlinie[277] verlangt das Gesetz, dass als Sacheinlagen nur Vermögensgegenstände eingebracht werden können, deren wirtschaftlicher Wert feststellbar ist (§ 27 Abs. 2 Satz 1 AktG). Gegenstand der Sacheinlage kann demnach jeder Gegenstand sein, der einen fassbaren,

---

274 Hüffer, AktG, 7. Aufl. 2006, § 183 Rdn. 6; Peifer, in MünchKomm. z. AktG, 2. Aufl. 2005, § 183 Rdn. 45.

275 Peifer, in MünchKomm. z. AktG, 2. Aufl. 2005, § 183 Rdn. 45; Hüffer, AktG, 7. Aufl. 2006, § 183 Rdn. 6.

276 Hüffer, AktG, 7. Aufl. 2006, § 183 Rdn. 6; Peifer, in MünchKomm. z. AktG, 2. Aufl. 2005, § 183 Rdn. 45.

277 Zweite Richtlinie 77/91/EWG des Rates vom 13.12.1976 zur Koordinierung der Schutzbestimmungen, die in den Mitgliedstaaten den Gesellschaften im Sinne des Artikels 58 Absatz 2 des Vertrages im Interesse der Gesellschafter sowie Dritter für die Gründung der Aktiengesellschaft sowie für die Erhaltung und Änderung ihres Kapitals vorgeschrieben sind, um diese Bestimmungen gleichwertig zu gestalten, ABl. EG Nr. L 26 v. 31.1.1977, S. 1–13; abgedruckt bei Lutter, Europäisches Unternehmensrecht, 4. Aufl., ZGR-Sonderheft 1, 1996, S. 114 ff.

objektiv zu ermittelnden Vermögenswert besitzt[278]. Generell einlagefähig sind insbesondere körperliche Sachen, beschränkt dingliche Rechte an Sachen[279], übertragbare obligatorische Nutzungsrechte[280], die sich gegen Dritte richten, sowie sonstige Gegenstände, denen die Eigenschaft der Verkehrsfähigkeit zukommt[281]. Gegenstand einer Sacheinlage können grundsätzlich auch Forderungen sein, wenn die allgemeinen Voraussetzungen der wirtschaftlichen Bewertbarkeit und Überführbarkeit in das Gesellschaftsvermögen vorliegen. Dazu gehört, dass die Forderung abtretbar und bereits bestimmt entstanden ist[282]. Dienstleistungen sind nach § 27 Abs. 2 Satz 2 AktG nicht einlagefähig. Einlagefähig sind dagegen Sachgesamtheiten wie Unternehmen, Handelsgeschäfte, Warenlager oder ein Nachlaß[283].

bb. Ausgabekurs

Obgleich der Wortlaut des § 183 Abs. 1 Satz 1 AktG lediglich die Festsetzung des Nennbetrags der ausgegebenen Aktien erfordert, lässt sich aus dem Wortlaut des § 183 Abs. 2 Satz 3 AktG, wonach der Aktionär verpflichtet ist, bei einer gescheiterten Sacheinlage den Ausgabebetrag der Aktien und nicht lediglich den Nennbetrag oder den anteiligen Betrag des Grundkapitals einzuzahlen, ableiten, dass die Unterscheidung zwischen Nenn- und Ausgabebetrag auch bei der Sacheinlage von Bedeutung ist[284]. Die Bedeutung der Festlegung eines Ausgabekurses im Kapitalerhöhungsbeschluss zeigt sich auch mit Blick auf den Bezugsrechtsausschluss. Ist die Sacheinlage mit einem Bezugsrechtsausschluss verbunden, so

278 BGHZ 29, S. 300, 304; Wiedemann, in Großkomm. AktG, 4. Aufl. 1995, § 183 Rdn. 31.

279 BGHZ 45, S. 338, 344; Wiedemann, in Großkomm. AktG, 4. Aufl. 1995, § 183 Rdn. 35; Peifer, in MünchKomm. z. AktG, 2. Aufl. 2005, § 183 Rdn. 12.

280 BGHZ 144, S. 290 ff; Hüffer, AktG, 7. Aufl. 2006, § 27 Rdn. 26; Wiedemann, in Großkomm. AktG, 4. Aufl. 1995, § 183 Rdn. 37, Peifer, in MünchKomm. z. AktG, 2. Aufl. 2005, § 183 Rdn. 12; Bork, ZHR 154 (1990), S. 205, 209, 235 f.; Döllerer, FS Fleck, S. 35, 38; G. Hueck, ZGR 1989, S. 216, 231; Bedenken bei Knobbe-Keuk, ZGR 1980, S. 214, 223; K. Schmidt, ZHR 154 (1990), S. 237, 253; Kussmaul, BB 1987, S. 2053, 2061; Steinbeck, ZGR 1996, S. 116, 117 ff.

281 Peifer, in MünchKomm. z. AktG, 2. Aufl. 2005, § 183 Rdn. 12.

282 OLG Frankfurt, DB 1983, S. 1249; Peifer, in MünchKomm. z. AktG, 2. Aufl. 2005, § 183 Rdn. 13; Wiedemann, in Großkomm. AktG, 4. Aufl. 1995, § 183 Rdn. 39; Priester DB 1976, S. 1801, 1805.

283 EinhM, vgl. nur, RGZ 70, 220, 223; Wiedemann, in Großkomm. AktG, 4. Aufl. 1995, § 183 Rdn. 36.

284 BGHZ 71, S. 40, 50; Peifer, in MünchKomm. z. AktG, 2. Aufl. 2005, § 183 Rdn. 35; Wiedemann, in Großkomm. AktG, 4. Aufl. 1995, § 183 Rdn. 51.

kann im Verfahren nach § 255 AktG im Hinblick auf den im Kapitalerhöhungsbeschluss festgelegten Ausgabekurs überprüft werden, ob der Wert der versprochenen Einlage einen korrekten Gegenwert für die dem Zeichner eingeräumten Beteiligungen darstellt[285]. Der konkrete Ausgabebetrag gehört aufgrund der klaren Formulierung von § 183 Abs. 1 Satz 1 AktG zwar nicht zum notwendigen Inhalt des Kapitalerhöhungsbeschlusses. Der Kapitalerhöhungsbeschluss kann aber fakultativ Regelungen zum Ausgabebetrag treffen[286], wobei die Festsetzung des Mindestbetrages in die Kompetenz der Hauptversammlung fällt und daher zwingend zu regeln ist[287]. Möglich ist sowohl die ausdrückliche Festlegung eines Ausgabebetrages als auch die Festlegung eines Mindest- und Höchstbetrags sowie die Festsetzung, dass der Ausgabebetrag über dem Nennwert oder anteiligen Betrag des Grundkapitals (§ 8 Abs. 3 Satz 3 AktG) liegen soll[288]. Enthält der Kapitalerhöhungsbeschluss keinerlei Regelungen bezüglich des Ausgabebetrags, hat die Ausgabe zum geringsten Ausgabebetrag zu erfolgen[289].

cc. Prüfung der Sacheinlage

Nach Art. 10 Abs. 1 der 2. EG-Richtlinie vom 13.12.1976[290] sind die Einlagen, die nicht Bareinlagen sind, Gegenstand eines besonderen Berichts, der vor der Gründung der Gesellschaft oder vor dem Zeitpunkt, zu dem sie die Genehmigung zur Aufnahme ihrer Geschäftstätigkeit erhält, durch einen oder mehrere von ihr un-

---

285 Wiedemann, in Großkomm. AktG, 4. Aufl. 1995, § 183 Rdn. 51.

286 BGHZ 71, S. 40, 50 f.; Wiedemann, in Großkomm. AktG, 4. Aufl. 1995, § 183 Rdn. 51 f.; Lutter, in Kölner Komm. z. AktG, 2. Aufl. 1995, § 183 Rdn. 46; Hüffer, AktG, 7. Aufl. 2006, § 183 Rdn. 9; Henze, Die treuhänderische und haftungsrechtliche Stellung des Sacheinlegers bei Kapitalerhöhungen unter besonderer Berücksichtigung der Banken, S. 185 ff.; Kropff. FS Geßler, S. 111, 118; Krieger, in MünchHdb AG, Bd. IV, 2. Aufl. 1999, § 56 Rdn. 40; Bork/Stangier, AG 1984, S. 320.

287 RGZ 143, S. 20, 23; BGHZ 33, S. 175, 179; Peifer, in MünchKomm. z. AktG, 2. Aufl. 2005, § 183 Rdn. 36; Godin/Wilhelmi, Komm. z. AktG, 4. Aufl., § 182 Anm. 6.

288 Peifer, in MünchKomm. z. AktG, 2. Aufl. 2005, § 183 Rdn. 36.

289 Krieger, in MünchHdb AG, Bd. IV, 2. Aufl. 1999, § 56 Rdn. 40; Hefermehl/Bungeroth, in Geßler/Hefermehl/Eckardt/Kropf AktG 1988, § 183 rdn. 46.

290 Zweite Richtlinie 77/91/EWG des Rates vom 13. 12. 1976 zur Koordinierung der Schutzbestimmungen, die in den Mitgliedstaaten den Gesellschaften im Sinne des Artikels 58 Absatz 2 des Vertrages im Interesse der Gesellschafter sowie Dritter für die Gründung der Aktiengesellschaft sowie für die Erhaltung und Änderung ihres Kapitals vorgeschrieben sind, um diese Bestimmungen gleichwertig zu gestalten, ABl. EG Nr. L 26 v. 31.1.1977, S. 1–13; abgedruckt bei Lutter, Europäisches Unternehmensrecht, 4. Aufl., ZGR-Sonderheft 1, 1996, S. 114 ff.

abhängige Sachverständige, die durch eine Verwaltungsbehörde oder ein Gericht bestellt oder zugelassen sind, erstellt wird. Der Sachverständigenbericht muss mindestens jede Einlage beschreiben, die angewandten Bewertungsverfahren nennen und angeben, ob die Werte, zu denen diese Verfahren führen, wenigstens der Zahl und dem Nennbetrag oder, wenn ein Nennbetrag nicht vorhanden ist, dem rechnerischen Wert und gegebenenfalls dem Mehrbetrag der dafür auszugebenden Aktien entsprechen (Art. 10 Abs. 2 EG-Richtlinie). Dieser Sachverständigenbericht ist nach Maßgabe von Art. 3 der Publizitätsrichtlinie[291] offenzulegen, d.h. beim Handelsgericht einzureichen (Art. 10 Abs. 3 EG-Richtlinie). Sollen als Gegenleistung für die im Zuge einer Kapitalerhöhung ausgegebenen neuen Aktien Sacheinlagen in die Gesellschaft eingebracht werden, so ist nach Art. 27 Abs. 2

Satz 1 der 2. EG-Richtlinie ebenfalls ein Sachverständigenbericht vorzulegen, der vor der Durchführung der Erhöhung des gezeichneten Kapitals zu erstellen ist. Art. 27 Abs. 2 Satz 3 der 2. EG-Richtlinie bestimmt ergänzend, dass die Absätze 2 und 3 des Art. 10 anzuwenden sind. Sowohl der Mindestinhalt des Sachverständigenberichts als auch die Verpflichtung zur Offenlegung gelten somit nicht nur bei der Gründung, sondern bei jeder Kapitalerhöhung. Demnach wird durch den Sachverständigenbericht bestätigt, dass der Wert der Sacheinlage zumindest dem Nennwert, bei Stückaktien zumindest dem anteiligen rechnerischen Wert und – soweit die Aktien über dem Nennwert oder bei Stückaktien über dem anteiligen rechnerischen Wert ausgegeben werden – auch dem „Mehrbetrag" entspricht[292]. Dass der Wert der Sacheinlage bei Ausgabe der Aktien für einen höheren als den geringsten Ausgabebetrag auch dem „Mehrbetrag" entsprechen muss, ergibt sich zum einen daraus, dass Aktien ohne Nennbetrag nicht mit einem „Mehrbetrag" ausgegeben werden können[293], und zum anderen aus dem Sinn der Regelung, der darauf abzielt, dass im Falle einer Sacheinlage nicht nur die Gläubiger vor einer Aktienausgabe unterpari geschützt werden sollen, sondern ebenso die Mitgesellschafters des Einlegers vor einer Überbewertung der Sacheinlage[294]. Denn da ein Agio immer dann festgesetzt wird, wenn die Aktienausgabe zum Nennwert hinter dem Verkehrswert der neuen Aktien zurückbleibt, würden bei einer Überbewertung der Sacheinlage die Mitgründer bzw. im Falle der Kapital-

---

291 Erste gesellschaftsrechtliche Richtlinie vom 9.3.1986 (68/151/EWG), ABlEG Nr. L 65 vom 11.3 1968, S. 8 ff.; abgedruckt bei Lutter, Europäisches Unternehmensrecht, 4. Aufl., ZGR-Sonderheft 1, 1996, S. 104 ff.

292 Bayer, FS Ulmer, S. 21, 32.

293 Bayer, FS Ulmer, S. 21, 32; Wiedemann, in Großkomm. AktG, 4. Aufl. 1995, § 183 Rdn. 82; Hirte, DB 1995, S. 1113, 1114.

294 Bayer, FS Ulmer, S. 21, 32.

erhöhung gegen Sacheinlagen die vom Bezug der neuen Aktien ausgeschlossenen Aktionäre sowohl im Hinblick auf ihre Stimmrechtsquote als auch im Hinblick auf ihre vermögensmäßige Beteiligung ungerechtfertigterweise benachteiligt[295]. Die sachverständige Prüfung soll vor einer solchen Benachteiligung schützen, indem sie nicht nur feststellt, ob die Sacheinlage dem Mindestausgabebetrag der Aktien, sondern darüber hinaus auch einem festgesetzten Mehrbetrag entspricht[296].

Sacheinlagen bedürfen nach §§ 183 Abs. 3, 194 Abs. 4, 205 Abs. 3 AktG einer Prüfung durch einen oder mehrere unabhängige Prüfer. Diese werden auf Antrag des Vorstands vom zuständigen Registergericht bestellt[297]. Der Gegenstand der Prüfung ist in § 183 Abs. 3 nicht genannt. Dabei wird in der Praxis im Rahmen einer Kapitalerhöhung gegen Sacheinlagen keine umfassende Wertprüfung vorgenommen. Die Praxis folgt hier der herrschenden Meinung, nach der die gem. § 183 Abs. 3 Satz 1 AktG vorgeschriebene Prüfung der Sacheinlage auf die Feststellung sei, dass der geringste Ausgabebetrag der neuen Aktienerreicht sei, d. h. die neuen Aktien nicht unter pari ausgegeben werden. Eine Prüfung, ob auch der betrag eines Aufgeldes vom Wert der Sacheinlage erreicht wird, sei nicht erforderlich; denn Zweck der Prüfung sei es allein, einen Verstoß gegen § 9 Ab. 1 AktG auszuschließen, nicht dagegen, die Rechte der vom Bezugsrecht ausgeschlossenen Altaktionäre zu sichern[298].Von anderer Seite wird dem im Hinblick auf die Entstehungsgeschichte und den Sinn der Regelung zu Recht entgegengehalten, dass eine solche Auslegung gegen Art. 27 Abs. 2 i.V.m. Art. 10 Abs. 2 der 2. EG-Richtlinie verstöße. Denn die Richtlinie beschränke sich nicht auf die sachverständige Prüfung der realen Kapitalerhöhung und somit allein auf den Schutz der Gesellschaftsgläubiger, sondern verlange im Interesse der Altaktionäre zusätzlich eine sachverständige Prüfung hinsichtlich eines festgesetzten Aufgelds. Daher sei es methodisch korrekt, die Vorschrift des § 183 Ab. 3 Satz 1 und 2 AktG richtlinienkonform dahin auszulegen, dass

---

295 Bayer, FS Ulmer, S. 21, 33.

296 Bayer, FS Ulmer, S. 21, 33; Wiedemann, in Großkomm. AktG, 4. Aufl. 1995, § 183 Rdn. 82; Hirte, DB 1995, S. 1113, 1114; Meilicke, DB 1996, 513, 514; Drinkuth, Die Kapitalrichtlinie – Mindest- oder Höchstnorm?, 1998, S. 233; Bagel, Der Ausschluß des Bezugsrechts in Europa, 1998, S. 345; abw. Kindler, ZHR 158 (1994), S. 339, 361.

297 Die zwingende Anhörung der Industrie- und Handelskammer, die früher nach § 33 Abs. 3 Satz 1 AktG vorgesehen war, ist durch Art. 1 TransPuG vom 19. 7. 2002, BGBl. I, S. 2681 entfallen.

298 Lutter, in Kölner Komm. z. AktG, 2. Aufl. 1995, § 183 Rdn. 52; Krieger, in MünchHdb AG, Bd. IV, 2. Aufl. 1999, § 56 Rdn. 41; Hefermehl/Bungeroth, in Geßler/Hefermehl/Eckardt/Kropf AktG 1988, § 183 Rdn. 90 ff.; Hoffmann/Becking, in MünchHdb AG, Bd. IV, 2. Aufl. 1999, § 4 Rdn. 27.

auch im Rahmen einer Kapitalerhöhung eine sachverständige Prüfung i.S.v. Artt. 27 Abs. 2, 10 Abs. 2 EG-Richtlinie stattzufinden hat, d.h. dass nicht nur festzustellen sei, dass der geringste Ausgabebetrag der neuen Aktienerreicht ist, sondern darüber hinaus, dass auch ein festgesetztes Aufgeld vom Wert der Sacheinlage abgedeckt wird[299]. Erfolgt die Eintragung der Kapitalerhöhung und stellt sich nachher heraus, dass die Sacheinlage den (vollen) Ausgabebetrag der neuen Aktien unterschreitet, dann ist es nicht ausgeschlossen, dass der Registerrichter nach den Grundsätzen des Gemeinschaftsrechts für Schäden haftbar gemacht werden kann[300].

Bei der Ermittlung des Wertes der Sacheinlage wird zunächst danach unterschieden, ob ein einzelner Vermögensgegenstand oder ein ganzes Unternehmen eingebracht wird[301]. Handelt es sich bei der eingebrachten Sacheinlage um einzelne Vermögensgegenstände, ist der Maßstab für die Bewertung der Sacheinlagen deren objektiver Marktwert, d.h. der wahrscheinlichste Preis, zu dem diese Vermögensgegenstände auf dem freien Markt unter den Wettbewerbsbestimmungen verkauft werden können, wenn die Geschäftsparteien vernünftig handeln und über alle notwendige Informationen verfügen, und der Geschäftspreis von keinen außerordentlichen Umständen beeinflusst wird[302]. Wird ein Unternehmen als Sacheinlage eingebracht, wird dessen Wert mit Hilfe des Ertragswertes des Unternehmens bestimmt[303]. Die anschließende Werthaltigkeitskontrolle des Registergerichts soll gewährleisten, dass der Kapitalerhöhungsbeschluss nur dann ins Handelsregister eingetragen wird, wenn die Angemessenheit der Leistungen

---

299 Bayer, FS Ulmer, S. 21, 39; Meilicke, DB 1996, S. 513, 514; Drinkuth, Die Kapitalrichtlinie – Mindest- oder Höchstnorm?, 1998, S. 234; Bagel, Der Ausschluß des Bezugsrechts in Europa, 1998, S. 347; Habersack; in Bayer/Habersack, Aktienrecht im Wandel, Bd. II 2007; S. 853; Herchen, Agio und verdecktes Agio im Recht der Kapitalgesellschaften, S. 134.

300 EuGH, NJW 1992, S. 165, 16 f. (francovich); EuGH, NJW 1996, S. 3141, 3142 f. (MP Travel Line); EuGH, NJW 1996, S. 1267, 1269 f. (Brasserie du Pêcheur); BGHZ 134, S. 30, 36 ff. = NJW 1997, S. 123, 124 f.. (Brasserie du Pêcheur [i.E. verneint]); Bayer, FS Ulmer, S. 21, 39; umfassend zur Problematik, Detterbeck, VerwArch 85 (1994), S. 160 ff.

301 Vgl. Klein, Die betriebswirtschaftliche Beurteilung eines neuerrichteten oder umgestalteten Unternehmens im Rahmen der aktienrechtlichen Gründungsprüfung, S. 83 ff; Penné, Die Prüfung der Sacheinlagen nach Aktienrecht, S. 142 ff.

302 Vgl. Penné, Die Prüfung der Sacheinlagen nach Aktienrecht, S. 168 ff.; Peifer, in MünchKomm. z. AktG, 2. Aufl. 2005, § 183 Rdn. 65; Wiedemann, in Großkomm. AktG, 4. Aufl. 1995, § 183 Rdn. 81.

303 Penné, Die Prüfung der Sacheinlagen nach Aktienrecht, S. 200 ff.; Peifer, in MünchKomm. z. AktG, 2. Aufl. 2005, § 183 Rdn. 65; Wiedemann, in Großkomm. AktG, 4. Aufl. 1995, § 183 Rdn. 81.

bzw. die Einlagefähigkeit der Gegenstände und auch ihre Vollwertigkeit überprüft worden sind. Als Grundlage für die Prüfung durch das Registergericht dient das Sachverständigenprüfergutachten nach § 183 Abs. 3 Satz 1 und Satz 2 AktG. An dessen Ergebnis ist das Gericht allerdings nicht gebunden[304]. Kommt das Registergericht zu der Überzeugung, dass der Wert der Sacheinlage nicht unwesentlich hinter dem geringsten Ausgabebetrag der dafür zu gewährenden Aktien zurückbleibt, kann es nach § 183 Abs. 3 Satz 3 AktG „die Eintragung“ ablehnen[305].

e. *Verdeckte Sacheinlage*

Die vorstehend behandelten Sicherungsmaßnahmen dienen dem Prinzip der realen Kapitalaufbringung und somit dem Gläubigerschutz. Sie führen allerdings dazu, dass sich der Weg der Sachkapitalerhöhung komplizierter und kostenintensiver darstellt als die Barkapitalerhöhung. Infolgedessen wird versucht, die Sicherungsvorschriften des AktG zu umgehen. In der Praxis werden diese Anforderungen häufig dadurch umgangen, dass zwar eine Bareinlage vereinbart, diese aber zugleich mit einer schuldrechtlichen Vereinbarung verknüpft wird, dass die Bareinlage sogleich für den Erwerb des eigentlich gewollten Sachgegenstandes verwendet wird[306]. Um diese Praxis in die Schranken zu weisen, hat die herrschende Lehre und die Rechtsprechung die „Lehre von der verdeckten Sacheinlage“ entwickelt. Diese Lehre versteht die Verknüpfung einer von dem Zeichner einer Kapitalerhöhung übernommenen und in dem satzungsändernden Kapitalerhöhungsbeschluss verlautbarten Bareinlage mit einem gegenläufigen Erwerbsgeschäft der Gesellschaft, in deren Folge der als Bareinlage gezahlte Betrag als Vergütung für die an die Gesellschaft veräußerten Gegenstände an den Einleger zurückfließt, so dass der Gesellschaft im Ergebnis nicht die verlautbarten Barmittel, sondern lediglich die von ihr übernommenen, nicht in Geld bestehenden Vermögenswerte verbleiben, als Aufspaltung des wirtschaftlich einheitlichen Vorgangs einer Sacheinlage[307]. Nach der „Lehre von der verdeckten Sacheinlage“

---

304 Hüffer, AktG, 7. Aufl. 2006, § 183 Rdn. 18; Wiedemann, in Großkomm. AktG, 4. Aufl. 1995, § 183 Rdn. 84, Peifer, in MünchKomm. z. AktG, 2. Aufl. 2005, § 183 Rdn. 68.

305 Wiedemann, in Großkomm. AktG, 4. Aufl. 1995, § 183 Rdn. 84;Hüffer, AktG, 7. Aufl. 2006, § 183 Rdn. 18; Peifer, in MünchKomm. z. AktG, 2. Aufl. 2005, § 183 Rdn. 66.

306 Hüffer, AktG, 7. Aufl. 2006, § 183 Rdn. 3; Wiedemann, in Großkomm. AktG, 4. Aufl. 1995, § 183 Rdn. 88; Röhricht, in Großkomm. AktG, 4. Aufl. 1995, § 27 Rdn. 188 ff.; Pentz, in Kölner Komm. z. AktG, 2. Aufl. 1995, § 27 Rdn. 84 f.; Krieger, in MünchHdb AG, Bd. IV, 2. Aufl. 1999, § 56 Rdn. 49.

307 RGZ 121, S. 99, 102; RGZ 157, S. 213, 224; BGHZ 28, 314, 319 f.; BGHZ 110, S. 47; OLG Köln, ZIP 1989, S. 238, 240; OLG Hamburg, BB 1988; S. 504; OLG Koblenz, AG 1987, S. 88;LG Mainz, AG 1987, S. 221; Lutter, in Kölner Komm. z. AktG,

steht die bezeichnete Aufspaltung des wirtschaftlich einheitlich gewollten Vorgangs in zwei rechtlich getrennte Geschäfte im Widerspruch zum Sinn und Zweck der Sacheinlagebestimmungen und ist als unzulässiges Umgehungsgeschäft anzusehen, da dieser Vorgang ohne Offenlegung in dem Kapitalerhöhungsbeschluss und dementsprechend auch ohne Prüfung der Werthaltigkeit des der Gesellschaft tatsächlich zugeführten Vermögensgegenstands abläuft. Rechtsfolge einer derartigen, den Sacheinlagevorschriften widersprechenden Vorgangsweise ist vor allem, dass ein so handelnder Gesellschafter seine Verpflichtung zur Erbringung der Bareinlage nicht erfüllt hat und nach wie vor zur Einlage verpflichtet bleibt[308]. Zwar steht dem Einleger als Ausgleich für die – rechtsgrundlos – erbrachte Sacheinlage ein Bereicherungsanspruch nach § 812 BGB zu. Der Bereicherungsanspruch des Einlageschuldners nach § 812 BGB hat aber im Falle der Insolvenz der Gesellschaft nur den Rang einer normalen Insolvenzforderung[309].

Da es der Gesellschaft durchaus erlaubt ist, Sachwerte gegen Entgelt zu erwerben[310], stellt sich die Frage, welche Art der Zusammenhang zwischen der Kapitalerhöhung und dem Erwerbsgeschäft sein muss, um eine unzulässige Umgehung des präventiven Kapitalaufbringungsschutzes zu begründen. Entgegen der Rechtsprechung des Reichsgerichts, wonach es für die Geltung der Sacheinlage- oder Sachübernahmevorschriften ausreicht, wenn die Beteiligten einen Vermögenstransfer, wenn auch unverbindlich, beabsichtigt hatten[311], besteht heute weitgehende Einigkeit darüber, dass die Umgehung keine Frage subjektiv vorwerfbaren Verhaltens, sondern der Respektierung des objektiven Gesetzeswillens einer Schutznorm ist[312]. Zur Bejahung eines Umgehungsgeschäfts ist es allerdings erforderlich, dass entsprechend der Situation bei der umgangenen Bestimmun-

---

2. Aufl. 1995, § 66 Rdn. 31 ff. und § 183, Rdn. 68 ff.; ders., FS Stiefel, S. 505 ff.; Hüffer, AktG, 7. Aufl. 2006, § 183 Rdn. 3 ff.; Henze, ZHR 154 (1990), S. 108 ff., Mülbert, ZHR 154 (1990), S. 145 ff.; Ulmer, ZHR 154 (1990), S. 128 ff.

308 BGHZ 170, S. 47,51; BGHZ 155, S. 329, 334; BGHZ 113, S. 335, 345; Hüffer, AktG, 7. Aufl. 2006, § 183 Rdn. 3; Wiedemann, in Großkomm. AktG, 4. Aufl. 1995, § 183 Rdn. 93; Pentz, in Kölner Komm. zum AktG, 2. Aufl. 1995, § 27 Rdn. 85; Krieger, in MünchHdb AG, Bd. IV, 2. Aufl. 1999, § 56 Rdn. 49.

309 Wiedemann, in Großkomm. AktG, 4. Aufl. 1995, § 183 Rdn. 93; Krieger, in MünchHdb AG, Bd. IV, 2. Aufl. 1999, § 56 Rdn. 49.

310 Ganz herrschende Meinung, vgl. Henze, in ZHR 154 (1990), S. 105, 111; Ulmer, in Hachenburg-GmbHG, 8. Aufl., § 5 Rdn. 143.

311 RGZ 121, S. 99, 102; RGZ 152, S. 292, 300 f.; RGZ 157, S. 213, 224.

312 BGHZ 110, S. 47, 63; OLG Hamburg, WM 1988, S. 579; OLG Koblenz, AG 1988, S. 252, 244; LG Mainz, ZIP 1987, S. 512, 514; Röhricht, in Großkomm. AktG, 4. Aufl., § 27 Rdn. 194; Lutter, FS Stiefel, S. 505, 510 ff.; ders., in Kölner Komm. z. AktG,

gen des § 27 Abs. 1, 3 AktG sich die Beteiligten hinsichtlich des wirtschaftlichen Ergebnisses einig sind, also eine Abrede unter ihnen vorliegt, die den wirtschaftlichen Erfolg einer Sacheinlage umfasst[313]. Das Vorliegen einer Abrede wird in der Regel vermutet, wenn zwischen der Barkapitalerhöhung und der Erfüllung des zwischen dem Gesellschafter und der Gesellschaft vereinbarten Erwerbsgeschäfts ein sachlicher und zeitlicher Zusammenhang besteht[314]. Als wesentlichstes Kriterium für das Vorliegen eines sachlichen Zusammenhangs wird dabei der Umstand angesehen, dass der betreffende Gegenstand bei Begründung der Bareinlagepflicht als Sacheinlage eingebracht hätte werden können[315]. Darüber hinaus werden als Einzelkriterien für das Vorliegen eines sachlichen Zusammenhangs die größenmäßige Übereinstimmung von Einlagebetrag und Gegenleistung, der Umstand, dass es sich um vertretbare Gegenstände handelt sowie das Bestehen einer Nämlichkeit der eingezahlten und der zurückgeflossenen Mittel genannt[316]. Ein uneinheitliches Bild zeichnet sich dabei für die Frage des zeitlichen Zusammenhangs ab. Während einige eine Frist von mehreren Wochen nennen[317], lassen andere mit Hinweis auf § 52 AktG eine Zeitspanne von zwei Jahren genügen[318]. Am häufigsten wird aber eine Frist von sechs Monaten genannt[319].

2. *Türkisches Recht*

Eine Sonderregelung für die Kapitalerhöhung mit Sacheinlagen ist im türkischen Handelsgesetz nicht vorgesehen. Für die Leistung von Einlagen wird allgemein auf

---

2. Aufl. 1995, § 66 Rdn. 31; Henze, ZHR 154 (1990), S. 105, 108 ff., Mülbert, ZHR 154 (1990), S. 145, 187 ff.; Ulmer, ZHR 154 (1990), S. 128, 139 ff.

313 BGHZ 118, S. 83, 95; BGHZ 132, S. 133, 139 f.; Hüffer, AktG, 7. Aufl. 2006, § 27 Rdn. 15; Wiedemann, in Großkomm. AktG, 4. Aufl. 1995, § 183 Rdn. 92; Röhricht, in Großkomm. AktG, 4. Aufl., § 27 Rdn. 192, 199; Joost, ZIP 1990, S. 549, 558 ff.; Priester, ZIP 1991, S. 345, 351; Mülbert, ZHR 154 (1990), S. 145, 187 ff., Ulmer, ZHR 154 (1990), S. 128, 142.

314 BGHZ 125, S. 141, 143 f.; BGHZ 132, S. 133, 139; Lutter, FS Stiefel, S. 505, 510 ff.; Lutter/Gehling, WM 1989, S. 1445, 1446 f.; Henze, ZHR 154 (1990), S. 105, 114; Mülbert, ZHR 154 (1990), S. 145, 187 ff.; Ulmer, ZHR 154 (1990), S. 128, 141; Pentz, in Kölner Komm. z. AktG, 2. Aufl. 1995, § 27 Rdn. 96; Röhricht, in Großkomm. AktG, 4. Aufl., § 27 Rdn. 203.

315 Lutter, FS Stiefel, S. 505, 514; Lutter/Gehling, WM 1989, S. 1445, 1447.

316 Mayer, NJW 1990, S. 2593, 2598; Henze, ZHR 154 (1990), S. 105, 110 ff.; Röhricht, in Großkomm. AktG, 4. Aufl., § 27 Rdn. 203.

317 So Lutter, FS Stiefel, S. 505, 515.

318 Mayer, NJW 1990, S. 2593, 2598.

319 Statt vieler, vgl., Winter, in Scholz-GmbHG, 10. Aufl., § 5 Rdn. 77.

die Gründungsvorschriften verwiesen (Art. 392 THG), die sinngemäß anzuwenden sind. Danach bedarf es bei der Einbringung von Sacheinlagen bei Gründung wie auch Kapitalerhöhung eines Berichts, der detailliert die geplanten Einlagen, die Einlegerzahl und den Wert der auszugebenden Aktien und die Sicherheiten für die Einbringung der Einlage beschreibt (Artikeln 392 Abs. 1, 279 Ziff. 4 THG). Bei der Kapitalerhöhung mit Sacheinlagen wird dieser Bericht, der im Gründungsstadium von einem von der Gründungsgeneralversammlung bestellten[320] Sachverständigen zu erstatten ist (Artikeln 293, 303 Abs. 2 Satz 2 THG), gemäß Art. 392 Abs. 1 THG vom Verwaltungsrat erstellt. Nachdem der Verwaltungsrat seinen Bericht erstellt hat, muss die Generalversammlung innerhalb von zehn Tagen zur Tagung einberufen werden (Art. 294 Satz 1 THG). Dem Einladungsschreiben ist gemäß Art. 294 Satz 2 THG eine Abschrift des Verwaltungsratsberichts beizufügen. Der Bericht des Verwaltungsrats soll dann auf der Tagung der Generalversammlung verlesen und im Einzelnen beraten werden (Art. 295 THG).

C. Zeichnung der Aktien

Der Kapitalerhöhungsbeschluss äußert nur den Willen der Aktiengesellschaft, ihr Grundkapital durch Ausgabe neuer Aktien zu erhöhen. Der unmittelbare Erwerb neuer Aktien aus der Kapitalerhöhung und somit die Realisierung dieses Willens geschieht durch die Zeichnung der im Zuge der Kapitalerhöhung ausgegebenen neuen Aktien[321]. Mit der Zeichnung wird der Zeichner jedoch noch nicht Mitglied der Gesellschaft, da noch offen steht, ob die beschlossene Kapitalerhöhung in Kraft tritt und bis dahin keine Mitgliedschaftsrechte entstehen können[322]. Diese entstehen erst dann, wenn die Durchführung der Kapitalerhöhung nach § 189 AktG in das Handelsregister eingetragen ist[323]. Vollzogen wird der Zeichnungsakt, mittels dessen

---

320 Zur Beschlussfähigkeit bedarf es gemäß Art. 293 Satz 1 THG der Anwesenheit von Aktionären, die mindestens zwei Drittel des in bar aufzubringenden Kapitals vertreten. Bei fehlender Beschlussfähigkeit wird der Sachverständige auf Antrag der Gründer vom Gericht bestellt (Art. 293 Satz 3 THG).

321 Peifer, in MünchKomm. z. AktG, 2. Aufl. 2005, § 185 Rdn. 1; Hüffer, AktG, 7. Aufl. 2006, § 185 Rdn. 1; Lutter, in Kölner Komm. z. AktG, 2. Aufl. 1995, § 185 Rdn. 2; Krieger, in MünchHdb AG, Bd. IV, 2. Aufl. 1999, § 56 Rdn. 98.

322 EinhM., vgl. RGZ 55, S. 65, 67, Wiedemann, in Großkomm. AktG, 4. Aufl. 1995, § 185 Rdn. 14.

323 BFHE 145, S. 437, 439; Hüffer, AktG, 7. Aufl. 2006, § 185 Rdn. 4; Krieger, in MünchHdb AG, Bd. IV, 2. Aufl. 1999, § 56 Rdn. 100; Peifer, in MünchKomm. z. AktG, 2. Aufl. 2005, § 185 Rdn. 35; Wiedemann, in Großkomm. AktG, 4. Aufl. 1995, § 185 Rdn.13; Lutter, FS Schilling, S. 207, 228.

die Zufuhr des neuen Kapitals auf den Weg gebracht wird[324], durch die Zeichnungserklärung des künftigen Aktionärs im Zeichnungsschein auf der einen Seite und durch die Annahme dieser Erklärung durch die Aktiengesellschaft auf der anderen[325]. Dabei unterliegt die Zeichnungserklärung besonders strengen formellen und inhaltlichen Vorgaben, da sie korporations-rechtliche Folgen nach sich zieht[326]. Die formellen und inhaltlichen Anforderungen an die Zeichnung der neuen Aktien sind in § 185 AktG umschrieben. Die dort enthaltenen Anforderungen stimmen im Wesentlichen mit den in Art. 283 ff. THG geregelten Vorgaben überein, die zwar die Zeichnung der neuen Aktien bei der Gründung der Aktiengesellschaft betreffen, aber aufgrund des Verweises in Art. 392 THG auch auf die Kapitalerhöhung entsprechend anzuwenden sind. Demnach muss die Zeichnung in schriftlicher Form unter Bezugnahme auf die konkrete Kapitalerhöhung erklärt werden (§ 185 Abs. 1 AktG, Art. 283 Ab. 1 THG). Welche inhaltlichen Angaben in dieser Erklärung enthalten sein müssen, wird in § 185 Abs. 1 Satz 3 AktG bzw. in Art. 283 Abs. 2 THG zwingend festgelegt. Normiert werden auch die Folgen, die eintreten, wenn die formellen und inhaltlichen Vorgaben nicht beachtet wurden (§ 185 Abs. 2 AktG, Art. 284 THG). Die starke Formalisierung des Zeichnungsgeschäfts sorgt dafür, dass der Akt des Aktienersterwerbs transparent und nachvollziehbar nach außen dokumentiert wird, und dient somit der Rechtssicherheit und dem Schutz des Zeichners[327].

1. *Anwendungsbereich*

Aus der systematischen Stellung des § 185 AktG bzw. des Art. 392 THG – im Anschluss an den Kapitalerhöhungsbeschluss (§§ 182 ff. AktG, Art. 391 THG) und vor der Eintragung der Durchführung der Kapitalerhöhung (§ 188 AktG, Art. 395 THG) –, ergibt sich zum einen, dass allein aufgrund des Zeichnungsvertrages noch keine Mitgliedschaftsrechte erworben werden. Die Stellung als Aktionär erlangt der Zeichner erst mit Eintragung der Durchführung der Kapitalerhöhung[328]. Diese systematische Stellung lässt zum anderen die Schlussfolgerung zu, dass eine Zeichnung sowohl bei einer Barkapitalerhöhung als auch bei einer Kapitalerhöhung mit Sacheinlagen erforderlich ist[329]. Die Vereinbarung, durch die sich der

---

324 Peifer, in MünchKomm. z. AktG, 2. Aufl. 2005, § 185 Rdn. 1.

325 Peifer, in MünchKomm. z. AktG, 2. Aufl. 2005, § 185 Rdn. 1.

326 Peifer, in MünchKomm. z. AktG, 2. Aufl. 2005, § 185 Rdn. 2.

327 Wiedemann, in Großkomm. AktG, 4. Aufl. 1995, § 185 Rdn. 2; Peifer, in MünchKomm. z. AktG, 2. Aufl. 2005, § 185 Rdn. 1.

328 Peifer, in MünchKomm. z. AktG, 2. Aufl. 2005, § 185 Rdn. 3.

329 Hüffer, AktG, 7. Aufl. 2006, § 185 Rdn. 2; Peifer, in MünchKomm. z. AktG, 2. Aufl. 2005, § 185 Rdn. 3; Lutter, in Kölner Komm. z. AktG, 2. Aufl. 1995, § 185 Rdn. 2.

Anleger verpflichtet, einen Gegenstand als Sacheinlage in die Aktiengesellschaft einzubringen, ersetzt mithin nicht die Zeichnung[330]. Überdies ist eine Zeichnung auch erforderlich, wenn ein gesetzliches oder vertragliches Bezugsrecht[331] besteht (§§ 186 Abs. 1, 187 AktG) und dessen Inhaber seinen Willen zur Teilnahme an der Zeichnung erklärt[332]. Erforderlich ist eine gesonderte Zeichnung auch dann, wenn der Vorstand von einem genehmigten Kapital Gebrauch macht[333]. Dies ergibt sich aus dem Verweis in § 203 Abs. 1 Satz 1 AktG auf die § 185 AktG bis § 191 AktG.

2. Zeichnungsschein

Die Zeichnung der neuen Aktien erfolgt durch eine schriftliche, an die Gesellschaft gerichtete[334], zugangsbedürftige Willenserklärung[335], die das Gesetz Zeichnungsschein nennt. Der Zeichnungsschein ist eine konstitutive Urkunde über die gegen-

330 Peifer, in MünchKomm. z. AktG, 2. Aufl. 2005, § 185 Rdn. 3; Hüffer, AktG, 7. Aufl. 2006, § 185 Rdn. 2.

331 Keine Zeichnung erfordert dagegen die Ausübung des mittelbaren Bezugsrechts (§ 186 Abs. 5 AktG). Hier folgt der Aktienerwerb auf derivativem Wege durch einen Austauschvertrag mit der beteiligten Emissionsbank bzw. dem Emissionskonsortium.

332 Hüffer, AktG, 7. Aufl. 2006, § 185 Rdn. 2; Wiedemann, in Großkomm. AktG, 4. Aufl. 1995, § 185 Rdn. 14; Krieger, in MünchHdb AG, Bd. IV, 2. Aufl. 1999, § 56 Rdn. 98; Peifer, in MünchKomm. z. AktG, 2. Aufl. 2005, § 185 Rdn. 3.

333 Bei der bedingten Kapitalerhöhung übernimmt die Bezugserklärung die Aufgabe der Zeichnung (§ 198 Abs. 2 Satz 1 AktG). Keine Zeichnung ist erforderlich bei einer Kapitalerhöhung zur Durchführung einer Verschmelzung (§ 69 Abs. 1 Satz 1 UmwG). Ebenso liegt es bei der Kapitalerhöhung aus Gesellschaftsmitteln, wo die Zuteilung der veränderten Mitgliedschaftsrechte durch die Ausgabe von Gratisaktien erfolgt (§ 214 Abs. 1 Satz1 AktG), sofern hierauf bei der Ausgabe von Stückaktien nicht verzichtet wird (§ 207 Abs. 2 Satz 2 AktG).

334 Entgegen der Rechtsprechung des Reichsgerichts, RGZ 79, S. 112, 114; RGZ 118, S. 269, 274; RGZ 142, S. 98, 103; RGZ 147, S. 257, 270 f., die in der Zeichnung einen gesellschaftlichen Akt sah, der der Öffentlichkeit gegenüber erklärt wird, besteht heute weitgehend Einigkeit darüber, dass der Erklärungsempfänger nur die Aktiengesellschaft und nicht auch die Allgemeinheit ist; vgl. hierzu Lutter, in Kölner Komm. z. AktG, 2. Aufl. 1995, § 185 Rdn. 7; Hüffer, AktG, 7. Aufl. 2006, § 185 Rdn. 3; Peifer, in MünchKomm. z. AktG, 2. Aufl. 2005, § 185 Rdn. 8; a.A. A. Hueck, in Baumbach/Hueck, AktG, § 185 Rdn. 3; wohl auch Wiedemann, in Großkomm. AktG, 4. Aufl. 1995, § 185 Rdn. 10, der auf einen objektiven Rechtschein der Erklärung abhebt.

335 Lutter, in Kölner Komm. z. AktG, 2. Aufl. 1995, § 185 Rdn. 5; Hüffer, AktG, 7. Aufl. 2006, § 185 Rdn. 3; Wiedemann, in Großkomm. AktG, 4. Aufl. 1995, § 185 Rdn. 9; Peifer, in MünchKomm. z. AktG, 2. Aufl. 2005, § 185 Rdn. 7.

über der Gesellschaft übernommene Verpflichtung[336] und soll doppelt ausgestellt werden (§ 185 Abs. 1 Satz 2 AktG, Art. 283 Abs. 1 THG). Der generelle Inhalt des Zeichnungsscheins ist in § 185 Abs. 1 Satz 3 AktG zwingend[337] vorgeschrieben[338]. Demnach hat der Zeichnungsschein zu enthalten: den Tag, an dem die Erhöhung des Grundkapitals beschlossen worden ist; den Ausgabebetrag der Aktien, den Betrag der festgesetzten Einzahlungen sowie den Umfang von Nebenverpflichtungen; die bei einer Kapitalerhöhung mit Sacheinlagen vorgesehenen Festsetzungen und, wenn mehrere Gattungen ausgegeben werden, den auf jede Aktiengattung entfallenden Betrag des Grundkapitals; den Zeitpunkt, an dem die Zeichnung unverbindlich wird, wenn nicht bis dahin die Durchführung der Kapitalerhöhung in das Handelsregister eingetragen ist. Darüber hinaus muss der Zeichnungsschein die individuelle Verpflichtungserklärung des Zeichners enthalten, aus der die Beteiligung nach der Zahl, dem Nennbetrag und, wenn mehrere Gattungen ausgegeben werden, der Gattung der Aktien hervorgeht (§ 185 Abs. 1 AktG).

3. *Zeichnungsvertrag*

Durch die im Zeichnungsschein ausgesprochene Zeichnungserklärung signalisiert der Zeichner seine Bereitschaft, Aktien aus der Kapitalerhöhung zu erwerben[339] und somit Mitglied der Gesellschaft zu werden[340]. Die Zeichnungserklärung stellt daher ein Vertragsangebot i.S.v. § 145 BGB bzw. Art. 3 TOG dar, das die Gesellschaft in Höhe der Zuteilung annimmt[341]. Zur Annahme der

---

336 Wiedemann, in Großkomm. AktG, 4. Aufl. 1995, § 185 Rdn. 14.

337 Wiedemann, in Großkomm. AktG, 4. Aufl. 1995, § 185 Rdn. 17; Peifer, in MünchKomm. z. AktG, 2. Aufl. 2005, § 185 Rdn. 18; Hüffer, AktG, 7. Aufl. 2006, § 185 Rdn. 12.

338 Nach Art. 283 THG hat der Zeichnungsschein Angaben zu enthalten über: Zweck, Gegenstand und Dauer der Gesellschaft; Höhe des Grundkapitals und des Nennwerts jeder Aktie; die Sondervorteile, die den Gründern, den Mitgliedern des Verwaltungsrats oder anderen Personen gewährt werden; die Sacheinlagen und den hierfür zu gewährenden Gegenwert; Vor- und Nachnahme sowie Wohnsitz der Zeichner; die in Buchstaben ausgeschriebene Anzahl der übernommenen Aktien und den Zeichnungstag sowie die Erklärung, dass der Inhalt des Kapitalerhöhungsbeschlusses als verbindlich angenommen wurde und die Zeichnung hinfällig wird, wenn die Durchführung der Kapitalerhöhung nicht innerhalb einer bestimmten Zeit ins Handelsregister eingetragen wird.

339 Vgl. Krieger, in MünchHdb AG, Bd. IV, 2. Aufl. 1999, § 56 Rdn. 99.

340 Vgl. Peifer, in MünchKomm. z. AktG, 2. Aufl. 2005, § 185 Rdn. 7.

341 Lutter, in Kölner Komm. z. AktG, 2. Aufl. 1995, § 185 Rdn. 11; Peifer, in MünchKomm. z. AktG, 2. Aufl. 2005, § 185 Rdn. 7; Wiedemann, in Großkomm. AktG, 4. Aufl. 1995, § 185 Rdn. 9; Schlegelberger/Quassowski, Aktiengesetz, 3. Aufl., § 152 Rdn. 5.

Zeichnungserklärung ist die Aktiengesellschaft in der Regel nicht verpflichtet. Eine Verpflichtung der Gesellschaft ist nur dann gegeben, wenn der Zeichner bereits Aktionär ist, das gesetzliche Bezugsrecht nicht ausgeschlossen oder nach § 186 Abs. 5 AktG durch ein mittelbares Bezugsrecht ersetzt wurde und ferner das Bezugsrecht fristgerecht ausgeübt wurde (§ 186 Abs. 1 Satz 2 AktG)[342]. Mit der Annahme der Zeichnungserklärung durch die Gesellschaft kommt ein Zeichnungsvertrag zustande[343]. Der Zeichnungsvertrag stellt nach ganz h. M. einen korporationsrechtlichen Vertrag des Zeichnenden mit der Aktiengesellschaft dar[344], der darauf gerichtet ist, den Zeichner in die Gesellschaft neu aufzunehmen oder seine bereits vorhandene mitgliedschaftliche Stellung zu verstärken[345]. Anders als bei normalen Austauschverträgen wird der Erfolg allerdings nicht dadurch herbeigeführt, dass die Aktiengesellschaft dem Zeichner diese Stellung durch Zuteilung der Aktien als Erfüllungshandlung verschafft. Die Mitgliedschaft entsteht nämlich nicht aufgrund einer Handlung der Gesellschaft, sondern kraft Gesetzes durch Eintragung der Durchführung der Kapitalerhöhung im Handelsregister[346]. Daher ist der Zeichnungsvertrag kein gegenseitiger Vertrag im Sinne der §§ 320 ff. BGB[347], sondern ein unvollkommen zweiseitig verpflichtender Vertrag[348]. In dem Zeichnungsvertrag wird vereinbart, dass der Zeichner mit wirksamem Abschluss des Zeichnungs-

342 Peifer, in MünchKomm. z. AktG, 2. Aufl. 2005, § 185 Rdn. 31.

343 Krieger, in MünchHdb AG, Bd. IV, 2. Aufl. 1999, § 56 Rdn. 100.

344 Schlegelberger/Quassowski, Aktiengesetz, 3. Aufl., § 152 Rdn. 5; Peifer, in MünchKomm. z. AktG, 2. Aufl. 2005, § 185 Rdn. 31; Wiedemann, in Großkomm. AktG, 4. Aufl. 1995, § 185 Rdn. 29; Lutter, in Kölner Komm. z. AktG, 2. Aufl. 1995, § 185 Rdn. 5.

345 Peifer, in MünchKomm. z. AktG, 2. Aufl. 2005, § 185 Rdn. 31; Wiedemann, in Großkomm. AktG, 4. Aufl. 1995, § 185 Rdn. 29.

346 Wiedemann, in Großkomm. AktG, 4. Aufl. 1995, § 185 Rdn. 30; Peifer, in MünchKomm. z. AktG, 2. Aufl. 2005, § 185 Rdn. 32.

347 RGZ 79, S. 174, 177; RGZ 118, s. 269, 274; Hüffer, AktG, 7. Aufl. 2006, § 185 Rdn. 4; Peifer, in MünchKomm. z. AktG, 2. Aufl. 2005, § 185 Rdn. 32; Lutter, in Kölner Komm. z. AktG, 2. Aufl. 1995, § 185 Rdn. 19; ders. FS Schilling, S. 207, 217; abw. Schleyer, AG 1957, S. 145.

348 Hüffer, AktG, 7. Aufl. 2006, § 185 Rdn. 4; Lutter, in Kölner Komm. z. AktG, 2. Aufl. 1995, § 185 Rdn. 19; ders. FS Schilling, S. 207, 217; Peifer, in MünchKomm. z. AktG, 2. Aufl. 2005, § 185 Rdn. 32; teilw. a.A. Wiedemann, in Großkomm. AktG, 4. Aufl. 1995, § 185 Rdn. 30, der der Meinung ist, dass die Kapitalerhöhung wirtschaftlich dem gegenseitigen Vertrag näher steht als dem unvollkommen zweiseitig verpflichtenden Vertrag.

vertrages verpflichtet wird, die geschuldete Einlage im festgelegten Umfang zu bewirken und berechtigt wird, die neuen Aktien zu übernehmen[349]. Diese Verpflichtung des Zeichners wird im Zeichnungsvertrag allerdings unter der auflösenden Bedingung begründet, dass die Durchführung der Kapitalerhöhung nicht eingetragen und damit insgesamt unwirksam wird[350]. Da es der Hauptversammlung nach dem Grundsatz der Verbandsautonomie frei steht, den Kapitalerhöhungsbeschluss nachträglich zu ändern oder den Vorstand anzuweisen, ihn – vorläufig oder endgültig – nicht auszuführen, erhält der Zeichner mit dem Zustandekommen des Zeichnungsvertrags keinen Erfüllungsanspruch gegen über der Gesellschaft auf die Einräumung der neue geschaffenen Aktien[351]. Scheitert die Kapitalerhöhung, so erlöschen nach § 158 Abs. 2 BGB die Einlageverpflichtungen. Die bereits geleisteten Einlagen können die Zeichner nach § 812 BGB herausverlangen[352].

4. Mängel der Zeichnung

a. Formmängel

Die Zeichnung der im Zuge einer Kapitalerhöhung ausgegebenen neuen Aktien geschieht in Form einer schriftlichen Erklärung (§ 185 Abs. 1 Satz 1, Art. 283 Abs. 1 THG). Ist die Schriftform nicht eingehalten, so liegt ein Verstoß vor, der die Erklärung nach § 125 Satz 1 BGB bzw. nach Art. 284 Satz 1 THG[353] nichtig macht. Verstöße gegen § 185 Abs. 1 Satz 2, wonach der Zeichnungsschein doppelt ausgestellt werden soll, verletzen nach allgemeiner Meinung lediglich eine

---

349 Peifer, in MünchKomm. z. AktG, 2. Aufl. 2005, § 185 Rdn. 36; Wiedemann, in Großkomm. AktG, 4. Aufl. 1995, § 185 Rdn. 34; Schlegelberger/Quassowski, Aktiengesetz, 3. Aufl., § 152 Rdn. 5.

350 Wiedemann, in Großkomm. AktG, 4. Aufl. 1995, § 185 Rdn. 35; Hefermehl/Bungeroth, in Geßler/Hefermehl/Eckardt/Kropf AktG 1988, § 185 Rdn. 31; Lutter, in Kölner Komm. z. AktG, 2. Aufl. 1995, § 185 Rdn. 34; Peifer, in MünchKomm. z. AktG, 2. Aufl. 2005, § 185 Rdn. 35.

351 Hüffer, AktG, 7. Aufl. 2006, § 185 Rdn. 4; Peifer, in MünchKomm. z. AktG, 2. Aufl. 2005, § 185 Rdn. 37; Lutter, in Kölner Komm. z. AktG, 2. Aufl. 1995, § 185 Rdn. 34; Wiedemann, in Großkomm. AktG, 4. Aufl. 1995, § 185 Rdn. 35; Krieger, in MünchHdb AG, Bd. IV, 2. Aufl. 1999, § 56 Rdn. 100; Hefermehl/Bungeroth, in Geßler/Hefermehl/Eckardt/Kropf AktG 1988, § 185 Rdn. 49.

352 Peifer, in MünchKomm. z. AktG, 2. Aufl. 2005, § 185 Rdn. 35, Hüffer, AktG, 7. Aufl. 2006, § 185 Rdn. 16, Lutter, in Kölner Komm. z. AktG, 2. Aufl. 1995, § 185 Rdn. 52, Wiedemann, in Großkomm. AktG, 4. Aufl. 1995, § 185 Rdn. 51.

353 Nach Art. 284 Satz 1 THG haben Zeichnungsscheine, die nicht in der im Gesetz bezeichneten Form ausgestellt sind, keine rechtliche Wirkung.

Ordnungsvorschrift. Die Wirksamkeit der Zeichnungserklärung und des Zeichnungsvertrags wird hierdurch nicht berührt[354].

b. Inhaltsmängel

Fehlen im Zeichnungsschein Angaben, die zum notwendigen allgemeinen Inhalt der Zeichnungserklärung gehören (§ 185 Abs. 1 Satz 3 Nr. 1 bis 4 AktG, Art. 283 Abs. 2 THG), so ist der Zeichnungsschein nichtig (§ 185 Abs. 2 AktG, Art. 284 THG). Nichtig ist der Zeichnungsschein auch dann, wenn der individuelle Inhalt des Zeichnungsscheins nicht im Gesetz vorgeschriebenen Umfang (§ 185 Abs. 1 Satz 1 AktG, Art. 28 Abs. 2 THG) aus dem Zeichnungsschein hervorgeht. Fehlen die Angaben, die den individuellen Erklärungsinhalt des Zeichnungsscheins ausmachen, also die Person des Zeichners und die von ihm gewünschten Zuteilungen betreffen, so besteht aber vorrangig die Möglichkeit einer Auslegung der Erklärung unter Hinzuziehung des Kapitalerhöhungsbeschlusses. Bleibt die Auslegung ohne Ergebnis, so ist der Zeichnungsschein nichtig[355].

D. Leistung der Mindesteinlagen

Nach Zeichnung der Aktien hat die Gesellschaft die Mindesteinlagen auf die neuen Aktien einzufordern. Als Mindesteinlage sind bei Bareinlagen 25 % des geringsten Ausgabebetrags (§9 Abs. 1 AktG) sowie das gesamte Aufgeld zu entrichten (§§ 188 Abs. 2, 36 a Abs. 1 AktG). Die Einzahlung muss so erfolgen, dass der eingezahlte Betrag endgültig zur freien Verfügung des Vorstands steht. (§§ 188 Abs. 2, 37 Abs. 1 AktG). Der Vorstand kann über die Einlageleistung schon vor Anmeldung der Durchführung der Kapitalerhöhung verfügen. Dies setzt allerdings voraus, dass eine wertgleiche Gegenleistung erfolgt, die im Zeitpunkt der Anmeldung noch vorhanden ist[356]. Werden vor Anmeldung der Durchführung der Kapitalerhöhung höhere Beträge als die gesetzlich vorgeschriebenen Mindesteinzahlungen geleistet, kann der Vorstand unter dem Vorbehalt wertgleicher

354 Hüffer, AktG, 7. Aufl. 2006, § 185 Rdn. 8; Lutter, in Kölner Komm. z. AktG, 2. Aufl. 1995, § 185 Rdn. 47; Wiedemann, in Großkomm. AktG, 4. Aufl. 1995, § 185 Rdn. 58; Peifer, in MünchKomm. z. AktG, 2. Aufl. 2005, § 185 Rdn. 55.

355 RGZ 85, S. 284, 287 f.; RGZ 118, s. 269, 272; Lutter, in Kölner Komm. z. AktG, 2. Aufl. 1995, § 185 Rdn. 49; Peifer, in MünchKomm. z. AktG, 2. Aufl. 2005, § 185 Rdn. 42; Hüffer, AktG, 7. Aufl. 2006, § 185 Rdn. 11.

356 BGHZ 119, S. 177, 186 ff.; Lutter, in Kölner Komm. z. AktG, 2. Aufl. 1995, § 188 Rdn. 51; Krieger, in MünchHdb AG, Bd. IV, 2. Aufl. 1999, § 56 Rdn. 108; a.A. BayObLG, WM 1988, S. 622; OLG Köln, DB 1998, S. 955; Hefermehl/Bungeroth, in Geßler/Hefermehl/Eckardt/Kropf AktG 1988, § 188 Rdn. 17.

Deckung diese Einlagen verwenden, vorausgesetzt, sie sind im Zeitpunkt der Anmeldung noch wertmäßig vorhanden[357].

E. Eintragung der Durchführung der Kapitalerhöhung ins Handelsregister

Wenn der Erhöhungsbetrag in vollem Umfang wirksam gezeichnet ist, die Zeichnungen nicht durch Fristablauf unverbindlich geworden und die Mindesteinlagen ordnungsgemäß geleistet sind, ist die Durchführung der Kapitalerhöhung gemäß § 188 AktG zum Handelsregister anzumelden. Die Anmeldung ist ein an das zuständige Gericht gerichteter Antrag auf Eintragung der Durchführung der Kapitalerhöhung und erfolgt durch den Vorstand und den Vorsitzenden des Aufsichtsrats (§ 188 Abs. 1 AktG). Da das Handelsregister bei den Amtsgerichten geführt wird (§ 8 HGB i.V.m. § 125 Abs. 1 FGG), ist das Amtsgericht zuständig, in dessen Bezirk die Aktiengesellschaft ihren Sitz hat. Dem Registergericht obliegt es zu prüfen, ob alle Voraussetzungen für die Eintragung der Durchführung der Kapitalerhöhung vorliegen. Demgemäß prüft das Registergericht - wie im Rahmen des § 184 AktG - zunächst die formelle Ordnungsgemäßheit der Anmeldung, sodann die Frage, ob der Vorgang der Kapitalerhöhung im Einklang mit Gesetz und Satzung verlaufen ist. Diese Prüfung obliegt dem Gericht auch dann im vollen Umfang, wenn der Kapitalerhöhungsbeschluss bereits vorher angemeldet worden ist (§ 184 AktG). Die Eintragung der Durchführung kann daher auch dann mit der Begründung, dass der Kapitalerhöhungsbeschluss fehlerhaft ist, abgelehnt werden, wenn zuvor der Kapitalerhöhungsbeschluss ohne Beanstandung eingetragen wurde[358]. Die Eintragung ist abzulehnen, wenn es an einer vollständigen und wirksamen Zeichnung des Erhöhungsbetrags fehlt, bei Barkapitalerhöhungen die Mindesteinlage nicht geleistet wurde und diese Mängel nicht behebbar sind[359]. Bei einer Kapitalerhöhung mit Sacheinlagen muss das Registergericht die Eintragung ablehnen, wenn der Wert der Sacheinlagen nicht unwesentlich hinter dem geringsten Ausgabebetrag der dafür zu gewährenden Aktien zurückbleibt[360]. Liegen keine Eintragungshindernisse vor, so verfügt der

---

357 BGH, ZIP 1996, S. 1466, 1467; Wiedemann, in Großkomm. AktG, 4. Aufl. 1995, § 188 Rdn. 33; Krieger, in MünchHdb AG, Bd. IV, 2. Aufl. 1999, § 56 Rdn. 108.

358 Hüffer, AktG, 7. Aufl. 2006, § 188 Rdn. 20; Wiedemann, in Großkomm. AktG, 4. Aufl. 1995, § 188 Rdn. 67; Lutter, in Kölner Komm. z. AktG, 2. Aufl. 1995, § 188 Rdn. 42.

359 Peifer, in MünchKomm. z. AktG, 2. Aufl. 2005, § 188 Rdn. 48.

360 Hüffer, AktG, 7. Aufl. 2006, § 188 Rdn. 21; Wiedemann, in Großkomm. AktG, 4. Aufl. 1995, § 188 Rdn. 68; Peifer, in MünchKomm. z. AktG, 2. Aufl. 2005, § 188 Rdn. 49.

Registerrichter die Eintragung der Durchführung der Kapitalerhöhung in das Handelsregister. Mit der Eintragung der Durchführung wird die Kapitalerhöhung wirksam[361]. Von diesem Zeitpunkt an ist das Grundkapital der Aktiengesellschaft erhöht und mit dem erhöhten Betrag in der Bilanz auszuweisen (§ 189 AktG).

III. Bezugsrecht

Bei unterschiedlicher Zuteilung der im Zuge einer Kapitalerhöhung ausgegebenen neuen Aktien verändern sich die Beteiligungsverhältnisse und damit die Teilhabe an der Meinungs- und Vermögensbildung der Gesellschaft[362]. Um den Interessen jedes Aktionärs gerecht zu werden, muss jedem Aktionär bei der Ausgabe neuer Aktien die Möglichkeit eingeräumt werden, ein seinem Anteil an dem bisherigen Grundkapital entsprechender Teil der neuen Aktien zu beziehen. Dieses Recht, neue Aktien im Verhältnis zur bisherigen Beteiligung zu beziehen, wird Bezugsrecht genannt. Es gewährt dem Aktionär die Chance, durch den anteiligen Zuerwerb der ausgegebenen neuen Aktien die bestehende Mitgliedschaft sowohl im Hinblick auf die Herrschafts- und Stimmmacht als auch im Hinblick auf die Vermögenssubstanz in der Quote ungeschmälert aufrecht zu erhalten[363].

A. Rechtsnatur des Bezugsrechts

Das Bezugsrecht stellt ein mitgliedschaftliches Recht des Aktionärs dar[364]. Als Teil und unselbstständiger Bestandteil des allgemeinen Mitgliedschaftsrechts ist das Bezugsrecht nicht selbstständig übertragbar[365]. Hierbei muss jedoch zwischen dem Bezugsrecht als solchem und dem konkreten Bezugsrechtsanspruch unterschieden werden. Das erste ist ein durch den Aktionär nicht verzicht- und entziehbares Recht aus der Mitgliedschaft[366], das zweite ein reines Gläubigerrecht, also ein schuldrechtlicher Anspruch des einzelnen Aktionärs gegen die Gesellschaft auf Abschluss eines Zeichnungsvertrags über neu Aktien nach den Regeln

---

361 Krieger, in MünchHdb AG, Bd. IV, 2. Aufl. 1999, § 56 Rdn. 112.

362 Schockenhoff, Gesellschaftsinteresse, S. 3.

363 Bayer, in MünchKomm. z. AktG, 2. Aufl. 2005, § 203 Rdn. 48; ders., ZHR 163 (1999), S. 506, 508; Wiedemann, in Großkomm. AktG, 4. Aufl. 1995, § 186 Rdn. 13.

364 Bayer, in MünchKomm. z. AktG, 2. Aufl. 2005, § 203 Rdn. 49; ders., ZHR 163 (1999), S. 506, 508; Lutter, in Kölner Komm. z. AktG, 2. Aufl. 1995, § 186 Rdn. 7; Wiedemann, in Großkomm. AktG, 4. Aufl. 1995, § 186 Rdn. 13, 56; Zöllner, AG 1994, S. S. 341 ff.:, ders. AG 2002, S. 585 ff.

365 Lutter, in Kölner Komm. z. AktG, 2. Aufl. 1995, § 186 Rdn. 10.

366 Wiedemann, in Großkomm. AktG, 4. Aufl. 1995, § 186 Rdn. 61.

der Kapitalerhöhung[367]. Dieser Anspruch, der dem einzelnen Aktionär mit dem wirksamen Kapitalerhöhungsbeschluss zusteht[368], ist von der Beteiligung abgelöst und kann als selbständiges Recht im Wege eines organisierten Bezugsrechtshandels veräußert werden, der gegebenenfalls nach § 69 Abs. 2 S. 2 BörsenZulVO an der Börse erfolgt[369].

B. Inhalt des Bezugsrechts

Das Bezugsrecht wird aus § 186 Abs. 1 AktG[370] abgeleitet: „Jedem Aktionär muss auf sein Verlangen ein seinem Anteil an dem bisherigen Grundkapital entsprechender Teil der neuen Aktien zugeteilt werden". Bereits dieser Satz spiegelt den Optionscharakter des Bezugsrechts wider. Das bedeutet, dass es sich beim Bezugsrecht nicht um eine Pflicht handelt, sondern vielmehr um ein Recht auf den Erwerb neuer Mitgliedschaftsanteile, das sich gegen die Aktiengesellschaft richtet, von welcher der Aktionär den Abschluss und die Durchführung eines Zeichnungsvertrages verlangen kann[371]. Eine Bezugspflicht würde dem Verbot der nachträglichen Erhöhung der Einlage widersprechen, das unmittelbar aus § 54 Abs. 1 AktG[372] folgt[373]. An einer Kapitalerhöhung mit Bezugsrecht braucht sich kein Aktionär zu beteiligen. Ob der einzelne Aktionär seinen prozentualen

367 Lutter, in Kölner Komm. z. AktG, 2. Aufl. 1995, § 186 Rdn. 10; Wiedemann, in Großkomm. AktG, 4. Aufl. 1995, § 186 Rdn. 61.

368 Lutter, in Kölner Komm. z. AktG, 2. Aufl. 1995, § 186 Rdn. 10.

369 Lutter, in Kölner Komm. z. AktG, 2. Aufl. 1995, § 186 Rdn. 13; Wiedemann, in Großkomm. AktG, 4. Aufl. 1995, § 186 Rdn. 61.

370 Vgl. Art. 394 THG, der besagt: „Wenn der Beschluss der Generalversammlung über die Erhöhung des Grundkapitals keine gegenteiligen Bestimmungen enthält, hat jeder der Aktionäre das Recht auf eine Anzahl neuer Aktien, die seinem Anteil am Gesellschaftskapital entspricht.".

371 Vgl. Lutter, in Kölner Komm. z. AktG, 2. Aufl. 1995, § 186 Rdn. 2

372 Während das schweizerische Obligationenrecht in Art. 681 Abs. 1 klarstellt, dass der Aktionär auch durch Satzung nicht verpflichtet werden kann, mehr zu leisten als den für den Bezug einer Aktie bei ihrer Ausgabe festgesetzten Betrag, erlaubt das türkische Handelsgesetz von 1956 in Art. 388 Abs. 1 eine Kapitalerhöhung durch Erhöhung der Einlagen. Allerdings kann auch im türkischen Recht von einer Pflicht des einzelnen Aktionärs, sich durch Ausüben des Bezugsrecht an der Kapitalerhöhung zu beteiligen, nicht die Rede sein, da die Regelung des Art. 388 Abs. 1 THG für die Erhöhung der Verpflichtungen der Aktionäre die Einstimmigkeit aller Aktionäre fordert.

373 Die Erhöhung der Verpflichtung der Aktionäre, darunter die Verpflichtung zur Leistung der Einlagen ist zwar im türkischen Recht zulässig. Dafür ist allerdings gemäß Art. 388 Abs. 1 THG die Einstimmigkeit aller Aktionäre erforderlich.

Anteil an der Aktiengesellschaft halten, erhöhen oder mindern will, ist ihm dann selbst überlassen. Er kann sein Bezugsrecht auch verfallen lassen.

C. Funktion des Bezugsrechts

Ein Aktionär, der an der Kapitalerhöhung seiner Gesellschaft nicht teilhat, hat eine Verschlechterung seiner rechtlichen Stellung in der Aktiengesellschaft zu befürchten. Dies kann auf zweierlei Weise geschehen: Einmal drohen ihm Einbußen an seinen Herrschaftsbefugnissen an der Aktiengesellschaft, da der Umfang seiner Beteiligungsrechte, der sich nach der Quote des Aktienanteils zum Grundkapital richtet, relativ geringer wird. In besonders gelagerten Fällen führt dies dazu, dass die Altaktionäre ihre Minderheitsrechte oder eine Sperrminorität von 25,1 % verlieren[374]. Zum anderen kann es zur Verwässerung des Vermögenswerts der Aktie kommen, wenn die neuen Aktien zu einem niedrigeren Ausgabekurs ausgegeben werden als es ihrem wirklichen Wert bzw. dem Börsenpreis der alten Aktien entspräche[375]. Dies ergibt sich daraus, dass von der Festlegung des Ausgabekurses nach § 186 Abs. 2 AktG bis zur Ausgabe der Aktien oft eine längere Zeitspanne vergeht[376]. In der Praxis liegt es bei ungefähr 50 Tage[377], wobei bereits die gesetzliche Bezugsfrist nach § 186 Abs. 1 Satz 2 AktG zwei Wochen in Anspruch nimmt. Andernfalls, also wenn die Gesellschaft den Ausgabekurs zu hoch festlegen würde, würde die Kapitalerhöhung unweigerlich scheitern und der Gesellschaft enorme Schaden verursachen[378]; denn, wenn sich die Umstände bis zur Durchführung dergestalt ändern, dass zwischenzeitlich der Kurs der Aktie stark fallen würde, wäre jeder Anreiz für eine Zeichnung der jungen Aktie verloren[379]. Diesen Nachteilen kann der Altaktionär entgehen, wenn er entsprechend seinem Anteil am bisherigen Grundkapital neuen Aktien übernimmt. Mit der Ausübung seines Bezugsrechts kann er sowohl eine Stimmrechts- als auch eine Kapitalverwässerung verhindern. Das gesetzliche Bezugsrecht gibt selbst dem Aktionär, der nicht in der Lage oder nicht Willens ist, die im Zuge der Kapitalerhöhung ausgegeben neuen

---

374 Vgl. Lutter, in Kölner Komm. z. AktG, 2. Aufl. 1995, § 186 Rdn. 7; Wiedemann, in Großkomm. AktG, 4. Aufl. 1995, § 186 Rdn. 13.

375 Lutter, in Kölner Komm. z. AktG, 2. Aufl. 1995, § 186 Rdn. 7; Meilicke, BB 1961, S. 1281.

376 Sinewe, Der Ausschluss des Bezugsrechts bei geschlossenen und börsennotierten Aktiengesellschaften, S. 6 ff.

377 Heinsius, FS Kellermann, S. 115, 124 f.

378 Ekkenga, AG 1994, S. 59.

379 Sinewe, Der Ausschluss des Bezugsrechts bei geschlossenen und börsennotierten Aktiengesellschaften, S. 6 ff.

Aktien zu erwerben, die Möglichkeit, sich im Wege der Bezugsrechtsveräußerung einen finanziellen Ausgleich für die Minderung seiner Beteiligung an der Aktiengesellschaft, und insbesondere für den mit der Wertverwässerung regelmäßig verbundenen Wertverlust seiner Aktien zu verschaffen[380].

D. Bezugsrechtsauschluss und dessen Rechtfertigung

Das Bezugsrecht der Aktionäre kann ganz oder zum Teil ausgeschlossen werden. Unter Bezugsrechtsausschluss ist sowohl die grundsätzliche Nichtgewährung wie auch der Ausschluss eines grundsätzlichen bestehenden Bezugsrechts zu verstehen.

1. Gesetzlicher Ausschluss

Das Bezugsrecht stellt, wie bereits erwähnt, ein mitgliedschaftliches Vermögensrecht des Aktionärs dar und im Aktiengesetz zwingend vorgeschrieben. Es gibt jedoch Fälle, in denen andere Grundsätze und Vorschriften des Aktienrechts den gesetzlichen Ausschluss des Bezugsrechts bedingen. Gesetzlicher Bezugsrechtsausschluss bedeutet, dass das Bezugsrecht in diesen Fällen praktisch unnötig erscheint oder bei der Durchführung bestimmter Maßnahmen nicht gewährt werden kann oder darf[381]. Das gilt vor allem für eigene Aktien der Gesellschaft, die sie erworben hat. Eigene Aktien gewähren keine Bezugsrechte, gleichgültig, ob die Gesellschaft sie zulässig oder unzulässig erworben hat[382]. Ebenso darf eine abhängiges Unternehmen keine Aktien der herrschenden Aktiengesellschaft, ein in Mehrheitsbesitz stehendes Unternehmen keine Aktien der an ihm mit Mehrheit beteiligten Aktiengesellschaft als Zeichner oder in Ausübung eines Bezugsrechts übernehmen (§ 56 Abs. 2 Satz 1 AktG). Die Bestimmungen von §§ 71 b und 71 d Satz 2 AktG schließen es auch aus, dass das abhängige Unternehmen die ihm zustehende Bezugsrechte veräußert und auf diesem Wege verwertet[383]. Ferner ist das Bezugsrecht für sämtliche Aktionäre ausgeschlossen, wenn die übernehmende Gesellschaft ihr Grundkapital zur Verschmelzung erhöht (Art. 69 Abs. 1 UmwG). Auch sind die Aktionäre bei einer bedingten Kapitalerhöhung gemäß § 192 Abs. 2

380 Bayer, in MünchKomm. z. AktG, 2. Aufl. 2005, § 203 Rdn. 50; ders., ZHR 163 (1999), S. 508 f.; Lutter, in Kölner Komm. z. AktG, 2. Aufl. 1995, § 186 Rdn. 7; Krieger, in MünchHdb AG, Bd. IV, 2. Aufl. 1999, § 56 Rdn. 59.

381 S. Moroğlu, Bezugsrechtsausschluss im Spannungsfeld zwischen unternehmerischen Ermessen und Aktionärsschutz bei der Publikumsaktiengesellschaft, S. 83 f.

382 Wiedemann, in Großkomm. AktG, 4. Aufl. 1995, § 186 Rdn. 105.

383 Wiedemann, in Großkomm. AktG, 4. Aufl. 1995, § 186 Rdn. 105.

AktG, die dem Zweck der Gewährung von Wandel- und Optionsanleihen dient, vom Bezugsrecht ausgeschlossen, da die Zusicherung des Bezugsrechts an Dritte hier zum notwendigen Inhalt des Kapitalerhöhungsbeschlusses gehört und eine nachträgliche Beeinträchtigung des Bezugsrechts nicht mehr möglich ist[384].

Das türkische Bankengesetz sieht einen Fall vor, in dem das Bezugsrecht kraft Gesetzes ausgeschlossen ist: Abgesehen vom Recht auf Gewinn hat der mit 10 % oder mehr beteiligte Aktionär einer Bank keine Mitwirkungs- oder Vermögensrechte auf die Aktien, die sich auf die diesen Betrag überschreitenden Beteiligungen beziehen, es sei denn, er hat für die Überschreitung der gesetzlichen Beteiligungsschranke gemäß Art. 8 Abs. 2 Ziff. a tBankG die Zustimmung des Ausschusses für die Regulierung und Aufsicht des Bankwesens (BDDK) erhalten. Daher kann ein Aktionär, der beispielweise mit 15 % beteiligt ist, sein Bezugsrecht nur im Verhältnis von 9,99 % seiner Beteiligung ausüben. Für die anderen Aktien übt das Bezugsrecht der Versicherungsfond für Depositen (TMSF) - ein staatliches Amt, das organisatorisch an die Türkische Zentralbank angebunden ist - aus (Art. 8 Abs. 2 Ziff. b tBankG). Erfolgt der Erwerb der 10 % übersteigenden Aktien unter Zustimmung des Ausschusses für die Regulierung und Aufsicht des Bankwesens (BDDK), so kann der Aktionär sein Bezugsrecht ohne Einschränkungen ausüben. Der Zweck dieser Vorschrift liegt darin, dass wichtige Beteiligungen nicht in die Hände unqualifizierter Personen gelangen[385].

2. Ausschluss des Bezugsrechts durch Haupt-/Generalversammlung

Es ergeben sich regelmäßig Fälle, in denen das Bezugsrecht der Aktionäre dem Interesse der Gesellschaft nicht dienlich ist. In diesen Fällen kann die Hauptversammlung das Bezugsrecht der Aktionäre ganz oder teilweise ausschließen. Im Folgenden werden diese Fälle kurz dargestellt. Im Anschluss daran ist zu untersuchen, welchen formellen und materiellen Voraussetzungen ein Bezugsrechtausschluss bei Kapitalerhöhungen unterliegt.

a. Wirtschaftliche Hintergründe und Motive für den Bezugsrechtsausschluss

aa. Vermeidung von Spitzenbildungen

Aufgrund des Bezugsverhältnisses für die neuen Aktien entstehen bei der Erhöhung des Grundkapitals zwangsläufig Spitzenbeträge, die nicht mehr jedem Aktionär in einem seinem Anteil am bisherigen Grundkapital entsprechenden

384 Lutter, in Kölner Komm. z. AktG, 2. Aufl. 1995, § 192 Rdn. 27.

385 S. Moroğlu, Bezugsrechtsausschluss im Spannungsfeld zwischen unternehmerischen Ermessen und Aktionärsschutz bei der Publikumsaktiengesellschaft, S. 83 ff.

Verhältnis zugeteilt werden können, es sei denn, das Bezugsverhältnis ist 1 : 1. Ohne den Ausschluss des Bezugsrechts dieser dadurch entstandenen übrigbleibenden neuen Aktien würde insbesondere bei der Kapitalerhöhung um runde Beträge die technische Durchführung der Kapitalerhöhung und die Ausübung des Bezugsrechts erheblich erschwert. Daher werden in der Regel Spitzenbeträge vom Angebot an die Altaktionäre ausgeschlossen[386]. Ein solcher teilweiser Bezugsrechtsausschluss wird im Schrifttum[387] und Rechtsprechung[388] anerkannt, vorausgesetzt, der Umfang der geplanten Kapitalerhöhung ist erforderlich und das Bezugsrecht der Aktionäre wird dadurch breitflächig erleichtert[389]. Bei nennenswerten Beträgen sollen die als frei Spitzen vom Bezugsrecht der Aktionäre ausgeschlossenen neuen Aktien im Wege des nachrangigen Bezugsrechts erst den Altaktionären und anschließend außenstehenden Dritten angeboten werden[390].

bb. Platzierung neuer Aktien auf Kapitalmärkten, insbesondere auf Auslandsmärkten

Will die Aktiengesellschaft ihre Aktien in ausreichendem Umfang an einer ausländischen Börse platzieren, so ist eine Kapitalerhöhung ohne Bezugsrecht in einigen Fällen günstiger als eine mit Bezugsrecht: Die Funktion der Aktiengesellschaft als Kapitalsammelstelle zwingt die Gesellschaft zur Öffnung sowohl des inländischen als auch des ausländischen Kapitalmarktes, wenn dort eine günstige Platzierungschance vorliegt[391]. Ein internationaler Börsengang kann entweder mit vorhandenen Aktien oder durch die Ausgabe neuer Aktien stattfinden. Für eine Zulassung ist allerdings nach den betreffenden Zulassungsvorschriften in aller Regel der Nachweis einer bestimmten Menge an Aktien für den betreffenden ausländischen Börsenplatz erforderlich[392]. Stellt das Emissionsinstitut[393] das erforderliche Material nicht aus eigenen Beständen zur Verfügung, so kommt

386 Die frei werdenden Bezugsrechte werden entweder durch Verkauf über die Börse oder in sonstiger Weise für die Gesellschaft verwertet.

387 Hirte, Bezugsrechtsausschluss, S. 28; Timm, DB 1982, S 211, 212; Füchsel, Bezugsrechtsausschluss, S. 164.

388 BGHZ 83, S. 319, 323; OLG Frankfurt, in WM 1986, S. 615, 617.

389 Wiedemann, in Großkomm. AktG, 4. Aufl. 1995, § 186 Rdn. 155.

390 Wiedemann, in Großkomm. AktG, 4. Aufl. 1995, § 186 Rdn. 155.

391 Lin, Der Bezugsrecht der Aktionäre in Taiwan und Deutschland, S. 112.

392 BGHZ 125, S. 239, 245; Lutter, in Kölner Komm. z. AktG, 2. Aufl. 1995, § 186 Rdn. 72; Bungert, WM 1995, S. 1, 10.

393 In der Regel wird die Börseneinführung durch Emissionsbanken oder Brokerhäuser vorgenommen.

nur eine Kapitalerhöhung in entsprechender Höhe und deren Übernahme durch das die Börseneinführung betreuende Institut in Betracht[394]. Der Ausschluss des Bezugsrechts ermöglicht hierbei der Verwaltung aufgrund des Wegfalls einer Bezugsfrist ein zeitnäheres Agieren und eine Platzierung der Aktien zu einem börsenkursnahen Preis, also ohne den bei Wahrung des Bezugsrechts üblichen Kursabschlag zugunsten der Emissionsbanken für das von ihnen übernommenen Platzierungsrisiko[395].

cc. Sanierung

Ein Bezugsrechtsauschluss kann durchaus im Gesellschaftsinteresse liegen, wenn die Gesellschaft in wirtschaftlichen Schwierigkeiten oder gar schon in Konkurs geraten ist. Häufig kann die Rettung nur durch Anlehnung an ein anderes Unternehmen verwirklicht werden, das die Zusammenarbeit von einer Beteiligung abhängig macht[396]. Um diesem finanzstarken Unternehmen als neuem Großaktionär die Möglichkeit zur Wiederherstellung von Rentabilität und Liquidität der Gesellschaft zu eröffnen, wird hier eine Kapitalerhöhung unter Ausschluss des Bezugsrechts der Altaktionäre durchgeführt. Ein Ausgleich zugunsten der Altaktionäre für die Einbuße der Vermögens- und Verwaltungsrechte ist hier nicht möglich, da es keine Verwässerung des Aktienkurses gibt und die Altaktionäre den Beteiligungsverlust hinnehmen müssen[397].

dd. Umwandlung von Schulden in Kapital

Das Bezugsrecht der Aktionäre kann auch ausgeschlossen werden, wenn Aktien zur Tilgung von Kreditverbindlichkeiten ausgegeben werden. Zur Tilgung von Forderungen gegen die Aktiengesellschaft kommt in der Regel eine Bareinlage mit Bezugsrecht in Betracht[398]. Die damit gewonnenen Mittel können dann den Gläubigern zur Verfügung gestellt werden. Es gibt aber Ausnahmefälle, in denen ein Ausschluss des Bezugsrechts der Aktionäre unerlässlich ist. So kann z. B. der Bezugsrechtsausschluss durchaus gerechtfertigt sein, wenn ein Gläubiger der Aktiengesellschaft bereit ist, seine Forderung gegen neue Aktien zu tauschen und die Gesellschaft auf der anderen Seite auf die Tilgung gerade

394 Lutter, in Kölner Komm. z. AktG, 2. Aufl. 1995, § 186 Rdn. 72.

395 Martens, FS Steindorf, S. 151 f.

396 Lutter, in Kölner Komm. z. AktG, 2. Aufl. 1995, § 186 Rdn. 70.

397 LG Heidelberg, Urteil v. 16.3.1988, in ZIP 1988, S. 1257; Martens, FS Fischer, S. 437, 448.

398 Wiedemann, in Großkomm. AktG, 4. Aufl. 1995, § 186 Rdn. 169.

dieser Forderung besonders angewiesen ist[399]. Die Darlehensverbindlichkeit wird als Einlage in die Gesellschaft gebracht. Rechtlich stellt die Umwandlung von Schulden in Kapital eine Sacheinlage dar. Bilanziell handelt es sich um die Umwandlung von Fremd- in Eigenkapital[400]. Die Ablösung von Fremdkapital durch Eigenkapital ermöglicht eine Stärkung der Eigenkapitalbasis, eine Verringerung der Schulden und damit auch eine Verringerung der Zinsbelastung der Gesellschaft. Eine solche Verbesserung der Bilanzstruktur der Gesellschaft entspricht in aller Regel ihren unternehmerischen Interessen[401]. Dies ist jedoch noch kein sachlicher Grund für einen Ausschluss des Bezugsrechts, wenn der Kapitalbedarf auf anderem Wege gedeckt werden kann[402]. Die Umwandlung von Forderungen in Eigenkapital ist nur dann zulässig, wenn die Gesellschaft sanierungsbedürftig ist und keine anderen, besseren Konsolidierungsmaßnahmen vorliegen[403].

ee. Abwehr feindlicher Übernahmen

Die Ausgabe von Aktien unter Bezugsrechtsausschluss kann auch eine geeignete Maßnahme zur Abwehr von feindlichen Übernahmeangeboten sein. Unter dem Begriff „feindliche Übernahme" versteht man den Erwerb der Anteilsmehrheit an der Zielgesellschaft gegen deren Willen durch eine Bietergesellschaft[404]. Dabei versucht die Bietergesellschaft mit einem den aktuellen Aktienkurs meist weitübersteigenden Kaufangebot, einen möglichst großen Teil der von den Anteilseignern gehaltenen Aktien innerhalb eines bestimmten Zeitraums zu erwerben, zumindest jedoch diejenige Anzahl von Aktien, die ihr eine wirksame Kontrollausübung über die Zielgesellschaft garantiert[405]. Die Zielgesellschaft könnte sich gegen dieses unfreundliche Übernahmeangebot durch eine Kapitalerhöhung wehren. Wenn dies rechtzeitig geschieht und die Bietergesellschaft noch keine entsprechend große Zahl der Zielgesellschaftsaktien erwerben konnte, hat diese Maßnahme nicht nur den Vorteil, dass sich der Erwerb der Zielgesellschaft erheblich verteuern würde, sondern sich auch die Möglichkeit ergibt, die jungen Aktien an freundlich gesonnene Aktionäre auszugeben, was eventuell sogar eine

---

399 Wiedemann, in Großkomm. AktG, 4. Aufl. 1995, § 186 Rdn. 169.
400 Lutter, in Kölner Komm. z. AktG, 2. Aufl. 1995, § 186 Rdn. 80.
401 Füchsel, BB 1972, S. 1533, 1538; Hirte, Bezugsrechtsausschluss, S. 75.
402 Wiedemann, in Großkomm. AktG, 4. Aufl. 1995, § 186 Anm. 4a.
403 Hirte, Bezugsrechtsausschluss, S. 75.
404 Michalski, AG 1997, S. 152; Daum, Die unkoordinierte Übernahme, S. 5.
405 Schander, BB 1997, s. 1801.

Übernahme ganz verhindern konnte[406]. Ziel dieser Aktion ist es also, den Übernahmeversuch so teuer bzw. so unattraktiv wie möglich zu machen und auf diese Weise den Übernehmenden von der Übernahme abzuschrecken. Hat der Bieter jedoch schon ein Aktienpaket im Besitz, so wird die Kapitalerhöhung wirkungslos, da er damit gleichzeitig ein Recht erwirbt, einen seinen bisherigen Anteil am Grundkapital entsprechenden Teil der neuen Aktien zu beziehen[407]. Um dies zu umgehen, muss die Zielgesellschaft eine Kapitalerhöhung unter Ausschluss des Bezugsrechts der Aktionäre durchführen[408]. Wenn es ihr dann gelingt, die jungen Aktien bei verkaufsunwilligen und der Verwaltung genehmen Investoren zu platzieren, kann hierdurch der im Streubesitz befindliche Anteil der Aktien soweit verringert werden, dass allein dessen Erwerb für den Bieter nicht ausreicht, um die Kontrolle über die Gesellschaft zu erlangen[409]. Die Ausgabe von Aktien unter Bezugsrechtsausschluss dient dann in erster Linie zur Verwässerung der Anteile, die der Bieter bereits besitzt. Ferner wird die Machtstellung des Vorstands und der hinter ihr stehenden Mehrheit befestigt[410].

b. Formelle Voraussetzungen des Bezugsrechtsauschlusses

aa. Deutsches Recht

Die Anforderungen an den Hauptversammlungsbeschluss über den Ausschluss des Bezugsrechts ergeben sich im Wesentlichen aus § 186 Abs. 3 und 4 AktG. Demnach darf eine Beschlussfassung nur erfolgen, wenn die Ausschließungsabsicht zuvor bekannt gemacht worden ist. Der Beschluss ist im Rahmen des Kapitalerhöhungsbeschluss zu fassen und bedarf einer qualifizierten Mehrheit.

aaa. Kein Bezugsrechtsausschluss durch die Satzung

Nach § 186 Abs. 3 Satz 1 AktG kann das gesetzliche Bezugsrecht nur im Beschluss über die Erhöhung des Grundkapitals ausgeschlossen werden. Das bedeutet zum einen, dass ein Ausschluss nicht bereits in der Satzung festgelegt werden kann – wie umgekehrt die Satzung auch kein Verbot des Ausschlusses statuieren darf. Aus § 186 Abs. 3 Satz 1 AktG folgt zum anderen auch, dass – abgesehen vom

406 Schander, BB 1997, S. 1801, 1803; Immenga/Noll, Feindliche Übernahmeangebote aus wettbewerbspolitischer Sicht, S. 109.

407 Immenga/Noll, Feindliche Übernahmeangebote aus wettbewerbspolitischer Sicht, S. 110; Daum, Die unkoordinierte Übernahme, S. 164

408 Otto, DB 1988, S. 8.

409 Wolf, AG 1998, S. 213; Michalski, AG 1997, S. 160.

410 RGZ, 132, 149, 162.

genehmigten Kapital – nur die Hauptversammlung über einen Ausschluss des Bezugsrechts entscheiden kann[411].

bbb. Ausschluss nur im Kapitalerhöhungsbeschluss

Das Bezugsrecht kann ganz oder zum Teil „nur im Beschluss“ über die Erhöhung des Grundkapitals ausgeschlossen werden, ist somit untrennbarer Bestandteil des Kapitalerhöhungsbeschlusses (§186 Abs. 3 Satz 1 AktG)[412]. Demzufolge ist § 139 BGB einschlägig und hat zur Folge, dass die Fehlerhaftigkeit des Bezugsrechtsausschlusses stets auch zur Fehlerhaftigkeit des gesamten Kapitalerhöhungsbeschlusses führt[413]. Eine Aufrechterhaltung des Kapitalerhöhungsbeschlusses trotz erfolgreich angefochtenem Bezugsrechtsausschluss kommt nicht Betracht, da die Hauptversammlung nur über konkrete Kapitalerhöhung mit Ausschluss des Bezugsrechts entscheidet; für eine Kapitalerhöhung ohne Bezugsrechtsauschluss sind völlig andere Erwägungen entscheidend, die in der Hauptversammlung nicht einbezogen werden. Daher kann im Zweifel davon ausgegangen werden, dass die Hauptversammlung nicht gewollt hat, dass die Kapitalerhöhung auch ohne Bezugsrechtsausschluss wirksam bleibt[414].

ccc. Ausdrücklicher Ausschluss

Der Ausschluss des Bezugsrechts soll im Erhöhungsbeschluss ausdrücklich ausgesprochen werden[415]. Die ausdrückliche Bezeichnung als Bezugsrechtsausschluss ist zwar empfehlenswert, aber nicht zwingend notwendig[416]. Soweit sich durch Auslegung klar ermitteln lässt, dass den Altaktionären das Bezugsrecht nicht zustehen soll, ist dies ausreichend, z.B. wenn die Möglichkeit der Zeichnung ausdrücklich den Arbeitnehmern vorbehalten ist[417].

---

411 Vgl. Wiedemann, in Großkomm. AktG, 4. Aufl. 1995, § 186 Rdn. 51.

412 Bayer, in MünchKomm. z. AktG, 2. Aufl. 2005, § 203 Rdn. 53; Hüffer, AktG, 7. Aufl. 2006, § 186 Rdn. 20.

413 Vgl. Wiedemann, in Großkomm. AktG, 4. Aufl. 1995, § 186 Rdn. 52; Lutter, in Kölner Komm. z. AktG, 2. Aufl. 1995, § 186 Rdn. 109; Schlegelberger/Quassowski, Aktiengesetz, 3. Aufl., § 153 Anm. 14; Hüffer, AktG, 7. Aufl. 2006, § 186 Rdn. 20; a.A. Ekkenga/Sittmann, AG 1989, S. 212, 213; Krieger, in MünchHdb AG, Bd. IV, 2. Aufl. 1999, § 56 Rdn. 87.

414 Vgl. Lutter, in Kölner Komm. z. AktG, 2. Aufl. 1995, § 186 Rdn. 109; Schlegelberger/Quassowski, AktG, 3. Aufl., § 153 Anm. 14; Hüffer, AktG, 7. Aufl. 2006, § 186 Rdn. 20.

415 Lutter, in Kölner Komm. z. AktG, 2. Aufl. 1995, § 186 Rdn. 53.

416 EinhM, vgl. nur Lutter, in Kölner Komm. z. AktG, 2. Aufl. 1995, § 186 Rdn. 53.

417 Lutter, in Kölner Komm. z. AktG, 2. Aufl. 1995, § 186 Rdn. 53.

ddd. Mehrheitserfordernisse

§ 186 Abs. 3 Satz 2 AktG bestimmt eine notwendige Kapitalmehrheit von mindestens drei Viertel des bei der Beschlussfassung vertretenen Grundkapitals. Gemäß § 186 Abs. 3 Satz 3 AktG kann die Satzung (nur) eine größere Kapitalmehrheit und strengere Anforderungen bestimmen[418], wie zum Beispiel Einstimmigkeit der in der Hauptversammlung erscheinen oder der sich an der Abstimmung beteiligenden Aktionäre oder eine Kapitalmehrheit von drei Viertel des Grundkapitals. Dieselben Mehrheitserfordernissen gelten dann jeweils auch für die nach § 182 Abs. 2 AktG zu fassenden Sonderbeschlüsse[419].

eee. Ausdrückliche Ankündigung

Nach § 186 Abs. 4 Satz 1 AktG darf ein Beschluss, durch den das Bezugsrecht ganz oder zum Teil ausgeschlossen wird, nur gefasst werden, wenn die Ausschließung[420] ausdrücklich[421] und ordnungsgemäß bekannt gemacht worden ist. Aus dem im Wortlaut der Vorschrift enthaltenen Hinweis auf § 124 Abs. 1 AktG ergibt sich, dass die Bekanntgabe in den Gesellschaftsblättern sowie gleichzeitig mit der Einberufung der Hauptversammlung und der Bekanntgabe der Tagesordnung zu erfolgen hat[422].

fff. Bericht des Vorstands

Nach § 186 Abs. 4 Satz 2 AktG hat der Vorstand der Hauptversammlung einen schriftlichen Bericht über den teilweisen oder vollständigen Ausschluss des Be-

---

418 Anders noch § 275 Abs. 1 HGB 1897 (einfache Mehrheit ausreichend); wie heute bereits, § 153 Abs. 3 AktG 1937.

419 Lutter, in Kölner Komm. z. AktG, 2. Aufl. 1995, § 186 Rdn. 54.

420 Entgegen der ungenauen Ausdruckweise ist nicht die Ausschließung bekannt zu machen, sondern die Absicht, die Hauptversammlung über den Bezugsrechtsauschluss beschließen zu lassen, vgl. Lutter, in Kölner Komm. z. AktG, 2. Aufl. 1995, § 186 Rdn. 55.

421 Die Wortwahl „ausdrücklich“ stellt klar, dass sich aus der bekannt gegebenen Tagesordnung nicht nur eindeutig, sondern auch ausdrücklich ergeben muss, dass ein Ausschluss des Bezugsrechts geplant ist. Da Sinn und Zweck der ausdrücklichen Bekanntmachung nicht nur in der Information, sondern auch in der Warnung vor einem bevorstehenden Eingriff in die Mitgliedschaftsrechte zu sehen ist, genügt es nicht, wenn sich der beabsichtigte Bezugsrechtsausschluss nur indirekt aus der Verwendung der neuen Aktien erschließen lässt vgl. Wiedemann, in Großkomm. AktG, 4. Aufl. 1995, § 186 Rdn. 112; a.A. Lutter, in Kölner Komm. z. AktG, 2. Aufl. 1995, § 186 Rdn. 55.

422 Hüffer, AktG, 7. Aufl. 2006, § 186 Rdn. 22.

zugsrechts vorzulegen. Die Vorlage eines Vorstandsberichts an die Hauptversammlung stellt zwingendes Recht dar; auf sie kann im voraus nicht wirksam verzichtet werden[423]. Allerdings kann in der Hauptversammlung ad hoc einstimmig beschlossen werden, dass der vom Vorstand vorgelegte Bericht nicht näher erläutert zu werden braucht[424]. Zulässig ist auch der Verzicht aller Anteilsinhaber aller an der Verschmelzung beteiligten Rechtsträger auf einen Verschmelzungsbericht, wenn die Erklärungen notariell beurkundet sind (Art. 8 Abs. 3 UmwG).

aaaa. Zweck und Funktionen des Vorstandsberichts

Hauptziel des § 186 Abs. 4 Satz 2 AktG, der auf Art. 29 Abs. 4 der 2. EG-Richtlinie vom 13.12.1976[425] beruht, ist es, der Hauptversammlung als dem für den Bezugsrechtsausschluss zuständigen Organ eine sorgfältige und überlegte Entscheidung vor dem Hintergrund möglichst aller sachgerechten Gesichtspunkte zu ermöglichen[426]. Die hauptsächliche Funktion des Vorstandsberichts besteht also darin, die Aktionäre über die Grundlagen und Alternativen sowie Konsequenzen des vorgeschlagenen Bezugsrechtsauschlusses zu informieren, um ihnen eine Entscheidungsbasis für ihre Abstimmung bzw. ihren Widerspruch zu geben (Informationsfunktion)[427]. Da die Aktionäre nur durch ausreichende Informa-

---

423 Wiedemann, in Großkomm. AktG, 4. Aufl. 1995, § 186 Rdn. 115.

424 Wiedemann, in Großkomm. AktG, 4. Aufl. 1995, § 186 Rdn. 115.

425 Zweite Richtlinie 77/91/EWG des Rates vom 13. 12. 1976 zur Koordinierung der Schutzbestimmungen, die in den Mitgliedstaaten den Gesellschaften im Sinne des Artikels 58 Absatz 2 des Vertrages im Interesse der Gesellschafter sowie Dritter für die Gründung der Aktiengesellschaft sowie für die Erhaltung und Änderung ihres Kapitals vorgeschrieben sind, um diese Bestimmungen gleichwertig zu gestalten, ABl. EG Nr. L 26 v. 31.1.1977, S. 1–13; abgedruckt bei Lutter, Europäisches Unternehmensrecht, 4. Aufl., ZGR-Sonderheft 1, 1996, S. 114 ff.

426 BGHZ 83; S. 319, 326; Bayer, in MünchKomm. z. AktG, 2. Aufl. 2005, § 203 Rdn. 54; Hüffer, AktG, 7. Aufl. 2006, § 186 Rdn. 23; Lutter, in Kölner Komm. z. AktG, 2. Aufl. 1995, § 186 Rdn. 56; ausf. dazu ders. ZGR 1979; 401 ff.; Becker, BB 1981, S. 394, 395; Sturies, WPg 11982; S. 581, 585.

427 Der BGH definierte die Funktion des Vorstandsberichtes in der Holzmann-Entscheidung, BGHZ 83, 319, 326, wie folgt: „Der nunmehr vorgeschriebene Bericht über die Gründe des Bezugsrechtsauschlusses soll die Hauptversammlung zuverlässig in die Lage versetzen, die Interessen der Gesellschaft an der Kapitalerhöhung mit Bezugsrechtsausschluss gegenüber anderen Alternativen zu bewerten, die Nachteile für die ausgeschlossenen Aktionäre zu erkennen und beides gegeneinander abzuwägen. Zugleich bildet er in einem etwaigen Anfechtungsprozess eine sichere Ausgangsbasis für die gerichtliche Nachprüfung".

tion ihr Stimmrecht sachgerecht ausüben und überprüfen können, ob der beabsichtigte Bezugsrechtsausschluss den sachlichen Voraussetzungen entspricht und den Interessen der Gesellschaft dient[428] oder ob der gewünschte Erfolg auch unter Aufrechterhaltung des Bezugsrechts erzielt werden kann, muss der Vorstandsbericht hinsichtlich des Betzugsrechtsausschlusses so ausgestaltet sein, dass er jedem Aktionär eine Entscheidungsgrundlage dafür gibt[429]. Dem entspricht gleichzeitig eine Warnfunktion des Berichtes, in dem die Aktionäre auf die mit der Ausgabe der neuen Aktien verbundenen Auswirkungen, wie Beteiligungs- und Wertverluste, hingewiesen werden sollen[430]. Ob es zur Akzeptanz des Bezugsrechtsausschlusses kommt, hängt maßgeblich davon ab, die Aktionäre durch Offenlegung des Sachstandes von der Zweckmäßigkeit des Bezugsrechtsausschlusses zu überzeugen[431]. Damit dies gelingt, soll der Bericht dokumentieren, dass der Vorstand die anstehende Entscheidung sorgfältig vorbereitet und die für die Abstimmung der Aktionäre maßgebliche Gesichtspunkte, insbesondere die Gründe für eine Bevorzugung einzelner Aktionäre oder Dritter, in das Verfahren eingeführt hat (Kontrollfunktion)[432].

bbbb. Form der Berichterstattung

Das deutsche Aktiengesetz bestimmt in Art. 186 Abs. 1 Satz. 2 AktG, dass der Bericht vom Vorstand zu erstatten und schriftlich der Hauptversammlung vorzulegen ist. Unter „Schriftform" ist nach § 126 BGB ein Schriftstück mit Unterschrift aller Vorstandmitglieder zu verstehen. Die fehlende Unterschrift eines Vorstandsmitgliedes führt jedoch nicht zur Anfechtbarkeit des Vorstandsberichts, da es dafür an der Kausalität zwischen dem Verfahrensfehler und der Abstimmung fehlt[433].

cccc. Zeitpunkt der Berichterstattung

Obwohl Art. 186 Abs. 1 Satz. 2 AktG nichts zum Zeitpunkt der Vorlage sagt, ergibt sich aus Sinn und Zweck der Vorschrift, dass der Vorstandsbericht entsprechend § 175 Abs. 2 Satz 1, 179a Abs. 2, 293 f. AktG, 363 Abs. 1 Nr. 3, Abs. 3 UmwG bereits vom Zeitpunkt der Einberufung der Hauptversammlung an in den Geschäftsräu-

---

428 H. Becker, BB 1981, S. 394, 395.

429 Bayer, in MünchKomm. z. AktG, 2. Aufl. 2005, § 203 Rdn. 54; Wiedemann, in Großkomm. AktG, 4. Aufl. 1995, § 186 Rdn. 123.

430 Wiedemann, in Großkomm. AktG, 4. Aufl. 1995, § 186 Rdn. 117.

431 Wiedemann, in Großkomm. AktG, 4. Aufl. 1995, § 186 Rdn. 117.

432 Wiedemann, in Großkomm. AktG, 4. Aufl. 1995, § 186 Rdn. 117.

433 Hierzu und zu den weiteren Problemen der Schriftform Hüffer, FS Claussen, S. 171 ff.

men der Gesellschaft auszulegen und auf Verlangen jedem Aktionär unverzüglich und vollständig zu übersenden ist[434]. Es kann dem Informationszweck des Vorstandsberichts nicht gerecht werden, wenn die Aktionäre den Grund für einen Ausschluss des Bezugsrechts erst Minuten vor der Abstimmung erfahren[435]. In diesem Fall handelt es sich allenfalls um eine Information bei, nicht aber vor der Abstimmung[436]. Eine Auslegung des Berichts erst in der Hauptversammlung, die einige Stimmen in der Literatur für zulässig halten[437], würde jedenfalls nicht ausreichen, um das Ziel der Berichtspflicht sicherzustellen, die inhaltliche Richtigkeit und Ausgewogenheit der Entscheidung durch rechtzeitige Information der Aktionäre zu gewährleisten[438].

dddd. Begründung des Ausgabebetrags

In dem Vorstandsbericht soll auch der vorgeschlagene Ausgabebetrag begründet werden (§ 186 Abs. 4 Satz 3 AktG). Dies erfordert die Darlegung der Berechnungsgrundlagen und Bewertungskriterien im Einzelnen[439], wobei auf den Buch- und Ertragswert sowie den etwaigen Börsenwert der Altaktien, die wirtschaftliche Situation des Unternehmens und alle für die Entscheidung des Vorstands tragenden Erwägungen einzugehen ist. Ein bloßer Hinweis auf allgemeine Bewertungsgrundsätze genügt nicht[440]. Es besteht jedoch keine Pflicht zum Vorschlag eines bestimmten Ausgabebetrags. § 186 Abs. 4 Satz 3 AktG schließt die Möglichkeit nicht aus, dass der Vorstand keinen bestimmten Ausgabebetrag oder nur einen Mindestbetrag nennt. Gibt der Vorstand nur einen Mindest- oder Höchstbetrag an, hat er dies zu begründen und die Kriterien anzugeben, die er bei der

---

434 Lutter, in Kölner Komm. z. AktG, 2. Aufl. 1995, § 186 Rdn. 57; ders., ZGR 1979, S. 401, 409; Hirte, Bezugsrechtsausschluss, S. 124; Bayer, in MünchKomm. z. AktG, 2. Aufl. 2005, § 203 Rdn. 161; Timm, DB 1982, Rdn. 211, 215 f.;

435 Hirte, Bezugsrechtsausschluss, S. 123.

436 Hirte, Bezugsrechtsausschluss, S. 123.

437 H. Becker, BB 1981, S. 394 f.; Marsch-Barner, AG 1981, S. 214; Sinewe, ZIP 2001; S. 403 f.

438 Lutter, in Kölner Komm. z. AktG, 2. Aufl. 1995, § 186 Rdn. 57; Hirte, Bezugsrechtsausschluss, S. 124; Timm, DB 1982, Rdn. 211, 215 f.

439 LG Frankfurt am Main, DB 2003, S. 2541; Bayer, in MünchKomm. z. AktG, 2. Aufl. 2005, § 203 Rdn. 54; Hüffer, AktG, 7. Aufl. 2006, § 186 Rdn. 24; Wiedemann, in Großkomm. AktG, 4. Aufl. 1995, § 186 Rdn. 127; Hefermehl/Bungeroth, in Geßler/Hefermehl/Eckardt/Kropf AktG 1988, vor § 186 Rdn. 100.

440 Hefermehl/Bungeroth, in Geßler/Hefermehl/Eckardt/Kropf AktG 1988, § 186 Rdn. 99; Hüffer, AktG, 7. Aufl. 2006, § 186 Rdn. 24; Wiedemann, in Großkomm. AktG, 4. Aufl. 1995, § 186 Rdn. 127.

Festlegung des konkreten Betrags heranziehen will. Die Hauptversammlung ist allerdings an diesen Vorschlag nicht gebunden[441]. Sieht der Vorstand von der Angabe eines Ausgabebetrags ab, so hat dies zur Folge, dass die Aktien dann zum geringsten Ausgabebetrag, § 9 Abs. 1 AktG, auszugeben sind.

bb. Türkisches Recht

aaa. Bezugsrechtsausschluss durch Kapitalerhöhungsbeschluss

Art. 394 THG, der mit § 186 AktG vergleichbar ist, besagt, dass jeder der Aktionäre das Recht auf einen seinem Anteil am bisherigen Grundkapital entsprechenden Teil neuer Aktien hat, wenn der Generalversammlungsbeschluss über die Erhöhung des Grundkapitals keine gegenteiligen Bestimmungen enthält.

Allein aus dem Wortlaut der Vorschrift folgt zwar nicht zwingend, dass das Bezugsrecht „nur im Rahmen eines Kapitalerhöhungsbeschlusses" ausgeschlossen werden kann[442]. Der Vorschrift ist keine Einschränkung dahingehend zu entnehmen, dass der Ausschluss des Bezugsrecht nur im Erhöhungsbeschluss erfolgen muss. Die unpräzise Formulierung des Art. Art. 394 THG eröffnet somit der Möglichkeit eines satzungsmäßigen Bezugsrechtsausschlusses Tür und Tor. Eine solche Auslegung ist allerdings mit dem Zweck des Bezugsrechts, bei einer Kapitalerhöhung bestehende Stimmrechtsverhältnisse zu wahren und mögliche Vermögensnachteile der Altaktionäre auszugleichen, nicht zu vereinbaren und birgt die Gefahr einer Umkehrung des Ausnahme-Regel-Verhältnisses. Regel ist, dass jeder der Aktionäre das Recht auf einen seinem Anteil am bisherigen Grundkapital entsprechenden Teil neuer Aktien hat. Das Gesetz räumt der Aktiengesellschaft zwar die Möglichkeit ein, das Recht des einzelnen Aktionärs zum Bezug zusätzlicher neuer Aktien im Verhältnis seiner bisherigen Beteiligung unter besonderen Umständen auszuschließen. Dies ändert aber nicht an dem Ausnahmecharakter der Regelung hinsichtlich des Bezugsrechtsauschlusses. Gibt man der Gesellschaft die Möglichkeit eines satzungsmäßigen Bezugsrechtsausschlusses, so ist es zu befürchten, dass z. B. aus Kostengründen die Ausnahme zur Regel wird. Auf diese Weise würde das jedem einzelnen Aktionär gesetzlich ausgeräumte Recht in seiner Funktion ausgehöhlt und jeder praktischen Wirksamkeit beraubt. Das mit dem Bezugsrecht Schutz der Aktionäre würde somit zur leeren Hülse.

---

441 Wiedemann, in Großkomm. AktG, 4. Aufl. 1995, § 186 Rdn. 127.

442 Nach ganz überwiegender Meinung in der türkischen Literatur ist ein Bezugsrechtsausschluss in der Satzung grundsätzlich durchaus nachvollziehbar, da die Regelung des Art. 394 Satz 1 THG weder nach ihrem Wortlaut noch nach Sinn und Zweck dem entgegenstehe, vgl. statt aller Tekil, Anonim Şirketler Hukuku21, 2. Aufl., S. 350 f.

bbb. Mehrheitserfordernisse

Das türkische Handelsgesetz schreibt für die Beschlussfähigkeit der Generalversammlung ein Anwesenheitsquorum von Aktionären oder Vertretern vor, die Inhaber von mindestens der Hälfte des gesamten Kapitals sind. Wenn in der ersten Generalversammlung dieses Quorum nicht entstanden ist, so muss in der zweiten Generalversammlung ein Drittel des gesamten Kapitals vertreten sein (Art. 388 Abs. 3 THG). Für die Beschlussfassung ist die absolute Mehrheit der oben erwähnten Quoren erforderlich (Art. 388 Abs. 4 THG).

ccc. Bezugsberechtigte Vorzugsaktionäre und Genussscheininhaber

Sieht die Satzung spezielle Bezugsrechte für die Vorzugsaktionäre und Genussscheininhaber[443] vor, so darf der von der Generalversammlung gefasster Beschluss, der die Bezugsrechte der genannten Aktionäre berührt, nicht ausgeführt werden, solange er nicht durch einen anderen Beschluss bestätigt wird, der in einer besonderen Versammlung der privilegierten Aktionäre zu fassen ist (Art. 389 THG). Das Vorrecht auf Bezugsrecht ist im Gegensatz zum normalen Bezugsrecht ein wohlerworbenes Recht[444]. Deshalb kann es gemäß Art. 385 Abs. 1 Satz 2 THG, wonach wohlerworbene Rechte, welche den einzelnen Aktionären als solchen zustehen, ohne deren Zustimmung in keiner Weise geändert werden können, ohne die Zustimmung der privaten Versammlung von Vorzugsaktionären bzw. Genussscheininhabern nicht ausgeschlossen werden. Für die Beschlussfähigkeit und die Art und Weise der Beschlussfassung der Versammlung von Vorzugsakti-

443 Gemäß Art. 403 THG verbriefen die Genussscheine das Recht auf Beteiligung am Reingewinn sowie ein anteilmäßiges Bezugsrecht und das Recht auf einen Anteil am Liquidationserlös.

444 Als wohlerworben gelten gemäß Art. 385 Abs. 2 THG jene Rechte, die nach den Bestimmungen des Gesetzes oder der Satzung der Beschlussfassung der Generalversammlung und des Verwaltungsrates entzogen sind oder sich aus dem Teilnahmerecht an den Tagungen der Generalversammlung ergeben, insbesondere Rechte wie die Mitgliedschaft, das Stimmrecht, das Recht auf Erhebung der Anfechtungsklage, das Dividendenbezugsrecht und das Recht auf Beteiligung am Liquidationserlös. Diese Aufzählung ist nicht erschöpfend, sondern nur erklärend. Zu den wohlerworbenen Rechten des Aktionärs gehören auch sein Anspruch auf Beschwerde bei den Kontrolleuren über die Verwaltungsratsmitglieder oder Direktoren gemäß Art. 356, auf Erteilung von Auskünften und Einsicht in die Geschäftsbücher gemäß Art. 362 und 363 THG und auf Geltendmachung der Minderheitsrechte nach Art. 341, 366, 377 THG.

onären, die vom Verwaltungsrat oder von den Kontrolleuren einzuberufen ist[445], gelten die Vorschriften von Art. 388 Abs. 3 und 4 THG entsprechend[446].

ddd. Bekanntmachung des Ausschlussvorhabens in der Tagesordnung

Obwohl der Oberste Gerichtshof bisweilen wiederholt unter Hinweis darauf, dass die Zuteilung der im Zuge einer Kapitalerhöhung ausgegebenen neuen Aktien eine normale und unvermeidliche Folge der Kapitalerhöhung ist, darauf hinwies, dass das in Art. 369 THG geforderte Erfordernis der Bekanntmachung nur für die Kapitalerhöhung gilt[447], fordert die herrschende Meinung mit Recht im Hinblick auf den Schutz der Aktionäre die Bekanntmachung des Ausschlussvorhabens in der Tagesordnung[448]. Die Altaktionäre haben nicht nur ein berechtigtes Interesse daran, zu erfahren, ob, wann und zu welchem Anlass das Grundkapital erhöht wird. Für sie von enormer Bedeutung ist auch die Kenntnisnahme vom Ausschlussvorhaben, da der Ausschluss des Bezugsrechts einen schwerwiegenden Eingriff in das Mitgliedschaftsrecht des Aktionärs darstellt.

c. Materielle Voraussetzungen des Bezugsrechtsausschlusses

aa. Deutsches Recht

Das deutsche Aktiengesetz sieht für den Bezugsrechtsausschluss lediglich die genannten formellen Voraussetzungen vor. Aufgrund seiner Eingriffsintensität unterliegt der Bezugsrechtsausschluss über diese Voraussetzungen hinaus noch weitergehenderen, von der höchstrichterlichen Rechtsprechung im Laufe der Zeit entwickelten materiellen Voraussetzungen. Danach bedarf der Ausschluss des Bezugsrechts einer positiven sachlichen Rechtfertigung[449]. Diese lässt sich

---

445 Nach Art. 394 THG ist zwar auch jedes Mitglied dieser Versammlung zur Einberufung berechtigt. Zu Recht wird im Schrifttum jedoch darauf hingewiesen, dass das dem einzelnen Vorzugsaktionär gewährte Einberufungsrecht völlig aus dem Rahmen der Organisation einer AG fällt. Um Missbräuche zu verhindern, ist die Vorschrift sehr eng auszulegen und dem Einzelnen Vorzugsaktionär die Ausübung des Einberufungsrechts nur dann zu gestatten, wenn er sich zuvor vergeblich an den Verwaltungsrat und die Kontrolleure gewandt hat.

446 Beschlüsse der Versammlung von Genussscheininhabern werden mit absoluter Mehrheit der vorhandenen Stimmen gefasst, wenn bei Schaffung der Genussscheine keine härteren Bestimmungen getroffen worden sind (Art. 402 Abs. 2 THG).

447 Yargıtay, 2. TD, 02.06.1959, E. 507/K. 1637; 11. HD, 27.12.1976, E. 4169/K. 5656.

448 E. Moroğlu, Anonim Ortaklıkta Esas Sermaye Artırımı, S. 129; Tekinalp, in Tekinalp/Poroy/Çamoğlu, Ortaklıklar ve Kooperatif Hukuku, 8. Bası 2000, S. 716 Rdn. 1408.

449 BGHZ 71, S. 40, 44; BGHZ 83, S. 319, 321; Bungeroth, in Geßler/Hefermehl/Eckardt/Kropff AktG 1988, § 186 Rdn. 104 m.w.N.

dahingehend umschreiben, dass ein Bezugsrechtsausschluss im Interesse der Gesellschaft liegen, zur Erreichung des angestrebten Ziels erforderlich und bei einem Vergleich der Vorteile für die Aktiengesellschaft und der Nachteile für die betroffenen Anteilseigner der Grundsatz der Verhältnismäßigkeit gewahrt sein muss[450]. Im Einzelnen kann ein Bezugsrechtsausschluss also nur dann als zulässig erachtet werden, wenn er den Kriterien des Gesellschaftsinteresses sowie der Geeignetheit, Erforderlichkeit und Verhältnismäßigkeit genügt[451]. Der Bezugsrechtsausschluss muss also auch bei gebührender Berücksichtigung der Folgen für die ausgeschlossenen Aktionäre durch sachliche Gründe im Interesse der Gesellschaft gerechtfertigt sein, was eine Abwägung der Interessen und der Verhältnismäßigkeit von Mittel und Zweck erforderlich macht[452]. Im Folgenden soll nun anhand der wichtigsten Entscheidungen dargelegt werden, wie sich die Rechtsprechung zu den Ausschlussvoraussetzungen entwickelte, bevor in einem zweiten Schritt diese Voraussetzungen im Einzelnen vorgestellt werden.

aaa. Entwicklung der deutschen Rechtsprechung zum Bezugsrechtsausschluss

aaaa. Rechtsprechung des Reichgerichts

(1) Hibernia-Urteil

Am Beginn der deutschen Judikatur zum Ausschluss des Bezugsrechts steht das „Hibernia"-Urteil des Reichgerichts[453]. In dieser viel zitierten Entscheidung aus dem Jahre 1908 hielt das Reichsgericht materielle Anforderungen an Bezugsrechtsauschluss außerhalb der Grenze der Sittenwidrigkeit für nicht gegeben. In dem zu entscheidenden Fall hatte die Hauptversammlung eines Unternehmens mit der Firma „Bergwerksgesellschaft Hibernia AG" eine Kapitalerhöhung unter Ausschluss des Bezugsrechts der Aktionäre beschlossen, um eine Überfremdung der Gesellschaft auszuschließen. Dabei versuchten zwei Großaktionäre, nämlich der preußische Staatsfiskus und eine private Investorengruppe, die Gesellschaft unter ihren Einfluss zu bringen. Auf der Hauptversammlung von 1906 hatte die private Investorengruppe eine Mehrheit hinter sich gebracht und billigte mit ihren

---

450 Bayer, in MünchKomm. z. AktG, 2. Aufl. 2005, § 203 Rdn. 62; Hüffer, AktG, 7. Aufl. 2006, § 186 Rdn. 25 ff.; Wiedemann, in Großkomm. AktG, 4. Aufl. 1995, § 186 Rdn. 139 ff.; Lutter, in Kölner Komm. z. AktG, 2. Aufl. 1995, § 186 Rdn. 61 ff; ders., ZGR 1979; S. 401.

451 Wiedemann, in Großkomm. AktG, 4. Aufl. 1995, § 186 Rdn. 139 f.; Hüffer, AktG, 7. Aufl. 2006, § 186 Rdn. 25 f.

452 Bungeroth, in Geßler/Hefermehl/Eckardt/Kropff AktG 1988, § 186, Rdn. 104.

453 Urteil des Reichsgerichts vom 08.04.1908, RGZ 68, S. 225 ff.

Stimmen den Vorschlag des Vorstands, das Grundkapital der Aktiengesellschaft zu erhöhen. Gleichzeitig wurde das Bezugsrecht der Altaktionäre, also auch des preußischen Staatsfiskus, ausgeschlossen. Allerdings war der Vorstand ermächtigt, die neue ausgegebenen Aktien mit Zustimmung des Aufsichtsrats nach seinem Ermessen an solche Personen zu vergeben, deren Besitz den Fortbestand der Gesellschaft nicht gefährden würde. Der preußische Staatsfiskus hatte erklärt, die jungen Aktien zu einem sehr hohen Preis zu erwerben. Daraufhin hatte ein in die Minderheit gedrängter Aktionär eine Klage gegen diesen Beschluss erhoben, die in allen drei Instanzen abgewiesen wurde.

Das Bezugsrecht der Aktionäre war zu diesem Zeitpunkt in § 282 ADHGB angeordnet, soweit im Beschluss über die Erhöhung des Grundkapitals durch die Hauptversammlung (damals als Generalversammlung bezeichnet) nichts anderes beschlossen wurde; ein solcher Beschluss konnte gemäß § 251 ADHGB mit einfacher Mehrheit erfolgen. In Anlehnung an den Wortlaut und die Entstehungsgeschichte der genannten Vorschriften, die keine besonderen Anforderungen an den Bezugsrechtsausschluss stellten, entschied das Reichsgericht, es sei vom Gesetz ganz dem freien Ermessen der Generalversammlung überlassen, darüber zu entscheiden, ob im einzelnen Falle das Bezugsrecht der Aktionäre ausgeschlossen werden soll oder nicht[454]. Das Bezugsrecht der Aktionäre komme nur in Frage, soweit nicht im Kapitalerhöhungsbeschluss etwas anderes bestimmt sei. Ein Sonderrecht auf die Zuteilung neuer Aktien sei den Aktionären nur mit der Beschränkung gegeben, dass die Generalversammlung nichts Gegenteiliges beschließe. Die mit der erforderlichen Stimmzahl gefassten Beschlüsse der Mehrheit seien für die Minderheit auch dann maßgebend, wenn sie dieser als verkehrt, wirtschaftlich nachteilig und die Bestrebungen der Minderheit schädigend erscheinen. Dies sei die unabwendbare Folge des im Gesetz zur Anwendung gelangten Grundsatzes, dass die Mehrheit des Aktienbesitzes über die Verwaltung der Gesellschaft und darüber entscheidet, was im Interesse der Gesellschaft und ihrer Aktionäre zu tun und zu lassen ist. Mit dieser Tatsache müsse sich jeder abgefunden haben, der Aktien erwerbe; seinen Willen als maßgebenden durchzusetzen könne er nur, wenn er in der Generalversammlung mit der Mehrheit der Stimmen aufzutreten in der Lage sei[455]. Im Hibernia-Urteil erkannte das Reichsgericht zwar die theo-

---

454 RGZ 68, S. 235, 244: „Die Entsehungsgeschichte… läßt darüber keine Zweifel, dass es vom Gesetze ganz dem freien Ermessen der Generalversammlung überlassen ist, sich, ob im einzelnen Falle das Bezugsrecht der Aktionäre ausgeschlossen werden soll oder nicht".

455 Urteil des Reichsgerichts vom 08.04.1908, RGZ 68, S. 235, 246; vgl. auch die Entscheidung des schweizerischen Bundesgerichtshofes für die strikte Geltung des Mehr-

retische Möglichkeit eines Verstoßes gegen die guten Sitten an. Die Entscheidung ließ aber offen, dass und wie im Gebrauch der Mehrheitsmacht jemals ein solcher Verstoß erblickt werden könnte.

In der Folgezeit begann das Reichsgericht, die Interessen der Minderheit im Rahmen einer Sittenwidrigkeitsprüfung stärker zu berücksichtigen. Wenn die Aktionärsmehrheit aus eigensüchtigen Gründen handele, komme die Sittenwidrigkeit des Beschlusses in Betracht[456]. Die Mehrheit dürfe die Macht nicht schrankenlos ausüben und vorsätzlich zum Nachteil der Gesellschaft handeln; vielmehr sei anerkannt, dass eine Ausbeutung der Mehrheitsrechte gegenüber der Minderheit und die Verfolgung eigensüchtiger Interessen hierbei unter bewusster Hintansetzung des Wohles der Gesellschaft einen Verstoß gegen die guten Sitten enthalten könne[457]. Der Aktionär müsse sich bei der Ausübung des Stimmrechts „grundsätzlich von den Interessen der Gesellschaft und nicht von seinen eigenen, außerhalb der Gesellschaft liegenden Sonderinteressen leiten lassen“[458]. Lasse er sich von seinem eigenen Vorteil leiten und setze er die Interessen der Gesellschaft hintan, so könnte darin ein Verstoß gegen die guten Sitten liegen. Nach Ansicht des Reichsgericht war sittenwidrig, was mit den Anschauungen eines redlichen, anständigen gesellschaftlichen Geschäftsverkehrs in Widerspruch stand[459].

In einer nachfolgenden Entscheidung konkretisierte das Reichsgericht diese abstrakte Formulierung und führte aus: „Ein Verstoß gegen die guten Sitten liegt

heitsprinzips, BGE 99, II 62: „Mit dem Eintritt in die Aktiengesellschaft unterwirft sich jeder Aktionär bewusst dem Willen der Mehrheit und anerkennt, dass diese auch dann bindend entscheidet, wenn sie nicht die bestmögliche Lösung trifft und ihre eigenen Interessen unter Umständen denjenigen der Gesellschaft und einer Minderheit vorgehen lässt.“; Mit einem weiteren Urteil, RGZ 85, S. 170, 172 ff, erkannte das Reichsgericht, dass die Mehrheit die Geschicke der Aktiengesellschaft allein bestimme und der an das Handeln der Mehrheit anzulegende Maßstab nicht zu einer Überspannung der Anforderungen führen dürfe, die im Interesse der Redlichkeit des Verkehrs an das kaufmännische Geschäftsleben, insbesondere im Aktienverkehr, zu stellen sind. Demzufolge hatte der Vorstand der Aktiengesellschaft die Interessen der Gesellschaft in dem Maße zu vertreten und zu fördern, wie sie sich als Mehrheitsentscheid der Generalversammlung bildeten. Sonstige Interessen waren nicht erheblich; ferner BGE 105, II 116 ff.: „Im übrigen übten die Mitglieder der Verwaltung ihr Stimmrecht nicht schon dann missbräuchlich aus, wenn sie – allenfalls – ihre eigenen Interessen jenen der Gesellschaft oder einer Minderheit von Aktionären voranstellten“.

456 RGZ 107, S. 72, 75.

457 RGZ 107, S. 202, 204.

458 RGZ 107, S. 202, 204.

459 RGZ 112; S. 14, 18.

dann vor, wenn die Mehrheit bei ihrem Vorgehen ohne Rücksicht auf das Wohl der Gesellschaft eigensüchtige Zwecke auf Kosten der Minderheit verfolge. Von diesem rechtlichen Standpunkt prüft das Kammergericht.., ob und inwieweit sie dabei für sich vermögensrechtliche Vorteile erstrebt und die übrigen Aktionäre benachteiligt habe"[460]. Nach heutigem Verständnis hat das Sittengebot kaum noch praktische Bedeutung zum Schutz der vom Bezugsrecht ausgeschlossenen Aktionäre; denn mit dem (Rechts-)Begriff der guten Sitten nimmt man auf einen Maßstab Bezug, der seine Wurzel in der allgemeinen bzw. herrschenden Sozialmoral hat. In einer pluralistischen Gesellschaft, in der die Wertvorstellungen der einzelnen Gesellschaftsgruppen stark differieren, haben die sozial-ethischen Wertvorstellungen keine starre Struktur. Was gestern noch als unmoralisch galt, ist nach heute herrschenden Anschauungen ganz normales Verhalten. Die Subjektivität der Wertempfindungen und die Verschiedenheit möglicher Auffassungen bedingt, dass nur krasse Sittenverstöße mit der Nichtigkeitsfolge belegen werden können. Eine solche Beschränkung auf eine rechtsethisch nicht vertretbares Minimum bietet insbesondere keine Grundlage für die Zweifelsfälle, die eine genaue Sachanalyse und umfassende Interessenabwägung verlangen[461]. Außerdem ist eine Prüfung anhand der guten Sitten durch die positiv-rechtliche Regelung des Mehrheitsmissbrauchs in § 243 Abs. 2 Satz 1 AktG heute in Deutschland überflüssig geworden[462].

(2) Victoria-Urteil

Unter dem Eindruck zahlreicher missbräuchlicher Bezugsrechtsauschlüsse änderte das Reichsgericht langsam seine Auffassung und begann mit der Victoria-Entscheidung[463] aus dem Jahre 1931[464] erstmals, weitergehende inhaltliche Voraussetzungen für den Bezugsrechtsausschluss zu entwickeln. Als Anknüp-

460 RGZ 113, S. 188, 193; vgl. auch Blumenröhr, Schranken des Bezugsrechtsausschlusses, S. 12.

461 Wiedemann, Gesellschaftsrecht, Band I, S. 426.

462 Zöllner, Schranken, S. 291; a.A. Wiedemann, Gesellschaftsrecht, Band I, S. 426.

463 RGZ 132, S. 149 ff.

464 Seiner Entscheidung vom 31.3.1931 lag folgender Sachverhalt zugrunde: In einer ordentlichen Hauptversammlung der beklagten Aktiengesellschaft war eine Kapitalerhöhung unter Ausschluss des Bezugsrechts der Gesellschafter beschlossen worden. Es handelte sich dabei um die Schaffung von Stammaktien, welche die Gesellschaft vor einer inneren Überfremdung schützen sollten. Daraufhin begehrte die überstimmte Minderheit die Nichtigerklärung der Kapitalerhöhung- und Anhangsbeschlüsse.

fungspunkt wählte es eine mehrheitsbezogene Treuepflicht, die der Mehrheit die Verpflichtung auferlegte, bei ihren Entscheidungen auch die Vermögensrechte der Minderheit angemessen zu berücksichtigen. So führte das Reichsgericht aus: „Aus dem Gesagten ergibt sich, dass Maßnahmen wie die Schaffung von Schutzaktien in Form von Stammaktien wegen der damit in der Regel verbundenen Beeinträchtigung der besonderen kapitalistischen Minderheitsrechte für Verwaltung und Mehrheit eine sorgfältige und gewissenhafte Prüfung in der Richtung nötig machen, ob sich der verfolgte Zweck nicht auch in sehr viel schonenderer Form erreichen lässt. Aus der Befugnis, im Wege des Mehrheitsbeschlusses zugleich auch für die Minderheit zu beschließen und damit mittelbar über deren in der Gesellschaft gebundene Vermögensrechte zu verfügen, ergibt sich ohne weiteres die gesellschaftliche Pflicht, im Rahmen des Gesamtinteresses auch den berechtigten Belangen der Minderheit Berücksichtigung angedeihen zu lassen und deren Rechte nicht über Gebühr zu verkürzen."[465].

Das Besondere dieser Entscheidung lag darin, dass im Hinblick auf Bezugsrechtsausschlüsse erstmalig ein Missbrauch der Mehrheitsmacht bejaht, und zwar in einer Situation, in der die Minderheit nicht zielgerichtet benachteiligt wurde, sondern sich die Mehrheit, anstatt auf das Instrument der Mehrstimmrechtsaktien zurückgegriffen, zusätzlich für die denkbar stärkste Form der Benachteiligung durch Bezugsrechtsausschluss entschied[466]. Nach dieser Entscheidung war somit eine gewisse Abwägung der Interessen der vom Bezugsrecht ausgeschlossenen Aktionäre gegen das Gesellschaftsinteresse - vom Reichsgericht noch „Gesamtinteresse" genannt - erforderlich. Problematisch war allerdings, dass das Reichsgericht das Gesellschaftsinteresse nur im Rahmen des Sittengebots berücksichtigte, und es mit den Interessen der Mehrheit gleichsetzte. Dies führte von vornherein nur zu einer unzureichend effektiven Kontrolle der Mehrheitsentscheidung[467]. Zudem musste der klagende Aktionär im Hinblick auf einen Verstoß gegen die guten Sitten den subjektiven Nachweis erbringen, dass die Mehrheit ihre Macht in rücksichtsloser Weise aufgrund eigennütziger Interessen ausnutzt[468]. Hierbei zielte das Reichgerichts darauf ab, ob in besonders krasser Form in die kapitalistischen Minderheitenrechte eingegriffen wurde, so das nur in Extremfällen die Kapitalerhöhungen für sittenwidrig erklärt wurden[469]. Im Ergebnis hing die

465 RGZ 132, S. 149, 163.

466 Tettinger, Materielle Anforderungen an den Bezugsrechtsausschluss, S. 21.

467 Vgl. RGZ 107, S. 67, 71; RGZ 132, S. 149, 160 ff.; Hirte, Bezugsrechtsausschluss, S. 13; Schockenhoff, Gesellschaftsinteresse, S. 9.

468 Vgl. RGZ 132, S. 149, 160.

469 Füchsel, Bezugsrechtsausschluss, S. 58 f.; Hirte, Bezugsrechtsausschluss, S. 13.

Zulässigkeit eines Bezugsrechtsausschlusses von der Schwere des Eingriffs in die Vermögensrechte der Minderheitsaktionäre ab; Stimmrechtsverwässerungen blieben generell unberücksichtig[470].

bbbb. Rechtsprechung des Bundesgerichtshofes

Für die weitere Entwicklung der Rechtsprechung zum Bezugsrechtsausschluss sind insbesondere die Minimax-Entscheidungen und das Kali & Salz-Urteil des Bundesgerichtshofes von großer Bedeutung.

(1) Minimax-Entscheidungen

Innerhalb eines Rechtsstreits, der nach der Zurückweisung durch die erste Entscheidung ein zweites Mal zum BGH gelangte, ging es inhaltlich um eine Ermächtigung des Vorstands einer Aktiengesellschaft zur Kapitalerhöhung, wobei er auch zum Bezugsrechtsausschluss ermächtigt war. Ein Aktionär der Gesellschaft, der zugleich Konkurrent der Gesellschaft war, wollte die Zerschlagung der Aktiengesellschaft erreichen und bot für die neuen Aktien einen Preis weit über den Nennbetrag. Dennoch schloss der Vorstand bei der Kapitalerhöhung zunächst das Bezugsrecht aller Aktionäre aus und gab die neuen Aktien an einzelne andere Aktionäre oder der Verwaltung nahestehende Personen zu pari aus, um die Gesellschaft vor der möglichen Übernahme und Zerschlagung durch den Konkurrenten zu retten. In der ersten Revisionsentscheidung vom 27.09.1956[471] führte der BGH aus, dass der Vorstand mit der Sorgfalt eines ordentlichen und gewissenhaften Geschäftsleiters zu entscheiden habe und die ihm erteilte Ermächtigung zur Ausgabe neuer Aktien nicht zum Schaden der Gesellschaft missbrauchen dürfe. Dem Vorstand sei untersagt, über die Verteilung der Aktien bestimmten Aktionären Sondervorteile zukommen sowie sich von sachfremden Kriterien leiten zu lassen; dies könne dazu führen, dass trotz des Bezugsrechtsauschlusses eine den bisherigen Anteilsverhältnissen entsprechende Aktienzuteilung geboten sein könne[472]. Mit diesen Aussagen wandte der BGH, ohne es so zu bezeichnen, erstmalig den Grundsatz der Gleichbehandlung beim Bezugsrechtsauschluss an.

Den Schritt zur ausdrücklichen Bezeichnung dieses Grundsatzes, der heute in § 53a AktG[473] normiert ist, vollzog er dann in der sich anschließenden zweiten

470 Vgl. RGZ 132, S. 149, 163.

471 BGHZ 21, S. 354 ff.

472 BGHZ 21, S. 354, 357.

473 § 53a AktG beruht auf der 2. EG-Richtlinie und wurde im Jahre 1978 im Aktiengesetz ausdrücklich kodifiziert.

Minimax-Entscheidung[474] vom 06.10.1960. Der erkennende Senat führte unter Hinweis auf Baumbach/Hueck[475] aus, dass „der Vorstand, dem die Zuteilung der aufgrund einer ordentlichen Kapitalerhöhung auszugebenden neuen Aktien überlassen ist oder der von der Ermächtigung zur Kapitalerhöhung Gebrauch macht", an den Grundsatz der gleichmäßigen Behandlung der Aktionäre gebunden sei[476]. Die Verwaltung dürfe bei der Zuteilung der neuen Aktien weder einzelne Aktionäre vor anderen bevorzugen, noch, wenn er von vornherein einzelne Aktionäre berücksichtigen wolle, das Bezugrecht ausschließen, noch den ohne solche Absicht vorgenommenen Bezugsrechtsausschluss dazu benutzen, um die neuen Aktien einzelnen Aktionären zuzuteilen[477]. Eine nicht an den bisherigen Anteilsverhältnissen orientierte Verteilung von neuen Aktien wurde demnach vom BGH als rechtsfertigungsbedürftig betrachtet. Einschränkend ist jedoch anzumerken, dass der BGH klargestellt hat, dass eine ungleiche Behandlung der Aktionäre zulässig ist, vorausgesetzt, dass sie sachlich berechtigt ist und damit nicht den Charakter der Willkür trägt[478].

(2) Kali & Salz – Entscheidung

Die Entwicklung der Rechtsprechung zum Bezugsrechtsausschluss fand ihren vorläufigen Höhepunkt in der „Kali & Salz"-Entscheidung[479] des BGH vom 13.3.1978. Konkret ging es in dem entschiedenen Fall um eine Kapitalerhöhung mit Bezugsrechtsauschluss bei der Salzdetfurth AG. Die Salzdetfurth AG hielt 50 % der Aktien an der Kali & Salz AG. Die Hauptversammlung der Salzdetfurth AG verdoppelte ihr Grundkapital durch eine reguläre Kapitalerhöhung. Dabei schloss sie das Bezugsrecht der Aktionäre aus und ließ nur die Wintershall AG, die mit 43 % an der Salzdetfurth AG beteiligt war, sowie die Burbach-Kaliwerke AG, die ebenfalls bereits Aktionärin der Salzdetfurth AG war, zu. Die Wintershall AG und die Burbach-Kaliwerke AG brachten als Einlage ihre insgesamt 50 %-Beteiligung an der Kali & Salz AG ein, so dass die Salzdetfurth AG Alleinaktionärin der Kali & Salz AG wurde, mit dieser fusionieren konnte und selbst als Kali & Salz AG fortbestand. Ein Minderheitsaktionär, der aufgrund des Bezugsrechtsausschlusses keine Aktien erhalten hatte, erhob daraufhin Anfechtungsklage.

474 BGHZ 33, S. 175 ff.
475 A. Hueck, in Baumbach/Hueck, AktG, § 171 Anm. 1.
476 BGHZ 33, S. 175, 186.
477 BGHZ 33, S. 175, 186.
478 BGHZ 33, S. 175, 186.
479 BGHZ 71, S. 40 ff.

Der Bundesgerichtshof erklärte die Revision des Klägers für nicht berechtigt. In den Entscheidungsgründen aber stellte er erstmals materielle Voraussetzungen auf, die der Bezugsrechtsausschluss erfüllen musste. So betonte der Bundesgerichtshof erstmals, dass das Recht der Hauptversammlung zum Ausschluss des Bezugsrechts nicht so zu verstehen sei, dass „der Ausschluss im freien Ermessen der Mehrheit liege und allenfalls durch die guten Sitten begrenzt sei“[480]. Auch das Gebot der Gleichbehandlung scheide im vorliegenden Fall als Kontrollmaßstab aus[481]. Vielmehr bedeute der Bezugsrechtsausschluss im Allgemeinen einen schweren Eingriff in die Mitgliedschaft des Aktionärs. Durch den Ausschluss des Bezugsrechts verringere sich einerseits das relative Gewicht der Beteiligung jedes Aktionärs und damit seine Stimmkraft in der Hauptversammlung. Andererseits könne ein Kapitalerhöhung mit Bezugsrechtsausschluss zum Kursverlust der Aktien und zu einer Verringerung des Gewinn- oder Liquidationsanteils führen[482]. Außerdem würde dem Aktionär das Vorrecht genommen, Kapital „in seinem“ Unternehmen zu investieren[483]. Diese Gesichtspunkte würden es notwendig machen, dass der Bezugsrechtsauschluss deshalb zusätzlich zu den formellen Voraussetzungen einer weiteren sachlichen Begründung unterliegen müsse[484]. Entsprechend verlangte der BGH für die Zulässigkeit des Bezugsrechrechtsausschlusses, dass dieser „... aus der Sicht im Zeitpunkt der Beschlussfassung auch bei gebührender Berücksichtigung der Folgen für die ausgeschlossenen Aktionäre durch sachliche Gründe im Interesse der Gesellschaft gerechtfertigt ist. Die Prüfung, ob diese (ungeschriebene) Wirksamkeitsvoraussetzung erfüllt ist, schließt die im neueren Schrifttum geforderte Abwägung der Interessen und Verhältnismäßigkeit von Mittel und Zweck ein.“[485]. Dabei sind an die besondere sachliche Begründung „um so strengere Anforderungen zu stellen, je schwerer der Eingriff in die mitgliedschafts- und vermögensrechtliche Stellung der ausgeschlossenen Aktionäre wiegt.“[486]. In der zu entscheidenden Konstellation, nämlich einer Kapitalerhöhung durch Sacheinlage, seien diese Voraussetzungen erfüllt, wenn die Gesellschaft nach vernünftigen kaufmännischen Überlegungen ein dringendes Interesse am Erwerb eines Gegenstandes habe und zu erwarten sei, dass der damit angestrebte und allen Aktionären zugute kommende Nutzen den verhältnismäßi-

480 BGHZ 71, S. 40, 44.
481 BGHZ 71, S. 40, 46.
482 BGHZ 71, S. 40, 44.
483 BGHZ 71, S. 40, 44.
484 BGHZ 71, S. 40, 45.
485 BGHZ 71, S. 40, 46.
486 BGHZ 71, S. 40, 45.

gen Beteiligungs- und Stimmrechtsverlust der vom Bezugsrecht ausgeschlossenen Aktionäre aufwiege[487]. Mit dieser Entscheidung lehnte der BGH die Prüfung der sachlichen Rechtfertigung eines Bezugsrechtsausschlusses an die Prüfung von Ermessensentscheidungen im öffentlichen Recht an und statuierte, unter Bezug auf die in der Literatur schon seit längerem vertretenen Auffassung, ein dreistufiges Prüfungsverfahren. Demnach ist ein Bezugsrechtsausschluss nur dann durchführbar, wenn er einem Zweck dient, der im Interesse der Aktiengesellschaft liegt, zur Erreichung dieses Zwecks geeignet und erforderlich und darüber hinaus verhältnismäßig ist. Im Laufe der Zeit hat sich die sachliche Rechtfertigung des Bezugsrechtsausschlusses anhand dieser Kriterien durchgesetzt. Vor diesem Hintergrund anerkannt wurde ein Bezugsrechtsausschluss zum Unternehmens-, und Beteiligungserwerb[488], zum Erwerb obligatorischer Nutzungsrechte[489], zur Ausgabe von Arbeitnehmeraktien[490], zur Aktienführung an ausländischen Börsen[491], zur Bedienung von Wandelungs- und Optionsrechten aus Schuldverschreibungen[492], zur Erweiterung der Aktivitäten im Ausland[493], zur Aufrechterhaltung verschiedener Aktiengattungen bei Kapitalerhöhungen[494], zur Begründung von Kooperationen mit anderen Unternehmen[495] oder von Sanierungsbeteiligun-

---

487 BGHZ 71, S. 40, 46 f.

488 BGHZ 71, S. 40, 46; Lutter, in Kölner Komm. z. AktG, 2. Aufl. 1995, § 186 Rdn. 81; Wiedemann, in Großkomm. AktG, 4. Aufl. 1995, § 186 Rdn. 170 ff.; Hüffer, AktG, 7. Aufl. 2006, § 186 Rdn. 34; Hefermehl/Bungeroth, in Geßler/Hefermehl/Eckardt/Kropf AktG 1988, § 186 Rdn. 124.

489 BGH, ZIP 2000, S. 1162, 1163 ff.; OLG Nürnberg, NZG 1999, S. 409 ff.; Pentz, ZGR 2001, S. 901 ff.; Behnke, NZG 1999, S. 410, 411.

490 Lutter, in Kölner Komm. z. AktG, 2. Aufl. 1995, § 186 Rdn. 67; Hüffer, AktG, 7. Aufl. 2006, § 186 Rdn. 29; Wiedemann, in Großkomm. AktG, 4. Aufl. 1995, § 186 Rdn. 156; Hefermehl/Bungeroth, in Geßler/Hefermehl/Eckardt/Kropf AktG 1988, § 186 Rdn. 126.

491 BGHZ 125, S. 239, 242 ff.; Lutter, in Kölner Komm. z. AktG, 2. Aufl. 1995, § 186 Rdn. 72; Hefermehl/Bungeroth, in Geßler/Hefermehl/Eckardt/Kropf AktG 1988, § 186 Rdn. 133; Hüffer, AktG, 7. Aufl. 2006, § 186 Rdn. 31; Wiedemann, in Großkommentar AktG, 4. Aufl. 1995, § 186 Rdn. 160.

492 OLG Braunschweig, AG 1999, S. 84, 86; LG Frankfurt, AG 1994, S. 296, 299; OLG Frankfurt, WM 1986, S. 615, 617; Hüffer, AktG, 7. Aufl. 2006, § 186 Rdn. 30; Krieger, in MünchHdb AG, Bd. IV, 2. Aufl. 1999, § 63 Rdn. 15.

493 BGHZ 83, S. 319, 320.

494 Lutter, in Kölner Komm. z. AktG, 2. Aufl. 1995, § 186 Rdn. 68; Hefermehl/Bungeroth, in Geßler/Hefermehl/Eckardt/Kropf AktG 1988, § 186 Rdn. 129.

495 Lutter, in Kölner Komm. z. AktG, 2. Aufl. 1995, § 186 Rdn. 69; Hüffer, AktG, 7. Aufl. 2006, § 186 Rdn. 31; Kindler, ZHR 158 (1994), S. 339, 366.

gen[496], zum Ausschluss von Spitzenbeträgen[497] und zur Abwehr einer drohenden Abhängigkeit oder Konzernbindung[498].

bbb. Materielle Voraussetzungen des Bezugsrechtsausschlusses im Einzelnen

Nachdem geklärt ist, dass materielle Voraussetzungen des Bezugsrechtsausschlusses das Gesellschaftsinteresse und die Geeignetheit, Erforderlichkeit und die Verhältnismäßigkeit sind, ist im Einzelnen zu untersuchen, was diese Voraussetzungen besagen.

aaaa. Gesellschaftsinteresse

Der Begriff „Interesse" ist ein elastischer Begriff. Je nach seinen Verwendungsgebieten hat er zahlerische Bedeutungen. Diese Vielseitigkeit des Interessenbegriffes erschwert den Versuch einer Definition. Hilfreich zur Begriffsklärung ist auch hier zunächst ein Rückgriff auf den Ursprung des Wortes[499]. Das Wort „Interesse" hat sich aus dem lateinischen „interesse" entwickelt, was „dazwischen sein", „sich dazwischen befinden" und in der Form „inter-est" (3. Person Singular Präsens) als unpersönlicher Ausdruck „es ist von Wichtigkeit", „es ist daran gelegen" bedeutet[500]. In der Konstruktion „id quod interest" fand die Vokabel im römischen Recht bei der Regelung von Schadensersatzansprüchen zum ersten Mal Verwendung[501]. In der Neuzeit entwickelte sich der Bedeutungsinhalt dieses Wortes im Sinne von „Gewinn", „Nutzen" und „Vorteil"[502]. Diese

496 LG Heidelberg, ZIP 1988, S. 1257, 1258; Hüffer, AktG, 7. Aufl. 2006, § 186 Rdn. 31; Hefermehl/Bungeroth, in Geßler/Hefermehl/Eckardt/Kropf AktG 1988, § 186 Rdn. 131. BGHZ 83, S. 319, 320.

497 Hefermehl/Bungeroth, in Geßler/Hefermehl/Eckardt/Kropf AktG 1988, § 186 Rdn. 125; Lutter, in Kölner Komm. z. AktG, 2. Aufl. 1995, § 186 Rdn. 66; Hüffer, AktG, 7. Aufl. 2006, § 186 Rdn. 29.

498 Lutter, in Kölner Komm. z. AktG, 2. Aufl. 1995, § 186 Rdn. 71, Hüffer, AktG, 7. Aufl. 2006, § 186 Rdn. 32; Hefermehl/Bungeroth, in Geßler/Hefermehl/Eckardt/Kropf AktG 1988, § 186 Rdn. 135 ff.

499 Siehe zur Geschichte des Interessenbegriffs, Neuendorff, Der Begriff des Interesses, S. 10 ff.

500 Esser, Stichwort „Interesse", in Handbuch philosophischer Grundbegriffe, S. 738

501 Diese Bedeutung findet sich heute beispielsweise im Französischen wider. Die Vokabel „dommages intérêt" in der französischen Rechtssprache bezeichnet einen Schadenersatz in Geld.

502 Schwemmer, Stichwort „Interesse", in Enzyklopädie Philosophie und Wissenschaftstheorie, S. 268.

Verwendungsweisen verschafften dem Begriff „Interesse" nach und nach den Eingang in die Staatstheorie des 17. und 18. Jahrhunderts und zwar vornehmlich in der Gegenüberstellung von individuellem Eigennutz und dem durch den Saat gesicherten Gemeinwohl. Im 19. und schließlich 20. Jahrhundert ging der Ausdruck „Interesse" als ein Faktor in die Alltagssprache ein, der Handeln bestimmt. Für den deutschen Nationalökonom und Soziologen Max Weber sind es weniger die Ideen als vielmehr materielle und ideelle Interessen, die Menschen in ihrem Handeln beeinflussen. Er definiert „Interesse" als „verhaltensorientierte Ziele und Bedürfnisse von einzelnen und Gruppen in einem sozialen Umfeld"[503]. Deutsch differenziert zwei Kriterien eines Interesses. Einerseits „die Verteilung von Aufmerksamkeit" und andererseits „die Erwartung einer Belohnung". Belohnung bedeutet für ihn, mehr von etwas Geschätztem zu bekommen oder aber einen verminderten Verlust zu erleiden zu müssen. Es soll der Wert bezeichnet werden, den bestimmte Objekte für Menschen haben. Da diese als wertvoll erachteten Objekte vom Bewerber angestrebt werden, ist damit zugleich gesagt, dass die Bezeichnung „Interesse" auch das Streben nach diesen Objekten umfasst. Zusammenfassend kann gesagt werden, dass das Interesse in dieser Bedeutungsrichtung die Gerichtetheit des Handelns auf einen Gegenstand im Dienste der Bedürfnisbefriedigung bezeichnet[504].

In einer Aktiengesellschaft gibt es Kategorien von Aktionären, die unterschiedliche Interessen verfolgen und daher miteinander in Konflikt geraten können[505]. Unterteilt man die Aktionäre in Unternehmeraktionäre und Kleinaktionär, so kann man deren unterschiedliche Interessen funktioneller erklären. Unternehmeraktionär bezeichnet denjenigen Aktionär, der im Stande ist, auf Dauer einen entscheidenden Einfluss auf die Geschicke des Unternehmens auszuüben[506]. Das setzt in der Regel die Verfügungsmacht über einen wesentlichen Teil der Aktien voraus. Unternehmeraktionäre sind deshalb regelmäßig Groß-, ja vielfach Mehrheitsaktionäre[507]. Als Mehrheitsaktionär gilt, wer mindestens

503 Weber zitiert in Nassmacher, Politikwissenschaft, 5. Aufl., S. 6.

504 Kindermann, Internationale Politik, S. 103: „Das Interesse ist (…) eine objektsbezogene Willensgerichtetheit. Sie wird zumeist von dem Wert erzeugt, den der Willenträger seinem Ziel oder Willensobjekt beimisst".

505 Vgl. Mertens, in Kölner Komm. z. AktG, 2. Aufl. 1995, § 76 Rdn. 6.

506 Meier-Hayoz/Forstmoser, Einführung in das Schweizerische Aktienrecht, 2. Aufl., S. 62 Rdn. 17.

507 Tekinalp, in Poroy/Tekinalp/Camoglu, Ortaklıklar ve Kooperatif Hukuku, 8. Bası 2000, S. 450 Rdn. 819.

50 % des Aktienkapitals einer Aktiengesellschaft besitzt[508]. Als Gegenspieler stellt sich der Kleinaktionär dar, der im Unterschied zum Mehrheitsaktionär nur eine geringe Beteiligung am Aktienkapital eines Unternehmens hält. Für einen Kleinaktionär ist charakteristisch, dass er mit seinem Aktienbesitz keine Beteiligungsabsicht und Einflussnahme auf die Unternehmenspolitik verbindet. Aufgrund seines ungenügenden Aktienanteils vermag er sie ohnehin nicht maßgebend zu beeinflussen. Trennt man die Kleinaktionäre in Spekulations- und Anlageaktionäre auf, so liegt ersterem an einer kurzfristigen Spekulationsgewinn[509]. Er hat kein Interesse an einer unternehmerischen Mitsprache. Das gilt auch für den Anlageaktionär, der die Aktie lediglich als Kapitaleinlage betrachtet und nichts tut, als die jährliche Dividende zu kassieren. Seine Beteilung entspricht dem Wunsch, sein Kapital langfristig möglichst gewinnbringend anzulegen. Die Geschicke der Aktiengesellschaft kümmern ihn daher wenig. Maßgebend sind für ihn die Vermögensrechte, namentlich das Dividendenrecht, das Interesse an einer langfristigen Kapitalanlage mit konstant hoher Dividende[510].

Die interessenpluralistische Ausrichtung der Aktiengesellschaft erfordert die Gewährleistung eines ausgewogenen Gleichgewichts wiederstreitender Interessen. Im Mittelpunkt steht hierbei die Frage, wessen Interessen das Wirtschaften einer Aktiengesellschaft letztendlich dienen soll. Dabei wird dem Gesellschaftsinteresse[511] grundsätzlich Vorrang vor den Interessen einzelner Aktionäre eingeräumt, da man davon ausgeht, dass im Interesse der Gesellschaft die Gesamtheit der Interessen aller Aktionäre verkörpert ist[512]. Das Gesellschaftsinteresse bezeichnet eine überindividuelle, von den konkreten Interessen der einzelnen Aktionäre abgelöste und für alle Gesellschaftsorgane gleichermaßen verbindliche Leitmaxime[513]. Es umfasst alles, was den Bestand, die Funktionsfähigkeit und die Aufgabenerfüllung der Aktiengesellschaft im Hinblick auf den Gesellschaftszweck

508 Da in der Praxis die Aktien oftmals breit gestreut sind, genügen unter Umständen weniger als 50 Prozent zum Halten einer relativen Mehrheitsposition.

509 Tekinalp, in Poroy/Tekinalp/Çamoğlu, Ortaklıklar ve Kooperatif Hukuku, 8. Bası 2000, S. 450 Rdn. 818.

510 Meier-Hayoz/Forstmoser, Einführung in das Schweizerische Aktienrecht, 2. Aufl., S. 63 Rdn. 18.

511 Trotz seiner allgemeinen Bedeutung in der gesellschaftsrechtlichen Argumentation ist der Begriff des Gesellschaftsinteresses als solcher als gesellschaftsrechtliches Tatbestandsmerkmal in Deutschland überhaupt nicht anzutreffen.

512 Vgl. Wiedemann, ZGR 1980, S. 158.

513 Mülbert, Shareolder Value aus rechtlicher Sicht, in ZGR 1997, S. 129, 141.

begünstigt und gewährleistet[514]; Ein Bezugsrechtsausschluss liegt demnach im Gesellschaftsinteresse, wenn er dazu dient, im Rahmen des in der Satzung festgelegten Unternehmensgegenstands den Gesellschaftszweck zu verwirklichen und zu fördern[515]. Maßgeblich ist hierbei nicht, welche Ziele mit den im Wege der Kapitalerhöhung unter Bezugsrechtsausschluss beschafften Finanzmitteln verfolgt werden oder ob es überhaupt im Gesellschaftsinteresse liegt zusätzliche Finanzmittel zu schaffen, sondern vielmehr nur, ob der Bezugsrechtsausschluss als Alternative zur Kapitalerhöhung unter Beibehaltung des Bezugsrechts im Interesse der Gesellschaft liegt, etwa weil hierdurch eine günstigere Finanzierung der Gesellschaft ermöglicht wird[516]. Bei dieser vereinfachten Formulierung bleibt allerdings zunächst einmal die Frage offen, wer die Entscheidung treffen soll, ob eine Maßnahme im Interesse der Gesellschaft liegt. Eine Antwort auf diese Frage findet sich in der Hibernia-Entscheidung des Reichsgerichts. In seiner o. g. Entscheidung aus dem Jahre 1908 hat das Reichsgericht die Entscheidungsmöglichkeit über das Gesellschaftsinteresse der Mehrheit überlassen: „... daß die Mehrheit des Aktienbesitzes über die Verwaltung der Gesellschaft und darüber entscheidet, was im Interesse der Gesellschaft und ihrer Aktionäre zu tun und zu lassen ist."[517]. Schon in der damaligen Zeit wurde diese Entscheidung heftig kritisiert[518]; das Gesellschaftsinteresse wird praktisch zwar nur durch eine einfache Mehrheitsentscheidung oder – gestützt auf einen von der Mehrheit der Aktionäre beschlossenen Vorratsermächtigungsbeschluss – durch eine Entscheidung der Unternehmensleitung bestimmt. Es ist aber nicht zwingend identisch mit dem Interesse der Mehrheit der Aktionäre[519]. Sofern die Mehrheit des Aktienbesitzes – ohne jegliche Plausibilitätskontrolle durch das Gericht – selbst bestimmen kann, was im Interesse der Gesellschaft liegt, ist gerade dieses Gesellschaftsinteresse als Kontrollmechanismus wenig wirksam[520]. Die Über-

514 Krämer, Das Unternehmensinteresse als Verhaltensmaxime der Leitungsorgane einer Aktiengesellschaft im Rahmen der Organhaftung, S. 47.

515 Ebenso Hefermehl/Bungeroth, in Geßler/Hefermehl/Eckardt/Kropf AktG 1988, § 186 Rdn. 109; Liebert, Bezugsrechtsausschluss, S. 88 f.

516 Dreier, Bezugsrechtsausschluss im Aktienrecht, S. 42 f.

517 RGZ 68, S. 235, 245 f.

518 In einer Anmerkung von Bondi, DJZ 1908, S. 1006, 1007, heißt es: „Das Reichsgericht zieht die äußersten Konsequenzen der gesetzlichen Bestimmung mit eiserner Strenge; noch niemals ist die brutale Macht der Aktienmehrheit gegenüber der Minderheit in einem Urteil schärfer betont worden.".

519 Wiedemann, ZGR 1980, S. 158.

520 Dreier, Bezugsrechtsausschluss im Aktienrecht, S. 37.

einstimmung des Bezugsrechtsausschluss mit dem Interesse der Gesellschaft soll daher gerichtlich nachgeprüft werden. Bei der Beurteilung der Frage, ob der Bezugsrechtsausschluss im Interesse der Gesellschaft liegt und damit den Gesellschaftszweck in bestmöglicher Weise verwirklicht, steht dem Gericht allerdings nur ein eingeschränkter Beurteilungsspielraum zu. Das Gericht darf seine eigene wirtschaftliche Beurteilung nicht an die Stelle einer in freier unternehmerischer Verantwortung beschlossenen, sachlich abgewogenen Entscheidung setzen[521], die jeweils auf Kenntnis der konkreten Marktgegebenheiten, der Situation des eigenen Unternehmens und der Konzernunternehmens sowie der individuellen Unternehmensstrategie beruht[522]. Es muss – wie der BGH zutreffend feststellt – genügen, dass die an der Entscheidung beteiligten Organe nach dem tatsächlichen Bild, wie es sich zur Zeit der Beschlussfassung darbot, aufgrund sorgfältiger, von gesellschaftsfremden Erwägungen freier Abwägungen davon ausgehen durften, die Kapitalerhöhung sei zum Besten der Gesellschaft und damit ihrer Aktionäre[523]. Eine solche Feststellung erfolgt meist unter dem Risiko der Fehleinschätzung, unterliegt bis zu einem gewissen Grad dem Wagnis der Unternehmensführung und ist gekennzeichnet durch die Einmaligkeit der Situation[524].

bbbb. Grundsatz der Erforderlichkeit

Ein im Gesellschaftsinteresse liegender Bezugsrechtsausschluss kann immer noch unzulässig sein, wenn er zur Erreichung des angestrebten Zwecks nicht erforderlich ist[525]. Der Grundsatz der Erforderlichkeit verlangt, dass die Gesellschaft unter mehreren geeigneten Mitteln dasjenige einsetzt, das den einzelnen am wenigsten belastet[526]. Dieser Grundsatz ist demnach dann verletzt, wenn der angestrebte Zweck auch durch ein gleichgeeignetes, aber das betreffende Recht des Aktionärs weniger stark belastendes Mittel, insbesondere durch eine Kapitalerhöhung mit normalem gesetzlichem Bezugsrecht für alle Aktionäre, erreicht werden kann.

---

521 BGHZ 71, S. 40, 50; Schockenhoff, Gesellschaftsinteresse, S. 17; Lutter, ZGR 1979; S. 401, 405.

522 Dreier, Bezugsrechtsausschluss im Aktienrecht, S. 45.

523 BGHZ 71, S. 40, 50.

524 Zöllner, Schranken, S. 25; Schockenhoff, Gesellschaftsinteresse, S. 16.

525 Vgl. Hirte, Bezugsrechtsausschluss, S. 76 ff.; Martens, FS Fischer, S. 437, 444; Füchsel, Bezugsrechtsausschluss, S. 147 ff; Bischoff, BB 1987, S. 1055, 1060; Priester, DB 1980, S. 1925, 1927; van Venrooy, DB 1980; S. 735, 736; Semler, BB 1983, S. 1566, 1568.

526 Vgl. Pieroth/Schlink, Staatsrecht II, Rdn. 285 ff.

Bei dem Grundsatz der Erforderlichkeit geht es um die Wahl zwischen verschiedenen zur Verfügung stehenden Eingriffsmitteln[527]. Unzutreffend ist daher die Auffassung, wonach ein Bezugsrechtsausschluss nur dann erfolgen soll, wenn er das einzige Mittel ist, mit dessen Hilfe der erstrebte Zweck verwirklicht werden kann[528]. Ein derartiges Verständnis des Erforderlichkeitskriteriums, das dem „ultima-ratio-Prinzip" sehr nahe steht, macht zwar die gerichtliche Überprüfung der Erforderlichkeitsgrundsatzes leichter. Ist der Bezugsrechtsausschluss das einzige Mittel zur Zweckerreichung, so lässt sich dann die Frage nach der Erforderlichkeit des Bezugsrechtsauschlusses mit einem „ja" oder „nein" beantworten. Betrachtet man aber die Konsequenzen dieser Sichtweise, erweist sie sich als problematisch; Solange es eine Alternativmaßnahme gibt, ist der Bezugsrechtsausschluss nach dieser Sichtweise unzulässig. Damit wäre ein Bezugsrechtsausschluss nur in Extremfällen erforderlich, denn nur in den seltensten Fällen ist der Ausschluss des Bezugsrechts das einzige Mittel zu Erreichung des angestrebten Zwecks[529]. Ein so verstandenes Erforderlichkeitskriterium, das die Möglichkeit des Bezugsrechtsausschluss erheblich einschränkt und dazu führt, dass ein Bezugsrechtsausschluss in der Regel an dem Kriterium der Erforderlichkeit scheitert[530], ist überdies mit der Bestimmung in § 186 Abs. 3 Satz 4 AktG nicht zu vereinbaren, die einen Ausschluss des Bezugsrechts bei Barkapitalerhöhungen unter erleichterten Bedingungen gerade zulässt und insoweit keineswegs nur auf Extremfälle beschränkt ist[531]. Außerdem wäre jegliche Barkapitalerhöhung mit Bezugsrechtsausschluss unzulässig, da – insbesondere bei börsennotierten Aktiengesellschaften – nicht vorn vornherein ausgeschlossen werden kann, dass das erforderliche Kapital von den eigenen Aktionären in Ausübung des Bezugsrechts aufgebracht wird[532].

Das Merkmal der Erforderlichkeit verlangt die Prüfung, welche Mittel der Gesellschaft für die Erreichung des angestrebten Zwecks zur Verfügung stehen und die Auswahl des mildestmöglichen Mittels zur Erreichung des angestrebten Zwecks. Es liegt hierbei auf der Hand, dass eine zu strenge Handhabung dieses Merkmals dazu führen würde, dass die mit der Beurteilung der Erforderlichkeit befassten Gerichte alle denkbaren Alternativlösungen gegeneinander abwägen müssten, um zu entscheiden, was am besten für die Gesellschaft ist, und ob es

527 Füchsel, Bezugsrechtsausschluss, S. 155; Semler, BB 1983, S. 1566, 1568.
528 Füchsel, Bezugsrechtausschluss, S. 148; ders. BB 1972, S. 1572, 1538 f.
529 Dreier, Bezugsrechtsausschluss im Aktienrecht, S. 46 f.
530 Liebert, Bezugsrechtsausschluss, S. 91 f.
531 Vgl. Dreier, Bezugsrechtsausschluss im Aktienrecht, S. 47.
532 Dreier, Bezugsrechtsausschluss im Aktienrecht, S. 47.

nicht schonendere oder gleich geeignete Alternativen als die eingesetzte Maßnahme gibt[533]. Im Rahmen einer solchen Zulässigkeitsprüfung müssten die Gerichte gegebenenfalls ihre eigene wirtschaftliche Einschätzung unter Einbeziehung von Prognosen und Wertungen an die Stelle der Entscheidung der Gesellschaftsorgane setzen, da sich die Frage, ob ein Mittel besser oder zumindest gleich gut ist, wie die Einschätzung, ob eine Maßnahme im Gesellschaftsinteresse liegt, nicht ohne Berücksichtigung der unternehmerischen Wertungen und zukünftigen Entwicklungsprognosen der Gesellschaft beantworten lässt[534]. Insofern stellt sich erneut die Frage, inwieweit das Gericht überprüfen darf, ob die ausgewählte Maßnahme das mildeste Mittel zur Erreichung des angestrebten Zwecks darstellt. In Rechtsprechung und Schrifttum besteht Einvernehmen darüber, dass es nicht Aufgabe der Gerichte sein kann, ihre eigene Beurteilung an die Stelle der Hauptversammlungsentscheidung zu setzen[535]. Vielmehr müsse die Feststellung ausreichen, dass die Gesellschaftsorgane bei sorgfältiger, von sachfremder Erwägung freien Beurteilung davon ausgehen konnten, die tatsächlichen Voraussetzungen für die sachliche Rechtfertigung des Bezugsrechtsausschlusses seien gegeben[536]. Für eine solche Beurteilung sei nicht mehr als eine Plausibilitätskontrolle möglich, die der Gesellschaft einen gerichtlich nicht nachprüfbaren Kernbereich unternehmerischen Beurteilungsermessens belässt[537].

cccc. Grundsatz der Verhältnismäßigkeit

Der Bezugsrechtsausschluss führt stets dazu, dass die Anteile der vom Bezugsrecht ausgeschlossenen Aktionäre am Gesellschaftsvermögen mit dem entsprechenden Gewinn- und Liquidationsanteil mindestens relativ sinken; zugleich verschieben sich die Stimmrechtsquoten, und zwar entweder zu Lasten der Aktionäre, wenn nur Außenstehende bezugsberechtigt sind, oder bereits im Verhältnis der bisherigen Aktionäre untereinander, wenn sich das Bezugsrecht auf den einen

533 Vgl. Dreier, Bezugsrechtsausschluss im Aktienrecht, S. 48.

534 Dreier, Bezugsrechtsausschluss im Aktienrecht, S. 49; Liebert, Bezugsrechtsausschluss, S. 93.

535 BGHZ 71; S. 40, 49; OLG Braunschweig, AG 1999, S. 84, 86; Dreier, Bezugsrechtsausschluss im Aktienrecht, S. 98; Liebert, Bezugsrechtsausschluss, S. 93.

536 BGHZ 71; S. 40, 49; OLG Stuttgart, ZIP 1998, S. 1482, 1486; OLG Braunschweig, AG 1999, S. 84, 86.

537 Vgl. BGHZ 135, S. 244, 253; OLG Stuttgart, ZIP 1998, S. 1482, 1486; OLG Braunschweig, AG 1999, S. 84, 86: Hüffer, ZHR 161 (1997), S. 214, 228; Cahn, ZHR 163 (1999), S. 554, 577 ff.; Lutter, ZGR 1979, S. 401, 405 ff.

oder den anderen Teil von ihnen beschränkt[538]. Aber auch sonst erleiden die vom Bezugsrecht ausgeschlossenen Aktionäre oftmals einen erheblichen wirtschaftlichen Nachteil, als der innere Wert ihrer Beteiligung je nach Ausgabebedingungen für die neuen Aktien verwässert wird, ohne dass sie hierfür in Gestalt des Bezugsrechts einen unmittelbaren Ausgleich erhalten[539]. Liegt der Bezugsrechtsausschluss im Gesellschaftsinteresse und ist das geeignetste Mittel, mit dessen Hilfe der angestrebte Zweck verwirklicht werden kann, so müssen die vom Bezugsrecht ausgeschlossenen Aktionäre die damit einhergehenden Nachteile hinnehmen[540], es sei denn, der Bezugsrechtsausschluss führt zu einer unverhältnismäßig schweren Schädigung der Aktionäre. Ein Bezugsrechtsausschluss ist nach Ansicht des BGH dann verhältnismäßig, wenn zu erwarten ist, dass der damit angestrebte und allen Aktionären zugute kommende Nutzen, den verhältnismäßigen Beteiligungs- und Stimmrechtsverlust der vom Bezugsrechts ausgeschlossenen Aktionäre aufwiegt[541]. Mit anderen Worten heißt das: Das Gesellschaftsinteresse an der Verwirklichung des angestrebten Zwecks muss höher zu bewerten sein als das Interesse der vom Bezugsrecht ausgeschlossenen Aktionäre am Erhalt ihrer Rechtsposition[542]. Je schwerer der Eingriff in die Rechte der Aktionäre wiegt, desto gewichtiger muss das Interesse der Gesellschaft an der Kapitalerhöhung unter Bezugsrechtsausschluss sein[543]. Ein Bezugsrechtsausschluss ist demnach unzulässig, wenn im Rahmen einer Plausibilitätskontrolle festzustellen ist, dass geringfügigen Interessen der Gesellschaft schwerwiegende Nachteile der Aktionäre gegenüberstehen. Ein solcher Fall liegt beispielsweise vor, wenn die Aktien zu einem unangemessen niedrigen Preis ausgegeben werden. Je niedriger der Ausgabebetrag der jungen Aktien liegt, desto größer ist der Wertverlust, den die vom Bezugsrecht ausgeschlossenen Aktionäre infolge des Verwässerungseffekts am ihren Aktienbesitz erleiden[544].

---

538 BGHZ 71, S. 40 f.; Lutter, ZGR 1979, S. 401 f.

539 Brauer, AG 1993, S. 324, 332.

540 Ist der sich aus dem Erhöhungsbeschluss ergebende Ausgabebetrag oder der Mindestbetrag, unter dem die neuen Aktien nicht ausgegeben werden sollen, unangemessen niedrig, so können die vom Bezugsrecht ausgeschlossenen Aktionäre diesen Beschluss gemäß § 255 Abs. 2 AktG anfechten.

541 BGHZ 71, S. 40, 46; BGHZ 83, S. 319, 321; BGHZ 125, S. 239, 241.

542 Lutter, ZGR 1979; S. 400, 404; ders.; Lutter, in Kölner Komm. z. AktG, 2. Aufl. 1995, § 186 Rdn. 63; Hüffer, AktG, 7. Aufl. 2006, § 186 Rdn. 28; Schockenhoff, Gesellschaftsinteresse, S. 36; Füchsel, BB 1972, S. 1533, 1539; Zöllner, Schranken, S. 351 ff.

543 BGHZ 71, S. 4045; Hüffer, AktG, 7. Aufl. 2006, § 186 Rdn. 28.

544 Hefermehl/Bungeroth, in Geßler/Hefermehl/Eckardt/Kropff AktG 1988, § 186 Rdn. 116.

dddd. Grundsatz der Geeignetheit

Geeignetheit ist eine Komponente des Grundsatzes der Verhältnismäßigkeit. Das Prinzip der Verhältnismäßigkeit ist gewahrt, wenn der Bezugsrechtsausschluss geeignet ist, den angestrebten Zweck zu erreichen[545]. Vorausgesetzt wird hierbei, dass der Bezugsrechtsausschluss überhaupt zu einem Zweck erfolgt, also nicht willkürlich ergeht und dass die Verfolgung dieses Zwecks rechtlich zulässig ist. Die Beurteilung der Frage, ob dieses Merkmal erfüllt ist, dürfte in der Regel keine Schwierigkeiten aufwerfen, da keine Gesellschaft einen Bezugsrechtsausschluss planen wird, wenn dahinter nicht ein bestimmter Zweck steht und dieser damit auch erreicht werden kann[546].

bb. Türkisches Recht

Der Ausschluss des Bezugsrechts bildet einen der Kernbereiche der Kapitalerhöhung. Es handelt sich dabei um einen, wenn nicht den bedeutendsten, Teilaspekt der allgemeinen gesellschaftsrechtlichen Problematik des Minderheitenschutzes. Trotz der Dringlichkeit der Problematik des Bezugsrechtsausschlusses enthalten die gesellschaftsrechtlichen Vorschriften des türkischen Handelsgesetzes keine ausdrücklichen sachlichen Voraussetzungen für den Bezugsrechtsausschluss. Vergleicht man in diesem Zusammenhang die deutsche und türkische Rechtsprechung, so fällt auf, dass die obersten Richter in der Türkei von dem ihnen eingeräumten Ermessen zur Präjudizieraufgabe trotz mangelnder dogmatischer Hindernisse nur selten Gebrauch machen. Dieser Befund lässt sich durch eine Rechtsprechungsübersicht untermauern, die lediglich eine einschlägige Entscheidung des türkischen Obersten Gerichtshofes zu Tage bringt, aus der man jedoch nicht wirklich solide ableiten kann, welchen materiellen Voraussetzungen ein Bezugsrechtsausschluss unterliegt. In Ermangelung einschlägiger Regelungen und Rechtsprechung muss im türkischen Recht bei der Lösung der Probleme hinsichtlich des Bezugsrechtsausschlusses die allgemeinen Instrumente des Gesellschaftsrechts herangezogen werden. Als solches besitzt der Grundsatz der gleichmäßiger Behandlung zusammen mit dem Grundsatz von Treu und Glauben und dem Gebot der schonenden Rechtsausübung eine besondere Bedeutung.

---

545 EinhM, vgl. Lutter, in Kölner Komm. z. AktG, 2. Aufl. 1995, § 186 Rdn. 62; Hüffer, AktG, 7. Aufl. 2006, § 186 Rdn. 27.

546 Liebert, Bezugsrechtsausschluss, S. 91.

aaa. Grundsatz der gleichmäßigen Behandlung

Eine gewichtige Ansicht im türkischen Schrifttum[547] stellt als materielle Voraussetzung des Bezugsrechtsausschlusses auf den Grundsatz der gleichmäßigen Behandlung ab. Eine ausführliche Untersuchung über seine Bedeutung und seinen konkreten Inhalt steht für das türkische Recht freilich noch immer aus. Im Folgenden wird zunächst auf die Herleitung und Bedeutung des Gleichbehandlungsgrundsatzes sowie auf dessen Umfang und Grenzen eingegangen. Im Anschluss wird gezeigt, warum der Grundsatz der gleichmäßigen Behandlung der Aktionäre jedenfalls nicht für alle Fälle des Bezugsrechtsausschlusses als Grundlage der materiellen Beschlusskontrolle dienen kann.

aaaa. Begriff des Gleichbehandlungsgrundsatzes

Der Grundsatz der Gleichbehandlung besagt, dass jeder Aktionär unter gleichen Voraussetzungen ebenso zu behandeln ist wie die übrigen Aktionäre[548]. Dieses positive Gebot der Gleichbehandlung wird durch das negative Verbot „willkürlicher Ungleichbehandlung“ funktionalisiert. Eine willkürliche Ungleichbehandlung liegt vor, wenn es keinen sachlichen Grund für die Ungleichbehandlung gibt und ungleiche Voraussetzungen nicht vorhanden waren, d.h. (rechtlich zulässige) Ungleichheiten in der Satzung gestattet sind[549].

bbbb. Geltungsgrund des Gleichbehandlungsgrundsatzes

Trotz allgemeiner Anerkennung ist die Begründung des Gleichbehandlungsgrundsatzes umstritten. Im Folgenden soll kurz auf die wichtigsten Ansätze zur Begründung dieses Grundsatzes eingegangen werden.

(1) Wille der Beteiligten

Das am häufigsten vorgebrachte Argument zur Begründung des Gleichbehandlungsgrundsatzes im Verbandsrecht besteht darin, dass es dem zu unterstellenden Willen der Verbandsmitglieder entspricht, in Verbandsangelegenheiten nicht diskriminiert zu werden[550]. Daran anknüpfend soll eine Pflicht zur Gleichbehandlung nur dann in Frage stehen können, wenn eine Person oder Institution ihren eigenen Willen ohne Rück-

---

547 Tekinalp, in Poroy/Tekinalp/Çamoğlu, Ortaklıklar ve Kooperatif Hukuku, 8. Bası 2000, S. 716 Rdn. 1407; Pulaşlı, Şirketler Hukuku, 3. Bası 2001, S. 855 f.

548 Hüffer, AktG, 7. Aufl. 2006, § 53a Rdn. 6; Hefermehl/Bungeroth, in Geßler/Hefermehl/Eckardt/Kropf AktG 1988, § 53a Rdn. 8

549 G. Hueck, Der Grundsatz der gleichmäßigen Behandlung, S. 173 f, 182 f, 339 f; Zöllner, in Kölner Komm. zum AktG, 2. Aufl., §§ 243 Rdn. 147, 153.

550 Cohn, AcP 132 (1930), S. 139 ff.

sicht auf den Konsens der Betroffenen durchsetzen kann und ein kollektiver Bezug auf eine Gruppe davon vergleichbar betroffener Personen besteht[551]. Eine Gruppe ist dieser Auffassung nach jene Personenmehrheit, die durch ihr Selbstgefühl verbunden ist und sich als eine gleichwertige und deshalb gleich zu behandelnde Gruppe versteht[552]. Der Gleichheitssatz findet demnach Anwendung, wenn die Rechtsbeziehungen innerhalb einer Gruppe von einem anderen einseitig bestimmt werden können.

(2) Verstoß gegen das Rechtsgefühl

Der Überlegung, den Geltungsgrund aus dem zu unterstellenden Willen der Mitglieder nicht diskriminiert zu werden abzuleiten, stellt Wiedemann, der darin eher die Frage nach den Tatbestandvoraussetzungen des Gleichbehandlungsrundsatzes als die nach dem Geltungsgrund beantwortet sieht, entgegen, die Gründer und späteren Mitglieder eines Verbandes würden bei ihrem Beitritt wohl nicht daran denken, eine Erklärung abzugeben, dass sie im Verband nicht diskriminiert werden wollen, da sie dies für ohnehin selbstverständlich hielten. Rechtspsychologisch ließe sich das Gleichbehandlungsgebot jedenfalls damit erklären, dass es gegen das Rechtsgefühl verstoßen würde in einer Gesellschaft oder Körperschaft, der man freiwillig beigetreten ist, anders und schlechter behandelt zu werden als die übrigen Mitglieder[553].

(3) Bestehen eines Gemeinschaftsverhältnisses

Hueck führt den Gleichbehandlungsgrundsatz dagegen auf das Bestehen eines Gemeinschaftsverhältnisses zurück[554]. So sei der Zusammenhang zwischen Gemeinschaftsbindung und Gleichbehandlung, dass die Verbindung mehrerer Personen in einer privat-rechtlichen Gemeinschaft regelmäßig die gleichmäßige Behandlung der in vergleichbarer Position befindlichen Mitglieder mit sich bringt. Diese gegenseitige Verknüpfung ließe den Schluss zu, dass beim Bestehen eines Gemeinschaftsverhältnisses der aus dem Gerechtigkeitsgedanken abgeleitete Gleichbehandlungsgrundsatz im Rahmen privat-rechtlicher Beziehungen den Charakter eines rechtlich bindenden Gebotes annimmt.

(4) Notwendige Ausübungskontrolle der Verbandsmacht

Als Argument zur Begründung des Gleichbehandlungsgrundsatzes führt Müller-Erzbach die notwendige Ausübungskontrolle der Verbandsmacht an[555]. Er geht

551 Wiedemann, Gesellschaftsrecht, Band I, S. 428 f.
552 Wiedemann, Gesellschaftsrecht, Band I, S. 429.
553 Wiedemann, Gesellschaftsrecht, Band I, S.
554 G. Hueck, Der Grundsatz der gleichmäßigen Behandlung, S. 151 ff.
555 Müller-Erzbach, Das private Recht der Mitgliedschaft, S. 68 ff.

davon aus, dass allein eine verhältnismäßige Gleichbehandlung sowohl dem Interesse der Gemeinschaft als auch den Interessen der einzelnen Beteiligten entspricht und demnach zu rechtfertigen und des Rechtsschutzes würdig ist. Verdienste und Verfehlungen müssten unter dem Gesichtspunkt der Verhältnismäßigkeit gleichermaßen berücksichtigt werden. Im Verbandsleben sei das einzelne Mitglied demgemäß seinem Verdienst um den Verein und seinem mitgliedschaftlichen Interesse entsprechend zu behandeln. Habe sich eine Machtlage im Verband herausgebildet, die es ausschließe, dass gewisse rechtlich anerkannte Interessen von den Beteiligten selbst hinreichend wahrgenommen werden könnten, so sei dann ein schutzwürdiges Bedürfnis gegeben. Eben dieses schutzwürdige Bedürfnis begründe die Anwendung des Gleichbehandlungsgrundsatzes im Verbandsrecht, soweit es die gekennzeichnete Zwangslage erfordert.

(5) Zusammenfassung

Jede der oben vorgestellten Theorien enthält wichtige Elemente, die einen Teil des Ganzen darstellen. Fasst man sie zusammen, so wie bei einem Puzzle, wo erst bei der Betrachtung aller Teile das Gesamtbild ersichtlich wird, lässt sich Folgendes sagen: Der Geltungsgrund des Gleichbehandlungsgrundsatzes ist darin zu sehen, dass keine Person oder Institution ihren Willen ohne Rücksicht auf den Konsens der Betroffenen durchsetzen können darf, wenn ein kollektiver Bezug auf eine Gruppe davon vergleichbar betroffener Personen besteht, da dies dem zu unterstellenden Willen der Mitglieder eines Verbandes entspricht und ansonsten auch rechtspsychologisch gesehen gegen jedes Rechtsgefühl verstoßen würde.

cccc. Umfang und Grenzen des Gleichbehandlungsgrundsatzes

Nachdem der Geltungsgrund des Gleichbehandlungsgrundsatzes festgestellt wurde, fragt sich, wann bzw. unter welchen Voraussetzungen vom Gleichbehandlungsgrundsatz abgesehen werden kann.

(1) Verhältnis zur Vertragsfreiheit

Grundsätzlich gilt, dass der Grundsatz der Gleichbehandlung dispositiver Natur ist, soweit nicht die Schranke des § 138 BGB eingreift[556]. Aufgrund des im deutschen Recht herrschenden Prinzips der Vertragsfreiheit (§ 311 Abs. 1 BGB) können im Gesellschaftsvertrag Regelungen getroffen werden, die von dem Grundsatz

---

556 RGZ 151, S. 321, 326; BGH, in WM 1965, S. 1284, 1286; Ulmer, in MünchKomm. z. BGB, 5. Aufl. 2006, § 705 Rdn. 202; Eisenhardt, Gesellschaftsrecht, 13. Aufl., S. 140 Rdn. 234; Müller-Erzbach, Das private Recht der Mitgliedschaft, S. 77.

der Gleichbehandlung der Gesellschafter abweichen. Dies gilt allerdings nur, wenn die benachteiligten Gesellschafter selbst zustimmen, sich also mit der Schlechterstellung einverstanden erklären[557]. Die einzelnen Gesellschafter können demnach in eine sachlich nicht gebotene Vorzugsstellung eines Mitgesellschafters oder eine relative Verschlechterung ihrer eigenen Position einwilligen, solange der Kernbereich ihrer Mitwirkungsrechte dadurch nicht berührt wird[558]. Diese Einwilligung kann sowohl durch Zustimmung zur konkreten Vertragsgestaltung erteilt werden, als auch durch eine Mehrheitsklausel im Gesellschaftsvertrag, die der Mehrheit das Recht gibt, Vertragsänderungen in Abweichung vom Gleichbehandlungsgrundsatz zu beschließen[559]. Voraussetzung für die Wirksamkeit der letzteren ist die eindeutige Einbeziehung der fraglichen Regelungsgegenstände in ihren Anwendungsbereich und die vertragliche Bestimmung der Grenzen, innerhalb derer sich die Ungleichbehandlung durch Mehrheitsbeschluss halten muss[560].

(2) Überragende Belange

Belange, die das Gesetz als überragend bewertet oder eigene Belange des Verbandes können unter Umständen so überragend sein, dass sie einen Verstoß gegen das Gleichbehandlungsgebot rechtfertigen. Dies kann beispielsweise dann der Fall sein, wenn das Wohl der Gesellschaft es fordert[561].

(3) Verhältnis zu § 138 BGB

Eine lediglich auf das allgemeine Verbot der Sittenwidrigkeit gestützte Beschränkung der Mehrheitsmacht ist, wie bereits angesprochen, für die Eindämmung der Machtsausübung nicht ausreichend, weil der Rückgriff auf die Sittenwidrigkeit den der Minderheit gebührenden Rechtsschutz auf krasse Fälle eigensüchtigen Handelns der Mehrheit reduziert. Als Extremfall im Verbandsrecht kommt bezüglich der Sittenwidrigkeit eine grobe Ungleichbehandlung der Gesellschafter in Betracht[562]. Diese ist insbesondere dann gegeben, wenn die grobe Ungleichbehandlung der Gesellschafter unter Ausnutzung einer wirtschaftlichen Vormachtstellung oder des Vertrauens und der Unerfahrenheit des anderen Teils beruht[563]. Sittenwidrig sind

557 Eisenhardt, Gesellschaftsrecht, 13. Aufl., S. 140 Rdn. 234.
558 Ulmer, in MünchKomm. z. BGB, 5. Aufl. 2006, § 705 Rdn. 202; Eisenhardt, Gesellschaftsrecht, 13. Aufl., S. 140 Rdn. 234.
559 Ulmer, in MünchKomm. z. BGB, 5. Aufl. 2006, § 705 Rdn. 202.
560 Ulmer, in MünchKomm. z. BGB, 5. Aufl. 2006, § 705 Rdn. 202.
561 Müller-Erzbach, Das private Recht der Mitgliedschaft, S. 77.
562 Eisenhardt, Gesellschaftsrecht, 13. Aufl., S. 140 Rdn. 234.
563 Ulmer, in MünchKomm. zum BGB, 5. Aufl. 2006, § 705 Rdn. 134.

auch Vereinbarungen im Gesellschaftsvertrag, die einen Gesellschafter praktisch rechtlos stellen oder einer Knebelung gleichkommenden Bindungen unterwerfen[564].

(4) Schutzumfang

Ausgehend von der staatsrechtlichen Statuslehre, die auf Georg Jellineks Schrift „System der subjektiven öffentlichen Rechte" zurückgeht[565], lässt sich der Schutz des Gleichbehandlungsgrundsatzes in zwei Hauptaspekte gliedern: „status positivus" und „status negativus". Im ersten Fall gibt er dem einzelnen ein Anspruch auf Gleichbehandlung. Die zweite Möglichkeit beschreibt Abwehrrechte, die dem einzelnen zugestanden werden können. Diese können sich sowohl gegen die Bevorzugung einzelner Mitglieder bzw. gegen die Durchsetzung von Sondervorteilen richten, als auch gegen die ungleiche Beschneidung von Rechtspositionen, insbesondere gegen die Belastung mit Nachteilen, die nicht alle Mitglieder treffen[566].

dddd. Anwendung des Gleichbehandlungsgebots beim Ausschluss des Bezugsrechts

Auch wenn das Bezugsrecht zwingend vorgeschrieben ist, handelt es sich bei diesem Recht des Aktionärs nicht um ein absolutes Recht. Trotz seiner erheblichen Bedeutung kann das Bezugsrecht durch einen General-/Hauptversammlungsbeschluss ganz oder zum Teil ausgeschlossen werden. § 394 THG und § 186 Abs. 3 AktG gestatteten dies. Wird der General-/Hauptversammlungsbeschluss allerdings so ausgestaltet, dass das Bezugsrecht für bestimmte einzelne Aktien, für eine bestimmte Aktiengattung oder für verschiedene Aktien in verschiedenem Umfang ausgeschlossen wird, so führt dieser selektive Ausschluss zum Verteilungskonflikt in der Gesellschaft. Dieser Konflikt wird ein Problem des Minderheitenschutzes, wenn gerade die Minderheit von der Teilnahme an der Kapitalerhöhung ausgeschlossen wird[567]. Bei der Bekämpfung dieser Gefahr des Bezugsrechtsauschlusses für die Minderheitsaktionäre kommt dem Grundsatz der Gleichbehandlung, der aufgrund des allgemein verbindlichen Gerechtigkeitsgebots[568] zu den Grundlagen des allgemeinen Verbandsrechts gehört[569], erhebliche Bedeutung zu[570].

---

564 Ulmer, in MünchKomm. zum BGB, 5. Aufl. 2006, § 705 Rdn. 134.
565 Jellinek, System der subjektiven öffentlichen Recht, 2. Aufl. S. 86 ff., 94 ff.
566 K. Schmidt, Gesellschaftsrecht, 4. Aufl., S. 471.
567 Schockenhoff, Gesellschaftsinteresse, S. 3.
568 Rübsaamen, Minderheitenrechte, S. 203.
569 K. Schmidt, Gesellschaftsrecht, 4. Aufl., S. 609.
570 Ausführlich s. Schockenhoff, Gesellschaftsinteresse, S. 51 ff.

(1) Gleichbehandlung bei der Barkapitalerhöhung

Bei einer Barkapitalerhöhung ist es unerheblich, wer das neue Kapital aufbringt. Denn die Bareinlage dient in der Aktiengesellschaft in der Regel der Gewinnung von Eigenkapital[571]. Entsprechend richtet sich das Gesellschaftsinteresse nicht darauf, bestimmte Zeichner und spätere Aktionäre zu gewinnen, sondern liquide Mittel zu erhalten[572]. Deshalb ist eine ungleich Behandlung bei der Barkapitalerhöhung schwer vorstellbar. Allerdings kann eine Ungleichbehandlung der Aktionäre indirekt entstehen, wenn die im Zuge der Barkapitalerhöhung ausgegebenen neuen Aktien auf dem Kapitalmarkt platziert werden sollen. Werden durch die Platzierung Beteiligungsverhältnisse berührt, indem beispielweise ein Mehrheitsaktionär ein großes Aktienpaket erwirbt und somit seine Machtstellung in der Gesellschaft verfestigt und ausbaut, findet die ungleiche Behandlung über den Kapitalmarkt hinaus statt[573]. Deshalb ist bei der Platzierung neuer Aktien oder eigenkapitalbezogener Anleihen auf inländischen und internationalen Kapitalmärkten die Gleichbehandlung der Aktionäre nur dann vorstellbar, wenn die Aktien möglichst breit gestreut werden, sodass die bestehenden Beteiligungsverhältnisse nicht geändert werden[574].

(2) Gleichbehandlung bei der Sachkapitalerhöhung

Anders zu beurteilen ist die Rechtslage bei einer mit neuen Aktien oder kapitaleingezogenen Anleihen finanzierten Sacheinlage. Bei einer Sachkapitalerhöhung ist es möglich, dass die Aktionäre ungleich behandelt werden, wenn die die Sache einbringende Person ein bisheriger Aktionär der Aktiengesellschaft ist. Die Einringung einer Sache ist zwar ein sachlicher Grund für die Ungleichbehandlung, weil die Entscheidung darüber, welche Sacheinlage zu welchem Preis am günstigsten für die Gesellschaft ist, zur Autonomie der Gesellschaft gehört. Wenn aber damit bezweckt wird, die bestehenden Verhältnisse in der Zusammensetzung der Aktionäre zu ändern bzw. Sperrminderheiten zu unterdrücken, wird die Ungleichbehandlung unsachlich. Solche Zwecke sind nicht allein aus der Maßnahme heraus zu verstehen oder im Zuge einer pauschalen Anwendung

571 Wiedemann, in Großkomm. AktG, 4. Aufl. 1995, § 186 Rdn. 154.

572 Hirte, Bezugsrechtsausschluss, S. 59; Wiedemann, in Großkomm. AktG, 4. Aufl. 1995, § 186 Rdn. 154; Priester, Das gesetzliche Bezugsrecht bei der GmbH, in DB 1980, S. 1925, 1929.

573 S. Moroğlu, Bezugsrechtsausschluss im Spannungsfeld zwischen unternehmerischen Ermessen und Aktionärsschutz bei der Publikumsaktiengesellschaft, S. 169.

574 Martens, ZIP 1992, S. 1691.

des Gleichbehandlungsgrundsatzes abzulehnen. Eine auf das Verfahren bezogene bzw. eine „prozedurale Analyse“ ist erforderlich[575].

eeee. Gleichbehandlungsgrundsatz als Voraussetzung des Bezugsrechtsausschlusses?

Außer Zweifel steht, dass der Gleichbehandlungsgrundsatz beim Ausschluss des Bezugsrechts zu beachten ist. Er gebietet einem Bezugsrechtsausschluss Einhalt, der ohne sachlichen Grund einen Aktionär vor anderen Aktionären bevorzugt. Seine Bedeutung als Instrument zur Begrenzung der Mehrheitsmacht beim Ausschluss des Bezugsrechts ist allerdings gering, weil ähnlich wie beim Verbot sittenwidrigen Handelns nur Extremfälle erfasst werden können[576]. Auch wenn als Stärke des Gleichbehandlungsgrundsatzes zumeist die Objektivierbarkeit von Gleichbehandlung im Gegensatz zu den mitunter subjektiven Tatbestandsvoraussetzungen von Sitten- und Treuegebot hervorgehoben wird[577], bringt der Gleichbehandlungsgrundsatz gegenüber dem Sittengebot keine größere Rechtssicherheit mit sich, weil die Feststellung der Willkürgrenze ähnlich schwierig ist wie die Begrenzung der Sittenwidrigkeit[578]. Bindet man den Gleichbehandlungsgrundsatz streng an objektive Kriterien, greift er da ins Leere, wo zwar formale Gleichheit gewahrt wird, aber trotzdem einzelne Mitglieder geschädigt werden[579]. Hierher gehört insbesondere der Fall der bewussten Selbstschädigung der Mehrheit durch Veranlassung unvorteilhafter Geschäfte und gleichzeitiger Begünstigung eines Nichtmitglieds“[580]. Ein Paradebeispiel hierfür ist der Fall, wenn im Rahmen einer Kapitalerhöhung das Bezugsrecht der Aktionäre zugunsten eines Unternehmens ausgeschlossen wird, das mit einem Aktionär konzernrechtlich verbunden ist oder das geschäftliche Verbindung zu ihm unterhält, die auf einen Rückfluss von Vorteilen schließen lassen. In diesen Fällen wird eine Zurechnung der Vorteile des außenstehenden Dritten an den Aktionär vertreten[581]. Diese Auffassung lässt

575 S. Moroğlu, Bezugsrechtsausschluss im Spannungsfeld zwischen unternehmerischen Ermessen und Aktionärsschutz bei der Publikumsaktiengesellschaft, S. 170.

576 Roitzsch, Minderheitenschutz, S. 36.

577 Wiedemann, Gesellschaftsrecht, Band I, S. 426; Hirte, Bezugsrechtsausschluss, S. 15; Füchsel, BB 1972; S. 1532,1535;

578 Roitzsch, Minderheitenschutz, S. 34.

579 Wiedemann, Gesellschaftsrecht, S. 426.

580 Roitzsch, Minderheitenschutz, S. 36.

581 Schockenhoff, Gesellschaftsinteresse, S. 56: „Die Zurechnung erfolgt aufgrund der Feststellung, dass solche Zuwendungen eine der unmittelbaren Verteilung an den betreffenden Aktionär gleichkommende Wirkung zu Folge haben. Diese Feststel-

allerdings solche Fälle unberücksichtigt, in denen keine Zurechnung möglich ist. Auch in diesen Fällen soll der Ausschluss des Bezugsrecht aber einer sachlichen Rechtfertigung bedürfen[582]. Zudem ist der Gleichbehandlungsgrundsatz als Willkürverbot mit einem großen Unsicherheitsfaktor belastet, da eine Bewertung darüber, ob eine gesellschaftliche Maßnahme einzelne Mitglieder ungleich trifft, nahezu beliebig vorgenommen werden kann, weil er keine absolute Gleichbehandlung fordert, sondern nur die Unterlassung willkürlicher Differenzierung.

bbb. Grundsatz der schonenden Rechtsausübung

Ein weiteres Prinzip, das auf die Fälle von eingeschränkten oder ausgeschlossenen Bezugsrechten bei Kapitalerhöhungen anzuwenden ist, ist der Grundsatz der schonenden Rechtsausübung. Dieser nicht wörtlich im Gesetz verankerte Grundsatz ist ein Bestandteil des türkischen Aktienrechts und besagt, dass Beschlüsse der Mehrheit die Rechte der Minderheit nur insofern beeinträchtigen dürfen, als dass das im Interesse der Aktiengesellschaft verfolgte Ziel nicht auf eine für diese Minderheit weniger nachteilige Weise hätte erreicht werden können[583]. Jeder Eingriff in Aktionärsrechte muss demnach schonend erfolgen. Da der Ausschluss des Bezugsrechts in die Rechtstellung der Aktionäre erheblich eingreift, ist er nur dort zulässig, wo er ein angemessenes Mittel zu einem gerechtfertigten Zweck darstellt, also nicht unsachlich ist[584].

ccc. Grundsatz von Treu und Glauben und Rechtsmissbrauchsverbot

Bei dem Grundsatz von Treu und Glauben handelt es sich um ein aus Art. 2 Abs. 1 TZG[585] hergeleitetes Prinzip. Unter diesem Prinzip wird allgemein verstanden, dass jeder, der am Rechtsleben teilnimmt, zu seinem Wort und zu seinem Verhalten zu stehen hat und sich nicht ohne triftigen Grund in Widerspruch zu dem setzen darf, was er früher vertreten hat und worauf andere vertraut haben[586]. Der Grundsatz von Treu und Glauben gilt vor allem für das Schuldrecht und betrifft

---

lung kann leicht fallen, z. B. dann, wenn nach einem Ausschluss des Bezugsrechts die neuen Aktien einem Unternehmen angeboten werden, das von einem Aktionär abhängig ist.“.

582 Liebert, Der Bezugsrechtsausschluss bei Kapitalerhöhungen von Aktiengesellschaften, S. 64 f.

583 Vgl. von Planta, Der Schutz der Aktionäre bei der Kapitalerhöhung, S. 92.

584 BGE 95 II 162 ff..

585 Nach Art. 2 Abs. 1 THG hat jedermann in der Ausübung seiner Rechte und in der Erfüllung seiner Pflichten nach Treu und Glauben zu handeln.

586 Vgl. VwGH 15.3.2001, 2001/16/0063.

Fragen der korrekten Erfüllung der geschuldeten Leistung, untersagt aber über das Schuldrecht hinaus generell missbräuchliche Rechtsausübung. Eine gegen den Grundsatz von Treu und Glauben verstoßende Rechtsausübung oder Ausnutzung einer Rechtslage ist wegen der darin liegenden Rechtsüberschreitung unzulässig (Art. 2 Abs. 2 TZG). Welche Anforderungen sich aus Treu und Glauben ergeben, lässt sich nur unter Berücksichtigung der Umstände des Einzelfalles entscheiden.

Der Grundsatz von Treu und Glauben findet auch beim Bezugsrechtsausschluss Anwendung. Dies ergibt sich aus einer Entscheidung des Obersten Gerichtshofes vom 01.01.1966[587], in der er die Statthaftigkeit des Bezugsrechtes im Lichte des Grundsatzes von Treu und Glauben geprüft hat. Bei dem zu entscheidenden Fall handelte es sich um die Klage eines Aktionärs, der wegen mangelnder Liquidität sein Bezugsrecht nicht ausüben konnte. Seine Klage begründete er damit, er sei durch Kapitalerhöhung in seinen wohlerworbenen Rechten verletzt. Der Oberste Gerichtshof wies die Klage mit Hinweis auf die Regelungen über wohlerworbene Rechte zurück und stellte sich auf den Standpunkt, der Kläger sei nicht in seiner wirtschaftlichen Stellung, sondern allein in seinen konkreten Rechten geschützt; diese seien aber gewahrt, stehe dem Kläger doch gleich allen anderen Aktionären das Bezugsrecht zu. Dazu führte der für das Gesellschaftsrecht zuständige 11. Senat des Obersten Gerichtshofs aus: „Auch wenn Art. 385 Abs. 2 THG wohlerworbene Rechte als Rechte definiert, die nach den Bestimmungen des Gesetzes oder der Satzung der Beschlussfassung der Generalversammlung und des Verwaltungsrates entzogen sind oder sich aus dem Teilnahmerecht an den Tagungen der Generalversammlung ergeben, insbesondere Rechte wie die Mitgliedschaft, das Stimmrecht, das Recht auf Erhebung der Anfechtungsklage, das Dividendenbezugsrecht und das Recht auf Beteiligung am Liquidationserlös, kann nicht angenommen werden, dass all diese Rechte unbeschränkt und absolut sind. Sonst würde bei jeder Erhöhung des Grundkapitals durch Ausgabe neuer Aktien eine Verletzung der wohlerworbenen Rechte in Betracht kommen. Das (Handels)gericht hat insoweit zu Unrecht angenommen, dass bei unterbleibender Ausübung des Bezugsrechts eine Verletzung der wohlerworbenen Rechte der Aktionäre vorläge. Die Aktionäre, die nicht in der Lage sind, die neuen Geschäftsanteile zu übernehmen, könnten durch die Veräußerung ihrer Bezugsrechte ihren durch die Kapitalerhöhung entstandenen Vermögensnachteil auszugleichen versuchen. Es sei nicht akzeptabel, die Erhöhung des Grundkapitals einer Aktiengesellschaft vom Willen oder Zustand einer Minderheit bzw. eines einzelnen Aktionärs abhängig zu machen. Dies würde nach Ansicht des Obersten Gerichtshofs nicht

587 Yargıtay 11. HD., 6.1.1966, E. 2583/K. 57, in Batider 1967, S. 3547.

zum Schutz der Minderheit beitragen, sondern eher dazu führen, die Rechte der Mehrheit und sogar die Wirtschaft des Landes dem Willen eines Einzelnen unterzuordnen.

Wie der Oberste Gerichtshof richtig feststellt, hat der Aktionär weder ein wohlerworbenes Recht auf Beibehaltung der Höhe des Aktienkapitals noch ein Recht darauf, dass der innere Wert der bisherigen Aktien beibehalten bleibt. Er muss grundsätzlich eine per Mehrheitsbeschluss gewollte Kapitalerhöhung dulden. Ihm steht also kein Recht zu, die Kapitalerhöhung anzufechten, auch wenn er wegen zu wenig Vermögen das Bezugsrecht faktisch gar nicht ausüben kann. Unzulässig wäre aber angesichts der tatsächlichen Auswirkungen der konkreten Kapitalerhöhung das alleinige Abstellen auf das Bezugsrecht. Das Bezugsrecht der Altaktionäre war im konkreten Fall formell zwar gewahrt. Seine Ausübung war jedoch wesentlich erschwert, wenn nicht verunmöglicht, da die Ausgabebedingungen der neuen Aktien so gestaltet waren, dass der Kläger einen kaum tragbaren finanziellen Aufwand hätte auf sich nehmen müssen, um eine massive Kapitalverwässerung zu vermeiden, da die neuen Aktien zum Nennwert, also unter ihrem inneren Wert, ausgegeben wurden. Werden neue Aktien unter dem inneren Wert der alten Aktien ausgegeben, führt dies zu einer Verwässerung des Substanzwertes der alten Aktien, da sich eine größere Anzahl Aktien in das verhältnismäßig weniger zunehmende Vermögen der Gesellschaft teilen lässt. Das Vorgehen der Beklagten bewirkte daher einen faktischen Bezugsrechtsausschluss, der vom Gebot der schonenden Rechtsausübung erfasst wird. Dieses hätte verlangt, dass zur Erreichung eines an sich legitimen Ziels derjenige Weg gewählt wird, der für den Kläger den geringsten Nachteil mit sich bringt. Es scheint daher angesichts der Tragweite des Kapitalerhöhungsbeschlusses für überstimmte Minderheitsaktionäre ungerechtfertigt, dass bei der richterlichen Überprüfung dieses Beschlusses auf eine eingehende Prüfung des Gebots schonender Rechtsausübung gänzlich verzichtet werden kann. Insofern hätte der Oberste Gerichtshof damals prüfen müssen, ob die Beeinträchtigung der Minderheitsaktionäre nicht dadurch hätte entschärft werden können, dass zumindest in finanzieller Hinsicht keine Benachteiligung entsteht. Der Ausgabekurs der neuen Aktien hätte also so gewählt werden müssen, dass der Ausgabepreis nicht unter dem inneren Wert der bisherigen Aktien liegt.

cc. Ergebnis

Im deutschen und türkischen Recht wird bei der Kapitalerhöhung einer Aktiengesellschaft jedem Aktionär auf Basis seines Anteils am bisherigen Grundkapital ein Bezugsrecht auf die neuen Aktien gewährt, so dass er nach der Kapitalerhöhung mit dem gleichen Anteil am Unternehmen beteiligt ist. Allerdings handelt es sich beim Bezugsrecht nicht um ein absolutes Recht des Aktionärs, auch wenn dieses Recht des Aktionärs in beiden Rechtsordnungen zwingend vorgeschrieben ist. Das Bezugsrecht darf grundsätzlich ausgeschlossen werden. Die Beseitigung des Bezugsrechts stört hierbei die Balance zwischen dem Interesse der Aktiengesellschaft an einer Verstärkung ihres Eigenkapitals durch Kapitalerhöhung und dem Interesse des Aktionärs auf die Substanzhaltung seines Anteils und bietet Raum für willkürliche Schädigungen und Ausplünderungen der Aktionäre. Es besteht einerseits die Verwässerungsgefahr, die vorliegt, wenn der Ausgabekurs der neuen Aktien und damit die Einlage der Neu-Aktionäre geringer ist, als der anteilige Wert der so erworbenen Aktien. Außerdem führt eine Kapitalerhöhung unter Bezugsrechtsausschluss der Altaktionäre zu einer Veränderung der Stimmrechtsanteile. Der Ausschluss des Bezugsrechts ist gemäß § 186 Abs. 4 Satz 1. AktG nur zulässig, wenn der beabsichtigte Ausschluss ausdrücklich und ordnungsgemäß in der Tagesordnung der Hauptversammlung bekannt gemacht worden ist (§ 186 Abs. 4 Satz 1 AktG). Außerdem bedarf der Hauptversammlungsbeschluss über den Bezugsrechtsausschluss zwingend einer Mehrheit von mindestens drei Viertel des bei der Beschlussfassung vertretenen Grundkapitals (§ 186 Abs. 3 Satz 2 AktG). Schließlich hat der Vorstand der Hauptversammlung einen schriftlichen Bericht über den Grund für den teilweisen oder vollständigen Ausschluss des Bezugsrechts vorzulegen und den vorgeschlagenen Ausgabebetrag zu begründen (§ 186 Abs. 4 Akt Satz 2 und 3 AktG). Ein eingehender Bericht über die Gründe des Bezugsrechtsauschluss ist deshalb notwendig, da die Aktionäre nur durch einen ausführlichen Bericht in die Lage versetzt werden können, die Interessen der Gesellschaft an einer Kapitalerhöhung mit Ausschluss des Bezugsrecht gegenüber anderen Alternativen zu bewerten, die Nachteile für die ausgeschlossenen Aktionäre zu erkennen und beides gegeneinander abzuwägen.

Im türkischen Recht darf eine Beschlussfassung über Ausschluss des Bezugsrechts nur erfolgen, wenn die Ausschließungsabsicht zuvor in der Tagesordnung der Generalversammlung bekannt gemacht worden ist. Der Beschluss ist im Rahmen des Kapitalerhöhungsbeschusses zu fassen und bedarf einer qualifizierten Mehrheit.

Nach dem Wortlaut dieser gesetzlichen Regelungen in beiden Ländern könnte man annehmen, dass die Mehrheit das Bezugsrecht aus ganz beliebigen Gründen ausschließen könnte. Erlaubt man einer qualifizierten Mehrheit, nach ihrem Belieben ohne weiteres in die mitgliedschaftlichen Interessen und den Vermögensinteressen der Altaktionäre einzugreifen, so entbehrt dies einer rechtlichen Grundlage. Das deutsche bzw. türkische Gesetz erlaubt zwar der qualifizierten

Mehrheit diesen Eingriff in die Mitgliedschaft durch Bezugsrechtsausschluss. Daraus kann jedoch nicht geschlossen werden, dass damit jeder Ausschluss a priori gestattet sei. Nach dem Kali & Salz-Urteil des Bundesgerichtshofs vom 13. März 1978 kann das Bezugsrecht der Aktionäre nur dann ausgeschlossen werden, wenn dies bei gebührender Berücksichtigung der Folgen für die vom Bezugsrecht ausgeschlossenen Aktionäre durch sachliche Gründe im Interesse der Gesellschaft gerechtfertigt ist. Das Mittel der rechtlichen Bindung der Organtätigkeit der Aktiengesellschaft an das Gesellschaftsinteresse erfüllt hierbei die Funktion der Gewährleistung der gesellschaftlichen Zweckerfüllung im Interesse der Gesellschafter. Die Prüfung dieser sachlichen Wirksamkeitsvoraussetzung schließt eine Abwägung der Gesellschafts- und Aktionärsinteressen und der Verhältnismäßigkeit von Mittel und Zweck ein.

Während die deutsche Lehre und Rechtsprechung im Laufe der Zeit materielle Kriterien für die Mehrheitsentscheidungen beim Bezugsrechtsausschluss entwickelt haben, ist in der Türkei eine eher mäßige Entwicklung zu verzeichnen. Die türkische Rechtsprechung hält nur solche Bezugsrechtsausschlüsse für unzulässig, die gegen den Grundsatz von Treu und Glauben verstoßen. Als eine weitere Voraussetzung des Bezugsrechtsausschluss wird im türkischen Schrifttum auf den Grundsatz der gleichmäßigen Behandlung abgestellt. Eine lediglich auf diese allgemeinen Grundsätze gestützte Beschränkung der Mehrheitsmacht ist für die Eindämmung der Machtsausübung jedoch nicht ausreichend. Diese Grundsätze verbieten zwar eine Ungleichbehandlung bzw. Rechtsausübung ohne sachlichen Grund. Diese Formel bleibt allerdings eine Leerformel, solange eine Aussage über den sachlichen Grund fehlt. Um einer willkürlichen Differenzierung beim Bezugsrechtsausschluss entgegen zu treten, müssen die im deutschen Recht von der Rechtsprechung entwickelten Grundsätze in das türkische Recht Eingang finden.

Kapitel 3: Bedingte Kapitalerhöhung

Die bedingte Kapitalerhöhung stellt ein flexibles Kapitalbeschaffungsmittel der Aktiengesellschaft dar, das ihr die Befriedigung eines in seiner Höhe bei der Beschlussfassung noch nicht definitiv feststehenden Kapitalbedarfs ermöglicht. Hier beschließt die Hauptversammlung eine Erhöhung des Grundkapitals, die jedoch nur insoweit durchgeführt werden soll, wie von einem Umtausch- oder Bezugsrecht Gebrauch gemacht wird, das die Gesellschaft auf die neuen Aktien (Bezugsaktien) einräumt. Sie dient dazu, Dritten Umtausch- oder Bezugsrechte auf Aktien einzuräumen. Ob und wann diese Rechte ausgeübt werden, bleibt unbestimmt. Dabei ist zu beachten, dass die bedingte Kapitalerhöhung nur für bestimmte Zwecke zulässig ist, nämlich zur Einräumung von Umtausch- und Bezugsrechten für Gläubiger von Wandelanleihen bzw. Wandelgenussrechten, zur Vorbereitung von Unternehmenszusammenschlüssen und zur Gewährung von Bezugsrechten an Arbeitnehmer und Mitglieder der Geschäftsführung der Gesellschaft oder eines verbundenen Unternehmens. Praktische Bedeutung hat das bedingte Kapital auch im Zusammenhang mit Stock-Options-Programmen. Da das türkische Handelsgesetz diese im deutschen Aktienrecht verankerte Sonderform der Kapitalerhöhung nicht kennt und es mithin an einer Grundlage für einen Vergleich fehlt, soll im Folgenden die bedingte Kapitalerhöhung nach §§ 192 ff. AktG lediglich in ihren Grundzügen dargestellt werden, ohne auf die Einzelheiten einzugehen.

I. Funktion des bedingten Kapitals

Die bedingte Kapitalerhöhung soll eine bedarfsabhängige Kapitalbeschaffung ermöglichen, die nur insoweit durchgeführt wird, als tatsächlich junge Aktien zur Bedienung von Umtausch- und Bezugsrechten benötigt werden. Sie dient einerseits dem Interesse der Inhaber von Umtausch- und Bezugsrechten, bereits unmittelbar nach der Ausübung ihrer vertraglichen Rechte die versprochenen Aktien rechtsicher zu erhalten. Andererseits hat auch die Gesellschaft ein Interesse daran, über eine einfache, kostengünstige und effiziente Form der Kapitalerhöhung zu verfügen[588]. Zwar können die in § 192 Abs. 2 AktG normierten Zwecke auch mit einer ordentlichen Kapitalerhöhung (§§ 182 ff. AktG) oder einem geneh-

588 Fuchs, in MünchKomm. z. AktG, 2. Aufl. 2005, § 192 Rdn. 11; Veil, in K. Schmidt/Lutter (Hrsg.) AktG, 2008, § 192 Rdn. 4.

migten Kapital (§§ 202 ff. AktG) verfolgt werden. Doch trägt nur das Verfahren der bedingten Kapitalerhöhung treffsicher dem Aspekt Rechnung, dass die Realisierung der Umtausch- und Bezugsrechte zum Zeitpunkt der Beschlussfassung der Hauptversammlung regelmäßig ungewiss ist[589].

II. Beschluss über die bedingte Erhöhung des Grundkapitals

A. Beschlussfassung

1. Zuständigkeit

Nach § 192 Abs. 1 AktG kann die Hauptversammlung eine Erhöhung des Grundkapitals beschließen, die nur insoweit durchgeführt werden soll, wie von einem Umtausch- oder Bezugsrecht Gebrauch gemacht wird, das die Gesellschaft auf die neuen Aktien (Bezugsaktien) einräumt. Diese Vorschrift, die eine Legaldefinition der bedingten Kapitalerhöhung und der Bezugsaktien enthält, setzt für die Schaffung eines bedingten Kapitals einen Beschluss der Hauptversammlung voraus. Der vom Gesetz verlangte Hauptversammlungsbeschluss schafft die Grundlage zur Schaffung neuer Mitgliedschaften. Auch wenn diese erst mit der Ausgabe der Bezugsaktien an die Berechtigten entstehen (§ 200 AktG), stellt bereits der Beschluss der Hauptversammlung eine Satzungsänderung dar[590]. Da jede Satzungsänderung gemäß § 179 Abs. 1 Satz 1 AktG eines Beschlusses der Hauptversammlung bedarf, ist für die bedingte Kapitalerhöhung allein die Hauptversammlung zuständig. Eine unmittelbare Delegation der Entscheidung über die Schaffung des bedingten Kapitals an die Verwaltung ist nicht möglich[591]. Daran hat auch die Neufassung des § 192 Abs. 2 Satz 3 AktG durch das KonTraG nichts geändert. Denn anders als beim genehmigten Kapital bezieht sich die dort erwähnte Möglichkeit eines Ermächtigungsbeschlusses nicht auf die Entscheidung über die Durchführung der Kapitalerhöhung als solche, sondern auf die Entscheidung über die Einräumung der Umtausch- oder Bezugsrechte an den von der Hauptversammlung bestimmten Kreis der Bezugsberechtigten[592].

---

589 Lutter, in Kölner Komm. z. AktG, 2. Aufl. 1995, § 192 Rdn. 25, Fuchs, in MünchKomm. z. AktG, 2. Aufl. 2005, § 192 Rdn. 4 f.; Veil, in K. Schmidt/Lutter (Hrsg.) AktG, 2008, § 192 Rdn. 4.

590 Fuchs, in MünchKomm. z. AktG, 2. Aufl. 2005, § 192 Rdn. 17; Krieger, in MünchHdb AG, Bd. IV, 2. Aufl. 1999, § 57 Rdn. 11.

591 Fuchs, in MünchKomm. z. AktG, 2. Aufl. 2005, § 192 Rdn. 18; Krieger, in MünchHdb AG, Bd. IV, 2. Aufl. 1999, § 57 Rdn. 11.

592 Fuchs, in MünchKomm. z. AktG, 2. Aufl. 2005, § 192 Rdn. 18.

2. *Mehrheitserfordernisse*

Der Beschluss über die bedingte Kapitalerhöhung bedarf einer Mehrheit, die mindestens drei Viertel des bei der Beschlussfassung vertretenen Grundkapitals umfasst (§ 193 Abs. 1 Satz 1 AktG). Die Satzung kann eine größere Kapitalmehrheit und weitere Erfordernisse bestimmen (§ 193 Abs. 1 Satz 2 AktG), anders als bei der ordentlichen Kapitalerhöhung jedoch keine kleinere Kapitalmehrheit[593]. Der Grund hierfür ist, dass die bedingte Kapitalerhöhung kein Bezugsrecht der Altaktionäre kennt[594]. Der Nennbetrag des bedingten Kapitals darf grundsätzlich die Hälfte des Grundkapitals, das zum Zeitpunkt der Beschlussfassung im Handelsregister eingetragen ist, nicht übersteigen (§ 192 Abs. 3 AktG). Eine andere Grenze gilt im Falle der Einräumung von Bezugsrechten zugunsten der Arbeitnehmer bzw. der Geschäftsführung. In diesem Fall darf der zehnte Teil des Grundkapitals nicht überschritten werden (§ 192 Abs. 3 AktG). Aus § 193 Abs. 1 Satz 3 AktG i.V.m. § 182 Abs. 2 AktG folgt, dass bei Vorhandensein mehrerer stimmberechtigter Aktiengattungen der Beschluss der Hauptversammlung über die bedingte Kapitalerhöhung zu seiner Wirksamkeit der Zustimmung der Aktionäre jeder Gattung durch einen mit qualifizierter Mehrheit zu fassenden Sonderbeschluss bedarf. Sind stimmrechtslose Vorzugsaktien ausgegeben, ist § 141 AktG zu beachten. Danach ist ein Sonderbeschluss der stimmrechtslosen Vorzugsaktionäre bei einer bedingten Kapitalerhöhung nur erforderlich, wenn neue Vorzugsaktien emittiert werden sollen, die bei der Verteilung des Gewinns oder des Gesellschaftsvermögens den existierenden Vorzugsaktien vorgehen oder gleichgestellt werden sollen (§ 141 Abs. 2 Satz 1 AktG).

3. *Ausdrückliche Ankündigung*

Da die bedingte Kapitalerhöhung eine Satzungsänderung erfordert, muss auch hier die beabsichtigte Erhöhung ausdrücklich und fristgemäß angekündigt werden. Dies gilt auch für die etwa gemäß § 182 Abs. 3 AktG erforderliche gesonderte Abstimmung, falls mehrere Aktiengattungen vorhanden sind.

---

593 Krieger, in MünchHdb AG, Bd. IV, 2. Aufl. 1999, § 57 Rdn. 11; Veil, in K. Schmidt/Lutter (Hrsg.) AktG, 2008, § 193 Rdn. 2.

594 Lutter, in Kölner Komm. z. AktG, 2. Aufl. 1995, § 193 Rdn. 2; Fuchs, in MünchKomm. z. AktG, 2. Aufl. 2005, § 193 Rdn. 3; Hüffer, AktG, 7. Aufl. 2006, § 193 Rdn. 2; Veil, in K. Schmidt/Lutter (Hrsg.) AktG, 2008, § 193 Rdn. 2.

B. Inhalt des Beschlusses

Der Kapitalerhöhungsbeschluss muss eine Reihe zwingend vorgeschriebener Festsetzungen erhalten, die im Folgenden kurz erläutert werden.

1. Allgemeine Anforderungen

Aus dem Hauptversammlungsbeschluss muss hervorgehen, dass das Kapital bedingt erhöht werden soll. Ferner hat er die Anweisung an den Vorstand zu enthalten, die Umtausch- oder Bezugsrechte einem bestimmten Personenkreis zu gewähren[595]. Auch der Betrag der Kapitalerhöhung ist im Beschluss ziffernmäßig anzugeben. Dies ist der Höchstbetrag, bis zu welchem das Grundkapital durch Ausgabe von Bezugsaktien erhöht werden kann[596]. Dabei darf der Nennbetrag des bedingten Kapitals nicht höher sein als die Hälfte des Grundkapitals, welches zur Zeit der Beschlussfassung vorhanden ist (§192 Abs. 3 Satz 1 AktG). Außerdem sind auch Art (Inhaber- oder Namensaktie) und Gattung der neuen festzulegen, soweit diese Fragen nicht schon in der Satzung für die Ausgabe jünger Aktien mitgeregelt sind[597]. Sind verschiedene Aktiengattungen vorhanden oder sollen verschiedene Aktiengattungen geschaffen werden, sind die Gattungen der neuen Aktien und die Aktiennennbeträge bzw. bei Stückaktien die Zahl der Aktien der einzelnen Gattungen anzugeben (§ 23 Abs. 3 Nr. 4 AktG).

2. Zweck der bedingten Kapitalerhöhung

Im Kapitalerhöhungsbeschluss ist der Zweck der bedingten Kapitalerhöhung zu nennen (§193 Abs. 2 Nr. 1 AktG). Der Sinn und Zweck dieser Anforderung liegt in dem Schutz der Aktionäre, die zumindest schlagwortartig darüber informiert werden, aus welchen Gründen die Gesellschaft Eigenkapital generieren will und sich eine Verwässerung der Altaktien realisieren könnte[598]. Sollen die neuen Aktien zur Bedienung von Bezugsrechten aus Wandelschuldverschreibungen geschaffen werden, so genügt es, hinsichtlich des Zwecks der bedingten Kapital-

595 Lutter, in Kölner Komm. z. AktG, 2. Aufl. 1995, § 192 Rdn. 23; Fuchs, in MünchKomm. z. AktG, 2. Aufl. 2005, § 193 Rdn. 7; Hüffer, AktG, 7. Aufl. 2006, § 193 Rdn. 4; Veil, in K. Schmidt/Lutter (Hrsg.) AktG, 2008, § 193 Rdn. 4.

596 Die Angabe eines Mindestbetrags ist zwar zulässig, kommt aber kaum in Frage vgl. hierzu Krieger, in MünchHdb AG, Bd. IV, 2. Aufl. 1999, § 57 Rdn. 14;

597 Fuchs, in MünchKomm. z. AktG, 2. Aufl. 2005, § 193 Rdn. 7; Veil, in K. Schmidt/Lutter (Hrsg.) AktG, 2008, § 193 Rdn. 4.

598 Fuchs, in MünchKomm. z. AktG, 2. Aufl. 2005, § 193 Rdn. 9; Veil, in K. Schmidt/Lutter (Hrsg.) AktG, 2008, § 193 Rdn. 6.

erhöhung auf den gemäß § 221 zu fassenden Hauptversammlungsbeschluss Bezug zu nehmen, wenn dieser in derselben Hauptversammlung gefasst wird[599]. Bei einer Kapitalerhöhung zwecks Vorbereitung eines Unternehmenszusammenschlusses ist es erforderlich, das Unternehmen konkret zu benennen[600]. Außerdem ist die Art des ins Auge gefassten Zusammenschlusses anzugeben[601].

3. *Kreis der Umtausch- und Bezugsberechtigten*

Auch der Kreis der Umtausch- und Bezugsberechtigten muss im Hauptversammlungsbeschluss festgestellt werden (§ 193 Abs. 2 Nr. 2 AktG). Dabei ist es nicht erforderlich, sie namentlich zu benennen. Es genügt vielmehr, einen bestimmten Personenkreis anzugeben[602]. So genügt es beispielweise, die Schuldverschreibungen anzugeben, deren Inhaber Bezugs- oder Umtauschrechte erhalten. Steht ein Unternehmenszusammenschluss zur Debatte, ist außer der Angabe des Unternehmens der Kreis der Gesellschafter, die ein Bezugs- oder Umtauschrecht erhalten sollen, zu bestimmen. Bei der Ausgabe von Arbeitnehmeraktien genügt der Hinweis, dass die Bezugsrechte den gewinn-beteiligten Arbeitnehmern zustehen sollen[603].

4. *Ausgabebetrag*

Ferner müssen der Ausgabebetrag oder die Grundlagen, nach denen dieser Betrag errechnet wird, im Beschluss festgestellt werden (§ 193 Abs. 2 Nr. 3 AktG). Der Ausgabebetrag darf bei Nennbetragsaktien nicht unter dem Nennbetrag, bei Stückaktien nicht unter dem anteiligen Betrag des Grundkapitals der neuen Aktien liegen (§ 9 Abs. 1 AktG). Bei Ausgabe von Wandelanleihen/-genussrechten ist festzusetzen, in welchem Verhältnis und gegebenenfalls unter welchen baren Zuzahlungen die Schuldverschreibungen gegen Akti-

---

599 Fuchs, in MünchKomm. z. AktG, 2. Aufl. 2005, § 193 Rdn. 10.

600 Veil, in K. Schmidt/Lutter (Hrsg.) AktG, 2008, § 193 Rdn. 6; Krieger, in MünchHdb AG, Bd. IV, 2. Aufl. 1999, § 57 Rdn. 15.

601 Lutter, in Kölner Komm. z. AktG, 2. Aufl. 1995, § 193 Rdn. 8; Hüffer, AktG, 7. Aufl. 2006, § 193 Rdn. 5; Fuchs, in MünchKomm. z. AktG, 2. Aufl. 2005, § 193 Rdn. 10; Veil, in K. Schmidt/Lutter (Hrsg.) AktG, 2008, § 193 Rdn. 6; Krieger, in MünchHdb AG, Bd. IV, 2. Aufl. 1999, § 57 Rdn. 15.

602 Veil, in K. Schmidt/Lutter (Hrsg.) AktG, 2008, § 193 Rdn. 7; Krieger, in MünchHdb AG, Bd. IV, 2. Aufl. 1999, § 57 Rdn. 16.

603 Veil, in K. Schmidt/Lutter (Hrsg.) AktG, 2008, § 193 Rdn. 7; Krieger, in MünchHdb AG, Bd. IV, 2. Aufl. 1999, § 57 Rdn. 16.

en umzutauschen sind[604]. Dabei ist es zulässig, dass der Gesamtnennbetrag der umzutauschenden Schuldverschreibungen hinter dem Mindestnennbetrag der zu gewährenden Aktien zurückbleibt (§199 Abs. 2 Satz 2 AktG). Bei Optionsanleihen/-genussrechten ist außer dem Bezugsverhältnis festzulegen, zu welchem Kurs die neuen Aktien bezogen werden können[605]. Stehen der Bezugskurs oder das Umtauschverhältnis noch nicht genau fest, genügt es, die Grundlagen der Berechnung anzugeben[606].

5. *Festlegungen eines Aktienoptionsprogramms*

Bei Schaffung eines bedingten Kapitals für Aktienoptionsprogramme nach § 192 Abs. 2 Nr. 3 AktG sind gemäß § 193 Abs. 2 Nr. 4 AktG auch die Aufteilung der Bezugsrechte auf Mitglieder der Geschäftsführungen und Arbeitnehmer, Erfolgsziele, Erwerbs- und Ausübungszeiträume und Wartezeit für die erstmalige Ausübung festzustellen. Hinsichtlich der Wartezeit sieht das Gesetz eine Mindestdauer von zwei Jahren vor. Damit soll die langfristige Anreizwirkung von Aktienoptionen gewährleistet werden[607]. Enthält der Beschluss keine weitere Vorgaben, steht es im Ermessen des für die Vergütung zuständigen Organs (entweder Vorstands oder Aufsichtsrats) ergänzende oder konkretisierende Bestimmungen zum Aktienoptionsprogramm zu treffen[608]. In Betracht kommen in erster Linie Mindesthaltefristen und Bindungsfristen für Mitarbeiter. Ferner sind Fragen der technischen Abwicklung, das Verfahren der Zeichnung und Ausübung, Fragen der Einrichtung eines „Stock-Option"-Kontos mit Depot, die Bankprovisionen, etwaige Anpassungen bei zwischenzeitlichen Kapitalerhöhungen, die Unübertrag-

---

604 Fuchs, in MünchKomm. z. AktG, 2. Aufl. 2005, § 193 Rdn. 12; Lutter, in Kölner Komm. z. AktG, 2. Aufl. 1995, § 193 Rdn. 11, Bungeroth, in Geßler/Hefermehl/Eckardt/Kropf AktG 1988, § 193 Rdn. 13; Krieger, in MünchHdb AG, Bd. IV, 2. Aufl. 1999, § 57 Rdn.17; Hüffer, AktG, 7. Aufl. 2006, § 193 Rdn. 6.

605 Fuchs, in MünchKomm. z. AktG, 2. Aufl. 2005, § 193 Rdn. 12; Lutter, in Kölner Komm. z. AktG, 2. Aufl. 1995, § 193 Rdn. 12; Veil, in K. Schmidt/Lutter (Hrsg.) AktG, 2008, § 193 Rdn. 8.

606 Bungeroth, in Geßler/Hefermehl/Eckardt/Kropf AktG 1988, § 193 Rdn. 14; Lutter, in Kölner Komm. z. AktG, 2. Aufl. 1995, § 193 Rdn. 12; Hüffer, AktG, 7. Aufl. 2006, § 193 Rdn. 6; Krieger, in MünchHdb AG, Bd. IV, 2. Aufl. 1999, § 57 Rdn.17.

607 Vgl. Ausschussbereicht zum KonTraG, BT-Drucks. 13/10038, S. 26; vgl. ferner OLG Braunschweig,, Urteil v. 29.7.1998, AG 1999, S. 84, 87; OLG Stuttgart, Urteil v. 12.8.1988, AG 1998, S. 529, 532.

608 Fuchs, in MünchKomm. z. AktG, 2. Aufl. 2005, § 193 Rdn. 37; Veil, in K. Schmidt/Lutter (Hrsg.) AktG, 2008, § 193 Rdn. 15.

barkeit der Optionen und die Verpfändbarkeit, die Dividendenberechtigung, die Möglichkeiten einer Kreditfinanzierung, Einzelfragen bei Ausscheiden, Eintritt in den Ruhestand und Todesfall des Berechtigten sowie die Kündbarkeit durch die Gesellschaft zu klären[609].

C. Rechtsfolgen eines fehlerhaften Beschlusses

Fehlen die zwingend erforderlichen Angaben nach § 193 Abs. 2 Nr. 1–3 AktG, ist der Hauptversammlungsbeschluss über die bedingte Kapitalerhöhung nach § 241 Nr. 3 AktG nach allgemeiner Meinung nichtig[610]. Die Vorschrift soll insoweit im öffentlichen Interesse einen Missbrauch des bedingten Kapitals verhindern[611]. Ebenfalls zur Nichtigkeit des Beschlusses führt es, wenn die Anweisung an den Vorstand fehlt, die Bezugs- und Umtauschrechte den Berechtigten einzuräumen (§ 241 Nr. 3 AktG)[612]. In beiden Fällen bleibt aber die Möglichkeit einer Heilung nach § 242 Abs. 2 AktG bestehen. Für Verstöße gegen § 193 Abs. 2 Nr. 4 AktG wird dagegen zunehmend die Auffassung vertreten, dass sie lediglich die Anfechtbarkeit des Beschlusses nach sich zögen[613]. Die erst 1998 im Rahmen des KonTraG eingefügte Norm verfolge kein vergleichbar gewichtiges Schutzanliegen im öffentlichen Interesse. Ihre Verletzung führe lediglich zu einer Kompetenzüberschreitung durch die Hauptversammlung[614]. Dabei ist allerdings zu beachten, dass es bei Aktienoptionsprogrammen gerade um den potentiellen Missbrauch des bedingten Kapitals durch die Verwaltung zum eigenen Nutzen geht, der nicht nur im Interesse der konkret betroffenen Aktionäre, sondern auch der Allgemeinheit verhindern soll. Soweit die nach § 193 Abs. 2 Nr. 4 AktG verlangten besonderen Angaben die zwingenden grundlegenden Feststellungen nach § 193 Abs. 2 Nr. 1–3 AktG wegen der besonderen Interessenkonflikte bei der Gewährung von Mitarbeiterbezugsrechten konkretisieren, dienen sie daher ebenfalls dem öffentlichen Interesse an der Verhinderung von missbräuchlichen bedingten Kapitalerhöhungen. Das betrifft zum einen die Aufteilung der Bezugsrechte auf

---

609 Vgl. Begr. RegE KonTraG, BT-Drucks. 13/9712, S. 26.

610 Fuchs, in MünchKomm. z. AktG, 2. Aufl. 2005, § 193 Rdn. 38; Hüffer, AktG, 7. Aufl. 2006, § 193 Rdn. 10; Veil, in K. Schmidt/Lutter (Hrsg.) AktG, 2008, § 193 Rdn. 16.

611 Hüffer, AktG, 7. Aufl. 2006, § 193 Rdn. 10; Lutter, in Kölner Komm. z. AktG, 2. Aufl. 1995, § 193 Rdn. 18.

612 Lutter, in Kölner Komm. z. AktG, 2. Aufl. 1995, § 192 Rdn. 26; Fuchs, in MünchKomm. z. AktG, 2. Aufl. 2005, § 193 Rdn. 38.

613 Vogel, BB 2000, S. 937, 939; Hüffer, AktG, 7. Aufl. 2006, § 193 Rdn. 10.

614 Hüffer, AktG, 7. Aufl. 2006, § 193 Rdn. 10.

Mitglieder der Geschäftsführungen und Arbeitnehmer als zwingend erforderliche Konkretisierung des Kreises der Bezugsberechtigten, zum anderen die Festlegung von Erfolgszielen als notwendige nähere Bestimmung des Zwecks der bedingten Kapitalerhöhung[615]. Fehlen hierzu Angaben, ist der der Hauptversammlungsbeschluss nichtig[616].

III. Zulässige Zwecke einer bedingten Kapitalerhöhung

Die bedingte Kapitalerhöhung soll, wie der Name schon sagt, nur zu bestimmten Zwecken beschlossen werden, wie z. B. die Umwandlung von Wandelschuldverschreibungen in Aktien, die Vorbereitung von Fusionen oder die Gewährung von Bezugsrechten an Vorstände oder Arbeitnehmer der Gesellschaft.

A. Umtausch- oder Bezugsrechte für Gläubiger von Wandelschuldverschreibungen

Die bedingte Kapitalerhöhung kann zur Gewährung von Umtausch- oder Bezugsrechten an Gläubiger von Wandelschuldverschreibungen beschlossen werden (§ 192 Abs. 2 Nr. 1 AktG). Wandelschuldverschreibungen sind Schuldverschreibungen, bei denen den Gläubigern ein Umtausch- oder Bezugsrecht auf Aktien eingeräumt wird (§ 221 Abs. 1 Satz 1 AktG). Wandelschuldverschreibungen haben in der Regel einen Zinsvorteil gegenüber gewöhnlichen Schuldverschreibungen und sind so eine Möglichkeit der günstigen Fremdkapitalbeschaffung. Auch wenn z. B. durch ein zu niedriges Niveau der aktuellen Aktienkurse eine „normale" Kapitalerhöhung ungünstig wäre, bieten sich Wandelschuldverschreibungen an, da durch entsprechende Ausstattung der Anleihen für die Inhaber dieser Anleihen ein starker Anreiz zur Ausübung der Umtauschrechte geschaffen werden kann[617].

B. Vorbereitung des Zusammenschlusses von Unternehmen

Die bedingte Kapitalerhöhung ist ferner zulässig zur Vorbereitung von Unternehmenszusammenschlüssen (§ 192 Abs. 2 Nr. 2 AktG). Dieser in der Praxis eher selten genutzte Tatbestand setzt voraus, dass die neuen Aktien benötigt werden, um

---

615 Fuchs, in MünchKomm. z. AktG, 2. Aufl. 2005, § 193 Rdn. 39.

616 Weiß, WM 1999, S. 353, 358; Fuchs, in MünchKomm. z. AktG, 2. Aufl. 2005, § 193 Rdn. 39; Krieger, in MünchHdb AG, Bd. IV, 2. Aufl. 1999, § 57 Rdn. 20; Veil, in K. Schmidt/Lutter (Hrsg.) AktG, 2008, § 193 Rdn. 16.

617 Vgl. Schierenbeck, Grundzüge der Betriebswirtschaftslehre, 16. Aufl. 2003, S. 432 ff.

einen Zusammenschluss mit mindestens einem weiteren Rechtsträger[618] durchzuführen[619]. In Betracht kommt dies zum einen, wenn eigene Aktien der Gesellschaft als Akquisitionswährung für den Erwerb eines anderen Unternehmens, Unternehmensteils oder Anteile an einem anderen Unternehmen eingesetzt werden sollen[620]. Zum anderen können bestimmte konzernrechtliche Integrationsmaßnahmen es notwendig machen, eigene Aktien zu schaffen, um sie sodann an die Minderheitsaktionäre der abhängigen Gesellschaft zur Verfügung zu stellen[621]. Der Zusammenschluss kann als eine Verschmelzung durch Aufnahme (§2 Nr. 1, 4 ff., 60 ff. UmwG), als eine Spaltung zur Aufnahme (§§123 ff. UmwG), im Wege einer Gliederung (§ 319 AktG) oder durch den Abschluss eines Beherrschungs- oder Gewinnabführungsvertrags (§§ 291 ff. AktG) erfolgen[622]. Dagegen scheidet eine Verschmelzung durch Neugründung (§§ 2Nr. 2, 36 ff., 73 ff. UmwG) aus, da die Aktien dabei aus Anlass der Gründung der neuen Gesellschaft entstehen[623]. Als ein Unternehmenszusammenschluss i.S.v. § 192 Abs. 2 Nr. 2 AktG ist es auch zu begreifen, wenn durch den Erwerb fremder Anteile an einem anderen Unternehmen ein Konzernverhältnis begründet wird[624].

C. Aktienoptionen und Arbeitnehmeraktien

Schließlich ist die bedingte Kapitalerhöhung zur Gewährung von Bezugsrechten an Arbeitnehmer und Mitglieder der Geschäftsführung der Gesellschaft oder eines verbundenen Unternehmens zulässig (§ 192 Abs. 2 Nr. 3 AktG). Dies dient vor allem dazu, die Möglichkeiten für eine erfolgsorientierte Vergütung von Vorstandsmitgliedern und Führungskräften zu verbessern[625]. Dadurch sollen die Interessen des Managements und der Aktionäre einander angenähert und der sog. „Principal-Agent-Konflikt“[626] gemildert werden.

---

618 Frey, in Großkomm. AktG, 4. Aufl. 1995, § 192 Rdn. 89.

619 Hüffer, AktG, 7. Aufl. 2006, § 192 Rdn. 14.

620 Fuchs, in MünchKomm. z. AktG, 2. Aufl. 2005, § 192 Rdn. 58.

621 Hüffer, AktG, 7. Aufl. 2006, § 192 Rdn.14.

622 Lutter, in Kölner Komm. z. AktG, 2. Aufl. 1995, § 192 Rdn. 12 f.; Veil, in K. Schmidt/Lutter (Hrsg.) AktG, 2008, § 192 Rdn. 17; Hüffer, AktG, 7. Aufl. 2006, § 192 Rdn. 13; Bungeroth, in Geßler/Hefermehl/Eckardt/Kropf AktG 1988, § 192 Rdn. 34 f.

623 Fuchs, in MünchKomm. z. AktG, 2. Aufl. 2005, § 192 Rdn. 60; Hüffer, AktG, 7. Aufl. 2006, § 192 Rdn. 14.

624 Fuchs, in MünchKomm. z. AktG, 2. Aufl. 2005, § 192 Rdn. 60.

625 Fuchs, in MünchKomm. z. AktG, 2. Aufl. 2005, § 192 Rdn. 65.

626 Der Principal-Agent-Konflikt wird in der Literatur im Rahmen der „Agency-Theorie“ diskutiert. Die Agency-Theorie wurde zuerst in einem Aufsatz von Jen-

IV. Sacheinlagen

Im Falle einer bedingten Kapitalerhöhung ist grundsätzlich eine Bareinlage zu erbringen. Bei Einhaltung der in § 194 AktG genannten Voraussetzungen gestattet das Gesetz, die primär geschuldete Bareinlage durch eine Sacheinlage als Leistung an Erfüllungs Statt (§ 346 Abs. 1 BGB) zu ersetzen[627]. Die Vorschrift des § 194 AktG bezweckt vor allem die Sicherung der effektiven Kapitalaufbringung[628]. Sie ermöglicht eine präventive Wertkontrolle und schützt auf diese Weise einerseits die Altaktionäre vor Verwässerung, andererseits die Gläubiger und die künftigen

sen/Meckling, Theory of the Firm, in: Journal of Financial Economics 1976, Vol. 3, Nr. 4, S. 305–360, erörtert. Ihre Grundzüge gehen auf die Theorie unvollständiger Verträge zurück, die unter anderem Coase, The Natur of the Firm, in: Economica 1937, Vol. 4, S. 386–405, begründet hat. Gegenstand dieser in den USA entwickelten Theorie ist die Analyse und Gestaltung von Auftragsbeziehungen zwischen einem Prinzipal und einem Agenten. So beauftragt der Prinzipal den Agenten, in seinem Namen bestimmte Handlungen vorzunehmen bzw. Leistungen zu erbringen, in der Regel deshalb, weil er zu wenig Zeit hat, die Aufgaben wahrzunehmen, welche mit einer unternehmerischen Tätigkeit einhergehen; oder es fehlen ihm mitunter finanzielle Ressourcen sowie technisches und/oder organisatorisches Know-how. In dieser Hinsicht ist die Delegation von Aufgaben an andere Personen ein notwendiger Schritt. Dabei erwartet der Prinzipal vom Agenten, dass sich dieser voll und ganz für die Auftragserfüllung einsetzt, also nicht seine eigenen Ziele, sondern die Ziele des Prinzipals verfolgt. Er kann jedoch das Engagement und/oder die Qualitäten seines Agenten nur mit Einschränkungen erkennen und sieht – wenn überhaupt – nur das Ergebnis dessen Bemühungen. Demgegenüber hat der Agent einen Informationsvorsprung, da er sein eigenes Verhalten im Hinblick auf Erfolg besser beurteilen kann. Er kennt seine Handlungen, seine Absichten und seine Eigenschaften in der Regel genauer und früher, als sie dem Prinzipial deutlich werden oder ihm sogar auf Dauer verborgen bleiben. Bei unterstellter Nutzenmaximierung des Agents könnte dieser diese Informationsasymmetrie zu Ungunsten des Prinzipals für seine eigenen Zwecke durch entsprechendes Handeln ausnutzen. Denn sein Verhalten wird durch seine Nutzenfunktion und nicht durch diejenige des Prinzipals definiert. Der eigennützig rational handelnde Agent verfolgt zuerst die eigenen Interessen. Die Interessen des Prinzipals wird er soweit wahren, als die Rahmenbedingungen ein solches Verhalten attraktiv oder zumindest ratsam erscheinen lassen; ausführlich dazu von der Crone, Verantwortlichkeit, Anreize und Reputation in der Corporate Governance der Publikumsgesellschaft, ZSR 119 (2000), Heft 2, S. 235, 242.

627 Hüffer, AktG, 7. Aufl. 2006, § 194 Rdn. 2; Fuchs, in MünchKomm. z. AktG, 2. Aufl. 2005, § 194 Rdn. 2; Lutter, in Kölner Komm. z. AktG, 2. Aufl. 1995, § 183 Rdn. 8; abw. Wiedemann, in Großkomm. AktG, 4. Aufl. 1995, § 183 Rdn. 27.

628 Hüffer, AktG, 7. Aufl. 2006, § 194 Rdn. 1.

Aktionäre vor den aus einer Unterdeckung resultierenden Insolvenz- und Kursrisiken[629]. Allerdings werden zugleich bestimmte Formen der Sacheinlage von den sonst geltenden Anforderungen ganz oder teilweise befreit. Die Ausnahmen in § 194 Abs. 1 Satz 2 AktG für die Hingabe von Schuldverschreibungen im Umtausch gegen Bezugsaktien und in Abs. 3 für die Einlage von Gewinnbeteiligungen von Arbeitnehmern der Gesellschaft erleichtern die Ausgabe von Wandelschuldverschreibungen und Arbeitnehmeraktien und sichern so die Praxistauglichkeit dieser Instrumente[630].

A. Beschluss der Hauptversammlung

Wird eine Sacheinlage gemacht, so muss ihr Gegenstand, die Person, von der die Gesellschaft den Gegenstand erwirbt, und der Nennbetrag, bei Stückaktien die Zahl der bei der Sacheinlage zur gewährenden Aktien im Beschluss über die bedingte Kapitalerhöhung festgesetzt werden (§ 194 Abs. 1 Satz 1 AktG)[631]. Der Beschluss darf nur gefasst werden, wenn die Einbringung von Sacheinlagen ausdrücklich und ordnungsgemäß (§ 124 Abs. 1 AktG) bekannt gemacht worden ist (§ 194 Abs. 1 Satz 3 AktG). Ohne diese Festsetzung sind Verträge über Sacheinlagen und die Rechtshandlungen zu ihrer Ausführung der Gesellschaft gegenüber unwirksam (§ 194 Abs. 2 Satz 1 AktG). Sind die Bezugsaktien ausgegeben, so wird die Gültigkeit der bedingten Kapitalerhöhung durch diese Unwirksamkeit nicht berührt (§ 194 Abs. 2 Satz 2 AktG). Der Aktionär ist nach § 194 Abs. 2 Satz 3 AktG verpflichtet, den Ausgabebetrag der Bezugsaktien einzuzahlen. Die Unwirksamkeit kann durch Satzungsänderung nicht geheilt werden, nachdem die Bezugsaktien ausgegeben worden sind.

B. Rechtsfolgen bei fehlerhaften Festsetzungen

Aus § 194 Abs. 2 Satz 1 AktG folgt, dass die Verträge über Sacheinlagen und die zu ihrer Ausführung gemachten Rechtshandlungen der Gesellschaft gegenüber unwirksam sind, wenn die nach § 194 Abs. 1 Satz 1 AktG erforderlichen Festsetzungen entweder ganz oder teilweise fehlen. Ebenso ist es zu beurteilen, wenn die Angaben unrichtig oder unvollständig sind. Bei fehlenden oder fehlerhaften Festsetzungen muss das Registergericht die Eintragung des Kapitalerhöhungs-

629 Vgl. ausführlich Frey, in Großkomm. AktG, 4. Aufl. 2001, § 194 Rdn. 3 ff.

630 Fuchs, in MünchKomm. z. AktG, 2. Aufl. 2005, § 194 Rdn. 1.

631 Nach § 194 Abs. 1 Satz 2 AktG gilt die Hingabe von Schuldverschreibungen im Umtausch gegen Bezugsaktien nicht als Sacheinlage.

beschlusses im Handelsregister ablehnen[632]. Wird der Beschluss dennoch eingetragen, ist der Vorstand gehalten, keine Bezugsaktien auszugeben, da er eine fehlerhafte Kapitalerhöhung nicht ausführen darf[633]. Kommt es entgegen dieser Verpflichtung zur Aktienausgabe, wird die bedingte Kapitalerhöhung insoweit geheilt mit der Folge, dass sie als Barkapitalerhöhung gültig ist (§ 194 Abs. 2 Satz 3 AktG). Die fortbestehende Unwirksamkeit der Verträge über die Sacheinlage und ihre Einbringung an die Gesellschaft wird davon nicht berührt (§ 194 Abs. 2 Satz 2 AktG). Dem Einleger bleibt es zwar unbenommen, die fehlerhaft eingebrachten Sachen gemäß § 985 BGB oder § 812 Abs. 1 BGB herauszuverlangen. Als Sacheinlage kann er sie jedoch nicht mehr wirksam einbringen (§ 194 Abs. 2 Satz 4 AktG). Eine Heilung von Fehlern kommt angesichts dieser klaren gesetzlichen Lage nur vor der Ausgabe der Bezugsaktien in Betracht. Sie setzt einen ordnungsgemäßen satzungsändernden Beschluss der Hauptversammlung voraus[634].

C. Prüfung der Sacheinlage

Wie bei der Sachgründung und der ordentlichen Kapitalerhöhung mit Sacheinlagen hat bei der bedingten Kapitalerhöhung mit Sacheinlagen eine Prüfung durch einen oder mehrere Prüfer stattzufinden (§ 194 Abs. 4 Satz 1 AktG). Die insoweit bei der Sachgründung geltenden Bestimmungen sind sinngemäß anzuwenden (§ 194 Abs. 4 Satz 2 AktG). Der Registerrichter kann die Eintragung ablehnen, wenn der Wert der Sacheinlage nicht unwesentlich hinter dem geringsten Ausgabebetrag der dafür zu gewährenden Aktien zurückbleibt (194 Abs. 4 Satz 3 AktG).

V. Bezugsrechte

Die bisherigen Aktionäre haben bei der bedingten Kapitalerhöhung kein gesetzliches Bezugsrecht auf die neuen Aktien. Vielmehr ergibt sich aus dem im Kapitalerhöhungsbeschluss festgesetzten Zweck der bedingten Kapitalerhöhung, wer bezugsberechtigt sein soll. Die Bezugsrechte müssen durch eine Vereinbarung zwischen dem Berechtigten und der Gesellschaft rechtsgeschäft-

---

632 Hüffer, AktG, 7. Aufl. 2006, § 194 Rdn. 8; Fuchs, in MünchKomm. z. AktG, 2. Aufl. 2005, § 194 Rdn. 21.

633 Frey, in Großkomm. AktG, 4. Aufl. 2001, § 194 Rdn. 101.

634 Zur grundsätzlichen Möglichkeit der Heilung Frey, in Großkomm. AktG, 4. Aufl. 2001, § 194 Rdn. 101; Krieger, in MünchHdb AG, Bd. IV, 2. Aufl. 1999, § 57 Rdn. 22.

lich begründet werden[635]. Dabei ist der Vorstand an den Inhalt des Kapitalerhöhungsbeschlusses gebunden und darf die Bezugsrechte nur nach dessen Maßgabe, namentlich zu dem dort konkret vorgesehenen Zweck, einräumen[636]. Ein Bezugsrecht kann frühestens mit Eintragung des Kapitalerhöhungsbeschlusses ins Handelsregister entstehen (§ 197 Satz 2 AktG). Allerdings kann der Vorstand bereits vorher Vereinbarungen über die Einräumung der Bezugsrechte schließen. Diese stehen dann unter dem Vorbehalt der Eintragung eines entsprechenden Erhöhungsbeschlusses[637]. Das Bezugsrecht wird durch die Erklärung ausgeübt, die neuen Aktien erwerben zu wollen (§ 198 Abs. 1 Satz 1 AktG). Die Bezugserklärung bedarf der Schriftform (§ 126 BGB) und soll doppelt ausgestellt werden (§ 198 Abs. 2 Satz 1 und 2 AktG). Sie hat die gleiche Wirkung wie die Zeichnungserklärung bei einer ordentlichen Kapitalerhöhung (§ 198 Abs. 1 Satz 1 AktG). Die Bezugserklärung führt zum Zustandekommen eines Zeichnungsvertrages, je nach Umständen als Annahme eines bereits vorliegenden Angebots der Gesellschaft oder als Angebot auf Abschluss eines Zeichnungsvertrages. In dem Zeichnungsvertrag wird vereinbart, dass der Zeichner mit wirksamem Abschluss des Zeichnungsvertrages verpflichtet wird, die geschuldete Einlage im festgelegten Umfang zu bewirken und berechtigt wird, die neuen Aktien zu übernehmen[638]. Mit Ausgabe der Bezugsaktien ist das Grundkapital erhöht (§ 200 AktG).

VI. Aktienausgabe

Die Ausgabe von Bezugsaktien kann nicht vor Eintragung des Kapitalerhöhungsbeschlusses ins Handelsregister erfolgen (§ 197 Satz 1 AktG). Vorher ausgegebene Aktienurkunden sind nichtig (§ 197 Satz 3 AktG). Die Ausgeber haften den Inhabern gesamtschuldnerisch aus Schadenersatz (§ 197 Satz 4 AktG). Darüber hinaus darf der Vorstand die Bezugsaktien nur in Erfüllung des im Beschluss über die bedingte Kapitalerhöhung festgesetzten Zwecks und nicht

---

635 Lutter, in Kölner Komm. z. AktG, 2. Aufl. 1995, § 197 Rdn. 3 ff.; Bungeroth, in Geßler/Hefermehl/Eckardt/Kropf AktG 1988, § 197 Rdn. 6; Hüffer, AktG, 7. Aufl. 2006, § 197 Rdn. 5; a.A. Schilling, in GroßKomm/AktG, § 197 Anm. 3.

636 Krieger, in MünchHdb AG, Bd. IV, 2. Aufl. 1999, § 57 Rdn. 27; zu den Rechtsfolgen einer Überschreitung dieser Grenzen vgl. Lutter, in Kölner Komm. z. AktG, 2. Aufl. 1995, § 197 Rdn. 8.

637 Lutter, in Kölner Komm. z. AktG, 2. Aufl. 1995, § 199 Rdn. 9 f.; Bungeroth, in Geßler/Hefermehl/Eckardt/Kropf AktG 1988, § 199 Rdn. 36; Hüffer, AktG, 7. Aufl. 2006, § 199 Rdn. 8.

638 Krieger, in MünchHdb AG, Bd. IV, 2. Aufl. 1999, § 57 Rdn. 32.

vor der vollen Leistung des Gegenwerts ausgeben, der sich aus dem Beschluss ergibt (§ 199 Abs. 1 AktG). Die zweckwidrige Aktienausgabe ist gleichwohl wirksam, es sei denn, der Vorstand habe Aktien über den Betrag der Kapitalerhöhung hinaus ausgegeben[639]. Die Verpflichtung zu voller Leistung der Einlage vor Aktienausgabe ist dabei zwingend. Der Kapitalerhöhungsbeschluss kann nichts Abweichendes bestimmen[640]. Bei der Ausgabe von Bezugsaktien gegen Umtausch von Wandelschuldverschreibungen sind nach § 199 Abs. 2 AktG zusätzliche Voraussetzungen zu erfüllen. Demnach darf der Vorstand Bezugsaktien gegen Wandelschuldverschreibungen nur ausgeben, wenn der Unterschied zwischen dem Ausgabebetrag der zum Umtausch eingereichten Schuldverschreibungen und dem höheren geringsten Ausgabebetrag der für sie zu gewährenden Bezugsaktien aus einer anderen Gewinnrücklage, soweit sie zu diesem Zweck verwandt werden kann, oder durch Zuzahlung des Umtauschberechtigten gedeckt ist. Dies gilt nicht, wenn der Gesamtbetrag, zu dem die Schuldverschreibungen ausgegeben sind, den geringsten Ausgabebetrag der Bezugsaktien insgesamt erreicht oder übersteigt. Mit Ausgabe der Bezugsaktien wird die Kapitalerhöhung wirksam (§ 200 AktG).

VII. Anmeldung, Eintragung und Bekanntmachung der Aktienausgabe

Der Vorstand und der Vorsitzende des Aufsichtsrats haben den Hauptversammlungsbeschluss über die bedingte Kapitalerhöhung zur Eintragung in das Handelsregister anzumelden (§ 195 Abs. 1 AktG). Das Registergericht prüft die Ordnungsmäßigkeit der Anmeldung. Es befasst sich dabei zum einen mit der Anmeldung, die den gesetzlichen Voraussetzungen (§ 195 Abs. 1 und 2 AktG) genügen muss. Zum einen prüft der Registerrichter, ob der Beschluss über die bedingte Kapitalerhöhung dem Gesetz und der Satzung entspricht[641]. Dies schließt eine Kontrolle des Wertes der Sacheinlage ein. Grundlage der Prüfung bilden die von den Anmeldenden gemachten Erklärungen und die

---

639 Lutter, in Kölner Komm. z. AktG, 2. Aufl. 1995, § 199 Rdn. 9; Bungeroth, in Geßler/Hefermehl/Eckardt/Kropf AktG 1988, § 197 Rdn. 10; Hüffer, AktG, 7. Aufl. 2006, § 197 Rdn. 5.

640 Lutter, in Kölner Komm. z. AktG, 2. Aufl. 1995, § 199 Rdn. 13; Krieger, in MünchHdb AG, Bd. IV, 2. Aufl. 1999, § 57 Rdn. 39; a.A.; Godin/Wilhelmi, Komm. z. AktG, 4. Aufl., § 199 Anm. 4.

641 Hüffer, AktG, 7. Aufl. 2006, § 195 Rdn. 9; Fuchs, in MünchKomm. z. AktG, 2. Aufl. 2005, § 195 Rdn. 18.

eingereichten Schriftstücke. Auch auf den Prüfungsbericht des Sachverständigen (§ 194 Abs. 4 Satz 1 AktG) kann das Registergericht zugreifen. Kommen ihm Zweifel, so hat es gemäß § 12 FFG eigene Ermittlungen anzustellen und gegebenenfalls Beweis zu erheben[642]. Das Registergericht muss die Eintragung des Kapitalerhöhungsbeschlusses ablehnen, wenn der Beschluss nichtig ist oder wenn ein erforderlicher Sonderbeschluss einer Aktiengattung nicht getroffen wurde[643]. Erst nach der Eintragung ist gemäß § 197 AktG die Ausgabe der Bezugsaktien erlaubt, wodurch die bedingte Kapitalerhöhung zugleich wirksam wird (§ 200 AktG).

642 Veil, in K. Schmidt/Lutter (Hrsg.) AktG, 2008, § 192 Rdn. 9.

643 Veil, in K. Schmidt/Lutter (Hrsg.) AktG, 2008, § 195 Rdn. 9.

Kapitel 4: Genehmigtes/Registriertes Kapital

Die wachsende Globalisierung und sehr hohe Dynamik des Kapitalmarktes zwingen die an einem organisierten Kapitalmarkt tätigen Unternehmen dazu, ihre Strukturen immer öfter und schneller an die veränderten Erfordernisse der Wirtschaft anzupassen, um konkurrenzfähig bleiben zu können. Um diesen wachsenden Herausforderungen gerecht zu werden, müssen Unternehmen über die erforderlichen Werkzeuge verfügen. Eine zentrale Bedeutung erlangt dabei die ausreichende Versorgung mit Eigenkapital zu wettbewerbsfähigen Bedingungen. Dies ist eine der wesentlichen Voraussetzungen für die betriebsnotwendigen Investitionen, die für Sicherung und Fortbestand von Unternehmen unabdingbar sind. Je besser die Eigenkapitalausstattung ist, umso besser sind die Chancen des Unternehmens, im nationalen und internationalen Wettbewerb zu bestehen. Die Fähigkeit, im richtigen Zeitpunkt die erforderliche Menge an Eigenkapital beschaffen zu können, setzt u. a. die Flexibilität zu schnellem Handeln voraus, ein Erfordernis, der für die Erhaltung und Ausbau einer sicheren Marktposition, verbunden mit der Realisation des wirtschaftlichen Erfolges, von unerlässlicher Bedeutung sein kann. Die Fähigkeit, in immer kürzeren Abständen immer mehr Entscheidungen zu treffen, bedingt die Notwendigkeit eines ständigen und nicht einem stetigen Wechsel der Mitglieder ausgesetzten Organs, das günstige Kapitalmarktsituationen im Interesse der Gesellschaft und ihrer Aktionäre rasch und flexibel ausnutzen kann.

Als ein Organ, das üblicherweise einmal jährlich zusammentrifft und zu diesem Zeitpunkt auch beschließt, nicht aber eine ständige Präsenz besteht[644], bildet die Haupt-/Generalversammlung nicht die adäquate Organisationsform, um alle anfallende Aufgaben bewältigen zu können und permanent als Entscheidungsinstanz bereitzustehen, und zwar vor allem deshalb, weil die Einberufung und die Durchführung der Haupt-/Generalversammlung zu umständlich, zeit- und kostspielig ist[645]. Es wäre unmöglich für jede Entscheidung zuerst eine Sitzung einzuberufen, vor allem wenn der Entscheid dringende Maßnahmen betrifft. Arslan[646] bezeichnet die Generalversammlung zu Recht als einen schwerfälligen Apparat, weil sie nicht in der Lage ist, schnell und effizient Entscheidungen zu treffen. Sie kann die langfristige Überlebensfähigkeit der Unternehmung nicht sichern. Vor

644 Meier-Hayoz/Forstmoser, Schweizerisches Gesellschaftsrecht, 9. Aufl., § 16 Rdn. 346.
645 Arslan Ibrahim, Şirketler Hukuku Bilgisi, 3. Baskı 1998, S. 217.
646 Arslan Ibrahim, Şirketler Hukuku Bilgisi, 3. Baskı 1998, S. 217.

allem mit zunehmender Größe der Gesellschaft ist die Generalversammlung außerstande, sich um die Einzelheiten des Geschäftsbetriebes zu kümmern.

Der Haupt-/Generalversammlung fehlen ferner oft die nötigen Sachkenntnisse und fachlichen Kompetenzen. Die Aktionäre sind schlecht informiert, weil sie viele wichtige und vertrauliche Informationen gar nicht erhalten können, da die Gefahr besteht, dass diese an die Öffentlichkeit gelangen. Auch die oft sehr lose Verbindung vieler Aktionäre mit dem aktiven Gesellschaftsleben, gelegentlich auch ein rascher Wechsel der Mitgliedschaft, verhindern häufig eine wirksame Mitarbeit der Haupt-/Generalversammlung[647]. Die Aktionäre tragen zwar das wirtschaftliche Risiko, welches auf den beim Erwerb der Aktien erbrachten Kapitaleinsatz beschränkt ist, aber sie befassen sich nicht selber mit der Unternehmungspolitik. Aufgrund ihres Desinteresses verhalten sie sich stets passiv. Die Aktionäre sind nach § 118 Abs. 1 AktG, Art. 373 Abs. 1 THG zwar berechtigt[648], aber nicht verpflichtet, an der Haupt-/Generalversammlung teilzunehmen. Ein großer Teil der Aktionäre nimmt deshalb nie oder nur selten an einer Haupt-/Generalversammlung teil. Das Stimmrecht wird von den Aktionären nur sparsam gebraucht, weil ausreichende Anreize zur Informationsverarbeitung fehlen[649]. Es ist für die Aktionäre rational, die Kosten für die Ausübung des Stimmrechts selbst bei Generalversammlungsbeschlüssen möglichst tief zu halten und allenfalls von anderen aktiven Aktionären zu profitieren[650].

Der Vorstand/Verwaltungsrat ist im Unterschied zur Haupt-/Generalversammlung, die nur von der Eröffnung der Versammlung bis zu ihrer Schließung durch den Versammlungsleiter existiert, ein Dauerorgan und aufgrund seiner qualifizierten Sachkenntnis über den Gang der Geschäfte sowie aller betriebsinternen Vorgänge in geradezu idealer Weise geeignet, auf günstige Marktkonstellationen zu reagieren[651]. Der deutsche und türkische Gesetzgeber tragen diesem Umstand durch die Delegation der Entscheidung über die Ausgabe neuer Aktien von der Haupt-/Generalversammlung auf den Vorstand/Verwaltungsrat Rechnung. Durch diese Kompetenzdelegation wird der Vorstand/Verwaltungsrat in

---

647 Bürgi, Komm. zum schweizerischen Zivilgesetzbuch, N. 49 zu den Vorb. Zu Art. 698–731 OR.

648 Das Teilnahmerecht an den Tagungen der Generalversammlung ist gem. Art. 385 Abs. 2 THG ein wohlerworbenes Recht.

649 Ruffner, Die ökonomischen Grundlagen eines Rechts der Publikumsgesellschaft, S. 193.

650 Ruffner, Die ökonomischen Grundlagen eines Rechts der Publikumsgesellschaft, S. 176.

651 Vgl. Arslan Ibrahim, Şirketler Hukuku Bilgisi, 3. Baskı 1998, S. 176 f.

die Lage versetzt, das Grundkapital zu einem von ihm als geeignet angesehenen Zeitpunkt, insbesondere auch unter Ausnutzung einer besonders günstigen Börsensituation, um einen bestimmten Nennbetrag durch Ausgabe neuer Aktien gegen Einlagen zu erhöhen, ohne den schwerfälligen und teuren Apparat einer Haupt-/Generalversammlung in Anspruch nehmen zu müssen[652].

I. Institut des genehmigten Kapitals im deutschen Recht

Das genehmigte Kapital ist eine entweder bereits in der Gründungssatzung festgelegte oder im Wege der Satzungsänderung durch einen Beschluss der Hauptversammlung geschaffene Kapitalmaßnahme, die es der Verwaltung ermöglicht, ohne weiteres Tätigwerden durch die Hauptversammlung das Grundkapital der Aktiengesellschaft bis zu einem bestimmten Nennbetrag, der die Hälfte des bisherigen Grundkapitals nicht überschreiten darf, durch Ausgabe neuer Aktien, zu der die Zustimmung des Aufsichtsrats erforderlich ist, zu erhöhen. Auf diese Weise wird der Gesellschaft die Möglichkeit eingeräumt, „jede sich bietende Gelegenheit zur Kapitalbeschaffung rasch und sicher durch ihre Verwaltung auszunutzen". Dies ist vor allem bei Barkapitalerhöhungen von Bedeutung, wenn es darum geht, eine günstige Börsensituation auszunutzen[653]. Das genehmigte Kapital wird aber auch zum Erwerb von Unternehmen, Unternehmensteilen und Beteiligungen eingesetzt, wenn einem Sacheinleger oder dem Vertragspartner beim Abschluss eines Verschmelzungsvertrags junge Aktien für die Einbringung eines Unternehmens zugeteilt werden sollen.

A. Schaffung des genehmigten Kapitals durch satzungsmäßige Ermächtigung

Das genehmigte Kapital, das die Übertragung von Befugnissen der Hauptversammlung an den Vorstand zum Gegenstand hat, wird entweder bereits in der ursprünglichen Satzung (Gründungssatzung) geschaffen (§ 202 Abs. 1 AktG) oder im Wege der Satzungsänderung durch einen Beschluss der Hauptversammlung (§ 202 Abs. 2 AktG). Hierdurch wird der Vorstand zur Erhöhung des Grundkapitals ermächtigt. Diese Ermächtigung ist die Grundlage jeder Kapitalerhöhung durch den Vorstand[654].

652 Hefermehl, in Geßler/Hefermehl/Eckardt/Kropf AktG 1988, § 202 Rdn. 1.

653 Hirte, in Großkomm. AktG, 4. Aufl. 2001, § 202 Rdn. 19; Bayer, in MünchKomm. z. AktG, 2. Aufl. 2005, § 202 Rdn. 1.

654 Lutter, in Kölner Komm. z. AktG, 2. Aufl. 1995, § 202 Rdn. 2.

1. Ermächtigung des Vorstands

a. Rechtsnatur der Ermächtigung

aa. Ermächtigung als Bestandteil der Satzung

Die Erhöhung des Grundkapitals durch Ausgabe neuer Aktien macht eine Änderung der Satzung erforderlich; denn die Angabe der Höhe des Grundkapitals gehört zum notwendigen Mindestinhalt der Satzung der Aktiengesellschaft (§ 23 Abs. 3 Nr. 3 AktG) und kann nur im Wege der Satzungsänderung geändert werden. Jede materielle Satzungsänderung gehört grundsätzlich zum unabdingbaren Aufgabenbereich der Hauptversammlung (§ 179 Abs. 1 AktG). Soll ausnahmsweise ein Teil dieser Funktion durch Ermächtigung auf den Vorstand verlagert werden, so kann dies nur durch die Satzung erfolgen. Ist eine entsprechende Ermächtigung in der Satzung nicht vorhanden, fehlt jede rechtliche Grundlage für eine Kapitalerhöhung durch den Vorstand.

bb. Keine Verpflichtung zur Kapitalerhöhung

Der Vorstand ist, wie sich schon aus dem Wort „Ermächtigung“ ergibt, berechtigt, aber nicht verpflichtet, die genehmigte Kapitalerhöhung vorzunehmen[655]. Ob der Vorstand von seiner Ermächtigung Gebrauch macht, bleibt seinem Ermessen überlassen. Ermessen bedeutet nicht die Möglichkeit einer völlig beliebigen Handlungsweise, sondern es ist pflichtgemäß auszuüben. Pflichtgemäßes Ermessen setzt in erster Linie die Orientierung an dem Zweck der Ermessensbefugnis voraus. Der Vorstand hat als das allein zur Geschäftführung befugte Organ im Rahmen von Gesetz und Satzung eine eigene unternehmerische Entscheidungsmacht, um die in der Satzung festgelegten Gesellschaftsziele zu verwirklichen und die Rechte und Pflichten der Gesellschaft wahrzunehmen[656]. Bei zweckgebundenen Angelegenheiten, worunter die Geschäftsführung, die den Gesellschaftszweck konkretisieren sollen, muss diese Entscheidungsmacht so ausgeübt werden, wie dies dem Zweck der Ermächtigung am besten dient. Bei seiner Ermessensentscheidung hat der Vorstand ferner die Gesetze und die Satzung zu beachten und sich in jeder Weise für die Interessen und das Wohl der Gesellschaft sowie für

---

655 OLG Hamm, AG 1985, S. 308; Hüffer, AktG, 7. Aufl. 2006, § 202 Rdn. 6; Bayer, in MünchKomm. z. AktG, 2. Aufl. 2005, § 202 Rdn. 34; Hirte, in Großkomm. AktG, 4. Aufl. 2001, § 202 Rdn. 91; Lutter, in Kölner Komm. z. AktG, 2. Aufl. 1995, § 202 Rdn.10; Yanli, Stellung des Vorstands, S. 28; abw. van Venrooy, AG 1981, S. 205, 207, der die Auffassung vertritt, dass der Hauptversammlungsbeschluss über genehmigtes Kapital den Vorstand zur Expansion zwinge.

656 Vgl. Yanli, Stellung des Vorstands, S. 30.

die Belange der in der Gesellschaft zusammengeschlossenen Aktionäre einzusetzen[657]. Er darf keine Misswirtschaft treiben und muss in erster Linie um die dauerhafte Rentabilität des Unternehmens besorgt sein[658]. Dies ergibt sich zum einen aus § 93 AktG, wonach die Vorstandsmitglieder bei ihrer Geschäftführung die Sorgfalt eines ordentlichen und gewissenhaften Geschäftsleiters anzuwenden haben. Die Sorgfaltspflicht beinhaltet die Pflicht, den Vorteil der Gesellschaft zu wahren und Schaden von ihr abzuwenden[659]. Zum anderen gebietet die Treuepflicht den Mitgliedern des Vorstands/Verwaltungsrats, der Gesellschaft loyal zu dienen[660].

Die Hauptversammlung ist auch nicht berechtigt, den Vorstand anzuweisen, von der Ermächtigung Gebrauch zu machen, da die Kapitalerhöhung infolge der Übertragung der Befugnis der Hauptversammlung, über die Ausgabe der Aktien zu entscheiden, zu einer Frage der Geschäftsführung wird[661]. Eine solche Anweisung würde einen Eingriff in die Geschäftsführung bedeuten, zu dem die Hauptversammlung nicht befugt ist aufgrund des § 119 Abs. 2 AktG, wonach die Hauptversammlung über Fragen der Geschäftsführung nur dann einen Beschluss fassen kann, wenn der Vorstand es verlangt. Nach § 83 Abs. 2 AktG ist der Vorstand zwar verpflichtet, die von der Hauptversammlung im Rahmen ihrer Zuständigkeit beschlossenen Maßnahmen auszuführen. Die Verpflichtung des Vorstands, von der Hauptversammlung beschlossene Maßnahmen auszuführen, setzt allerdings voraus, dass die Entscheidung über diese Maßnahme in die Zuständigkeit der Hauptversammlung fällt. Da der Vorstand beim genehmigten Kapital Maßnahmen ausführt, die in seiner Zuständigkeit von ihm beschlossen werden, gilt diese Regelung beim genehmigten Kapital nicht[662].

cc. Keine unmittelbare Kapitalerhöhung

Entgegen der ungenauen sprachlichen Bezeichnung ist das genehmigte Kapital überhaupt noch kein „Kapital“, sondern lediglich die Grenze, bis zu der der Vor-

657 Vgl. Mertens, in Kölner Komm. z. AktG, 2. Aufl. 1995, § 76 Rdn. 10.

658 Vgl. Mertens, in Kölner Komm. z. AktG, 2. Aufl. 1995, § 76 Rdn. 10.

659 Vgl. A. Hueck, in Baumbach/Hueck, AktG, § 93 Rdn. 6; Hefermehl, in Geßler/Hefermehl/Eckardt/Kropf AktG 1988, § 93 Anm. 3; Semler, Überwachungsaufgabe, S. 51.

660 Vgl. Yanli, Stellung des Vorstands, S. 30.

661 Bayer, in MünchKomm. z. AktG, 2. Aufl. 2005, § 202 Rdn. 86; Lutter, in Kölner Komm. z.. AktG, 2. Aufl. 1995, § 202 Rdn. 17; Krieger, in MünchHdb AG, Bd. IV, 2. Aufl. 1999, § 58 Rdn. 24; Hüffer, AktG, 7. Aufl. 2006, § 202 Rdn. 20.

662 Vgl. Schilling, in GroßKomm/AktG, § 204 Anm. 2; Bayer, in MünchKomm. z. AktG, 2. Aufl. 2005, § 202 Rdn. 34; Hirte, in Großkomm. AktG, 4. Aufl. 2001, § 202 Rdn. 91

stand zur Schaffung von Grundkapital im Wege der Außenfinanzierung ermächtigt ist[663]. Allein die Schaffung des genehmigten Kapitals, also die Ermächtigung des Vorstands zur Kapitalerhöhung, bewirkt keine Änderung der in der Satzung nach § 23 Abs. 3 Nr. 3 AktG festgelegten Grundkapitalziffer. Das Grundkapital verändert sich erst nach der Eintragung der durchgeführten Kapitalerhöhung in das Handelsregister (§§ 203 Abs. 1 Satz 1 i.V.m. § 189 AktG). Die Satzung ist dann in diesem Punkte unrichtig geworden und bedarf der berichtigenden Änderung, die aber nur die Fassung betrifft und deshalb nach § 179 Abs. 1 Satz 2 AktG von der Hauptversammlung dem Aufsichtsrat übertragen werden kann.

b. Erteilung der Ermächtigung

Die Ermächtigung des Vorstands kann bereits in der ursprünglichen Satzung enthalten sein (§ 202 Abs. 1 AktG) oder durch einen Beschluss der Hauptversammlung in die Satzung eingeführt werden (§ 202 Abs. 2 AktG). Ist eine entsprechende Ermächtigung in der Satzung nicht vorhanden, so fehlt jede rechtliche Grundlage für eine Kapitalerhöhung durch den Vorstand.

aa. Ermächtigung in der ursprünglichen Satzung

Nach § 202 Abs. 1 AktG kann die Ermächtigung des Vorstands bereits in der ursprünglichen Satzung enthalten sein. Die Ermächtigung wird in diesem Fall von den Aktionären, welche die Satzung festgestellt haben (§ 28 AktG), mit der Feststellung der Satzung erteilt[664]. Die Möglichkeit, bereits bei der Gründung ein genehmigtes Kapital zu schaffen, bedeutet aber nicht, dass die Aktiengesellschaft allein mit einem genehmigten Kapital gegründet werden könnte; denn das genehmigte Kapital ist stets eine Form der Kapitalerhöhung, nie des regulären Grundkapitals[665].

bb. Ermächtigung durch Satzungsänderung

Die Ermächtigung kann auch erst später in die Satzung eingeführt werden. Hierfür ist ein Hauptversammlungsbeschluss erforderlich, der einer Mehrheit von drei

---

663 Vgl. Hirte, in Großkomm. AktG, 4. Aufl. 2001, § 202 Rdn. 93; Bayer, in MünchKomm. z. AktG, 2. Aufl. 2005, § 202 Rdn. 32.

664 Bayer, in MünchKomm. z. AktG, 2. Aufl. 2005, § 202 Rdn. 36; Hirte, in Großkomm. AktG, 4. Aufl. 2001, § 202 Rdn. 95.

665 Hirte, in Großkomm. AktG, 4. Aufl. 2001, § 202 Rdn. 96; Bayer, in MünchKomm. z. AktG, 2. Aufl. 2005, § 202 Rdn. 38; Lutter, in Kölner Komm. z. AktG, 2. Aufl. 1995, § 202 Rdn. 4.

Vierteln des bei der Beschlussfassung vertretenen Grundkapitals bedarf (§ 202 Abs. 2 Satz 2 AktG). Die beabsichtigte Satzungsänderung ist in ihrem Wortlaut ausdrücklich bekannt zumachen (§ 124 Abs. 2 Satz. 2 AktG). Zur ordnungsgemäßen Bekanntmachung gehört die Angabe, dass der Vorstand zur Ausgabe neuer Aktien ermächtigt werden soll, für welche Zeit die Ermächtigung gelten und in welchem Ausmaß er das Grundkapital zu erhöhen befugt sein soll. Soll der Vorstand ermächtigt werden, Aktien gegen Sacheinlagen auszugeben, so ist auch dies anzukündigen (§ 205 AktG).

Sind mehrere Aktiengattungen vorhanden, wird der Ermächtigungsbeschluss der Hauptversammlung nur wirksam, wenn Aktionäre jeder Gattung in Form eines Sonderbeschlusses (§ 138 AktG) zustimmen (§§ 202 Abs. 2 Satz 4 i.V.m. 182 Ab. 2 AktG). Fehlt der erforderliche Sonderbeschluss, so ist der Ermächtigungsbeschluss schwebend unwirksam[666]; nach Ablauf von 3 Monaten soll endgültige Unwirksamkeit eintreten[667]. Der satzungsändernde Ermächtigungsbeschluss ist gemäß § 181 Abs. 1 Satz 1 AktG vom Vorstand zur Eintragung in das Handelsregister anzumelden. Die Anmeldung hat gemäß § 12 Abs. 1 HGB in öffentlich beglaubigter Form zu erfolgen. Beizufügen ist die notarielle Niederschrift über die Hauptversammlung sowie die geänderte Satzung in vollständiger, notariellbestätigter Form (§ 181 Abs. 1 Satz 2 AktG)[668]. Vor Eintragung hat das Registergericht zu prüfen, ob die zur Eintragung angemeldete Ermächtigung den gesetzlichen sowie satzungsmäßigen Voraussetzungen gerecht wird, wobei sich die Prüfung sowohl auf die materielle als auch auf formelle Aspekte bezieht[669].

2. Inhalt und Schranken der Ermächtigung

a. Zwingender Inhalt

aa. Angabe der Ermächtigungsfrist

Nach § 202 Abs. 1 und Abs. 2 Satz 1 AktG darf der Vorstand nur für höchstens fünf Jahre ermächtigt werden, das Grundkapital zu erhöhen. Ein Hauptversamm-

666 Bayer, in MünchKomm. z. AktG, 2. Aufl. 2005, § 202 Rdn.46; Lutter, in Kölner Komm. z. AktG, 2. Aufl. 1995, § 202 Rdn. 6.

667 Hirte, in Großkomm. AktG, 4. Aufl. 2001, § 202 Rdn. 101.

668 Hirte, in Großkomm. AktG, 4. Aufl. 2001, § 202 Rdn. 113; Hüffer, AktG, 7. Aufl. 2006, § 202 Rdn. 8; Krieger, in MünchHdb AG, Bd. IV, 2. Aufl. 1999, § 58 Rdn. 23; Bayer, in MünchKomm. z. AktG, 2. Aufl. 2005, § 202 Rdn. 50; a.A. Lutter, in Kölner Komm. z. AktG, 2. Aufl. 1995, § 202 Rdn. 9 mit dem Hinweis auf den zeitlich begrenzten Satzungsinhalt.

669 Bayer, in MünchKomm. z. AktG, 2. Aufl. 2005, § 202 Rdn. 52.

lungsbeschluss bzw. die betreffende Satzungsbestimmung, der diese Beschränkung nicht beachtet, ist nach § 241 Nr. 3 AktG nichtig[670]. Der Beschluss bzw. die betreffende Satzungsbestimmung muss konkret die Dauer der Ermächtigung festlegen[671]. Eine bloße Bezugsnahme auf § 202 Abs. 2 AktG genügt nicht[672]. Beim Fehlen einer konkret festgesetzten zeitlichen Begrenzung kann der Hauptversammlungsbeschluss bzw. die Satzungsbestimmung nicht dahin ausgelegt werden, dass die Ermächtigung als für die Höchstfrist von fünf Jahren erteilt gilt[673]. Die fünfjährige Frist beginnt, wenn die Ermächtigung in der Gründungssatzung enthalten ist (§ 202 Abs. 1 AktG), mit dem Ablauf des Tages der Eintragung der Aktiengesellschaft ins Handelsregister, und, wenn die Ermächtigung im Wege der Satzungsänderung erteilt ist (§ 202 Abs. 2 Satz 1 AktG), mit dem Ablauf des Tages der Eintragung der Satzungsänderung ins Handelsregister[674]. Der Tag der Eintragung wird nicht mitgerechnet (§ 187 Abs. 1 BGB). Vor Fristablauf muss die Durchführung der Kapitalerhöhung eingetragen sein. Die Urkunden brauchen hingegen nicht auch innerhalb der Frist ausgegeben zu werden[675].

---

670 OLG Celle, AG 1962, S. 347; LG Mannheim, BB 1957; S. 690; Bayer, in MünchKomm. z. AktG, 2. Aufl. 2005, § 202 Rdn. 58; Hirte, in Großkomm. AktG, 4. Aufl. 2001, § 202 Rdn. 143; Lutter, in Kölner Komm. z. AktG, 2. Aufl. 1995, § 202 Rdn. 13; A. Hueck, in Baumbach/Hueck AktG, § 202 Rdn. 4.

671 Hirte, in Großkomm. AktG, 4. Aufl. 2001, § 202 Rdn. 143; Bayer, in MünchKomm. z. AktG, 2. Aufl. 2005, § 202 Rdn. 58; Lutter, in Kölner Komm. zum AktG, 2. Aufl. 1995, § 202 Rdn. 16; Hefermehl, in Geßler/Hefermehl/Eckardt/Kropf AktG 1988, § 202 Rdn. 13; Krieger, in MünchHdb AG, Bd. IV, 2. Aufl. 1999, § 58 Rdn. 14; Hüffer, AktG, 7. Aufl. 2006, § 202 Rdn. 11.

672 OLG Celle, AG 1962, S. 347; LG Mannheim, BB 1957; S. 689 f.; Bayer, in MünchKomm. z. AktG, 2. Aufl. 2005, § 202 Rdn. 58; Lutter, in Kölner Komm. z. AktG, 2. Aufl. 1995, § 202 Rdn. 13; Hirte, in Großkomm. AktG, 4. Aufl. 2001, § 202 Rdn. 143; A. Hueck, in Baumbach/Hueck AktG, § 202 Rdn. 4.

673 OLG Celle, AG 1962, S. 347; LG Mannheim, BB 1957; S. 690; Bayer, in MünchKomm. z. AktG, 2. Aufl. 2005, § 202 Rdn. 58; Lutter, in Kölner Komm. z. AktG, 2. Aufl. 1995, § 202 Rdn. 13; Hirte, in Großkomm. AktG, 4. Aufl. 2001, § 202 Rdn. 143; A. Hueck, in Baumbach/Hueck AktG, § 202 Rdn. 4; Hüffer, AktG, 7. Aufl. 2006, § 202 Rdn. 11.

674 Bayer, in MünchKomm. z. AktG, 2. Aufl. 2005, § 202 Rdn. 60 f.; Hüffer, AktG, 7. Aufl., § 202 Rdn. 11; Lutter, in Kölner Komm. z. AktG, 2. Aufl. 1995, § 202 Rdn. 16; Hirte, in Großkomm. AktG, 4. Aufl. 2001, § 202 Rdn. 145; Hefermehl/Bungeroth, in Geßler/Hefermehl/Eckardt/Kropf AktG 1988, § 202 Rdn. 13; Krieger, in MünchHdb AG, Bd. IV, 2. Aufl. 1999, § 58 Rdn. 14.

675 Vgl. Lutter, in Kölner Komm. z. AktG, 2. Aufl. 1995, § 202 Rdn. 17; A. Hueck, in Baumbach/Hueck AktG, § 202 Rdn. 4.

bb. Angabe des Erhöhungsbetrags

Nach § 202 Abs. 1 AktG muss die Ermächtigung einen bestimmten Nennbetrag enthalten, bis zu dem der Vorstand das Grundkapital der Gesellschaft erhöhen darf. Der Nennbetrag ist konkret zu beziffern. Eine Angabe des Erhöhungsbetrags in Prozent des derzeitigen Grundkapitals ist nicht ausreichend, weil wegen der zeitlichen Verzögerung bei der Anmeldung bedingter Kapitalerhöhungen sich die Höhe des aktuellen Grundka-pitals nicht mit Sicherheit aus dem Handelsregister entnehmen lässt[676]. Wird der Nennbetrag nicht ausdrücklich festgelegt, so ist die betreffende Satzungsbestimmung bzw. der betreffende Hauptversammlungsbeschluss nichtig[677].

cc. Hälfte des Grundkapitals

Der Nennbetrag des genehmigten Kapitals darf die Hälfte des zur Zeit der Ermächtigung vorhandenen Grundkapitals nicht übersteigen (§ 202 Abs. 3 Satz 1 AktG). Dabei kommt es nicht darauf an, wie das vorhandene Kapital entstanden ist. Es kann sein, dass das Grundkapital durch reguläre oder bedingte Kapitalerhöhung, oder gar im Wege der Ausnutzung des genehmigten Kapitals aufgebracht worden ist[678]. Maßgebender Zeitpunkt für die Bestimmung des Nennbetrags und des Grundkapitals ist das Wirksamwerden der Ermächtigung (181 Abs. 3 AktG) bzw. der Tag, an dem die Gesellschaft eingetragen wird[679].

b. Fakultativer Inhalt

Neben diesen gesetzlichen Schranken kann die Ermächtigung weitere Festsetzungen enthalten[680]. So kann die Ermächtigung zu einem geringeren Betrag als der Hälfte des vorhandenen Grundkapitals oder für einen bestimmten Zweck erteilt werden. Es ist auch zulässig, den Vorstand für eine kürzere Frist als fünf Jahre

676 Hüffer, AktG, 7. Aufl. 2006, § 202 Rdn. 12; Bayer, in MünchKomm. z. AktG, 2. Aufl. 2005, § 202 Rdn. 64; Hirte, in Großkomm. AktG, 4. Aufl. 2001, § 202 Rdn. 133; abw. Lutter, in Kölner Komm. z. AktG, 2. Aufl. 1995, § 202 Rdn.11, der prozentuale Angabe bezogen auf das derzeitige Grundkapital genügen lassen will.

677 Hirte, in Großkomm. AktG, 4. Aufl. 2001, § 202 Rdn. 133; Lutter, in Kölner Komm. z. AktG, 2. Aufl.. 1995, § 202 Rdn. 11; Hüffer, AktG, 7. Aufl. 2006, § 202 Rdn. 12; Krieger, in MünchHdb AG, Bd. IV, 2. Aufl. 1999, § 58 Rdn. 7.

678 Hefermehl, in Geßler/Hefermehl/Eckardt/Kropf AktG 1988, § 202 Rdn. 14.

679 Lutter, in Kölner Komm. z. AktG, 2. Aufl. 1995, § 202 Rdn. 12; Hirte, in Großkomm. AktG, 4. Aufl. 2001, § 202 Rdn. 148; Hüffer, AktG, 7. Aufl. 2006, § 202 Rdn. 14; Krieger, in MünchHdb AG, Bd. IV, 2. Aufl. 1999, § 58 Rdn. 7.

680 Ausf. hierzu Lutter, in Kölner Komm. z. AktG, 2. Aufl. 1995, § 202 Rdn. 19.

zu ermächtigen. Weitere Einschränkungsmöglichkeiten sind die Bestimmungen über den Inhalt der Aktienrechte und über die Bedingungen der Aktienausgabe (§ 204 Abs. 1 AktG) sowie bei Ausgabe gegen Sacheinlagen die Festsetzung des Gegenstandes der Sacheinlage, des Sacheinlegers und des Nennbetrags der für die Sacheinlage zu gewährenden Aktien (§ 205 Abs. 2 AktG). In der Ermächtigung kann ferner vorgesehen werden, dass das Bezugsrecht der Aktionäre ausgeschlossen ist und der Vorstand über den Ausschluss des Bezugsrechts entscheidet. Die ursprüngliche Satzung oder der satzungsändernde Hauptversammlungsbeschluss über die Ermächtigung kann auch Bestimmungen darüber enthalten, dass die neuen Aktien an Arbeitnehmer der Gesellschaft ausgegeben werden (§ 204 Abs. 4 AktG). Bei Vorhandensein von stimmrechtslosen Vorzugsaktien bedarf die Ausgabe weiterer gleichberechtigter oder bevorrechtigter Vorzugsaktien aufgrund des genehmigten Kapitals einer ausdrücklichen Bestimmung in der Ermächtigung (§ 204 Abs. 2 AktG).

3. *Änderung des Inhalts der Ermächtigung*

Der Inhalt der Ermächtigung kann nach Eintragung der Satzung bzw. Satzungsänderung durch Ausdehnung in zeitlicher oder betraglicher Hinsicht unter Beachtung der gesetzlichen Schranken geändert werden[681]. Es ist auch zulässig, die Ermächtigung nachträglich einzuschränken[682]. Darüber hinaus kann dem Vorstand nachträglich auch die Entscheidungsbefugnis über den Ausschluss des Bezugsrechts (§ 203 Abs. 2 AktG), über Ausgabe von Aktien gegen Sacheinlagen (§ 205 AktG) oder an Arbeitnehmer (§ 202 Abs. 4 AktG) oder über Vorzugsaktien (§ 204 Abs. 2 AktG) zugesprochen werden. Zur Änderung des Inhalts der Ermächtigung ist ein Hauptversammlungsbeschluss mit der nach § 202 Abs. 2 AktG erforderlichen Mehrheit und der Zustimmung im Wege von Sonderbeschlüssen (§ 182 Abs. 2 i.V.m § 202 Abs. 2 Satz 4 AktG) notwendig. Das gilt auch dann, wenn die Ermächtigung noch nicht im Handelsregister eingetragen ist[683].

4. *Aufhebung der Ermächtigung*

Ist der Ermächtigungsbeschluss im Handelsregister eingetragen, geschieht die Aufhebung der Ermächtigung nach §§ 179 ff. AktG und ohne Sonderbeschlüsse

681 OLG Hamm, WM 1985, S. 197, 198; Lutter, in Kölner Komm. z. AktG, 2. Aufl. 1995, § 202 Rdn. 18; Hüffer, AktG, 7. Aufl. 2006, § 202 Rdn. 18; Bayer, in MünchKomm. z. AktG, 2. Aufl. 2005, § 202 Rdn. 76; Ekkenga, AG 2001, S. 615 f.

682 Lutter, in Kölner Komm. z. AktG, 2. Aufl. 1995, § 202 Rdn. 19.

683 Lutter, in Kölner Komm. z. AktG, 2. Aufl. 1995, § 202 Rdn. 7.

nach § 182 Abs. 2 i.V.m. § 202 Abs. 2 Satz 4 AktG[684], da es sich nicht um eine Kapitalveränderung, sondern um eine Rückverlagerung der Kompetenz von Vorstand auf Hauptversammlung geht[685]. Die gemäß § 179 Abs. 2 AktG notwendige Mehrheit kann dabei im Gegensatz der für die Erteilung der Ermächtigung durch die Hauptversammlung erforderlichen Mehrheit durch die Satzung herabgesetzt werden (§ 179 Abs. 2 Satz 2 AktG). Von der Hauptversammlung aufgehoben werden kann die durch Satzungsänderung beschlossene Ermächtigung auch vor Eintragung des Ermächtigungsbeschlusses ins Handelsregister. Da die Eintragung die Änderung erst wirksam macht (181 Abs. 3 AktG), bedeutet die Aufhebung eines satzungsändernden Beschlusses vor Eintragung keine Satzungsänderung. Sie kann daher mit einfacher Mehrheit erfolgen[686].

5. Überschreitung der Schranken in der Ermächtigung

Überschreitet die Ermächtigung gesetzliche Schranken, so liegt darin eine unzulässige Abweichung vom Gesetz und damit ein Verstoß gegen § 23 Abs. 5 AktG; denn für den Inhalt der Satzung gilt der Grundsatz der Satzungsstrenge (§ 23 Abs. 5 AktG). Dieser besagt, daß die Satzung von den Vorschriften des Aktiengesetzes nur dann abweichen darf, wenn dies im Gesetz ausdrücklich erlaubt ist. Die Ermächtigung des Vorstands zur Erhöhung des Grundkapitals gemäß § 202 AktG bildet insofern zwar eine zulässige Abweichung von der Regelung des § 119 Abs. 1 Nr. 5 AktG, die besagt, dass Maßnahmen der Kapitalbeschaffung zu den ausschließlichen Zuständigkeiten der Hauptversammlung gehören. Allerdings kann diese Abweichung nur innerhalb der im § 202 AktG im öffentlichen Interesse gesetzten Grenzen geschehen. Das heißt, die von der gesetzlichen Regelung abweichenden Satzungsbestimmungen müssen in diesem Rahmen des gesetzlichen Dispositionsfreiraums liegen[687].

---

684 Hüffer, AktG, 7. Aufl. 2006, § 202 Rdn.18; Krieger, in MünchHdb AG, Bd. IV, 2. Aufl. 1999, § 58 Rdn. 5; Lutter, in Kölner Komm. z. AktG, 2. Aufl. 1995, § 202 Rdn. 7; a.A. Hirte, in Großkomm. AktG, 4. Aufl. 2001, § 207 Rdn. 146 für Kapitalerhöhung aus Gesellschaftsmitteln.

685 Hüffer, AktG, 7. Aufl. 2006, § 202 Rdn.18.

686 Krieger, in MünchHdb AG, Bd. IV, 2. Aufl. 1999, § 58 Rdn. 5; Hüffer, AktG, 7. Aufl. 2006, § 202 Rdn.18; Lutter, in Kölner Komm. z. AktG, 2. Aufl. 1995, § 202 Rdn. 7.

687 Yanli, Stellung des Vorstands, S. 13.

6. *Subsidiarität des genehmigten Kapitals*

Nicht gesetzlich geregelt und im Schrifttum umstritten ist die Frage, ob ein Vorrang der ordentlichen Kapitalerhöhung gegenüber dem genehmigten Kapital besteht. Eine Literaturmeinung vertritt – insbesondere für den Fall einer Kapitalerhöhung mit Bezugsrechtsausschluss – die Auffassung, dass die Aktiengesellschaft auf Grund der ihr gegenüber ihren Aktionären obliegenden Treuepflicht den geringst möglichen Eingriff in die Aktionärsrechte und damit den Weg über die ordentliche Kapitalerhöhung zu wählen habe; dies bedeute, dass ein Ermächtigungsbeschluss gemäß § 202 AktG immer dann ausscheide, wenn die Maßnahme, der das genehmigte Kapital dienen soll, im Zeitpunkt der Beschlussfassung der Hauptversammlung ebenso gut mit einer ordentlichen Kapitalerhöhung umgesetzt werden könne[688]. Die herrschende Meinung hingegen lehnt den Grundsatz einer Subsidiarität des genehmigten Kapitals zu Recht ab[689]. Für die Begründung der Subsidiarität des genehmigten Kapitals könne nicht allein der Umstand maßgebend sein, dass das Niveau des Aktionärschutzes gegenüber der ordentlichen Kapitalerhöhung fühlbar herabgesetzt sei. Es sei zwar richtig, dass im Verfahren der ordentlichen Kapitalerhöhung für die Aktionäre zum einen das Maß an Transparenz höher sei und zum anderen auch der Rechtsschutz besser ausgebaut sei. Die aktuellen Schutzdefizite seien aber vielmehr im Rahmen der Regelung des genehmigten Kapitals zu beseitigen. Ebenso wenig sei der Einsatz des genehmigten Kapitals generell auf Sachverhalte beschränkt, in denen die Verwaltung schnell und flexibel – und somit ohne die Möglichkeit der Anrufung der Hauptversammlung – handeln wolle. Weder der Wortlaut noch die Entstehungsgeschichte der Regelung gäben dafür irgendeinen Hinweis[690].

Auch aus der Systematik des Gesetzes lasse sich ein Regel-Ausnahme-Verhältnis nicht ableiten. Gegen eine Subsidiarität des genehmigten Kapitals sprächen hingegen zwei praktische Argumente: Problematisch sei zum einen die

---

688 Krieger, in MünchHdb AG, Bd. IV, 2. Aufl. 1999, § 58 Rdn. 18; Pentz, ZGR 2001, S. 901, 907; vgl. aber auch Hirte, in Großkomm. AktG, 4. Aufl. 2001, § 203 Rdn. 61, ders. in Großkomm. AktG, 4. Aufl. 2001, § 202 Rdn. 192, der den Grundsatz einer Subsidiarität des genehmigten Kapitals nur unter Prämisse eines anderweitigen Aktionärschutzes ablehnt.

689 OLG Karlsruhe, AG 2003, S. 444, 445 (MLP); LG Düsseldorf, AG 1998, S. 134, 135; i.E. auch, wenngleich schwankend LG Heidelberg, AG 2002, S. 298, 301 f.; Bayer, in MünchKomm. z. AktG, 2. Aufl. 2005, § 202 Rdn. 82 f.; i.E. auch Hirte, EWiR 2003, S. 299.

690 van Venrooy, AG 1981, S. 205; Bayer, in MünchKomm. z. AktG, 2. Aufl. 2005, § 202 Rdn. 82.

Abgrenzung zwischen einem zulässigen und einem die Subsidiarität nicht berücksichtigenden und (somit) unzulässigen Ermächtigungsbeschluss. Zum anderen sei es sehr schwierig zu verhindern, dass die Praxis den Sachverhalt im Regelfall so beeinflusse, dass die Voraussetzungen für die vorrangige Alternative der ordentlichen Kapitalerhöhung nicht mehr vorlägen[691]. Problematisch sei allerdings der Einsatz des genehmigten Kapitals beim ausschließlichen Aktienerwerb durch den Mehrheitsaktionär, speziell bei der Kapitalerhöhung gegen Sacheinlagen. Da in dieser Konstellation alle gegen eine Subsidiarität des genehmigten Kapitals ins Feld geführten dogmatischen wie praktischen Argumente nicht greifen und weil speziell hier die vorhandenen Defizite beim Aktionärsschutz dringend beseitigt werden müssten[692], erscheine der Einsatz des genehmigten Kapitals dann unzulässig, wenn neue Aktien unter Ausschluss des Bezugsrechts an den „faktischen" Mehrheitsaktionärs ausgegeben werden sollten[693]. Eine Kapitalerhöhung unter Ausschluss des Bezugsrechts zugunsten des Mehrheitsaktionärs oder auch zugunsten eines von ihm abhängigen Unternehmens dürfe nur im ordentlichen Verfahren gemäß §§182 ff. AktG und unter Beachtung der dort angeordneten Schutzinstrumente der Aktionärsminderheit erfolgen.

B. Ausnutzung des genehmigten Kapitals durch den Vorstand

1. Entscheidung des Vorstands

Während bei der ordentlichen Kapitalerhöhung die Entscheidung aller wesentlichen Fragen durch Beschluss der Hauptversammlung unmittelbar erfolgt und der Vorstand verpflichtet ist, den Erhöhungsbeschluss auszuführen, besteht die Bedeutung des genehmigten Kapitals darin, dass dort die Zuständigkeit der Hauptversammlung zur Kapitalerhöhung auf den Vorstand übertragen wird[694]. Der Vorstand wird durch eine satzungsmäßige Ermächtigung in die Lage versetzt, das Grundkapital zu einem von ihm als geeignet angesehenen Zeitpunkt, insbesondere auch unter Ausnutzung einer besonders günstigen Situation an der

691 Bayer, in MünchKomm. z. AktG, 2. Aufl. 2005, § 202 Rdn.83; ders., ZHR 168 (2004), S. 132, 163 ff.

692 Bayer, in MünchKomm. z. AktG, 2. Aufl. 2005, § 202 Rdn.84; kritisch gegenüber einer Ausgabe der neuen Aktien ausschließlich an den Mehrheitsaktionär auch Bezzenberger, ZIP 2002, S. 1917, 1928 f.

693 Bayer, in MünchKomm. z. AktG, 2. Aufl. 2005, § 202 Rdn. 84; Hirte, in Großkomm. AktG, 4. Aufl. 2001, § 202 Rdn. 162; ders. Bezugsrechtsausschluss, S. 189 ff.; K. Schmidt, FS Beusch, S. 759, 768 ff.; im Ansatz auch Baums, AG 1994, S. 1, 8.

694 Yanli, Stellung des Vorstands, S. 7 f.

Börse, zu erhöhen, ohne den schwerfälligen und teuren Apparat einer Hauptversammlung in Anspruch nehmen zu müssen[695]. Wenn nun der Vorstand von seiner Ermächtigung Gebrauch machen will, so muss zunächst ein Vorstandsbeschluss über das „Ob" und – soweit nicht vorgegeben – auch über das „Wie" der Aktienausgabe gefasst werden. Die Entscheidung des Vorstands über die Ausnutzung des genehmigten Kapitals ist unentbehrlich und fällt ausschließlich in seine Zuständigkeit, da sie nach erfolgter Delegation der originären Zuständigkeit der Hauptversammlung auf den Vorstand eine Maßnahme der Geschäftsführung (§ 77 AktG) wird[696]. Der Vorstand hat seine Entscheidung grundsätzlich nach pflichtgemäßem Ermessen zu treffen[697]. Zu beachten hat er allerdings stets die vorrangigen Festlegungen und Beschränkungen der Ermächtigung. Darüber hinaus muss im Falle eines Bezugsrechtsausschlusses dessen sachliche Rechtfertigung begründet und das Schädigungsverbot des § 255 Abs. 2 AktG beachtet werden[698].

2. Voraussetzungen der Aktienausgabe

a. Zustimmung des Aufsichtrates zur Aktienausgabe

Nach § 202 Abs. 3 Satz 2 AktG sollen die neuen Aktien aus einem genehmigten Kapital nur mit Zustimmung des Aufsichtsrats ausgegeben werden. Aufgrund dieses Zustimmungsvorbehalts kann dem Aufsichtsrat bei der Ausnutzung des genehmigten Kapitals die entscheidende Rolle zukommen, indem seine Einwilligung hierzu notwendig wird und der Vorstand in seiner Entscheidung von dem Mitwirken des Aufsichtsrats abhängig ist. Während der Aufsichtsrat bei den Geschäften, die nicht seinem Zustimmungsvorbehalt unterliegen sind, auf eine Überprüfung des Ermessens des Vorstands beschränkt ist und seine eigene abweichende Zweckmäßigkeitsbeurteilung gegenüber dem Vorstand nicht durchsetzen darf, sofern dieser sich im Rahmen des vertretbaren Ermessens

---

695 Hirte, in Großkomm. AktG, 4. Aufl. 2001, § 202 Rdn. 19; Bayer, in MünchKomm. z. AktG, 2. Aufl. 2005, § 202 Rdn. 1; Hüffer, AktG, 7. Aufl. 2006, § 202 Rdn. 2.

696 Hüffer, AktG, 7. Aufl. 2006, § 202 Rdn. 20; Bayer, in MünchKomm. z. AktG, 2. Aufl. 2005, § 202 Rdn. 86; Krieger, in MünchHdb AG, Bd. IV, 2. Aufl. 1999, § 58 Rdn. 24; Lutter, in Kölner Komm. z. AktG, 2. Aufl. 1995, § 204 Rdn. 17.

697 Bayer, in MünchKomm. Z. AktG, 2. Aufl. 2005, § 202 Rdn. 87; Hüffer, AktG, 7. Aufl. 2006, § 202 Rdn. 20.

698 Bayer, in MünchKomm. z. AktG, 2. Aufl. 2005, § 202 Rdn. 87.

hält[699], ist er bei der Entscheidung über die Ausgabe neuer Aktien[700] berechtigt, in gewissem Umfang an der Entscheidung teilzunehmen[701]. Diese Mitentscheidungsbefugnis ermöglicht dem Aufsichtrat sogar, sein eigenes Ermessen an die Stelle einer zulässigen Ermessensentscheidung des Vorstands zu setzen[702]. Der Aufsichtsrat entscheidet über die Erteilung der Zustimmung durch Beschluss[703], für den – soweit die Satzung keine abweichende Regelung enthält –, eine einfache Mehrheit der abgegebenen Stimmen erforderlich, aber auch ausreichend ist[704]. Da es sich bei § 202 Abs. 3 Satz 2 AktG aber um eine Sollvorschrift handelt, berührt das Fehlen der Zustimmung des Aufsichtsrats die Beschlussfassung und die übrigen Durchführungsmaßnahmen des Vorstands nicht[705]. Der Vorstand handelt allerdings pflichtwidrig, wenn er die neuen Aktien ohne Zustimmung des Aufsichtsrats nach § 202 Abs. 3 Satz 2 AktG ausgibt. Ebenso darf der Registerrichter – obwohl die materielle Rechtslage durch eine Nichtbeachtung nicht tangiert wird – die Kapitalerhöhung nicht eintragen[706].

b. Keine Durchführung bei ausstehenden Einlagen

Nach § 203 Abs. 3 Satz 1 AktG sollen neue Aktien nicht ausgegeben werden, solange ausstehende Einlagen auf das bisherige Grundkapital noch erlangt werden können.

---

699 Mertens, in Kölner Kommentar zum AktG, 2. Aufl., § 111 Rdn. 33; Meyer-Landrut, in GroßKomm/AktG, § 111 Anm. 3.

700 Unter „Ausgabe“ ist sämtlich die Kapitalerhöhung betreffenden Entscheidungen des Vorstands zu verstehen, nicht etwa die „Ausgabe“ der Aktienurkunden im Sinne des § 191 AktG. vgl. hierzu Lutter, in Kölner Komm. z. AktG, 2. Aufl. 1995, § 202 Rdn. 23; Hüffer, AktG, 7. Aufl. 2006, § 202 Rdn. 21; Bayer, in MünchKomm. z. AktG, 2. Aufl. 2005, § 202 Rdn. 91.

701 Meyer-Landrut, in GroßKomm/AktG, § 111 Anm. 14; Geßler, in Geßler/Hefermehl/Eckardt/Kropf AktG 1988, § 111 Rdn. 25.

702 Lutter, AG 1979; S. 85, 90.

703 Bayer, in MünchKomm. z. AktG, 2. Aufl. 2005, § 202 Rdn. 92; Hüffer, AktG, 7. Aufl. 2006, § 202 Rdn. 21; Lutter, in Kölner Komm. z. AktG, 2. Aufl. 1995, § 202 Rdn. 23.

704 Bayer, in MünchKomm. z. AktG, 2. Aufl. 2005, § 202 Rdn. 92.

705 Lutter, in Kölner Kommentar z. AktG, 2. Aufl. 1995, § 202 Rdn. 24; Hefermehl/Bungeroth, in Geßler/Hefermehl/Eckardt/Kropf AktG 1988, § 202 Rdn. 17; Hüffer, AktG, 7. Aufl. 2006, § 202 Rdn. 22; Bayer, in MünchKomm. z. AktG, 2. Aufl. 2005, § 202 Rdn. 93; Hirte, in Großkomm. AktG, 4. Aufl. 2001, § 202 Rdn. 167.

706 Hüffer, AktG, 7. Aufl. 2006, § 202 Rdn. 22; Bayer, in MünchKomm. z. AktG, 2. Aufl. 2005, § 202 Rdn. 94; Lutter, in Kölner Komm. z. AktG, 2. Aufl. 1995, § 202 Rdn. 24; Hirte, in Großkomm. AktG, 4. Aufl. 2001, § 202 Rdn. 252.

aa. Subsidiarität der Aktienausgabe

Der Wortlaut des § 203 Abs. 3 Satz 1 AktG ähnelt der in § 182 Abs. 4 AktG enthaltenen Formulierung, wo es heißt, dass das Grundkapital nicht erhöht werden soll, solange ausstehende Einlagen auf das bisherige Grundkapital noch erlangt werden können. Allerdings weisen die beiden Gesetzestexte einen Unterschied in der Zielrichtung des Verbots aus. Während in § 182 Abs. 4 AktG angeordnet ist, dass in diesem Fall der Kapitalerhöhungsbeschluss nicht gefasst werden soll, verbietet § 203 Abs. 3 Satz 1 AktG nicht die Fassung eines Ausnutzungsbeschlusses durch Vorstand und Aufsichtsrat[707], sondern nur die zeitlich danach liegende Ausgabe der neuen Aktien, wobei hier die Durchführung der Kapitalerhöhung gem. § 203 Abs. 1 S. 1 i.V.m. §§ 185 ff. AktG gemeint ist, nicht dagegen (anders als bei §§ 191, 200 AktG) die tatsächliche Aushändigung von Aktienurkunden[708]. Dieser Unterschied lässt sich dadurch rechtfertigen, dass die Durchführung der ordentlichen Kapitalerhöhung im Regelfall unmittelbar dem Kapitalerhöhungsbeschluss folgt, während das genehmigte Kapital über einen längeren Zeitraum – insgesamt 5 Jahre – ausgenutzt werden und es daher möglich sein soll, bereits hierfür die Ermächtigung zu schaffen, auch wenn das bisherige Grundkapital noch nicht vollständig geleistet wurde[709].

bb. Reichweite des Verbots

Die Vorschrift des § 203 Abs. 1 Satz 1 AktG gilt für jede Ausnutzung des genehmigten Kapitals. Dabei ist kommt es nicht darauf an, ob eine Bar- oder Sachkapitalerhöhung vorgenommen wird[710]. Erfasst werden Einlagen jeder Art, unerheblich ob Bar- oder Sacheinlage, aber auch Ansprüche aus § 62 AktG wegen unzulässiger Einlagenrückgewähr sowie Ansprüche aus kaduzierten Aktien (§§ 64, 65 AktG), allerdings nur insoweit, als sie im Zeitpunkt der ersten Anmeldung der Durchführung der Kapitalerhöhung erlangt werden können[711].

---

707 Lutter, in Kölner Komm. z. AktG, 2. Aufl. 1995, § 203 Rdn. 59, Hüffer, AktG, 7. Aufl. 2006, § 203 Rdn. 41; Bayer, in MünchKomm. z. AktG, 2. Aufl. 2005, § 203 Rdn. 182; Hirte, in Großkomm. AktG, 4. Aufl. 2001, § 203 Rdn. 156.

708 Bayer, in MünchKomm. z. AktG, 2. Aufl. 2005, § 203 Rdn. 182; Hirte, in Großkomm. AktG, 4. Aufl. 2001, § 203 Rdn. 158; Lutter, in Kölner Komm. z. AktG, 2. Aufl. 1995, § 203 Rdn. 41.

709 Bayer, in MünchKomm. z. AktG, 2. Aufl. 2005, § 203 Rdn. 182; Hirte, in Großkomm. AktG, 4. Aufl. 2001, § 203 Rdn. 156.

710 Bayer, in MünchKomm. z. AktG, 2. Aufl. 2005, § 203 Rdn.183; Hüffer, AktG, 7. Aufl. 2006, § 202 Rdn. 41.

711 Hüffer, AktG, 7. Aufl. 2006, § 202 Rdn. 41; Bayer, in MünchKomm. z. AktG, 2. Aufl. 2005, § 203 Rdn.183.

cc. Grundkapital

Das Eingreifen des § 203 Abs. 3 Satz 1 AktG hängt inhaltlich davon ab, ob ausstehende Einlagen auf das bisherige Grundkapital noch erlangt werden können. Unter dem „bisherigen Grundkapital" ist das Grundkapital zu verstehen, das im Zeitpunkt der ersten Anmeldung der Durchführung der Kapitalerhöhung vorhanden ist[712]. Dabei sind etwaige Aktienausgaben auf ein ebenfalls bestehendes bedingtes Kapital wegen § 200 AktG mit zu berücksichtigen[713].

dd. Ausgabe in Tranchen

Bei einer Aktienausgabe in Tranchen gilt das Subsidiaritätserfordernis nur bezüglich der ersten Ausnutzung des genehmigten Kapitals[714]. Dies ergibt sich nicht nur aus der Regelung in § 203 Abs. 3 Satz 4 AktG, wonach ausschließlich bei der ersten Anmeldung der Durchführung der Kapitalerhöhung gegenüber dem Registergericht Angaben zu Rückständen auf das Grundkapital zu machen sind, sondern auch aus der Überlegung, dass das genehmigte Kapital bereits im Rahmen der erstmaligen Aktienausgabe vollumfänglich hätte ausgenutzt werden können, der Vorstand aber gleichwohl nur einen Teil der Einlage hätte erfordern müssen. Dann kann aber die Aufteilung des genehmigten Kapitals in mehrere Tranchen dem Vorstand nicht zum Nachteil gereichen[715]. Die Rechtslage ist allerdings anders, wenn ein neues zusätzliches genehmigtes Kapital erstmalig ausgenutzt werden soll. In diesem Fall sind Einlagenrückstände aus einem früheren genehmigten Kapitals zu berücksichtigen und auch gemäß § 203 Abs. 3 Satz 4 AktG anzugeben[716].

---

712 Lutter, in Kölner Komm. z. AktG, 2. Aufl. 1995, § 203 Rdn. 60; Bayer, in MünchKomm. z. AktG, 2. Aufl. 2005, § 203 Rdn. 184; Hirte, in Großkomm. AktG, 4. Aufl. 2001, § 203 Rdn. 159.

713 Bayer, in MünchKomm. z. AktG, 2. Aufl. 2005, § 203 Rdn. 184; Hirte, in Großkomm. AktG, 4. Aufl. 2001, § 203 Rdn. 159; Lutter, in Kölner Komm. z. AktG, 2. Aufl. 1995, § 203 Rdn. 60.

714 Hüffer, AktG, 7. Aufl. 2006, § 202 Rdn. 41; Lutter, in Kölner Komm. z. AktG, 2. Aufl. 1995, § 203 Rdn. 62; Bayer, in MünchKomm. z. AktG, 2. Aufl. 2005, § 203 Rdn.185; Hirte, in Großkomm. AktG, 4. Aufl. 2001, § 203 Rdn. 160; Krieger, in MünchHdb AG, Bd. IV, 2. Aufl. 1999, § 58 Rdn. 26.

715 Lutter, in Kölner Komm. z. AktG, 2. Aufl. 1995, § 203 Rdn. 62; Bayer, in MünchKomm. z. AktG, 2. Aufl. 2005, § 203 Rdn.185; Hirte, in Großkomm. AktG, 4. Aufl. 2001, § 203 Rdn. 160; Schlegelberger/Quassowski, AktG, 3. Aufl., § 170 Anm. 8.

716 Krieger, in MünchHdb AG, Bd. IV, 2. Aufl. 1999, § 58 Rdn. 26; Lutter, in Kölner Komm. z. AktG, 2. Aufl. 1995, § 203 Rdn. 62; Bayer, in MünchKomm. z. AktG, 2. Aufl. 2005, § 203 Rdn.185; Hirte, in Großkomm. AktG, 4. Aufl. 2001, § 203 Rdn. 160.

ee. Ausnahmen

Wie bei § 182 Abs. 4 Satz 2 AktG ist das Subsidiaritätsgebot bei Versicherungsgesellschaften satzungsdispositiv (§ 203 Abs. 3 Satz 2 AktG). Dort kann mithin durch die Satzung bestimmt werden, dass die Volleinzahlung früher ausgegebenen Aktien auch im Falle durchgeführter Kapitalerhöhungen ausgesetzt bleibt, um einen größeren Haftungsfonds zur Verfügung zu haben[717]. Drüber hinaus steht § 203 Abs. 3 Satz 1 AktG der Ausgabe neuer Aktien nicht entgegen, wenn lediglich Einlagen in verhältnismäßig unerheblichem Umfang ausstehen (§ 203 Abs. 3 Satz 3 AktG). Eine weitere Ausnahme gilt bei der Ausgabe von Arbeitnehmeraktien (§ 203 Abs. 4 AktG).

ff. Rechtsfolgen von Verstößen

Wird die Durchführung der Kapitalerhöhung ins Handeslregister angemeldet, obwohl Einlagen in nicht unerheblichem Umfang ausstehen, so wird der Registerrichter die Eintragung im Regelfall ablehnen (§ 203 Abs. 1 Satz 1 AktG i.V.m. § 188 AktG)[718]. Allerdings steht ihm hierbei ein Ermessen zu, das pflichtgemäß auszuüben ist, wobei der Umfang der ausstehenden Einlagen und der hierfür in der Anmeldung angegebene Grund zu berücksichtigen sind[719]. Maßgeblich ist die Sachlage im Zeitpunkt der Entscheidung[720]. Im Falle einer erfolgten Eintragung ist die Kapitalerhöhung aber voll wirksam und scheidet eine Amtslöschung gemäß § 144 Abs. 2 FGG aus[721]. Die Aktionäre können einen Verstoß gegen die Norm auch nicht mit Unterlassungsklagen oder in sonstiger Weise rügen, da § 203 Abs. 3 AktG eine reine Ordnungsvorschrift ist und nicht dem Schutz von Aktionärsinteressen dient[722].

---

717 Hirte, in Großkomm. AktG, 4. Aufl. 2001, § 203 Rdn. 164; Bayer, in MünchKomm. z. AktG, 2. Aufl. 2005, § 203 Rdn. 187.

718 Lutter, in Kölner Komm. z. AktG, 2. Aufl. 1995, § 203 Rdn. 63; Bayer, in MünchKomm. z. AktG, 2. Aufl. 2005, § 203 Rdn. 188; Hüffer, AktG, 7. Aufl. 2006, § 202 Rdn. 43.

719 Hirte, in Großkomm. AktG, 4. Aufl. 2001, § 203 Rdn. 167; Bayer, in MünchKomm. z. AktG, 2. Aufl. 2005, § 203 Rdn. 188.

720 Hüffer, AktG, 7. Aufl. 2006, § 203 Rdn. 43; Bayer, in MünchKomm. z. AktG, 2. Aufl. 2005, § 203 Rdn. 188.

721 Bayer, in MünchKomm. z. AktG, 2. Aufl. 2005, § 203 Rdn. 188; Hüffer, AktG, 7. Aufl. 2006, § 203 Rdn. 43; Hirte, in Großkomm. AktG, 4. Aufl. 2001, § 203 Rdn. 167.

722 Hirte, in Großkomm. AktG, 4. Aufl. 2001, § 203 Rdn. 167; Bayer, in MünchKomm. z. AktG, 2. Aufl. 2005, § 203 Rdn. 188; zweifelnd zum Schutzzweck, aber i.E. Klage verneinend auch Hüffer, AktG, 7. Aufl. 2006, § 203 Rdn. 43.

3. *Festsetzung von Inhalt der Aktienrechte und Bedingungen der Aktienausgabe*

Nach § 204 Abs. 1 AktG entscheidet der Vorstand über den Inhalt der Aktienrechte und die Bedingungen der Aktienausgabe, soweit die Ermächtigung keine Bestimmungen enthält. Die Festsetzungen des Vorstands werden nur wirksam, wenn der Aufsichtsrat ihnen zustimmt (§ 204 Abs. 1 Satz 2 AktG).

a. *Entscheidung des Vorstands*

aa. Subsidiäre Entscheidungsbefugnis des Vorstands

Während die Entscheidung, ob und in welcher Höhe das genehmigte Kapital ausgenutzt werden soll, nach der Konzeption des Gesetzes eine Maßnahme der Geschäftsführung ist und daher generell und zwingend in der Hand des Vorstands liegt[723], steht die Kompetenz des Vorstands, über den Inhalt der Aktienrechte und die Bedingungen der Aktienausgabe zu entscheiden, unter dem Vorbehalt, dass die Gründer oder die Hauptversammlung ihrerseits keine Regelung in der Ermächtigung getroffen haben (§ 204 Abs. 1 AktG)[724]. Die Zuständigkeit des Vorstands nach § 204 Abs. 1 AktG ist insoweit subsidiär. Hat die Hauptversammlung in der Ermächtigung Festlegungen getroffen, ist der Vorstand dann an die betreffenden Festsetzungen gebunden. Bei der Festlegung von Inhalt der Aktienrechte und Bedingungen der Aktienausgabe hat er darüber hinaus die Bestimmungen des Gesetzes oder der Satzung zu beachten, sofern sie verbindliche Regelungen oder Vorgaben zum Aktieninhalt oder zur Aktienausgabe enthalten[725].

bb. Inhalt der Aktienrechte

Fehlt eine anderweitige Festlegung in der konkreten Ermächtigung oder allgemein in der Satzung, bestimmt der Vorstand den Inhalt der Aktienrechte. Hierzu gehören – falls sich die Aktiengesellschaft für Nennbetrags und nicht für Stückaktien entschieden hat – die Festlegung des Nennbetrags der neuen Aktien, ferner die Bestimmung der Aktienart, d. h. inhaber- oder Namensaktie (§ 10 Ab. 1 AktG), und der Aktiengattung (§ 11 AktG), speziell also die Entscheidung für

---

723 Hüffer, AktG, 7. Aufl. 2006, § 202 Rdn. 20; Bayer, in MünchKomm. z. AktG, 2. Aufl. 2005, § 202 Rdn. 86; Krieger, in MünchHdb AG, Bd. IV, 2. Aufl. 1999, § 58 Rdn. 24; Lutter, in Kölner Komm. z. AktG, 2. Aufl. 1995, § 202 Rdn. 17.

724 Hüffer, AktG, 7. Aufl. 2006, § 204 Rdn. 2; Bayer, in MünchKomm. z. AktG, 2. Aufl. 2005, § 204 Rdn. 5; Hirte, in Großkomm. AktG, 4. Aufl. 2001, § 204 Rdn. 2.

725 Hüffer, AktG, 7. Aufl. 2006, § 204 Rdn. 2; Bayer, in MünchKomm. z. AktG, 2. Aufl. 2005, § 204 Rdn. 5.

Stammaktien (mit Stimmrecht) oder Vorzugsaktien (ohne Stimmrecht)[726]. Zum Inhalt der Aktienrechte zählen aber auch Nebenleistungspflichten nach § 55 Abs. 1 Satz 1 AktG sowie Beschränkungen des Stimmrechts gemäß § 134 Abs. 1 Satz 2 AktG[727]. Der Vorstand kann ferner den Zeitpunkt der Gewinnberechtigung der neuen Aktien festlegen[728].

cc. Bedingungen der Aktienausgabe

Soweit die Hauptversammlung im Ermächtigungsbeschluss keine Bestimmungen festlegt, kann der Vorstand auch über die Bedingungen der Aktienausgabe entscheiden, zu denen insbesondere die Höhe des Ausgabebetrags[729], der Zeitpunkt der Aktienausgabe, die Fälligkeit der Einlageverpflichtung (§§ 203 Abs. 1 Satz 1, 188 Abs. 2 i.V.m. 36 a AktG), die Ersetzung des unmittelbaren durch ein mittelbares Bezugsrecht sowie unter Umständen auch die Auswahl der Zeichner gehört[730]. Zu den Bedingungen der Aktienausgabe gehört der Ausschluss des Bezugsrechts nur, wenn die Ermächtigung das ausdrücklich vorsieht. Besteht ein (mittelbares) Bezugsrecht der Aktionäre, so ist der Vorstand verpflichtet, die Untergrenze des § 9 Abs. 1 AktG zu beachten. Ist das Bezugsrecht aber ausgeschlossen, kann der Vorstand die Aktien grundsätzlich nur zum angemessen Kurs ausgeben. Gibt er die neuen Aktien unter Wert aus, d. h. nicht zu einem angemessen Kurs, handelt er pflichtwidrig und macht sich schadenersatzpflichtig[731]. Der Ausgabebetrag der neuen Aktien ist sowohl im Falle der Barkapitalerhöhung als auch im Falle der Kapitalerhöhung gegen Sacheinlagen nur dann angemessen i.S.v. § 255 Abs. 2

---

726 BGHZ 33, S. 175, 178, Bayer, in MünchKomm. z. AktG, 2. Aufl. 2005, § 204 Rdn. 9; Hüffer, AktG, 7. Aufl. 2006, § 204 Rdn. 4; Lutter, in Kölner Komm. z. AktG, 2. Aufl. 1995, § 204 Rdn. 7; Krieger, in MünchHdb AG, Bd. IV, 2. Aufl. 1999, § 58 Rdn. 30; a.A. Hirte, in Großkomm. AktG, 4. Aufl. 2001, § 204 Rdn.14.

727 Zu den Stimmrechtsbeschränkungen Hüffer, AktG, 7. Aufl. 2006, § 134 Rdn. 4 m.w.N.

728 Bayer, in MünchKomm. z. AktG, 2. Aufl. 2005, § 204 Rdn. 10; Hüffer, AktG, 7. Aufl. 2006, § 204 Rdn. 4; Lutter, in Kölner Komm. z. AktG, 2. Aufl. 1995, § 204 Rdn. 7.

729 BGHZ 136, S. 133, 141; Bayer, in MünchKomm. z. AktG, 2. Aufl. 2005, § 204 Rdn.11; Hirte, in Großkomm. AktG, 4. Aufl. 2001, § 204 Rdn. 9; Hüffer, AktG, 7. Aufl. 2006, § 204 Rdn. 5; Lutter, in Kölner Komm. z. AktG, 2. Aufl. 1995, § 204 Rdn. 7.

730 Bayer, in MünchKomm. z. AktG, 2. Aufl. 2005, § 204 Rdn.11.

731 BGHZ 136; S. 133, 141; Bayer, in MünchKomm. z. AktG, 2. Aufl. 2005, § 204 Rdn. 14; ders. ZHR 163 (1999), S. 505, 522; Hüffer, AktG, 7. Aufl. 2006, § 204 Rdn. 5; Lutter, in Kölner Komm. z. AktG, 2. Aufl. 1995, § 204 Rdn. 11; Krieger, in MünchHdb AG, Bd. IV, 2. Aufl. 1999, § 58 Rdn. 28; Hirte, in Großkomm. AktG, 4. Aufl. 2001, § 204 Rdn. 11.

AktG, wenn er in jeder Hinsicht dem anteiligen Unternehmenswert der emittierenden Aktiengesellschaft entspricht[732].

dd. Ausgabe von Vorzugsaktien

Sofern die Hauptversammlung dem Vorstand im Rahmen der Ermächtigung zur Ausgabe neuer Aktien aus dem genehmigten Kapital keine anderslautenden Vorgaben macht, entscheidet dieser nach § 204 Abs. 1 Satz 1 AktG grundsätzlich in eigener Zuständigkeit darüber, ob die neuen Aktien als Vorzugsaktien ohne Stimmrecht ausgegeben werden[733]. Uneingeschränkt gilt dies allerdings nur bei der erstmaligen Ausgabe von Vorzugsaktien. Hat die Aktiengesellschaft dagegen bereits früher stimmrechtlose Vorzugsaktien ausgegeben, so ist die Ausgabe weiterer Vorzugsaktien, die bei der Verteilung des Gewinns oder des Gesellschaftsvermögens ihnen vorgehen oder gleichstehen, nur zulässig, wenn die Ermächtigung dies ausdrücklich vorsieht[734]. Mit dieser Regelung soll verhindert werden, dass mit der Kompetenzverlagerung auf den Vorstand die Schutzregelung des § 141 Abs. 2 AktG unterlaufen wird, der für einen Hauptversammlungsbeschluss über die Ausgabe von Vorzugsaktien, die bei der Verteilung des Gewinns oder des Gesellschaftsvermögens den Vorzugsaktien ohne Stimmrecht vorgehen oder gleichstehen, die Zustimmung der Vorzugsaktionäre vorschreibt[735].

b. Zustimmung des Aufsichtsrats

Nach § 204 Abs. 1 Satz 2 HS 1 AktG bedarf die Entscheidung des Vorstands über den Inhalt der Aktienrechte und die Bedingungen der Aktienausgabe der Zustimmung des Aufsichtsrats. Die Zustimmung des Aufsichtrats ist insbesondere auch dann erforderlich, wenn der Vorstand nach § 203 Abs. 2 Satz 1 AktG ermächtigt wurde, auch über den Ausschluss des Bezugsrechts zu entschei-

732 Bayer, in MünchKomm. z. AktG, 2. Aufl. 2005, § 204 Rdn. 15.

733 Bayer, in MünchKomm. z. AktG, 2. Aufl. 2005, § 204 Rdn. 30; Lutter, in Kölner Komm. z. AktG, 2. Aufl. 1995, § 204 Rdn. 7; Hirte, in Großkomm. AktG, 4. Aufl. 2001, § 204 Rdn. 2; Krieger, in MünchHdb AG, Bd. IV, 2. Aufl. 1999, § 58 Rdn. 30; vgl. auch BGHZ 33, s. 175, 188.

734 Lutter, in Kölner Komm. z. AktG, 2. Aufl. 1995, § 204 Rdn. 32; Bayer, in MünchKomm. z. AktG, 2. Aufl. 2005, § 204 Rdn. 31; Hüffer, AktG, 7. Aufl. 2006, § 204 Rdn. 10

735 Hirte, in Großkomm. AktG, 4. Aufl. 2001, § 204 Rdn. 22; Bayer, in MünchKomm. z. AktG, 2. Aufl. 2005, § 204 Rdn. 32; Lutter, in Kölner Komm. z. AktG, 2. Aufl. 1995, § 204 Rdn. 23; Hüffer, AktG, 7. Aufl. 2006, § 204 Rdn. 10.

den[736]. Die Bestimmung des § 204 Abs. 1 Satz 2 HS 1 AktG ist im Unterschied zu § 202 Abs. 3 Satz 2 AktG, der die Entscheidung über die Ausgabe der neuen Aktien an die Zustimmung des Aufsichtsrats knüpft, nicht als Sollvorschrift gefasst. Daraus ist abzuleiten, dass es sich bei der Mitwirkung des Aufsichtrats nach § 204 Abs. 1 Satz 2 HS 1 AktG um ein zwingendes Wirksamkeitserfordernis handelt[737]. Ohne die Zustimmung des Aufsichtrats ist die Entscheidung des Vorstands nach § 184 BGB schwebend unwirksam und die Kapitalerhöhung darf daher nicht durchgeführt werden[738].

4. Aktienausgabe gegen Sacheinlagen

a. Notwendigkeit einer ausdrücklichen Ermächtigung

Die Ausgabe neuer Aktien im Wege der Ausnutzung eines genehmigten Kapitals bedarf generell einer Ermächtigung, die entweder in der Gründungssatzung enthalten sein (§ 202 Abs. 1 AktG) oder auch im Wege einer späteren Satzungsänderung geschaffen werden kann (§ 202 Abs. 2 AktG). Soll die Ermächtigung dem Vorstand die Befugnis geben, neue Aktien nicht nur gegen Bareinlagen, sondern auch gegen Sacheinlagen auszugeben, so muss dies mit Rücksicht auf die Gefahren, die mit einer Sachkapitalerhöhung für die vom Bezug der neuen Aktien ausgeschlossenen Aktionäre verbunden sind, in der Ermächtigung ausdrücklich gesagt sein[739]. Nutzt der Vorstand das genehmigte Kapital zur Kapitalerhöhung gegen Sacheinlagen ohne eine ausdrückliche Ermächtigung nach § 205 Abs. 1 AktG, so sind die hierfür getroffenen Vereinbarungen entsprechend § 205 Ans. 4 AktG unwirksam, unabhängig davon, was im Zeichnungsschein festgesetzt wurde[740].

---

736 Lutter, in Kölner Komm. z. AktG, 2. Aufl. 1995, § 204 Rdn. 16, Hüffer, AktG, 7. Aufl. 2006, § 204 Rdn. 7; Bayer, in MünchKomm. z. AktG, 2. Aufl. 2005, § 204 Rdn. 23; Hirte, in Großkomm. AktG, 4. Aufl. 2001, § 204 Rdn. 15.

737 Hirte, in Großkomm. AktG, 4. Aufl. 2001, § 204 Rdn. 18; Lutter, in Kölner Komm. z. AktG, 2. Aufl. 1995, § 204 Rdn. 16; Hüffer, AktG, 7. Aufl. 2006, § 204 Rdn. 6; Bayer, in MünchKomm. z. AktG, 2. Aufl. 2005, § 204 Rdn. 27;

738 EinhM. Bayer, in MünchKomm. z. AktG, 2. Aufl. 2005, § 204 Rdn. 27; Lutter, in Kölner Komm. z. AktG, 2. Aufl. 1995, § 204 Rdn. 22, Hüffer, AktG, 7. Aufl. 2006, § 204 Rdn. 8; Hirte, in Großkomm. AktG, 4. Aufl. 2001, § 204 Rdn. 19.

739 Lutter, in Kölner Komm. z. AktG, 2. Aufl. 1995, § 205 Rdn. 4; Hüffer, AktG, 7. Aufl. 2006, § 205 Rdn. 3; Bayer, in MünchKomm. z. AktG, 2. Aufl. 2005, § 205 Rdn. 9; Hirte, in Großkomm. AktG, 4. Aufl. 2001, § 205 Rdn. 7; Krieger, in Münch-Hdb AG, Bd. IV, 2. Aufl. 1999, § 58 Rdn. 37.

740 Bayer, in MünchKomm. z. AktG, 2. Aufl. 2005, § 205 Rdn. 11; Lutter, in Kölner Komm. z. AktG, 2. Aufl. 1995, § 205 Rdn. 5; Hüffer, AktG, 7. Aufl. 2006, § 205 Rdn. 3;

b. Erforderliche Festsetzungen

Sollen Aktien gegen Sacheinlagen ausgegeben, bedarf es nach § 205 Abs. 2 Satz 1 AktG genauer Festsetzungen über den Gegenstand der Sacheinlage, über die Person, von der die Gesellschaft den Gegenstand erwirbt, und über den Nennbetrag der bei der Sacheinlage zu gewährenden Aktien. Bei Stückaktien ist anstelle des Nennbetrags die Zahl der auszugebenden Aktien festzusetzen. Aus der allgemeinen Regelung in § 204 Abs. 1 Satz 1 AktG folgt - obwohl in § 205 Abs. 2 Satz 1 AktG nicht ausdrücklich erwähnt-, dass zusätzlich auch Ausgabekurs anzugeben ist, der sich aus dem Verhältnis des festgelegten Werts der Einlage zum Nennbetrag bzw. zur Summe der geringsten Ausgabebeträge ergibt[741]; denn nur dann, kann von den Aktionären die Angemessenheit des Ausgabebetrags der neuen Aktien erkannt und im Rahmen der registergerichtlichen Prüfung auch die Angemessenheit der Sacheinlage als Gegenleistung für die neuen Aktien beurteilt werden[742].

c. Prüfung der Sacheinlage

Nach § 205 Abs. 3 Satz 1 AktG ist die Sachkapitalerhöhung durch unabhängige Prüfer und das Registergericht zu prüfen. Kommt der Registerrichter nach dem Ergebnis seiner Prüfung zu der Erkenntnis, dass der Wert der Sacheinlage nicht unwesentlich hinter dem geringsten Ausgabebetrag (§ 9 Abs. 1 AktG) der dafür zu gewährenden Aktien (einschließlich Aufgeld) zurückbleibt, so hat er im Regelfall die Eintragung abzulehnen[743]. Der zu geringe Wert der Sacheinlage kann sich aus den Festsetzungen in den nach §§ 203 Abs. 1 Satz 1, 188 Abs. 3 Nr. 1 AktG als Doppel zum Handelsregister einzureichenden Zeichnungsscheinen, den nach §§ 203 Abs. 1 Satz 1, 188 Abs. 3 Nr. 2 AktG einzureichenden Ausführungsverträgen oder dem nach § 205 Abs. 3 Satz 2 AktG i.V.m. § 34 Abs. 1 Satz 1 AktG beizubringenden Bericht der sachverständigen Prüfer ergeben[744].

Hirte, in Großkomm. AktG, 4. Aufl. 2001, § 205 Rdn. 8; Krieger, in MünchHdb AG, Bd. IV, 2. Aufl. 1999, § 58 Rdn. 37.

741 Bayer, in MünchKomm. z. AktG, 2. Aufl. 2005, § 205 Rdn. 12; Lutter, in Kölner Komm. z. AktG, 2. Aufl. 1995, § 205 Rdn. 10; einschränkend Hirte, in Großkomm. AktG, 4. Aufl. 2001, § 205 Rdn. 9: Ausgabekurs sollte festgesetzt werden.

742 Bayer, in MünchKomm. z. AktG, 2. Aufl. 2005, § 205 Rdn. 12.

743 Bayer, in MünchKomm. z. AktG, 2. Aufl. 2005, § 205 Rdn. 33; vgl. auch Lutter, in Kölner Komm. z. AktG, 2. Aufl. 1995, § 205 Rdn. 17; ders., in Kölner Komm. z. AktG, 2. Aufl. 1995, § 184 Rdn. 12; Hüffer, AktG, 7. Aufl. 2006, § 184 Rdn. 18.

744 Hirte, in Großkomm. AktG, 4. Aufl. 2001, § 205 Rdn. 16; Bayer, in MünchKomm. z. AktG, 2. Aufl. 2005, § 205 Rdn. 33;

Die Eintragung kann auch dann abgelehnt werden, wenn die Verträge über die Einbringung einer Sacheinlage unwirksam sind[745].

5. *Bezugsrecht der Aktionäre*

Bei Ausnutzung des genehmigten Kapitals durch den Vorstand steht den Altaktionären ebenso wie bei einer regulären Kapitalerhöhung ein gesetzliches Bezugsrecht zu (§ 203 Abs. 1 Satz 1, 186 Abs. 1 Satz 1 AktG). Ein Ausschluss des Bezugsrechts ist auf zwei Wegen möglich. Entweder beschließt die Hauptversammlung selbst den Ausschluss, oder sie ermächtigt den Vorstand zu einer dementsprechenden Entscheidung. Ein Bezugsrechtsausschluss direkt durch die Hauptversammlung ist praktisch nur denkbar, wenn die Ermächtigung des Vorstands von vornherein auf ganz bestimmte Tatbestände beschränkt wird[746]. Das ist z. B. dann der Fall, wenn die Gesellschaft in ihrem Interesse und zur Förderung oder Sicherung ihrer Stellung am Markt eine Kooperation mit einem anderen Unternehmen beabsichtigt, das nur gegen einen entsprechenden Anteilsbesitz an der Gesellschaft bereit ist, diese Kooperation einzugehen. Demgemäß ermächtigt die Hauptversammlung den Vorstand zur genehmigten Kapitalerhöhung für den Fall des erfolgreichen Abschluss von Verhandlungen über diese Kooperation mit dem anderen Unternehmen. Zulässig ist ein Ausschluss des Bezugsrecht zwecks Kooperation mit einem anderen Unternehmen, wenn dieses die Zusammenarbeit von einer Beteiligung abhängig macht[747].

Wird der Vorstand durch einen satzungsändernden Hauptversammlungsbeschluss ermächtigt, über den Bezugsrechtsausschluss zu entscheiden (§ 203 Abs. 2 Satz 1 AktG), dann findet nach § 203 Abs. 2 Satz 2 AktG die Vorschrift des § 186 Abs. 4 AktG sinngemäß Anwendung, d. h. die beabsichtigte Ermächtigung ist gemäß §§ 186 Abs. 4 Satz 1, 124 Abs. 1 AktG bekannt zu machen und der Vorstand hat der Hauptversammlung einen schriftlichen Bericht zu erstatten. Fraglich ist hierbei, was der Vorstandsbericht enthalten muss, um eine Ermächtigung zum Ausschluss des Bezugsrechts zu rechtfertigen. Nach der Auffassung des BGH in

---

745 Hefermehl/Bungeroth, in Geßler/Hefermehl/Eckardt/Kropff AktG 1988, § 205 Rdn. 5; Hirte, in Großkomm. AktG, 4. Aufl. 2001, § 205 Rdn. 16; Bayer, in MünchKomm. z. AktG, 2. Aufl. 2005, § 205 Rdn. 33.

746 Lutter, BB 1981, S. 861, 862.

747 Lutter, in Kölner Komm. z. AktG, 2. Aufl. 1995, § 186 Rdn. 69; Krieger, in MünchHdb AG, Bd. IV, 2. Aufl. 1999, § 56 Rdn. 72; Priester, DB 1980, S. 1925, 1929.

der Holzmann-Entscheidung[748] vom 19. April 1982[749] müssten bei der Ermächtigung bestimmte tatsächliche Anhaltspunkte dafür vorliegen, dass „der Vorstand während der Dauer seiner Ermächtigung im Gesellschaftsinteresse genötigt sein könne, die Kapitalerhöhung mit einem Bezugsrechtsauschluss durchzuführen"[750]. Oft seien bereits bei der Ermächtigung Einzelheiten bekannt, die der Hauptversammlung eine sachgerechte Entscheidung ermöglichen könnten. Seien genaue Einzelheiten nicht bekannt oder müssten diese im Gesellschaftsinteresse noch geheim gehalten werden, sei ausreichen, wenn zumindest konkrete Anhaltspunkte für einen möglicherweise erforderlichen Bezugsrechtsausschluss vorhanden seien und diese der Hauptversammlung mitgeteilt würden. Zeichne sich dagegen noch keine bestimmte Entwicklung dafür ab, warum eine Bezugsrechtsausschluss in Zukunft nötig sein könne, dürfe der Vorstand nicht zum Bezugsrechtsausschluss ermächtigt werden. Nachteile entstünden hierdurch nicht, da die Hauptversammlung rechtzeitig eingeschaltet werden könne, wenn die Frage eines Bezugsrechtsausschluss konkrete Gestalt annehme.

Die Entscheidung des BGH ist im Schrifttum zunächst überwiegend auf Zustimmung gestoßen und hat die weitere wissenschaftliche Diskussion entscheidend geprägt[751]. In der Praxis eröffneten die strengen Anforderungen an den Vorstandsbericht jedoch ein erhebliches Potential für die Anfechtung von Ermächtigungsbeschlüssen, da nur in den seltensten Fällen ein Unternehmen hinreichend konkret darlegen konnte, für welche zukünftigen Aktivitäten der Bezugsrechtsausschluss nötig gewesen ist. Dies führte in den Jahren nach der

748 Der Holzmann-Entscheidung lag folgender Sachverhalt zugrunde: Die Hauptversammlung der beklagten Aktiengesellschaft hatte den Vorstand u. a. zur Erhöhung des Grundkapitals um 25 Mio. DM durch Ausgabe neuer Aktien gegen Einlagen, gegebenenfalls auch unter Ausschluss des Bezugsrechts, ermächtigt. In dem Vorstandsbericht war als grund für den möglichen Bezugsrechtsausschluss angeführt, dass „insbesondere im Zusammenhang mit der Erweiterung der Aktivitäten im Ausland Fälle denkbar [seien], die es angezeigt erscheinen lassen, dem Vorstand im Interesse der Gesellschaft die Möglichkeit zu geben, mit Zustimmung des Aufsichtsrats das Bezugsrecht - ganz oder teilweise - auszuschließen". Die Klage einer Minderheitsaktionärin mit dem Antrag, den Beschluss für nichtig zu erklären, wurde von der ersten Instanz abgewiesen. Der BGH erklärte die Ermächtigung zum Bezugsrechtsausschluss auf die Sprungrevision hin für nichtig.

749 BGHZ 83, S. 319 ff.

750 BGHZ 83, S. 319, 322..

751 Quack, ZGR 1983, S. 257 ff.; Brandes, WM 1984, S. 289, 297; Hefermehl/Bungeroth, in Geßler/Hefermehl/Eckardt/Kropff AktG 1988, § 203 Rdn. 18 ff.; Lutter, in Kölner Komm. z. AktG, 2. Aufl. 1995, § 203 Rdn. 22 ff.;

Holzmann-Entscheidung zu einem signifikantem Anstieg von Anfechtungsklagen gegen Kapitalerhöhungsbeschlüsse mit Bezugsrechtsausschluss, insbesondere bei den großen börsennotierten Publikumsaktiengesellschaften[752]. Es wurden deshalb im Schrifttum zunehmend Stimmen laut, die die Holzmann-Entscheidung kritisierten und eine praxistaugliche Handhabung des Bezugsrechtsausschluss beim genehmigten Kapital forderten[753]. Der BGH schien die Probleme der Praxis zu erkennen und begann die Anforderungen an den Bezugsrechtsausschluss beim genehmigten Kapital stufenweise zurückzunehmen, zunächst in der Deutsche Bank-Entscheidung vom 07. März 1994[754].

In dem der Entscheidung zugrunde liegender Fall war der Vorstand der Deutschen Bank AG zu einer Kapitalerhöhung unter Bezugsrechtsausschluss ermächtigt worden, wobei die Hauptversammlung das Bezugsrecht bereits in der Ermächtigung selbst ausgeschlossen hatte. Als Begründung des Bezugsrechtsausschlusses wurde die angestrebte Verbreiterung der Aktionärsbasis im Ausland angegeben. Hierzu diene vor allem die Börseneinführung an ausländischen Börsen mit breiter Streuung. Angestrebt werde eine Platzierung in den USA oder eine Verbreitung der Börsenpräsenz in London und Paris oder eine Börseneinführung in Mailand und Madrid. Der Ausgabekurs der neuen Aktien werde sich eng am aktuellen Börsenkurs orientieren. Der BGH hielt den Bezugsrechtsausschluss in casu für zulässig und erkannte folgendes: Die Zulassung an einer ausländischen Börse liege bei einer großen Aktiengesellschaft wie der Beklagten allgemein im Gesellschaftsinteresse. Eine unverhältnismäßige Beeinträchtigung der Interessen der vom Bezug ausgeschlossenen Aktionäre bei Anlehnung des Ausgabepreises an den aktuellen Börsenkurs, breiter Streuung der Aktien und einem Gesamtvolumen der Erhöhung von nur 3 % des Grundkapitals liege nicht vor. Es sei daher nicht erforderlich, dass konkrete Angaben hinsichtlich des geplanten Umfangs der Börsenpräsenz gemacht würden und dass die Reihenfolge der Börsen, an denen die neuen Aktien untergebracht werden sollten, genau bestimmt werde. Das unternehmerische Ermessen verbiete es, solche detaillierten, prognostisch kaum ergründbaren Angaben zu fordern, dass eine Maßnahme – die, wie zuvor festgestellt, im überwiegenden Interesse der AG liegt – praktisch undurchführbar werde. Um der dem Vorstand übertragenen Geschäftsführungsverantwortung, die eine gewisse Freiheit zu flexiblem

752 Nachweise bei Martens, ZIP 1992, S. 1167, FN. 1; Schockenhoff, AG 1994, S. 45, 46 ff.

753 Vgl. Kallmeyer, AG 1993, S. 249; Kindler, ZGR 1998, S. 35 ff.; Martens, ZIP 1994, S. 669 ff.; ders., ZIP 1992, S. 1677 ff.; Heinsius, FS Kellermann, S. 115, 120.

754 BGHZ 125, S. 239 ff.

Handeln erfordere, gerecht zu werden, müsse es ausreichen, dass bestimmte Rahmenbedingungen vorgegeben würden[755].

Auf die Missstände in der Praxis nach der Holzmann-Entscheidung hat ebenso wie der BGH auch der Gesetzgeber reagiert und die Voraussetzungen für einen Bezugsrechtsausschluss bei börsennotierten Aktiengesellschaften teilweise gelockert, indem er mit dem „Gesetz für kleine Aktiengesellschaften und zur Deregulierung des Aktienrechts" vom 02. August 1994[756] einen neuen Satz 4 in § 186 Abs. 3 AktG einfügt hat. Demnach ist ein Ausschluss des Bezugsrechts insbesondere dann zulässig, wenn die Kapitalerhöhung gegen Bareinlagen zehn vom Hundert des Grundkapitals nicht übersteigt und der Ausgabebetrag den Börsenpreis nicht wesentlich unterschreitet.

Zu einer weiteren Liberalisierung der Rechtsprechung kam es im Verfahren Siemens/Nold.[757] Zugrunde lag hinsichtlich der hier interessierten Punkte folgender Sachverhalt: Die Hauptversammlung der beklagten Siemens AG hatte den Vorstand ermächtigt, das Grundkapital um das genehmigte Kapital II von nominal 300 Mio. DM durch Ausgabe von Stammaktien gegen Geld- oder Sacheinlagen zu erhöhen. Hierfür schloss sie das Bezugsrecht aus. Laut Vorstandsbericht sollte der Vorstand hierdurch in die Lage versetzt werden, ohne Beanspruchung der Börse eigene Aktien der Gesellschaft zur Verfügung zu haben. Das genehmigte Kapital sollte zum einen der Gewährung von Arbeitnehmeraktien dienen, und zum anderen sollte es der Gesellschaft ermöglichen, in geeigneten Einzelfällen Beteiligungen gegen Überlassung von Stammaktien der Siemens-AG erwerben zu können[758]. In dem zweiten angegebenen Grund für den Bezugsrechtsausschluss lag eine offensichtliche Missachtung der bis dahin von der Rechtsprechung aufgestellten Forderung, dass beim Ausschluss des Bezugsrechts bereit konkrete Anhaltspunkte für die Notwendigkeit eines Bezugsrechtsausschlusses vorliegen müssten, abstrakte weite Umschreibungen hingegen nicht ausreichend seien[759]. Dementsprechend gaben die erste und zweite Instanz der Klage hinsichtlich des genehmigten Kapitals II statt. In der Revisionsklage legte der BGH dem EuGH die Frage vor[760], ob seine bisherige Rechtsprechung hinsichtlich der Berichtsanforderungen und des Aktionärsschutzes den Anforderungen der 2. EG-Richtlinie

---

755 BGHZ 125, S. 239, 248 f.

756 Gesetz für kleine Aktiengesellschaften und zur Deregulierung des Aktienrechts, BGBl. I, S. 1961

757 BGHZ 136, S. 133 ff.

758 Vorstandsbericht entnommen aus BGHZ 136, 133, 134.

759 Vgl. BGHZ 83, S. 319 ff.

760 BGH, Vorlagebeschluss v. 30.1.1995, ZIP 1995, S. 372.

entspreche. Der EuGH entschied daraufhin am 09. September 1996, dass die deutsche Regelung beim Bezugsrechtsausschluss einen wirksamen Aktionärschutz vorgesehen habe und als eine Präzisierung der 2. EG-Richtlinie anzusehen sei[761]. Überraschend war aber, dass der BGH dann selbst seine bisherigen Rechtsprechung änderte, obwohl der EuGH diese gebilligt hatte. Er hielt unter ausdrücklicher Aufgabe der Holzmann-Rechtsprechung sowohl für den Direktausschluss als auch für die Ermächtigung zum Bezugsrechtsauschluss für ausreichend, dass „die Maßnahme, zu deren Durchführung der Vorstand ermächtigt werden soll, im wohlverstandenen Interesse der Gesellschaft liegt und der Hauptversammlung allgemein und in abstrakter Form bekannt gegeben wird"[762]. Soweit der Hauptversammlung bereits bestimmte Einzelumstände bekannt seinen, habe sie diese in ihre Entscheidung einzubeziehen, ansonsten habe sie die Prüfung, ob die Maßnahme im Gesellschaftsinteresse liege, an den abstrakt umschriebenen Umständen auszurichten. Damit hat der BGH das bisher befürwortete Erfordernis nach konkreten Anhaltspunkten für die bezweckte Maßnahme aufgegeben. Der Bericht des Vorstands muss nicht unbedingt die Details zu dem Zweck enthalten, für den das Kapital verwendet werden soll. Es genügt vielmehr, dass die Maßnahme, zu deren Durchführung der Vorstand ermächtigt werden soll, allgemein umschrieben und in dieser Form der Hauptversammlung bekannt gegeben wird. Da lediglich abstrakte Angaben nötig sind, ist – entgegengesetzt zur Holzmann-Entscheidung – eine Vorratsermächtigung möglich, so dass Vorgänge, für die sich zum Zeitpunkt der Hauptversammlung noch keine konkrete Entwicklung abzeichnet, von der abstrakten Ermächtigung erfasst werden[763].

6. *Zeichnung der neuen Aktien*

Gemäß der Verweisung auf § 185 AktG in § 203 Abs. 1 Satz 1 AktG bedarf die Durchführung einer Kapitalerhöhung aufgrund eines genehmigten Kapitals des Abschlusses entsprechender Zeichnungsverträge, die hinsichtlich der Form und des Inhalts denen bei der ordentlichen Kapitalerhöhung entsprechen. Im Zeichnungsschein ist allerdings anstatt des Tages, an dem die Erhöhung des Grundkapitals beschlossen wurde (§ 185 Ab. 1 Satz 3 Nr. 3 AktG), der Tag anzugeben, an dem die Aktiengesellschaft bzw. der Hauptversammlungsbeschluss über das genehmig-

761 EuGH, Urt. v. 19.11.1996 –C-42/95 (Siemens AG/Henry Nold), JZ 1997, S. 1057.

762 BGHZ 136, S. 133, 139.

763 Vgl. Bungert, NJW 1998, S. 489, 490; Lutter, JZ 1998, S. 50, 51; Behnke, NZG 1999, S. 410, 411.

te Kapital im Handelsregister eingetragen wurde[764]. Die Festsetzungen zu Sacheinlagen und Angaben zu verschiedenen Aktiengattungen (§ 185 Abs. Satz 3 Nr. 3 AktG) sind nur erforderlich, wenn diese Aktien im Rahmen derselben Tranche aus dem genehmigten Kapital ausgegeben werden[765]. Im Zeichnungsschein anzugeben sind ferner nach § 185 Abs. 1 Satz 3 Nr. 4 AktG der Zeitpunkt, an dem die Zeichnung unverbindlich wird, wenn nicht bis dahin die Durchführung der Kapitalerhöhung im Handelsregister eingetragen ist[766].

7. Anmeldung und Eintragung der Durchführung der Kapitalerhöhung

Die Durchführung der Kapitalerhöhung wird beim genehmigten Kapital in gleicher Weise angemeldet und eingetragen wie bei der Durchführung der ordentlichen Kapitalerhöhung. Die Anmeldung kann allerdings stets erst dann erfolgen, wenn die von Vorstand und Aufsichtsrat beschlossene Kapitalerhöhung in vollem Umfang gezeichnet wurde. Im Umfang der nach Maßgabe des Ausnutzungsbeschlusses erfolgten Zeichnung muss bereits vor der Anmeldung auf jede Aktie die eingeforderte Einlage ordnungsgemäß eingezahlt sein und, sofern nicht für die bei der Kapitalerhöhung anfallenden Steuern und Gebühren erforderlich, endgültig zur freien Verfügung des Vorstands stehen (§ 188 Abs. 2 i.V.m. 36 Abs. 2, 36 a Abs. 1 AktG). Bei Bareinlagen muss der eingeforderte Betrag ein Viertel der geschuldeten Bareinlage sowie ein zusätzliches Agio in voller Höhe umfassen (§ 188 Abs. 2 i.V.m. 36 a Abs. 1 AktG). Die Sacheinlagen sind grundsätzlich vollständig vor der Anmeldung zu leisten (§ 188 Abs. 2 i.V.m. 36 a Abs. 2 Satz 1 AktG).

Die Anmeldung wird gem. § 188 Abs. 1 AktG gemeinschaftlich vom Vorstand in vertretungsberechtigter Zahl und vom Vorsitzenden des Aufsichtsrats vorgenommen und hat nach § 12 Abs. 1 HGB in öffentlich beglaubigter Form zu erfolgen. Beizufügen sind der Anmeldung der Durchführung der Kapitalerhöhung alle in § 188 Abs. 3 AktG ausgeführten Schriftstücke. Die eingereichten Schriftstücke werden beim Registergericht in Urschrift, Ausfertigung oder öffent-

764 BayObLG, AG 2002, S. 397, 398; Lutter, in Kölner Komm. z. AktG, 2. Aufl. 1995, § 203 Rdn. 6; Hüffer, AktG, 7. Aufl. 2006, § 203 Rdn. 4; Bayer, in MünchKomm. z. AktG, 2. Aufl. 2005, § 203 Rdn. 13; Hirte, in Großkomm. AktG, 4. Aufl. 2001, § 203 Rdn. 13; Krieger, in MünchHdb AG, Bd. IV, 2. Aufl. 1999, § 58 Rdn. 49.

765 Bayer, in MünchKomm. z. AktG, 2. Aufl. 2005, § 203 Rdn. 14; Krieger, in MünchHdb AG, Bd. IV, 2. Aufl. 1999, § 58 Rdn. 49; Lutter, in Kölner Komm. z. AktG, 2. Aufl. 1995, § 203 Rdn. 6; Hirte, in Großkomm. AktG, 4. Aufl. 2001, § 203 Rdn. 14; Hüffer, AktG, 7. Aufl. 2006, § 203 Rdn. 5.

766 Hüffer, AktG, 7. Aufl. 2006, § 203 Rdn. 5; Bayer, in MünchKomm. z. AktG, 2. Aufl. 2005, § 203 Rdn. 14; Hirte, in Großkomm. AktG, 4. Aufl. 2001, § 203 Rdn. 14.

lich beglaubigter Abschrift aufbewahrt (§ 188 Abs. 5 AktG). Die Bestimmung des § 181 Abs. 1 Satz 2 AktG, wonach der Anmeldung der vollständige Wortlaut der Satzung beizufügen ist, braucht hier nicht beachtet zu werden, da die Eintragung der Durchführung zwar eine Satzungsänderung bewirkt, nicht aber selbst eine Änderung des Satzungstextes darstellt[767].

Das Registergericht hat bei der Eintragung zu prüfen, ob die gesetzlichen und satzungsmäßigen Erfordernisse gewahrt sind. Anders als bei der ordentlichen Kapitalerhöhung, bei der der Kapitalerhöhungsbeschluss gesondert einzutragen ist und damit auch einer gesonderten Prüfung durch das Registergericht unterliegt, findet hier eine einheitliche Prüfung des gesamten, dem Ermächtigungsbeschluss nachgelagerten Kapitalerhöhungsverfahrens bei der Eintragung der Durchführung der Kapitalerhöhung statt[768]. Das Registergericht hat daher zunächst zu prüfen, ob überhaupt eine Entscheidung und eine solche durch den Vorstand vorliegt. Darüber hinaus hat der Registerrichter zu prüfen, ob sich die Ausnutzung des genehmigten Kapitals hinsichtlich ihres Zustandekommens sowie in Bezug auf den Zeitpunkt und Umfang[769] sowie etwaige Beschränkungen und Bedingungen[770] in den durch das Gesetz und die Satzung gesteckten Grenzen hält. Zu überprüfen hat das Gericht auch, ob die nach §§ 202 Abs. 3 Satz 2, 204 Abs. 1 Satz 2, 205 Abs. 2 Satz 2 AktG erforderlichen Zustimmungen des Aufsichtsrats eingeholt wurden. Kommt der Registerrichter bei seiner Prüfung zu dem Ergebnis, dass die Voraussetzungen der Kapitalerhöhung vorliegen, so verfügt er die Eintragung. Mit der Eintragung der Durchführung der Kapitalerhöhung in das Handelsregister ist das Grundkapital der Aktiengesellschaft erhöht und sind die neuen Mitgliedschaftsrechte entstanden[771]. Die Eintragung der durchgeführten Kapitalerhöhung ist ihrem Inhalt nach bekannt zu machen (§§ 10, 11 HGB).

---

767 Bayer, in MünchKomm. z. AktG, 2. Aufl. 2005, § 203 Rdn. 38; Lutter, in Kölner Komm. z. AktG, 2. Aufl. 1995, § 203 Rdn. 51; abw. Hüffer, AktG, 7. Aufl. 2006, § 203 Rdn. 15; Krieger, in MünchHdb AG, Bd. IV, 2. Aufl. 1999, § 58 Rdn. 51.

768 Bayer, in MünchKomm. z. AktG, 2. Aufl. 2005, § 203 Rdn. 40.

769 Lutter, in Kölner Komm. z. AktG, 2. Aufl. 1995, § 202 Rdn. 20; Bayer, in MünchKomm. z. AktG, 2. Aufl. 2005, § 203 Rdn. 40.

770 Schilling, in GroßKomm/AktG, § 202 Anm. 2; Bayer, in MünchKomm. z. AktG, 2. Aufl. 2005, § 203 Rdn. 40; abw. Lutter, in Kölner Komm. z. AktG, 2. Aufl. 1995, § 203 Rdn. 52.

771 Bayer, in MünchKomm. z. AktG, 2. Aufl. 2005, § 203 Rdn. 35; Lutter, in Kölner Komm. z.. AktG, 2. Aufl. 1995, § 203 Rdn. 55; Hüffer, AktG, 7. Aufl. 2006, § 203 Rdn. 18; Hirte, in Großkomm. AktG, 4. Aufl. 2001, § 203 Rdn. 49.

II. Registriertes Kapitalsystem des türkischen Kapitalmarktrechts

Um das komplexe System des registrierten Kapitals, das als Kapitalerhöhungsverfahren dem Institut des genehmigten Kapitals im deutschen Rechts ähnelt, angemessen darstellen zu können, empfiehlt sich, einen Blick auf die geschichtliche Entwicklung des türkischen Kapitalmarktrechts zu werfen.

A. Entwicklung des türkischen Kapitalmarktrechts

1. Entwicklung des türkischen Kapitalmarktrechts bis zum Kapitalmarktgesetz von 1982

Während das türkische Handels- bzw. Aktienrecht in den Jahren 1926 und 1956 neu kodifiziert wurde und darüber hinaus unzählige Gesetzesänderungen erlebt hat, hat sich der türkische Gesetzgeber bis Anfang der sechziger Jahre dazu nicht aufschwingen können, das Kapitalmarktrecht als eigenes Rechtsgebiet zu erfassen. Dafür dürften vor allem die Auswirkungen der politischen, sozialen und wirtschaftlichen Verhältnisse des Landes maßgeblich gewesen sein: Bis zur Aufhebung der sog. „Kapitulationen"[772], welche die Osmanen in Fesseln legten, befanden sich Industrie, Großhandel, Energie und Verkehr in großem Maß in der Hand ausländischer Gesellschaften. Die Zahl der auf der Grundlage des osmanischen Handelsgesetzes von 1850 gegründeten und vorhandenen Aktiengesellschaften und das in ihnen investierte türkische Kapital waren äußerst gering[773]. Die sehr zurückgebliebene, verschuldete und verarmte Landwirtschaft prägte das Gesicht der neuen Republik. Da auch Privatkapital für wirtschaftliche Investitionen nicht vorhanden war und man wegen der schlechten, vor allem politisch kränkenden Erfahrungen während der trüben Zeiten der Kapitulationen das ausländische Kapital damals noch nicht wieder ins Land hineinlassen wollte, konnte man nur eine Wirtschaftspolitik treiben, die als „Planwirtschaft" bezeichnet wird, und die man in der Türkei „Etatismus" nannte. Im Rahmen der Planwirtschaftspolitik begann man mit der Gründung von Aktiengesellschaften, die größtenteils „Einmann-Gesellschaften" mit dem Staat als alleinigem Aktionär waren.

---

772 Die Kapitulationen sind kurz nach Beginn des ersten Weltkrieges aufgehoben.

773 Auf der Grundlage des osmanischen Handelsgesetzes von 1850 wurde im Jahre 1850 „Şirket-i Hayriye" gegründet. Diese gilt als erste mit türkischem Kapital gegründete Aktiengesellschaft in der Türkei bzw. Osmanischem Reich. Den Gegenstand dieser Gesellschaft bildete Seeverkehr im Bosporus. Ihre Aktionäre waren zum größten Teil hochrangige Staatsbeamten.

Der Aufbau eines auf der Basis von Einmann-Aktiengesellschaften ruhenden industriellen Staatskonzerns erwies sich jedoch bald aus mehrfachen Gründen als unzweckmäßig, so dass für den staatlichen Wirtschaftssektor eine besondere Organisationsform, die sog. „Wirtschaftlichen Staatsanstalten" entstand. Entsprechend den Staatswirtschaftsplänen wurde ein Teil des Wirtschaftslebens, dessen Entfaltung und Förderung den türkischen Staat besonders interessiert, vor allem die Landwirtschaft, die Energiewirtschaft, der Bergbau, die Eisen- und Stahlerzeugung und -verarbeitung, die Textil- und Zelluloseindustrie, die chemische Industrie, das Eisenbahn-, Post- und Telegraphenwesen, zur Planung, Finanzierung, Leitung und Kontrolle auf diesen Staatsanstalten aufgeteilt. Diese führten zum Teil den Namen „Bank", betrieben auch in kleinerem und größerem Umfang Bankgeschäfte, waren aber in Wahrheit nur Finanzierungsinstitute für die von ihnen gegründeten und abhängigen Einzelunternehmen, die als Anstalten des Privatrechts mit eigener Rechtspersönlichkeit, beschränkter Haftung und einer gewissen Verwaltungs- und Finanzautonomie ausgestattet waren.

Die wirtschaftlichen Staatsanstalten erwiesen sich allerdings als zu teuer und zu ineffektiv. Schnell drängte sich eine Alternative auf, die staatlichen Betriebe über eine Reprivatisierung zu retten. Der Versuch einer Reprivatisierung der hierfür geeigneten Staatsunternehmen durch Umwandlung in Aktiengesellschaften oder Gesellschaften mit beschränkter Haftung scheiterte jedoch nach den Wahlen von 1950, die mit dem Sieg der weniger etatistisch und eher liberal eingestellten demokratischen Partei endeten. Schon Anfang der sechziger Jahre war deutlich zu erkennen, dass die aktienrechtlichen Vorschriften des türkischen Handelsgesetzes über den Minderheitsschutz, die Publikumswerbung, die Publizität sowie der Kapitalbeschaffung nicht mehr den Anforderungen der Zeit entsprachen. Es entstand daraufhin ein neues Wirtschaftskonzept, das auf die Umstrukturierung und Privatisierung der Staatsbetriebe und auf die Förderung der unternehmerischen Privatinitiative abzielte. Der Schlüssel zum Erfolg dieses Konzepts war die Schaffung der Voraussetzungen dafür, dass mehr Menschen zu einer unternehmerischen Tätigkeit ermutigt werden. Dabei standen folgende zusätzliche Maßnahmen im Mittelpunkt: Schaffung der Rahmenbedingungen, damit Unternehmer wettbewerbsfähig bleiben und den Wachstumsbeitrag leisten, den sie leisten können und Erleichterung der Finanzierung von Unternehmen. Diesem Konzept entsprechend drängte sich im Jahre 1960 eine sondergesetzliche Regelung des Kapitalmarktes auf.

Das Gesetz Nr. 7462 „betreffend die Aktiengesellschaft zur Eisen- und Stahlerzeugung in Ereğli“[774] gilt als das erste Gesetz, das das dem türkischen Recht bis dahin unbekannte System des registrierten Kapitals in das türkische Aktienrecht eingeführt hat. Allerdings geht aus der Begründung des Gesetzes hervor, dass man sich für die Einführung des registrierten Kapitalsystems nicht deshalb entschieden hat, weil es im türkischen Recht ein Bedarf daran bestand, sondern, weil man dadurch das für das zu gründende Unternehmen nötige Kapital aus dem Ausland herbeizuschaffen hoffte[775]. Erwartungsgemäß stieß dieses mit politischen, sozialen und wirtschaftlichen Verhältnissen des Landes eng zusammenhängende Gesetz auf heftige Kritik. Die Kritik richtete sich im Wesentlichen auf zwei Punkte: Die Gefährdung der Einheit des Aktienrechts durch sondergesetzliche Regelung und die Begünstigung einer Gesellschaft gegenüber anderen Gesellschaften, die dem Privat- und Handelsrecht unterstellt sind[776].

Das Gesetz Nr. 7462 „betreffend die Aktiengesellschaft zur Eisen- und Stahlerzeugung in Ereğli“ gab der Ausformung des Kapitalmarktrechts zu einem eigenständigen Rechtsgebiet, die durch die allmähliche Aufhebung des Etatismus und die Auflösung der staatlichen Monopole beschleunigt wurde, starke Impulse. So hat die im Rahmen der Vorbereitungen des ersten Fünfjahresplans[777] durch das „Staatliche Planungsamt“ aus Professoren und Experten gebildete Kommission im Jahre 1964 den ersten „Gesetzentwurf zur Förderung und Regulierung des Kapitalmarkts“[778] vorgelegt. Das erste Ziel des Entwurfs war es, durch Steuer-

774 Resmi Gazete, 1.3.1960, Nr. 10445.

775 Dazu heißt es in der Begründung, Eregli Demir Celik Fabrikalari Türk Anonim Sirketi Kanun Layihasi Muvakkat Encümen Mazbatasi (1/527), TBMM Devre IX, Ictima 3, Zabit Ceridesi (1960), Gerekce, S. 1.: „Die Unternehmen, die zur Entfaltung und Förderung des Wirtschaftslebens des Landes beitragen, bedürfen umfangreichen Investitionen. Das benötigte Kapital für die Gründung dieser Unternehmen wird man durch Einsatz des ausländischen Kapitals und innerhalb der für die Gründung des Unternehmens vorgesehenen dreieinhalbjährigen Frist nach und nach beschaffen. Daher muss die zu gründende Gesellschaft, abweichend von den im Handelsgesetz vorgesehenen Wegen, nämlich der Einheitsgründung und der Stufengründung, in Übereinstimmung mit dem amerikanischen System speziell gegründet werden. Zugleich werden zum Zwecke der Investitionsförderung und der Kapitalbeschaffung Bestimmungen erlassen, die der Gesellschaft entsprechende Bewegungsfreiheit gewähren“

776 Imregün, Anonim Ortaklıklar, S. 425 ff.

777 Birinci Beş Yillik Kalkinma Planı, Resmi Gazete, 3.12.1962, Nr. 11272, S. 482, 493.

778 Zur Entstehungsgeschichte des ersten Entwurfs Tekinalp, Sermaye Piyasası Hukukunun Esasları, S. 22 ff.

begünstigungen und Gewährung von Darlehen Publikumsaktiengesellschaften zu fördern und somit einem breiten Publikum eine wirksame Teilhabe am wirtschaftlichen Wachstum zu ermöglichen. Als weitere Ziele des Entwurfs nannte die Kommission noch die Bildung einer zentralen Organisation für die Aufsicht über den Kapitalmarkt, Verbesserung der Information und Erweiterung der Publizität sowie Erleichterung der Kapitalbeschaffung. Dieses Konzept zur Anerkennung der Eigengesetzlichkeit des Kapitalmarkts stieß auf einen derart hartnäckigen Widerstand, dass es in den langwierigen Beratungen immer mehr verwässert wurde. Die Kritik an dem Entwurf richtete sich im Wesentlichen auf drei Gesichtspunkte: die sehr strenge Staatsaufsicht, die durch die geltenden Aktiengesetze der europäischen Staaten bewusst vermieden wird, die Gefährdung der Einheit des Aktienrechts und das Fehlen wirksamer Gegenmaßnahmen zur Förderung der Kapitalanlage in Form von Aktien[779]. Der durch zahlreiche Änderungsvorschläge überarbeitete Entwurf wurde nach einer zwei Jahre andauernden Debatte 1969 hinfällig. Die Regierung ließ sich hierdurch indessen nicht beirren und legte am 20.5.1970 einen zweiten Entwurf eines Kapitalmarktgesetzes vor. Er wich nicht erheblich vom ersten Entwurf ab. Die Kommission veränderte ihn im Laufe der Debatten dahingehend, dass das Gesetz nicht nur Publikumsaktiengesellschaften regeln sollte, sondern ebenfalls die Publikumswerbung, einschließlich der Kapitalanlagegesellschaften sowie den Kapitalanlagefonds. Auch der zweite Entwurf stieß bei Rechtswissenschaftlern auf wenig Gegenliebe und wurde schließlich durch die Entwicklung überholt[780].

2. *Kapitalmarktgesetz von 1982*

Im Jahre 1981 schlug die Geburtstunde des türkischen Kapitalmarktgesetzes, als der türkische Gesetzgeber aufgrund der sich vermehrenden Missbräuche auf dem Gebiet des Aktienwesens und einer Reihe sensationeller Zusammenbrüche erneut eingriff. Nach einigen Änderungen im Rahmen der Ausschussberatungen wurde das Kapitalmarktgesetz am 28.7.1981 verabschiedet, am 30.7.1981 im Gesetzblatt veröffentlich und trat gemäß seinem Art. 51 sechs Monate nach der Veröffentlichung am 29.2.1982 in Kraft[781].

---

779 eingehend Ansay, Çağdaş Anonim Şirketlerin Sorunları, 1981, S. 28 ff.

780 eingehend Tekinalp, Sermaye Piyasasının Hukuki Yönü ve Sorunları, IHFM 1973, C.XXXVIII, S. 1 ff.; Arkan, Halka Açık Anonim Ortaklıkların Özellikleri ve Dış Denetimleri, 1976, S. 11 ff.

781 Sermaye Piyasası Kanunu, Resmi Gazete, 30.7.1981, Nr. 17416.

Gegenstand des Gesetzes ist die Regulierung und die Überwachung des Kapitalmarkts zum Schutz der Rechte und Interessen der Anleger (Art. 1 Satz 1 TKMG). Sein Ziel ist es, durch Transparenz und Stabilität das Vertrauen eines breiten Publikums in die Anlage von Sparkapital in Effekten zu gewinnen, um damit eine wirksame Beteiligung am wirtschaftlichen Wachstum zu fördern (Art. 1 Satz 2 TKMG).

Gesellschaften, die den Bestimmungen des Kapitalmarktgesetzes unterliegen, sind die Publikumsaktiengesellschaften (Art. 11 TKMG), freie Maklervereinigungen, Kapitalanlagegesellschaften und Kapitalanlagefonds sowie andere Institutionen, denen die Erlaubnis für die Tätigkeit auf dem Kapitalmarkt erteilt wird (Art. 32 TKMG). Bei letzteren handelt es sich um Einrichtungen, die sich mit Tätigkeiten des Clearing, der Verwahrung sowie Bonitätseinstufung der Kapitalmarktmittel und der Prüfung der Emittenten oder der Institutionen für den Kapitalmarkt beschäftigen, Investmentberatungs- und Portefeuilleleitungsgesellschaften, die Kapitalmarkttätigkeiten vornehmen oder sonstige Finanzgesellschaften, deren Zweck hauptsächlich in der Übernahme von Forderungen der Gesellschaften oder der Einrichtungen besteht, um durch Vermögen gedeckte Effekten ausgeben zu können und Einrichtungen, die hypothekarisch gesicherte Effekten ausgeben (Art. 39 TKMG).

Das Schwergewicht des Kapitalmarktgesetzes liegt beim „Kapitalmarktausschuss" (SPK), der entsprechend dem vom amerikanischen Gesetzgeber nach der großen Wirtschaftskrise im Jahre 1929 ins Leben gerufenen „Securities Exchange Commission" (SEC) errichtet wurde. Der aus sieben Mitgliedern, darunter einem Vorsitzenden und einem stellvertretenden Vorsitzenden, bestehende Ausschuss hat seinen Sitz in Ankara[782].

Das Kapitalmarktgesetz verleiht dem Kapitalmarktausschuss die Stellung einer juristischen Person des öffentlichen Rechts sowie die volle Autonomie in den Grenzen des Gesetzes (Art. 17 Abs. 1 und 2 TKMG). Die Fähigkeit einer juristischen Person des öffentlichen Rechts bedeutet für den Kapitalmarktausschuss vor allem das Recht zur Satzungsgebung bezüglich seiner inneren Organisation und seiner Arbeitsweise sowie der rechtlichen und wirtschaftlichen Behandlung seines Personals und der Laufbahnen und auch seines eigenen Haushalts. Zur öffentlichen Autonomie gehört die Weisungsunabhängigkeit gegenüber anderen staatlichen Institutionen. Bei der Ausübung seiner Befugnisse ist der Kapitalmarktausschuss unabhängig und nur sich selbst verantwortlich.

782 Der Kapitalmarktausschuss hat auch einen operativen Zweitsitz in Istanbul.

Der Kapitalmarktausschuss ist in erster Linie zuständig für die Genehmigung, Organisation und Überwachung der Publikumswerbung und den Verkauf von Kapitalmarktmitteln sowie das ordnungsgemäße Funktionieren des Kapitalmarkts (Art. 22 TKMG)[783]. Zu diesem Zweck verabschiedet er gemäß Art. 22

783 Nach Art. 22 TKMG hat der Kapitalmarktausschuss im wesentlichen die folgenden Aufgaben und Ermächtigungen: a) Die Regulierung und Überprüfung der Bedingungen über die Ausgabe der Kapitalmarktmittel und deren Publikumswerbung und den Verkauf an das Publikum; b) Eintragung der Kapitalmarkmittel beim Ausschuss, die ausgegeben und durch Publikumswerbung verkauft wurden sowie, falls erforderlich, die vorübergehende Einstellung von Publikumswerbung und Verkauf von Kapitalmarktmitteln; c) Bekanntmachung der Gründungs- und Tätigkeitsvorschriften für die Einrichtungen, die durch Personen, welche für die Prüfungstätigkeiten am Kapitalmarkt berechtigt sind, errichtet werden sowie Bekanntgabe durch Listen [den Handelsnamen] der unabhängigen Prüfungsgesellschaften, die am Kapitalmarkt tätig sind und den auferlegten Bedingungen entsprechen; d) Erlass allgemeiner und besonderer Beschlüsse hinsichtlich der Publizität und ausreichender und rechtzeitiger Unterrichtung des Publikums. Erlass der für die Erstellung von allen möglichen finanziellen Aufstellungen notwendigen Richtlinien sowie deren selbstständige Überprüfung und Feststellungen hinsichtlich des Umfangs und Standards sowie der Grundsätze der für die Publikumswerbung der Kapitalmarktmittel erforderlichen Prospekte und Rundschreiben sowie Informationen, die den Wert der Kapitalmarktmittel beeinflussen; e) Die Aufsicht und Überprüfung der diesem Gesetz unterliegendenden Emittenten sowie der dem Geltungsbereich des Art. 50a TKMG unterstellten Banken und Kapitalmarktinstitutionen sowie Börsen und anderen organisierten Märkten, ob die [von diesen] vorgenommenen Tätigkeiten mit dem Gesetz, den Verordnungen, Erlassen sowie Beschlüssen des Ausschusses und anderer mit dem Kapitalmarkt im Zusammenhang stehender sonstiger Gesetzgebung übereinstimmen. Der Kapitalmarktauschuss setzt diese Aufsicht und Überprüfung durch Verlangen aller möglichen Informationen und Dokumente durch; f) Aufsicht über alle möglichen Veröffentlichungen, Bekanntmachungen und Werbematerial, die im Zusammenhang mit dem Kapitalmarkt stehen, und die Einstellung von irreführenden Bekanntmachungen und Werbungen; g) Überprüfung der gemäß Kapitalmarktgesetz abgegebenen finanziellen Aufstellungen, Berichte und Abschlussberichte der externen Prüfungsgesellschaften sowie der sonstigen Dokumente; h) Feststellung der Richtlinien betreffend Ausübung des Stimmrechts durch Vollmacht im Rahmen der allgemeinen Bestimmungen bei Generalversammlungen der Publikumsgesellschaften; i) Regelung des Optionshandels, der sich auf die finanziellen Indikatoren, Kapitalmarktinstrumente und Waren sowie Edelmetalle bezieht; j) Grundsätze und Richtlinien betreffend Effektenleihe und Leerverkäufe festzulegen und, nach der Einholung der Stellungnahme des Staatssekretariats für Schatzwesen und Außenhandel sowie der Zentralbank der türkischen Republik die Regelung des Margenkaufs; k) Feststellung der Grundsätze der Gründung, der Tätigkeit, der Auflösung und der Liquidation der Kapitalmarktinstitutionen zwecks Förderung des Kapitalmarkts und dessen Prüfung.

Abs. 2 TKMG Erlasse in diesem Bereich, deren Bestimmungen bei den Aktiengesellschaften, die dem Kapitalmarktgesetz unterliegen, ergänzend zu beachten sind.

B. Schaffung des registrierten Kapitals

Nach Art. 12 Abs. 1 TKMG können sich sowohl zu gründende Aktiengesellschaften, deren Aktien dem Publikum zum Kauf angeboten werden sollen, als auch bereits gegründete Aktiengesellschaften, die zum Zwecke der Kapitalerhöhung ihre Aktien dem Publikum zum Kauf anbieten, aufgrund einer vom Kapitalmarktausschuss zu erteilenden Zustimmung für das System des registrierten Kapitals entscheiden.

1. Begriff des registrierten Kapitals

Art. 3/d TKMG definiert das registrierte Kapital als der im Handelsregister einzutragende Kapitalbetrag, in dessen Höhe aufgrund eines Beschlusses des Verwaltungsrates Aktien ausgegeben werden kann, ohne dass die Bestimmungen über die Kapitalerhöhung des türkischen Handelsgesetzes Anwendung finden.

2. Inhalt und Charakter des registrierten Kapitalsystems

Nach dem System des registrierten Kapitals kann das Grundkapital der Aktiengesellschaft vom Verwaltungsrat durch Ausgabe neuer Aktien bis zu dem Betrag des registrierten Kapitals erhöht werden. Zu diesem Zweck gibt das Gesetz dem Verwaltungsrat erhebliche Bewegungsfreiheit bei der Kapitalbeschaffung. Er wird ermächtigt zu entscheiden, ob, wann und wie das Grundkapital zu erhöhen ist. Dadurch wird der Verwaltungsrat in die Lage versetzt, sich bietende Gelegenheiten zur Kapitalbeschaffung von sich aus rasch und einfach auszunutzen, ohne erst den schwerfälligen Apparat der Generalversammlung in Anspruch zu nehmen[784]. Der Verwaltungsrat kann auch ermächtigt werden, die Bezugsrechte teilweise oder ganz einzuschränken sowie Vorzugsaktien oder den Nennwert übersteigende Aktien auszugeben (Art. 12 Abs. 5 TKMG). Der größte Vorteil des registrierten Kapitalsystems liegt darin, dass bei einer Kapitalerhöhung langwierige Formalitäten umgangen werden können[785]. Am wichtigsten ist hierbei,

784 Bahtiyar, Anonim Ortaklıkta Kayıtlı Sermaye Sistemi ve Sermaye Artırımı, 1996, S. 153; Ünal, Sermaye Piyasalarında Halka Açık Anonim Ortaklıklar, S. 83.

785 Hirsch/Tekinalp, Das türkische Aktien- und GmbH-Recht, 2. Aufl. 1993, Einl. S. 55; Bahtiyar, Anonim Ortaklıkta Kayıtlı Sermaye Sistemi ve Sermaye Artırımı, 1996, S. 34; Ünal, Sermaye Piyasalarında Halka Açık Anonim Ortaklıklar, S. 83.

dass für die Ausgabe von Aktien kein Generalversammlungsbeschluss notwendig wird und die gezeichneten Beträge der Gesellschaft sofort zur Verfügung stehen, da die Aktionäre den Gegenwert voll einzahlen müssen (Art. 12 Abs. 3 TKMG, Art. 7 Abs. 3 TKMG). Damit gewinnt die Aktiengesellschaft einen großen Handlungsspielraum auf den wichtigen Gebieten der Kapitalbeschaffung und Unternehmensverbindung.

Die Schaffung des registrierten Kapitals ist fakultativ. Dies ergibt sich zum einen aus der Formulierung des Art. 12 Abs. 1 TKMG und zum anderen aus dem Sinn und Zweck des registrierten Kapitalsystems, einer Aktiengesellschaft eine elastische Möglichkeit zur kurzfristigen Ausnutzung sich auf dem Kapitalmarkt bietender Chancen zur Verfügung zu stellen[786]. Ob die Aktiengesellschaft von dieser Möglichkeit Gebrauch macht, bleibt ihrem Ermessen überlassen. Eine Pflicht zur Schaffung des registrierten Kapitals kann nicht begründet werden.

Aus der Formulierung des Art. 12 Abs. 1 TKMG geht außerdem hervor, dass die Schaffung des registrierten Kapitals nicht nur während des Gründungsprozesses sondern auch nach der Gründung der Gesellschaft erfolgen kann. Die Schaffung des registrierten Kapitals bei der Gründung ist allerdings – realistisch gesehen – nur theoretisch möglich; denn in der türkischen Praxis ist kaum eine Aktiengesellschaft zu finden, die nach dem schwerfälligen Sukzessivgründungsverfahren gegründet ist. Bei der Einheitsgründung, wo die Gründer allein zur Aufbringung des gesamten Grundkapitals verpflichtet sind, ist die Beschaffung des in Anbetracht der wirtschaftspolitischen Bedingungen des Landes zu hoch festgesetzten Anfangskapitals allein durch die Gründer sehr schwer[787].

3. *Allgemeine Zulässigkeitsvoraussetzungen*

a. *Publikumsaktiengesellschaft*

Die erste Zulässigkeitsvoraussetzung für die Schaffung des registrierten Kapitals ist, dass es sich bei der Aktiengesellschaft, die sich gemäß Art. 12 Abs. 1 TKMG für das registrierte Kapitalssystem entschieden hat, um eine Publikumsaktiengesellschaft[788] handelt. Dies ergibt sich zwar nicht direkt aus dem Wortlaut des

---

786 Bahtiyar, Anonim Ortaklıkta Kayıtlı Sermaye Sistemi ve Sermaye Artırımı, 1996, S. 153.

787 Hierzu Aytaç, Kayıtlı Sermayeli Anonim Ortaklıklarda Yönetim Kurulu Kararlarının Iptali Sorunu, 1986, S. 274; Reisoğlu, Sermaye Piyasası Kanunu Açısından Anonim Ortaklıklar, S. 23.

788 Der Begriff „Publikumsaktiengesellschaft" wurde erst durch die Kapitalmarktrechtsreform von 1992, Änderungsgesetz Nr. 3794 vom 29.4.1992, Resmi Gazete Nr. 21227 vom

Art. 12 Abs. 1 TKMG. In Art. 12 Abs. 1 TKMG ist lediglich von den zu gründenden Aktiengesellschaften, deren Aktien dem Publikum zum Kauf angeboten werden sollen sowie von den bereits gegründeten Aktiengesellschaften, die zum Zeck der Kapitalerhöhung ihre Aktien dem Publikum zum Kauf anbieten, die Rede. Betrachtet man aber Art. 12 Abs. 1 TKMG i.V.m. Art. 3/g TKMG, der den Begriff „Publikumsaktiengesellschaft" definiert als eine Aktiengesellschaft, deren Aktien dem Publikum zum Kauf angeboten werden oder als dem Publikum zum Kauf angeboten gelten[789], so lässt dies die Auslegung zu, dass die in Art. 12 Abs. 1 TKMG geregelte Option auf die Aufnahme des registrierten Kapitalsystems jeder Publikumsaktiengesellschaft offen steht, und zwar unabhängig davon, ob es sich dabei um eine (wahre) Publikumsaktiengesellschaft oder um eine kraft Gesetzes als Publikumsaktiengesellschaft geltenden Aktiengesellschaft handelt. Diese Gesellschaften können in ihren Satzungen mit vorheriger Zustimmung des Kapitalmarktausschusses ein registriertes Kapital vorsehen.

b. Beschaffung des Anfangskapitals

Eine weitere Zulässigkeitsvoraussetzung für die Schaffung des registrierten Kapitals stellt die Beschaffung des Anfangskapitals dar. Art. 3/e TKMG definiert das

---

13.5.1992, ins Kapitalmarktgesetz aufgenommen. Vor der Reform trug das dritte Kapitel des türkischen Kapitalmarktgesetzes die Überschrift „Kapitalmarktaktiengesellschaften". Die Kapitalmarktaktiengesellschaft stand im Mittelpunkt des Kapitalmarktgesetzes und war nach dem Leitbild des Gesetzes prinzipiell keine Kapitalsammelstelle, sondern lediglich eine ihre Effekten mittels Publikumswerbung verkaufende Aktiengesellschaft. Der in dem alten Art. 11 Abs. 1 TKMG erwähnte Rechtsbegriff „Kapitalmarktgesellschaft" umfasste sowohl die geschlossene Aktiengesellschaft als auch die Publikumsaktiengesellschaft. Dieser sehr weit gefasste Begriff ermöglichte es einer geschlossenen Aktiengesellschaft, sogar einer Aktiengesellschaft mit fünf Aktionären mit einem geringen Grundkapital und mit kleinem Geschäftsvolumen, auf dem Kapitalmarkt als eine Kapitalmarktaktiengesellschaft zu erscheinen, vorausgesetzt, ihre Effekten, außer den Aktien (z. B. Anleihen), werden durch die öffentliche Werbung dem Publikum angeboten. Mit der Reform von 1992 änderte der Gesetzgeber die Überschrift des dritten Kapitels des Kapitalmarktgesetzes und führte mit der Schaffung der neuen Überschrift „Emittenten und Publikumsaktiengesellschaften betreffende Bestimmungen" eine Wende herbei. Er hob den ersten Absatz des Art. 11 TKMG auf und nahm somit von dem Begriff „Kapitalmarktaktiengesellschaft" Abschied. Unter der Überschrift „Gemeinsame Vorschriften" regelt Art. 11 TKMG nun Emittenten und die aufgrund ihrer Aktionäranzahl als Publikumsaktiengesellschaft geltenden Aktiengesellschaften.

789 Gesellschaften, deren Aktien als dem Publikum zum Kauf angeboten gelten, sind gemäß Art. 11 Abs. 2 TKMG diejenige Aktiengesellschaften, die mehr als 250 Aktionäre haben.

Anfangskapital als das Mindestausgabekapital[790], das die Aktiengesellschaften mit registriertem Kapital besitzen müssen. Wie hoch dieses Mindestausgabekapital sein soll, ist im Gesetz nicht definiert. Der türkische Gesetzgeber verzichtet auf eine gesetzliche Festsetzung der Mindesthöhe des Anfangskapitals, und beauftragt stattdessen den Kapitalmarktausschuss, diese festzulegen (Art. 12 Abs. 4 TKMG). Der Grund dafür lässt sich auf die Inflationsprobleme des Landes zurückführen. In den Ländern wie der Türkei, die unter Inflation leiden, führt der Währungsverfall u. a. dazu, dass die in Gesetzbüchern in bestimmten Höhen festgelegten Beträge mit der Zeit an Zweckdienlichkeit verlieren. Diese Beträge durch gesetzgeberische Aktivitäten zu ändern und somit den wahren Verhältnissen anzupassen, erreicht in Anbetracht des Volumens der vom Parlament zu erledigenden Aufgaben nicht immer die wunschgemäße Fixierung.

Die Höhe des Anfangskapitals wird vom Kapitalmarktausschuss, unter Berücksichtigung des gemäß Art. 298 des Steuerverfahrengesetzes (TSVG)[791] vom Finanzministerium jährlich bekannt gegebenen Aufwertungsmultiplikators, jedes Jahr von neuem festgelegt (Zusatzart. 1 des Kapitalmarktausschusserlasses Serie IV Nr. 7)[792]. Das durch das Aufwertungsgesetz Nr. 2791 von 1983[793] in das Steuerverfahrengesetz installierte Aufwertungssystem dient dazu, die negativen Auswirkungen der hohen Inflation zu mildern. So können Unternehmen jedes Jahr ihre abschreibungsfähigen Aktiva und die darauf entfallenden Abschreibungen nach den Multiplikatoren des Steuerverfahrengesetzes aufwerten und dadurch Aufwertungsfonds bilden. Die Aufwertungsfonds können dann entweder zum Kapital addiert oder als Passivposten in die Bilanz gesetzt werden.

Das Anfangskapital darf den vom Kapitalmarktausschuss zu bestimmenden Betrag nicht unterschreiten (Art. 12 Abs. 4 TKMG). Solange ein ausreichendes Anfangskapital im Sinne des Art. 12 Abs. 4 TKMG nicht zur Verfügung steht, hat der Kapitalmarktausschuss die Zustimmung für die Aufnahme des registrierten Kapitalsystems zu versagen[794]. Falls das Anfangskapital einer bereits gegründeten Aktiengesellschaft niedriger ist als der vom Kapitalmarktausschuss bestimmte

---

790 Das ausgegebene Kapital entspricht hierbei der Summe der verkauften Aktien (Art. 3/f TKMG).

791 213 Sayılı Vergi Usul Kanunu, Resmi Gazete Nr. 10703 vom 10.01.1961.

792 Erlass betreffend die Richtlinien des registrierten Kapitals, Resmi Gazete Nr. 21284 vom 14.07.1992.

793 2791 Sayılı Vergi Usul Kanunu ve Değerli Kağıtlar Kanununda Değişiklik Yapılması Hakkında Kanun, Resmi Gazete Nr. 17986 vom 22.01.1983

794 Bahtiyar, Anonim Ortaklıkta Kayıtlı Sermaye Sistemi ve Sermaye Artırımı, 1996, S. 72 f.

Betrag, so wird in der Praxis zur Erfüllung dieser Zulässigkeitsvoraussetzung das Grundkapital durch eine reguläre Kapitalerhöhung (Art. 391–395 THG) erhöht und/oder werden die Aktionäre zur Einzahlung der ausstehenden Einlagen aufgefordert. Im Falle einer Kapitalerhöhung liefert die Beschaffung des Anfangskapitals einen indirekten Grund für die vorgenommene Erhöhung des Grundkapitals[795].

c. Zustimmung des Kapitalmarktausschusses

Für die Schaffung des registrierten Kapitals ist ferner eine Zustimmung des Kapitalmarktausschusses erforderlich (Art. 12 Abs. 1 TKMG). Die Publikumsaktiengesellschaft, die sich gemäß Art. 12 Abs. 1 TKMG für das System des registrierten Kapitals entschieden hat, stellt beim Kapitalmarktausschuss einen Antrag. Der Antrag auf Zustimmung zur Schaffung des registrierten Kapitals wird dann vom Kapitalmarktausschuss einer Prüfung unterzogen, die im Rahmen des Kapitalmarktausschusserlasses Serie IV Nr. 7[796] stattfindet. Maßstab der Prüfung ist Handeln nach allgemeiner Zwecken und Prinzipien des Kapitalmarktgesetzes. Hieran schließt sich eine Konsultation der Kapitalmarktlage, des Zwecks des registrierten Kapitalsystems und der Rechte von Aktionären sowie Einhaltung der gesetzlichen Bestimmungen (Art. 5 Abs. 1 des Kapitalmarktausschusserlasses Serie IV Nr. 7) an.

Hinsichtlich der Ermessungsbefugnis des Kapitalmarktausschusses bei der Erteilung der Zustimmung besteht im türkischen Schrifttum keine Einigkeit. Nach einer Meinung besteht bei der Erteilung der Zustimmung keine Ermessungsbefugnis des Kapitalmarktausschusses[797]. Der Kapitalmarktausschuss sei nicht nur befugt, sondern auch verpflicht, eine entsprechende Zustimmung zu erteilen, sofern die materiellen und formellen Voraussetzungen für die Schaffung des registrierten Kapitals erfüllt und die sonstigen Bestimmungen des Gesetzes eingehalten seien. Ob die ersuchte Zustimmung erteilt oder verweigert wird, bleibt nach einer anderen Meinung dem Ermessen des Kapitalmarktausschusses

795 Bahtiyar, Anonim Ortaklıkta Kayıtlı Sermaye Sistemi ve Sermaye Artırımı, 1996, S. 72 f.

796 Erlass betreffend die Richtlinien des registrierten Kapitals, Resmi Gazete Nr. 21284 vom 14.07.1992.

797 Ünal, Sermaye Piyasalarında Halka Açık Anonim Ortaklıklar, S. 98 f.; Tekinalp, Sermaye Piyasası Hukukunun Esasları, S. 47; Yıldız, Anonim Ortaklıkta Yeni Pay Alma Hakkı, S. 66.

überlassen. Schließlich fungiere der Kapitalmarktausschuss als eine zuständige Aufsichtsbehörde, und nicht als eine Bestätigungsbehörde[798].

Die Auffassung, dass dem Kapitalmarktausschuss kein Ermessensspielraum bei der Erteilung oder Versagung der Zustimmung zusteht, ist mit dem Wesen der Zustimmung nicht zu vereinbaren. Zustimmung bedeutet im allgemeinen juristischen Sprachgebrauch die Einverständniserklärung zu dem von einem anderen vorgenommenen Rechtsgeschäft[799]. Es ist kein Anhaltspunkt dafür ersichtlich, dass der Begriff „Zustimmung" im Kapitalmarktgesetz einen anderen Inhalt haben soll. Zustimmung im Sinne von Art. 12 Abs. 1 TKMG ist eine eigenständige Entscheidung des Kapitalmarktausschusses, die neben der Entscheidung der Genehmigungsbehörde (Industrie- und Handelsministerium) erforderlich ist, von dem Kapitalmarktausschuss unmittelbar an die antragstellende Gesellschaft gerichtet und evtl. mit Bedingungen oder Auflagen versehen wird und deren Erteilung die antragstellende Gesellschaft im Klagewege gegenüber dem Kapitalmarktausschuss erstreiten kann.

Allerdings steht dem Kapitalmarktausschuss kein unbeschränkter Ermessenspielraum hinsichtlich der Erteilung der Zustimmung zu. Der Kapitalmarktausschuss hat über einen Antrag auf Zustimmung zur Aufnahme des registrierten Kapitalsystems nach freiem pflichtgemäßen Ermessen zu entscheiden. Bei der Ermessenentscheidung hat er einerseits, unter besonderer Beachtung des Zwecks und Ziels des Gesetzes, durch Transparenz und Stabilität das Vertrauen eines breiten Publikums in die Anlage von Sparkapital in Effekten zu gewinnen, um damit eine wirksame Beteiligung am wirtschaftlichen Wachstums zu fördern (Art. 1 TKMG), etwaige abenteuerliche und spekulative Machenschaften zu verhindern und ein angemessenes Verhältnis zwischen Tätigkeit und Zweck der Gesellschaft und Betrag des registrierten Kapitals sicherzustellen. Die Anforderungen des Kapitalmarktes, dessen ordnungsgemäßes Funktionieren, der Zweck des registrierten Kapitals und die Rechte und Interessen der Aktionäre sowie die Einhaltung der gesetzlichen Bestimmungen dienen dem Kapitalmarktausschuss als Maßstab zur Feststellung, ob die Aufnahme des registrierten Kapitalsystems seitens der antragstellenden Gesellschaft rechts-, ordnungs- und zweckgemäß ist (Art. 5 Abs. 1 de Kapitalmarkausschusserlasses Serie IV Nr. 7)[800]. Andererseits darf die grundsätzliche Gestaltungsfreiheit der Gesellschaft nicht übermäßig eingeengt werden;

---

798 Bahtiyar, Anonim Ortaklıkta Kayıtlı Sermaye Sistemi ve Sermaye Artırımı, 1996, S. 73 f..

799 Vgl. hierzu § 182 BGB.

800 Erlass des Kapitalmarktausschusses betreffend die Richtlinien des System des registrierten Kapitals, Serie IV Nr. 7, Resmi Gazete Nr. 21284 vom 14.7.1992.

denn das Zustimmungsrecht des Kapitalmarktausschusses ist hier auf die bessere Überwachung des Kapitalmarktes ausgerichtet und verfolgt nicht den Zweck, der Publikumsaktiengesellschaft unmöglich zu machen, die gesetzlich eingeräumte Möglichkeit, in ihrer Satzung ein registriertes Kapital vorzusehen, zu nutzen.

4. Verfahren

a. Abfassung des Änderungstextes

Hat sich die Aktiengesellschaft gemäß Art. 12 Abs. 1 TKMG für das System des registrierten Kapitals und somit für die Schaffung eines registrierten Kapitals in der Satzung entschieden, so soll die Satzung entsprechend geändert werden. Zur Abfassung des Änderungstextes ist der Verwaltungsrat zuständig (Art. 4/g des Kapitalmarktausschusserlasses Serie IV Nr. 7). Soll dem Verwaltungsrat gemäß Art. 12 Abs. 5 TKMG in der Satzung die Ermächtigung erteilt werden, über die Ausgabe von Vorzugsaktien, den Nennwert übersteigender Aktien, eine Einschränkung des Bezugsrecht oder eine Beschränkung der Rechte der Aktionäre von Vorzugsaktien zu beschließen, ist diese im Änderungstext zu rechtfertigen (Art. 4/h des Kapitalmarktausschusserlasses Serie IV Nr. 7).

b. Zustimmung des Kapitalmarktausschusses

Nach der Abfassung des Änderungstextes durch den Verwaltungsrat wendet sich die Gesellschaft an den Kapitalmarktausschuss und ersucht ihn um die Zustimmung (Art. 12 Abs. 1 TKMG). Stellt der Kapitalmarktausschuss infolge der oben erwähnten Prüfung fest, dass der Schaffung eines registrierten Kapitals nichts entgegensteht, erteilt er eine entsprechende Zustimmung. Verweigert der Ausschuss die Zustimmung oder stellt er für die Erteilung der Zustimmung außergesetzliche Vorbedingungen, so kann gemäß Art. 2 des Verwaltungsprozessverfahrensgesetzes (IYUK)[801] vor dem Verwaltungsgericht gegen diesen Beschluss eine Anfechtungsklage erhoben werden.

c. Festlegung des Betrags des registrierten Kapitals

Eine Begrenzung hinsichtlich der Höhe des in der Satzung festzusetzenden Betrags des registrierten Kapitals sieht die gesetzliche Regelung des Art. 12 TKMG nicht vor; gleichwohl beansprucht der Kapitalmarktausschuss eine Zuständigkeit über die Festlegung des Betrags des registrierten Kapitals und die dafür als Maßstab dienenden Kriterien. In seinem Erlass Serie IV Nr. 7 vom 14. Juli 1992

---

801 2577 Sayılı Idari Yargılama Usulü Kanunu, Resmi Gazete Nr. 17580 vom 20.01.1982.

betreffend die Richtlinien des System des registrierten Kapitals, auferlegt sich der Kapitalmarktausschuss selbst die Zuständigkeit, den Betrag des registrierten Kapitals zu bestimmen. Als Ausgangsbasis für die Festsetzung des Betrags des registrierten Kapitals dient dem Ausschuss der von der antragstellenden Gesellschaft vorgeschlagene Betrag (Art. 5 Abs. 1 Satz 2 des Kapitalmarktausschusserlasses Serie IV Nr. 7). Bei der Festlegung hat der Ausschuss auch den Betrag des ausgegebenen Kapitals[802] der antragstellenden Gesellschaft sowie deren aktuellen Zustand und Pläne zur Entwicklung und Erweiterung zu berücksichtigen (Art. 5 Abs. 1 Satz 2 des Kapitalmarktausschusserlasses Serie IV Nr. 7).

Dieses Vorgehen des Kapitalmarktausschusses widerspricht zum einen, wie Ünal zutreffend ausführt[803], dem in Art. 19 Abs. 1 des Obligationengesetzes (TOG) verankerten Grundsatz der Vertragsfreiheit, wonach der Inhalt des Vertrages innerhalb der Schranken des Gesetzes beliebig festgestellt werden kann. Nach Art. 19 Abs. 2 TOG sind von den gesetzlichen Vorschriften abweichende Vereinbarungen nur dann zulässig, wenn die Abweichung nicht einen Verstoß gegen die öffentliche Ordnung, gegen die guten Sitten oder gegen das Recht der Persönlichkeit in sich schließt. Eine Beschränkung der Vertragsfreiheit der Gesellschaft bei der Festlegung des Nennbetrags des registrierten Kapitals lässt sich nach Auffassung von Ünal insoweit zwar auf die Anforderungen der öffentlichen Ordnung grundsätzlich stützen; doch dem Privatrecht so enge Grenzen zu ziehen, sei nicht akzeptabel. Ebenso wenig könne aus Art. 12 Abs. 4 TKMG, der die Festlegung des Nennbetrags des Anfangskapitals dem Kapitalmarktausschuss überträgt, darauf geschlossen werden, dass der Kapitalmarktausschuss auch zur Bestimmung des Betrags des registrierten Kapitals befugt sei. Hätte der Gesetzgeber dies beabsichtigt, hätte es nahegelegen, dies in Abs. 2 der Vorschrift ausdrücklich zu normieren[804].

Zum anderen ist ausdrücklich darauf hinzuweisen, daß sich der Kapitalmarktausschuss in seinem Erlass auf keine gesetzliche Bestimmung stützen kann und auch nicht stützt, die die in diesem Erlass enthaltenden Einschränkungen der Satzungsfreiheit rechtfertigen kann. Das Kapitalmarktgesetz stellt ein Rahmengesetz dar, das die grundlegenden Regeln für die Ordnung von Kapitalmarkteinrichtungen, die rechtliche Bewältigung von Vorgängen am Kapitalmarkt und die

802 Art. 3 f. TKMG definiert das ausgegeben Kapital als das Kapital einer Aktiengesellschaf mit registriertem Kapital, welches die Aktien verkörpert, die verkauft worden sind.

803 Ünal, Sermaye Piyasalarında Halka Açık Anonim Ortaklıklar, S. 96 f.

804 Ünal, Sermaye Piyasalarında Halka Açık Anonim Ortaklıklar, S. 96 f.

Sicherung des Anlegerschutzes festlegt[805]. Nur das absolut Notwendigste wird auf Gesetzesstufe geregelt, da es aufgrund der wachsenden Vielfältigkeit und Komplexität der vom Geltungsbereich des Gesetzes umfassten Themen nicht möglich ist, alle Aspekte des Kapitalmarktes in das Gesetz einzubeziehen. Von diesem Standpunkt ausgehend ermächtigt der Gesetzgeber in Art. 22 a TKMG den Kapitalmarktausschuss, die näheren Einzelheiten in Form von Erlassen zu regeln. Diese Ermächtigung gilt jedoch nur mit der Maßgabe, dass die vom Kapitalmarktausschuss erlassenen Bestimmungen der Anwendung des Gesetzes dienen. Die Befugnis des Kapitalmarktausschuss zum Erlass von Bestimmungen, die die Anwendung des Gesetzes erleichtern sollen, ist insoweit subsidiär. Das heißt, der Kapitalmarktausschuss darf nur auf dem Gebiet tätig werden, auf dem er dazu vom Gesetzgeber ausdrücklich im Gesetz ermächtigt wurde. Sachkomplexe, die durch Gesetz oder durch Rechtsverordnung aufgrund eines Gesetzes geregelt werden müssen, sind der selbständigen Regelung durch den Kapitalmarktausschuss entzogen (Grundsatz des Gesetzesvorbehalts). Der Kapitalmarktausschuss besitzt also keine Kompetenz-Kompetenz, kraft derer er seine Befugnisse autonom bestimmen könnte. Er kann nicht alle gewünschten Zuständigkeiten an sich reißen oder sich selbst die Zuständigkeit für neue Bereich schaffen. Jede Rechtsetzung des Kapitalmarktausschusses bedarf immer einer ausdrücklichen gesetzlichen Grundlage. Insofern hat der Kapitalmarktauschuss durch die Bestimmung des Art. 5 des Kapitalmarktausschusserlasses Serie IV Nr. 7 eine in das System des registrierten Kapitals nicht integrierbare Kompetenz geschaffen und somit seinen gesetzlich festgelegten Zuständigkeitsbereich contra legem erweitert.

d. Genehmigung des Industrie- und Handelsministeriums

Da es sich bei der Schaffung des registrierten Kapitals um eine Satzungsänderung handelt, bedarf es gemäß Art. 386, 392 Abs. 1 Satz 1 THG einer staatlichen Genehmigung seitens des Industrie- und Handelsministeriums. Das Ministerium kann den Entwurf zur Änderung der Satzung über die Erhöhung des Grundkapitals genehmigen, ablehnen[806] oder seine Änderung veranlassen. Im letzteren Falle

805 Bahtiyar, Anonim Ortaklıkta Kayıtlı Sermaye Sistemi ve Sermaye Artırımı, 1996, S. 63.

806 Weigert sich das Ministerium, eine Genehmigung zu erteilen, so kann gemäß Art. 2 des Verwaltungsprozessverfahrensgesetzes (IYUK) vor dem Verwaltungsgericht gegen diesen Beschluss eine Anfechtungsklage erhoben werden. Allerdings darf das Ministerium die Genehmigung nicht deshalb verweigern, weil die Satzung die Bestimmungen enthält, welche von nachgiebigen Vorschriften des Gesetzes abweichen (Art. 280 Abs. 2 THGB).

muss der vom Industrie- und Handelsministerium genehmigte abgeänderte Text danach gemeinsam mit dem ursprünglichen Wortlaut nach Maßgabe des Art. 368 THG[807] bekannt gemacht und den Beteiligten mitgeteilt werden, bevor die Generalversammlung zur Änderung der Satzung eingeladen wird.

e. Beschluss der Generalversammlung

Nach Erteilung der erforderlichen Genehmigung durch das Industrie- und Handelsministerium erfolgt die Einladung zur Tagung der Generalversammlung. Auf die Tagesordnung werden u. a. die Bestätigung oder die Annahme in geänderter Form oder die Ablehnung der Vorschläge gesetzt. Die in Art. 388 Abs. 3 und 4 THG geregelten Präsenz- und Stimmenquoren[808] finden auch auf den beabsichtigten Beschluss zur Aufnahme des registrierten Kapitalsystems Anwendung[809]. Auf der Tagung über die Änderung der Satzung gewährt jede Aktie nur eine Stimme, auch wenn die Satzung eine gegenteilige Bestimmung enthält[810] (Art. 387 THG).

f. Beschluss der Versammlung von Vorzugsaktieninhabern

Sind Aktiengattungen vorhanden, denen in der Satzung Vorzugsrechte hinsichtlich der Beteiligung am Gewinn und an der Verteilung des Gesellschaftsvermögens im Falle der Liquidation und in anderer Beziehung zuerkannt sind, bedarf der Generalversammlungsbeschluss über die Schaffung des registrierten Kapitals der Zustimmung der Aktionäre jeder Gattung in einem gesondertem Beschluss (Art. 389 THG) und zwar selbst dann, wenn der Beschluss der Generalversammlung über die Schaffung des registrierten Kapitals einstimmig gefasst wurde[811].

---

807 Nach Art. 368 THG hat die Bekanntmachung in der in der Satzung festgelegten Form und Weise und jedenfalls in der Handelregisterzeitung mindestens zwei Wochen vor dem Sitzungstag zu erfolgen, wobei der Tag der Bekanntmachung und der Tag der Tagung nicht einzurechnen sind.

808 Gemäß Art. 388 Abs. 3 THG ist zur Beschlussfähigkeit die Anwesenheit von Aktionären oder Vertretern erforderlich, die Inhaber von mindestens der Hälfte des Gesellschaftskapitals sind. Die Beschlüsse werden gemäß Art. 388 Abs. 4 THG mit der Mehrheit der vorhandenen Stimmen gefasst.

809 Bahtiyar, Anonim Ortaklıkta Kayıtlı Sermaye Sistemi ve Sermaye Artırımı, 1996, S. 76 f.

810 Die Gewährung eines Mehrstimmrechts durch Satzung ist an und für sich zulässig (Art. 273 Abs. 1 THG), aber im Falle einer Satzungsänderung unbeachtlich.

811 Bahtiyar, Anonim Ortaklıkta Kayıtlı Sermaye Sistemi ve Sermaye Artırımı, 1996, S. 77 f.

g. Eintragung und Bekanntmachung

Der Generalversammlungsbeschluss über die Schaffung des registrierten Kapitals ist schließlich in das Handelsregister einzutragen (Art. 390 THGB). Die Eintragung erfolgt durch den Verwaltungsrat.

5. *Verzicht auf das System des registrierten Kapitals*

Nach Art. 12 Abs. 8 Satz 1 TKMG können die Aktiengesellschaften nach Einholung einer entsprechenden Zustimmung beim Kapitalmarktausschuss auf das System des registrierten Kapitals verzichten. Der Verzicht auf dieses System, das im Grunde genommen die Schaffung eines registrierten Kapitals in der Satzung und somit die Übertragung der grundsätzlich der Generalversammlung vorbehaltene Befugnis, selbstständig über die Kapitalerhöhung Beschluss zu fassen, auf den Verwaltungsrat zum Gegenstand hat, bedeutet hierbei die Aufhebung der Ermächtigung und somit die Rückverlagerung der Entscheidungszuständigkeit auf die Gesellschafter. Art. 12 Abs. 8 Satz 1 TKMG verlangt dafür eine Zustimmung des Kapitalmarktauschusses.

Die ausdrückliche gesetzliche Bindung an die Zustimmung des Kapitalmarktausschusses, entspricht nach Auffassung von Bahtiyar nicht dem fakultativen Charakter des registrierten Kapitalsystems, der durch die Begründung zu Art. 12 Abs. 8 TKMG bestätigt werde, in der ausgeführt sei, dass die Schaffung des registrierten Kapitals für die Gesellschaften fakultativ sei und das System des registrierten Kapitals mit Einräumung der jederzeitigen Verzichtsmöglichkeit nun eine gesetzliche Grundlage erhalten habe. Es könne zwar als Argument ins Feld geführt werden, dass der Gesetzgeber mit der Einführung des Zustimmungserfordernisses die missbräuchliche Ausnutzung des registrierten Kapitalsystems unterbinden wollte. Dieses Ziel könne allerdings auch auf andere Weise erreicht werden. Da die Schaffung des registrierten Kapitals einer Zustimmung des Kapitalmarktausschusses bedarf, könne der Kapitalmarktausschuss im Falle eines Verdachts auf eine missbräuchliche Ausnutzung seine Zustimmung verweigern, falls die Aktiengesellschaft, die auf das System des registrierten Kapitals bereits verzichtet habe, zu einem späteren Zeitpunkt beim Kapitalmarktausschuss erneut einen Antrag auf die Zustimmung zur Schaffung des registrierten Kapitals stelle[812].

Für die Auffassung von Bahtiyar sprechen nicht nur die von ihm dargelegten, zutreffenden Erwägungen. Trotz der Effizienz und Attraktivität des registrierten Kapitals mit all seinen Vorteilen für das Unternehmen kann es jederzeit Situatio-

---

812 Bahtiyar, Anonim Ortaklıkta Kayıtlı Sermaye Sistemi ve Sermaye Artırımı, 1996, S. 89 f.

nen geben, die Anlass geben, über eine Rückverlagerung der Entscheidungszuständigkeit für die Kapitalerhöhung auf die Generalversammlung nachzudenken[813]. Das Spektrum möglicher Anlässe reicht von Fällen, in denen die Kapitalerhöhung primär nicht zu Finanzierungs- und Investitionszwecken, sondern zur Beeinflussung der Beteiligungsverhältnisse unter den Aktionären eingesetzt wird, bis hin zu solchen, in denen der beschlossene Zweck der Kapitalerhöhung nicht mehr erreicht werden kann. Verändern sich die der Ermächtigung zugrunde liegenden Begleitumstände nachträglich und treten Umstände ein, die eine (erneute) Befassung der Generalversammlung mit der Angelegenheit erfordern, so soll die Generalversammlung die Möglichkeit haben, als das ermächtigende Organ die Ermächtigung durch eine Satzungsänderung aufzuheben. Dies ist insbesondere deshalb von großer Bedeutung, weil das türkische Kapitalmarktgesetz keine dem § 202 AktG entsprechende Regelung enthält, der die Ermächtigung des Vorstands, das Grundkapital mit Zustimmung des Aufsichtsrates durch Ausgabe neuer Aktien gegen Einlagen zu erhöhen, zeitlich und betragsmäßig beschränkt. Die Generalversammlung der türkischen Aktiengesellschaft ist insoweit gezwungen, hin und wieder zu prüfen, ob sich die Aufrechterhaltung der Ermächtigung unter Berücksichtigung der veränderten Bedingungen rechtfertigen lässt. Ist dies nicht der Fall und will die Aktiengesellschaft daher auf das System des registrierten Kapitals verzichten, so kann es in der Praxis zu schwerwiegenden Problemen führen, wenn der Kapitalmarktausschuss seine Zustimmung verweigert[814].

6. *Ausschluss aus dem System des registrierten Kapitals*

Die Aktiengesellschaften können durch den Kapitalmarktausschuss aus dem System des registrierten Kapitals ausgeschlossen werden, falls die bei der Aufnahme dieses Systems erforderlichen Voraussetzungen nicht mehr vorliegen (Art. 12 Abs. 8 Satz 2 TKMG). Aus dem System des registrierten Kapitals ausgeschlossen werden können ferner die Aktiengesellschaften, die das registrierte Kapitalsystem, seinem Zweck widersprechend, zur Ausbeutung von Aktionären und anderen Anlegern missbrauchen, sowie die Aktiengesellschaften, die aufgrund ihrer Organisationsstruktur jederzeit eine Kapitalerhöhung durchführen können, ohne dass dazu die Schaffung eines registrierten Kapitals nötig wäre (Art. 7 des Kapitalmarktausschusserlasses Serie IV Nr. 7).

813 Ekkenga, AG 2001, S. 570.

814 Ähnlich Bahtiyar, Anonim Ortaklıkta Kayıtlı Sermaye Sistemi ve Sermaye Artırımı, 1996, S. 89 f.

C. Ausnutzung des registrierten Kapitals

Beim registrierten Kapital autorisiert die Generalversammlung nur eine eventuelle Erhöhung des Aktienkapitals, beschließt deren Möglichkeit und ermächtigt den Verwaltungsrat, den Entscheid über die Durchführung, den Zeitpunkt und die Bedingungen der Ausgabe neuer Aktien innerhalb des gesetzten Rahmens nach seinem Ermessen zu fällen. Macht dieser von seiner Ermächtigung Gebrauch, so unterscheidet sich die registrierte Kapitalerhöhung in ihrem weiteren Verlauf nicht von der ordentlichen. Bei beiden Verfahren folgt auf die Festsetzung und der Höhe und Modalitäten der Kapitalerhöhung der Zeichnungsentscheid des Aktionärs und anschließend, unter der Voraussetzung, dass der vorgesehene Erhöhungsbetrag gezeichnet wurde, der Vollzug und die formelle Erhöhung des Grundkapitals. Die Ausführungen über die registrierte Kapitalerhöhung sollen daher vorwiegend auf die charakterbestimmenden Merkmale beschränkt bleiben.

1. Keine zeitliche oder umfangsmäßige Beschränkung der Ermächtigung

Das türkische Kapitalmarktgesetz enthält weder eine umfangsmäßige Beschränkung der Ermächtigung des Verwaltungsrats noch trifft er Aussagen über die zeitliche Schranke der Ermächtigung. Dies wird im türkischen Schrifttum z. T. pauschal unter Hinweis darauf, es stehe der Aktiengesellschaft frei, derartige Beschränkungen in der Ermächtigung festzulegen, für nicht nötig gehalten. Die gesetzliche Festlegung der strengen Anforderungen an die Ermächtigung des Verwaltungsrats zur Kapitalerhöhung würde darüber hinaus die vom System des registrierten Kapitals erwünschten Vorteile vermindern und damit dem erklärten Zweck des Kapitalmarktgesetzes (TKMG), eine flexible Anpassung der Gesellschaft an Wandlungen des Kapitalmarktes zu ermöglichen, widersprechen[815].

Im Spannungsfeld zwischen Aktionären und Organen der Aktiengesellschaft, zwischen der Notwendigkeit, unternehmerische Freiheit zu gewährleisten und der Notwendigkeit, solche zu kontrollieren, zwischen loyalem Gebrauch und Missbrauch der Macht kann diese Divergenz zwischen den beiden Gesetzen, die sich im wesentlichen aus einer unterschiedlichen Gewichtung der erwähnten Ziele ergibt, das heißt der Verstärkung der Aktionärsrechte einerseits und der Flexibilität der Kapitalbeschaffung andererseits, als Beschreibung von zwei Seiten derselben Medaille gesehen werden. Richtig ist sicherlich, dass derartige Beschränkungsklauseln in der Ermächtigung vorgesehen werden können. Es empfiehlt sich aber

---

815 Vgl. Aytaç, Kayıtlı Sermayeli Anonim Ortaklıklarda Yönetim Kurulu Kararlarinin Iptali Sorunu, 1986, S. 281; Tekinalp, Sermaye Piyasasi Hukukunun Esaslari, S. 48 f.

dennoch, gesetzlich einen Rahmen für die Ermächtigung festzulegen, und zwar vor allem deshalb, weil nicht gewährleistet ist, dass die Generalversammlung von ihrer Beschränkungsmöglichkeit Gebrauch macht. Bei betragsmäßig unbeschränkter Ermächtigung kann der Verwaltungsrat die Kapitalgrundlage der Aktiengesellschaft völlig umgestalten, was äußerst schädliche, ja u. U. ruinöse Folgen haben kann. Es wäre z. B. denkbar, dass der Verwaltungsrat unter Ausschluss des Bezugsrechts der Aktionäre so viele neue Aktien ausgibt, dass dies eine völlige Übernahme der Gesellschaft durch ein anderes Unternehmen zur Folge haben könnte. Um der Gefahr einer völligen Umgestaltung der Kapitalgrundlage der Aktiengesellschaft durch den Verwaltungsrat vorzubeugen, ist es unerlässlich, dass die umfangmäßige Beschränkung der Ermächtigung des Verwaltungsrats zur Ausgabe neuer Aktien vom Gesetz bindend festgelegt wird.

Eine zeitliche Beschränkung der Ermächtigung im Gesetz ist auch erforderlich, und zwar insbesondere deswegen, weil die Kompetenz des Verwaltungsrats/Vorstands über die Kapitalerhöhung abgeleitet ist und letztlich bei der General-/Hauptversammlung verbleibt. Eine unbefristete Kompetenzverlagerung, die eine völlige Verschiebung der Entscheidungskompetenz weg von der General-/Hauptversammlung hin zu Vorstand/Verwaltungsrat mit sicht bringen kann, könnte u. U. einen Versuch darstellen, den Ausnahmefall auf mittelbarem Wege zum Regelfall zu machen, was die im Gesetz zwingend geregelte Organisationsstruktur der Aktiengesellschaft auf den Kopf stellen würde. Genau diese Zustände sollen § 202 Abs. 1 und Abs. 2 Satz 1 AktG verhindern, wenn dort vorgeschrieben wird, dass die Ermächtigung nur für die Dauer von höchstens fünf Jahren erteilt werden kann.

2. *Zulässigkeitsvoraussetzung: Keine Durchführung bei ausstehenden Einlagen*

Nach Art. 12 Abs. 3 TKMG dürfen neue Aktien aufgrund eines registrierten Kapitals nur dann ausgegeben werden, wenn alle (vorher) ausgegebenen Aktien verkauft sind und deren Kaufpreis einbezahlt wurde. Bei dem Ausgabeverbot des 12 Abs. 3 TKMG handelt es sich um eine besondere Ausprägung des in seinem Art. 1 enthaltenen Zieles des Kapitalmarktgesetzes – durch Transparenz und Stabilität ein aktionärs- und effekteninhaberfreundliches Klima zu schaffen –, da es letztlich auch hier in erster Linie darum geht, eine Irreführung oder Verwirrung des Rechtsverkehrs zu verhindern. Die Strenge des Ausgabeverbots wird verstärkt durch die Bestimmung des Art. 7 Abs. 3 Satz 2 TKMG, wonach der Kapitalmarktausschuss zu verlangen hat, dass die Gründer, die Aktionäre oder eine durch den Ausschuss berechtigten freien Maklervereinigungen[816] der Gesellschaft garantieren, dass nach dem Ablauf der festgesetzten Frist alle Aktien verkauft sind und der Gegenwert bezahlt ist. Diese Garantie schließt die Übernahme der nach Ablauf der Emissionsfrist nicht verkauften Aktien durch die Gründer, Aktionäre und die freien Maklervereinigungen sowie die Entrichtung des Kaufpreises mit ein (Art. 7 Abs. 3 Satz 3 TKMG). Der in Art. 7 Abs. 3 TKMG geregelte Garantiezwang hat in erster Linie den Zweck, die Verzögerungen bei der Gründung bzw. Kapitalerhöhung der Aktiengesellschaft zu vermeiden[817]. Ein weiter Zweck dieser Regelung besteht in der Vermeidung des gekünstelten An- und Verkaufs von Kapitalmarktmitteln zum Zweck der Beeinflussung von Nachfrage oder Angebot des Kapitalmarktes, durch den der Eindruck eines lebendigen Marktes erweckt werden soll, um den Kurs zu manipulieren. Dies ergibt sich aus Art. 47/A Ziff. 2 TKMG, der die Haftung von natürlichen Personen und Beauftragten der juristischen Personen sowie denjenigen, die mit diesen (Vorgenannten) gemeinsam handeln, die Kapitalmarktmittel zum o. g. Zweck an- und verkaufen, regelt.

Die Ermittlung des Anwendungsbereichs der Regelung des Art 7 Abs. 3 Satz 2 TKMG bereitet auf den ersten Blick Schwierigkeiten. Die irrführende Überschrift „Verkauf von Kapitalmarktmitteln an das Publikum" von Art. 7 TKMG lässt darauf schließen, dass die Garantiepflicht von Art. 7 Abs. 3 Satz 2 TKMG in erster Linie auf den Verkauf von Kapitalmarktmitteln mittels Publikumswerbung anzuwenden ist. Praktisch wichtig ist hingegen die Frage, ob die Bestimmung des Art. 7 Abs. 3 Satz 2 TKMG auch auf den Verkauf von Kapitalmarktmitteln ohne Publikumswerbung anwendbar ist. Von Bedeutung ist die Problematik unter anderem deshalb, weil das Kapitalmarktgesetz keine Bestimmung darüber enthält, dass die im Zuge einer Kapitalerhöhung aufgrund eines registrierten Kapitals ausgegebenen Aktien unbedingt mittels Publikumswerbung verkauft werden sollen, obgleich sich die Erlangung des Publikumsaktiengesellschaftsstatus, der

816 Freie Maklervereinigungen sind die Einrichtungen, die zur Vermittlung der Ausgabe oder des Verkaufs von beim Kapitalmarktausschuss einzutragenden Kapitalmarktmitteln an das Publikum mittels Publikumswerbung sowie zur Vermittlung des An- und Verkaufs von bereits ausgegebenen Kapitalmarktmitteln gegründet werden. Sie bedürfen einer vom Kapitalmarktausschuss zu erteilenden Tätigkeitserlaubnis (Art 31 und 32 TKMG). Gegebenenfalls kann der Kapitalmarktausschuss zum Schutz der Rechte der Aktionäre sowie der Anleger verlangen, dass Publikumswerbung und Verkauf von Kapitalmarktmitteln an das Publikum mit einer Ankaufsgarantie durch freie Maklervereinigungen abgewickelt werden (Art. 7 Abs. 1 Satz 2 TKMG).

817 Vgl. Tekinalp, Sermaye Piyasasi Hukukunun Esasları, S. 25; Somer, Sermaye Piyasası Kanunu Hükümlerinin Türk Ticaret Kanununun Tedrici Kuruluş Sistemi Üzerine Etkileri, S. 83; Aytaç, Sermaye Piyasası Hukuku ve Hisse Senetleri, 1988, S. 167.

eine Zulässigkeitsvoraussetzung für die Aufnahme des registrierten Kapitalsystems gemäß Art. 12 Abs. 1 TKMG darstellt, primär nach dem Erfordernis der Publikumswerbung richtet. Die vor der Kapitalmarktrechtsreform von 1992[818] vorherrschende Meinung verneinte diese Frage unter Hinweis darauf, dass in derartigen Fällen der Gesetzeszweck des Art. 7 TKMG schwierig zu ermitteln und der Gerechtigkeitsgehalt der Anwendung z. T. mehr als fragwürdig sei, da es an dem für die Anwendung von Art. 7 Abs. 3 Satz 2 TKMG relevanten Element, nämlich der Publikumswerbung, fehle[819].

Dieses Problem wurde durch die im Rahmen der Kapitalmarktrechtsreform im Jahre 1992 in das Kapitalmarktgesetz eingefügte Regelung des Art. 3/c TKMG, die den Umfang der Publikumswerbung erweitert, beigelegt. Demnach gelten nicht nur alle möglichen Appelle an das Publikum, die den Verkauf von Kapitalmarktmitteln bezwecken, sowie die Aufforderungen an das Publikum, sich an einer Aktiengesellschaft zu beteiligen oder als Gründer mitzuwirken, als Publikumswerbung, sondern sind auch regelmäßiger Handel mit Aktien an Börsen oder bei anderen organisierten Märkten und der Verkauf von Aktien oder Aktienurkunden der Publikumsaktiengesellschaft bezüglich der Kapitalerhöhung entsprechend diesem Gesetz als Publikumswerbung anzusehen (n. F. von Art. 3/c TKMG). Zweifelhaft ist jedoch - auch nach der Reform von 1992 –, ob die Bestimmung von Art. 7 Abs. 3 Satz 2 TKMG ihrer ratio legis nach auf das System des registrierten Kapitals passt, zumal es das erklärte Ziel des Gesetzgebers ist, einem breiten Publikum die Anlage von Kapital in Effekten und damit eine wirksame Teilhabe am wirtschaftlichen Wachstum zu ermöglichen (Art. 1 TKMG). Domaniç weist zu Recht darauf hin, dass der Garantiezwang für Investoren abschreckend ist und das Unternehmen finanziell belasten wird[820]. Nach Aytaç lässt sich ferner keine befriedigende Antwort auf die Frage nach dem Schicksal der Kapitalerhöhung im Falle einer Zahlungsunfähigkeit der Garantieverpflichteten finden, was die Anwendung des Art. 7 Abs. 3 Satz 2 TKMG ungemein erschwert[821]. De lege ferenda ist daher die Abschaffung der Garantiepflicht zu fordern oder zumindest für die Aktiengesellschaft mit registriertem Kapital eine Ausnahme zu machen[822].

---

818 Änderungsgesetz Nr. 3794 vom 29.04.1992, Resmi Gazete, 13.5.1992, Nr. 21227.

819 Vgl. Aytaç, Sermaye Piyasası Hukuku ve Hisse Senetleri, 1988, S. 166; Tekinalp, Sermaye Piyasasi Hukukunun Esaslari, S. 30 ff.

820 Domaniç, Sermaye Piyasasının Düzenlenmesi ve Denetimi Hakkında Kanun Tasarısı, Tenkit ve Temenniler, 1973, S. 55

821 Aytaç, Sermaye Piyasası Hukuku ve Hisse Senetleri, 1988, S. 170.

822 Ähnlich Bahtiyar, Anonim Ortaklıkta Kayıtlı Sermaye Sistemi ve Sermaye Artırımı, 1996, S. 108 ff.

3. *Entscheidung des Verwaltungsrats*

Das registrierte Kapital beruht auf einer Delegation der Entscheidung über die Ausgabe von Aktien von der Generalversammlung auf den Verwaltungsrat. Der Verwaltungsrat erlangt durch das registrierte Kapital die Ermächtigung, ohne Befragen der Generalversammlung das Grundkapital durch Ausgabe neuer Aktien um einen bestimmten Betrag zu erhöhen. Beim registrierten Kapital ist für die Frage, ob und in welchem Umfang die Gesellschaft ihr Grundkapital erhöht, nicht ein Beschluss der Generalversammlung, sondern allein die Entscheidung des Verwaltungsrats maßgebend[823]. Es steht in seinem Ermessen, ob die Kapitalerhöhung überhaupt vorgenommen werden soll. Der Verwaltungsrat ist in anderen Fällen der Kapitalerhöhung nur ausführendes, hier aber auch bestimmendes Organ. Will er von seiner Ermächtigung Gebrauch machen, so muss zunächst ein Verwaltungsratsbeschluss über das „Ob" und dann über das „Wie" der Aktienausgabe gefasst werden. Soll das Grundkapitalerhöht werden, so müssen außer dem Umfang der Erhöhung der Inhalt aller neuen Aktienrechte und die Bedingungen festgelegt werden, unter denen die neuen Mitgliedschaftsrechte begeben werden sollen. Über diese Punkte kann der Vorstand allerdings nur entscheiden, soweit durch die Satzung ihm die Befugnis dafür zugewiesen wurde (Art. 8 und Art. 10 des Kapitalmarktausschusserlasses Serie I Nr. 26 betreffend die Registrierung der Aktien für das Publikum beim Ausschuss)[824].

4. *Eintragung der Aktien ins Register beim Kapitalmarktausschuss*

Nach Art. 4 Abs. 3 TKMG sind die Aktien, die den zu erhöhenden Betrag darstellen, ins Register beim Kapitalmarktausschuss einzutragen. Der Kapitalmarktausschuss prüft, ob die Voraussetzungen für die Eintragung in das Register vorliegen. Maßstab für die Prüfung, inwieweit das Eintragungsgesuch mit den die Publikumsaktiengesellschaft und Publikumswerbung betreffenden Vorschriften vereinbar ist, hängt nach Art. 13 Satz. 1 des Kapitalmarktausschusserlasses Serie I Nr. 26 betreffend die Registrierung der Aktien für das Publikum beim Ausschuss davon ab, ob Prospekt und Zirkular[825] alle vom Ausschuss als erforderlich angesehenen

823 Bahtiyar, Anonim Ortaklıkta Kayıtlı Sermaye Sistemi ve Sermaye Artırımı, 1996, S. 106.

824 Erlass des Kapitalmarktausschusses betreffend die Eintragung beim Ausschuss und Verkauf der Aktienurkunden, Serie I Nr. 26, Resmi Gazete Nr. 23524 vom 15.11.1998.

825 Nach Art. 6 Abs. 1 Satz 3 TKMG erfolgt die Aufforderung für den kauf von Aktien an das Publikum durch ein Zirkular. Richtlinien hinsichtlich dieses Zirkulars werden gemäß Art. 6 Abs. 1 Satz 4 TKMG vom Kapitalmarktauschuss festgelegt.

Informationen enthalten. Bei der Prüfung hat der Kapitalmarktauschuss ferner die Vorschriften zur Unterrichtung der Öffentlichkeit heranzuziehen.

Über den Eintragungsantrag entscheidet der Kapitalmarktausschuss innerhalb von 30 Tagen (Art. 5 Abs. 4 Satz 1 TKMG). Erfolgt innerhalb dieser Frist keine Entscheidung des Kapitalmarktausschusses, so gilt dies jedoch nicht als Erteilung der Genehmigung[826]. Im Falle einer schuldhaften Verzögerung kann jedoch für den daraus entstandenen Schaden gegen den Kapitalmarktausschuss eine Schadensersatzklage erhoben werden[827].

Ergibt die Prüfung, dass die mittels Prospekts gemachten Mitteilungen der antragstellenden Gesellschaft nicht ausreichend und wahrheitsgemäß sind und dadurch der Ausbeutung des Publikums Vorschub geleistet wird, so wird die Eintragung der Aktien beim Kapitalmarktausschuss unter Angabe von Gründen abgelehnt (Art. 5 Ab. 3 TKMG und Art. 13 Satz. 2 des Kapitalmarktausschusserlasses Serie I Nr. 26 betreffend die Registrierung der Aktien für das Publikum beim Ausschuss). Der antragstellenden Gesellschaft steht die Anrufung des Verwaltungsgerichts in Form der Anfechtungsklage gemäß Art. 2 IYUK offen.

Fällt die Entscheidung des Kapitalmarktausschuss über die Eintragung der neuen Aktien aufgrund eines registrierten Kapitals positiv aus, so werden die auszugebenden Aktien ins Register beim Kapitalmarktauschuss eingetragen. Hierbei stellt Art. 6 Abs. 2 TKMG ausdrücklich klar, dass die Genehmigung für die Eintragung beim Ausschuss keine amtliche Verbürgung für die auszugebenden Aktien durch den Kapitalmarktausschuss darstellt und nicht als Werbematerial benutzt werden darf.

5. *Erstellung und Veröffentlichung eines Prospekts*

Im türkischen Recht hat die Aufforderung an das Publikum zur Beteiligung an dem zu erhöhenden Teil des Grundkapitals durch ein Prospekt zu erfolgen, wenn die im Zuge der Kapitalerhöhung aufgrund eines registrierten Kapitals ausgegebenen Aktien mittels Publikumswerbung verkauft werden sollen. Verpflichtet zur Veröffentlichung des Prospekts ist die Gesellschaft, die die Aktien zum Kauf anbietet.

a. *Funktionen des Prospekts*

Vornehmlich ist der Prospekt für Kapitalmarktmittel als zentrales Informationsdokument im vielschichtigen und teilweise für den Anleger unübersichtlichen

826 Bahtiyar, Anonim Ortaklıkta Kayıtlı Sermaye Sistemi ve Sermaye Artırımı, 1996, S. 107 f.

827 Tekinalp, Sermaye Piyasası Hukukunun Esasları, S. 24.

Kapitalmarktgeschehen anzusehen. Um eine sachgerechte Anlageentscheidung treffen zu können, müssen die Anleger umfangreich und verlässlich über den Emittenten und die betreffenden Vermögensanlage informiert werden. So soll der Prospekt dem Anleger die erforderlichen Informationen zur Verfügung stellen, um ihn in die Lage zu versetzen, eine fundierte Anlageentscheidung zu treffen. Er muss daher alle tatsächlichen und rechtlichen Angaben enthalten, die der Anleger für die Beurteilung des Emittenten und der Vermögensanlage benötigt. Der Prospekt stellt darüber hinaus ein Haftungsdokument dar, welches den Anbieter an seine im Prospekt gemachten Angaben bindet und somit ein Instrument des Anlegerschutzes darstellt. Umgekehrt wird der Emittent gleichfalls vor ungerechtfertigten Ansprüchen Dritter geschützt.

b. Inhalt des Prospekts

Der Inhalt des Prospekts muss gemäß Art. 17 Abs. 2 des Kapitalmarktausschusserlasses Serie I Nr. 26 insbesondere Auskunft über die auszugebenden Aktien und des Emittenten, dessen Kapital, Geschäftstätigkeit, Vermögens-, Finanz- und Ertragslage geben. Zudem sind grundlegende Finanzinformationen über den Emittenten des Wertpapiers Bestandteil des Prospekts. Die im Prospekt enthaltenen Angaben dürfen nicht wahrheitswidrig, übertrieben oder irreführend sein und zudem weder direkt noch indirekt den Anschein erwecken, dass die Eintragung beim Ausschuss eine amtliche Garantie darstellt (Art. 6 Abs. 2 TKMG). Mit dieser Regelung soll verhindert werden, dass unseriöse Anbieter damit werben, ihren Prospekt beim Kapitalmarktausschuss hinterlegt zu haben. Dies erzeugt beim Anleger ein Vertrauen, das keine entsprechende sachliche Grundlage hat. Nach Art. 7 Abs. 2 Satz 1 TKMG haften die Emittenten gegenüber dem Erwerber der Aktien für unrichtige oder unvollständige Angaben im Prospekt, die für die Beurteilung der Aktien wesentlich sind. Für die Überprüfung der Einhaltung dieser Vorschriften über die Prospekte ist der Kapitalmarktausschuss zuständig.

c. Eintragung und Bekanntmachung des Prospekts

Der Prospekt ist innerhalb von 15 Tagen nach der Eintragung der Aktien ins Handelsregister einzutragen und bekannt zumachen. Nach Art. 7 Abs. 1 Satz 2 TKMG kann der Kapitalmarktausschuss zum Schutz der Rechte der Aktionäre sowie der Anleger verlangen, dass Publikumswerbung und Verkauf von Aktien an das Publikum gegebenenfalls mit einer Ankaufsgarantie durch freie Maklervereinigungen abgewickelt werden. In diesem Fall muss der Prospekt von freien Maklervereinigungen sowie von den Emittenten gemeinsam unterzeichnet werden (Art. 7 Abs. 2 Satz 1 TKMG).

6. *Ausübung der Bezugsrechte*

Auch beim registrierten Kapital steht den Aktionären ein Bezugsrecht auf die neuen Aktien zu (Art. 12 Abs. 5 TKMG). Das Bezugsrecht kann allerdings – ebenso wie bei der Kapitalerhöhung nach Art. 391 ff. THG – auch beim registrierten Kapital ausgeschlossen werden, und zwar von dem hierzu durch die Satzung ausdrücklich ermächtigten Verwaltungsrat (Art. 12 Abs. 5 TKMG). Enthält die Satzung keine Ermächtigung zum Ausschluss des Bezugsrechts oder macht der Verwaltungsrat von seiner Ermächtigung keinen Gebrauch, obwohl er dazu durch die Satzung ermächtigt wurde, so haben die Altaktionäre ein Bezugsrecht auf die neuen Aktien. Nach § 394 THG darf die Frist, innerhalb deren die Aktionäre von ihrem Bezugsrecht auf die neuen Aktien Gebrauch machen können, nicht geringer als fünfzehn Tage sein. Art. 15 des Kapitalmarktausschusserlasses Serie I Nr. 26 betreffend die Registrierung der Aktien für das Publikum beim Ausschuss[828] gibt dazu eine Höchstgrenze von 60 Tagen vor. Aus der gemeinsamen Betrachtung der beiden Bestimmungen ergibt sich, dass die Aktionäre ihre Bezugsrechte innerhalb einer im Prospekt festgelegten Frist, die nicht weniger als 15 Tage und nicht mehr als 60 Tage betragen darf, ausüben müssen.

828 Erlass des Kapitalmarktausschusses betreffend die Eintragung beim Ausschuss und Verkauf der Aktienurkunden, Serie I Nr. 26, Resmi Gazete Nr. 23524 vom 15.11.1998.

Kapitel 5: Rechtschutz

Nach der rechtsvergleichenden Darstellung der in beiden untersuchten Rechtsordnungen vorgesehenen Möglichkeiten der Kapitalerhöhung sollen nun in diesem Kapitel die dem (einzelnen) Aktionär im Bereich der Kapitalerhöhung zur Verfügung stehenden Rechtsschutzmöglichkeiten erörtert werden.

I. Anfechtungsklage

Die Anfechtungsklage ist das wichtigste Element des Rechtsschutzes im Recht der regulären Kapitalerhöhung. Die Anfechtungsklage ist eine auf die Aufhebung eines wirksamen, aber anfechtbaren Haupt-/Generalversammlungsbeschlusses gerichtete Gestaltungsklage. Durch das stattgebende Urteil wird der zunächst wirksame Beschluss für nichtig erklärt, so dass dessen Wirksamkeit entfällt[829].

A. Zweck der Anfechtungsklage

Die Anfechtungsklage verschafft jedem Klagebefugten die Möglichkeit, die Rechtsmäßigkeit von Haupt-/Generalversammlungsbeschlüssen gerichtlich überprüfen zu lassen. Ziel der Erhebung einer Anfechtungsklage ist es, den angegriffenen Beschluss mit Wirkung für und gegen jedermann rückwirkend für nichtig zu erklären[830] (§ 248 Abs. 1 AktG, Art. 382 THG).

B. Voraussetzungen der Anfechtungsklage

1. Klagebefugnis

Die Beschlüsse der Haupt-/Generalversammlung können nicht von jedermann angefochten werden; der Betreffende muss vielmehr zum Kreis der Anfechtungsberechtigten gehören. Der Kreis der Anfechtungsberechtigten wird im deutschen Recht in § 245 AktG und im türkischen Recht in § 381 THG abschließend festgelegt; die Bestimmungen beider Vorschriften entsprechen in ihrem Wortlaut im Wesentlichen einander. So haben beide Vorschriften gemeinsam, dass sie unabhängig vom Vorliegen einer individuellen Betroffenheit jedem der in der Haupt-/Generalversammlung erschienenen Aktionär die Befugnis zur Erhebung einer Anfechtungsklage geben, wenn er die Aktien schon vor der Bekanntmachung der

829 Hüffer, in MünchKomm. z. AktG, 2. Aufl. 2001, § 246 Rdn. 28.
830 Hüffer, in MünchKomm. z. AktG, 2. Aufl. 2001, § 246 Rdn. 3.

Tagesordnung erworben und gegen den Beschluss Widerspruch zur Niederschrift erklärt hat (§ 245 Nr. 1 AktG, Art. 381 Abs. 1 Ziff. 1 THG). Diese Befugnis hat auch jeder in der Haupt-/Generalversammlung nicht erschienene Aktionär, wenn er zu der Haupt-/Generalversammlung zu Unrecht nicht zugelassen worden ist[831], oder die Versammlung nicht ordnungsgemäß einberufen oder der Gegenstand der Beschlussfassung nicht ordnungsgemäß bekannt gemacht worden ist (§ 245 Nr. 2 AktG, Art. 381 Abs. 1 Ziff. 1 THG). Anfechtungsberechtigt ist jeder einzelne Aktionär gemäß Art. 381 Abs. 1 Ziff. 1 THG auch dann, wenn er behauptet, dass sich Personen an der Abstimmung beteiligt hätten, die zur Teilnahme an der Tagung der Generalversammlung nicht befugt gewesen wären. Zum Kreis der Anfechtungsberechtigten gehören außerdem der Vorstand/Verwaltungsrat (§ 245 Nr. 4 AktG, Art. 381 Abs. 1 Ziff. 2 THG) und jedes Mitglied des Vorstands/Verwaltungsrats sowie des Aufsichtsrats/des Kontrollorgans (Kontrolleure), wenn durch die Ausführung des angegriffenen Haupt-Generalversammlungsbeschlusses Mitglieder des Vorstands/Verwaltungsrates oder des Aufsichtsrats/des Kontrollorgans eine strafbare Handlung oder eine Ordnungswidrigkeit begehen oder wenn sie ersatzpflichtig würden (§ 245 Nr. 5 AktG, Art. 381 Abs. 1 Ziff. 3 THG)[832].

2. *Klagefrist*

Während das § 246 Abs. 1 AktG für die Anfechtungsklage eine Monatsfrist setzt, beträgt die Klagefrist nach Art. 381 Abs. 1 Satz 1 THG drei Monate. Im Übrigen besteht zwischen den beiden Vorschriften Übereinstimmung, insbesondere hinsichtlich des Beginns und Ablaufs der Klagefrist. Sie beginnt mit dem Ablauf des Tages, an dem der angegriffene Beschluss gefasst wird, und verstreicht mit dem Ablauf des Tages, der im dritten Kalendermonats seiner Zahl nach dem Datum der Haupt-/Generalversammlung entspricht[833]. Beide Vorschriften haben zudem gemeinsam, das sie zwingend sind. Die in § 246 Abs. 1 AktG bzw. Art. 381 Abs. 1 Satz 1 THG geregelte Frist kann weder durch die Satzung, noch durch Vereinbarung der Prozessparteien und auch nicht durch das Gericht verlängert

831 Art. 381 Abs. 1 Ziff. 1 THG heißt es: „Aktionäre, welche (...) zu Unrecht in der Ausübung ihres Stimmrechts gehindert wurden".

832 Art. 381 Abs. 1 Ziff. 3 THG spricht hier von einer „persönlichen Verantwortlichkeit" der Mitglieder des Verwaltungsrats und der Kontrolleure.

833 Vgl. Yargıtay TD, 03.06.1967, E. 2410/K. 2379, in Batider 1968; Cilt IV, Sayı 3, S. 553 ff.; Poroy, in Poroy/Tekinalp/Çamoğlu, Ortaklıklar ve Kooperatif Hukuku, 8. Bası 2000, S. 403 Rdn. 743; Hüffer, in MünchKomm. z. AktG, 2. Aufl. 2001, § 246 Rdn. 36.

werden[834]. Die Klagefrist dient der abschließenden Klärung der Rechtslage nach Ablauf des vom Gesetzgeber bestimmten Zeitraumes und damit der Rechtssicherheit[835]. Wegen der Bedeutung der Haupt-/Generalversammlungsbeschlüsse für die Gesellschaft und den Rechtsverkehr wollen der deutsche und türkische Gesetzgeber verhindern, dass die Gültigkeit des Beschlusses in beliebiger Weise und ohne zeitliche Beschränkung in Zweifel gezogen wird[836]. Die Gesellschaft soll nach Ablauf der Frist für ihre weitere Unternehmensplanung berechtigterweise darauf vertrauen können, nicht mit weiteren Anfechtungsklagen belastet zu werden. Deshalb müssen die Aktionäre bei einer Anfechtungsklage nach § 246 AktG bzw. Art. 381 THG die Klagefrist beachten. Die Fristversäumnis führt kraft Gesetzes zum Wegfall der Anfechtungsbefugnis[837]. Das Gericht muss daher die Anfechtungsklage auch dann abweisen, wenn sich die geklagte Gesellschaft nicht auf den Fristablauf beruft[838].

3. *Klagegegner*

Die Anfechtungsklage ist gegen die Gesellschaft zu richten, deren Haupt-/Generalversammlung den angegriffenen Beschluss gefasst hast (§ 246 Abs. 2 Satz 1 AktG, Art. 381 Abs. 1 THG).

4. *Anfechtungsgründe*

Das Anfechtungsrecht sichert dem Aktionär das Recht zu, Beschlüsse der Haupt-/Generalversammlung anzufechten. Damit aber nicht jeder Beschluss einer Anfechtung ausgesetzt werden kann, gibt es in beiden Rechtsordnungen strenge Voraussetzungen dafür.

Ein Haupt-/Generalversammlungsbeschluss über die Kapitalerhöhung kann angefochten werden, wenn er gesetzliche Bestimmungen oder die Satzung verletzt (§ 243 AktG, Art. 381 Ab. 1 THG). Unter „Gesetz" im Sinne beider Vorschriften versteht man jede Rechtsnorm, also nicht nur das formelle, sondern auch das

834 Vgl. Poroy, in Poroy/Tekinalp/Çamoğlu, Ortaklıklar ve Kooperatif Hukuku, 8. Bası 2000, S. 403 Rdn. 743; Hüffer, in MünchKomm. z. AktG, 2. Aufl. 2001, § 246 Rdn. 34.

835 Hüffer, in MünchKomm. z. AktG, 2. Aufl. 2001, § 243 Rdn. 5.

836 Hüffer, in MünchKomm. z. AktG, 2. Aufl. 2001, § 243 Rdn. 5.

837 Vgl. Poroy, in Poroy/Tekinalp/Çamoğlu, Ortaklıklar ve Kooperatif Hukuku, 8. Bası 2000, S. 403 Rdn. 743; Hüffer, in MünchKomm. z. AktG, 2. Aufl. 2001, § 246 Rdn. 34.

838 Vgl. Poroy, in Poroy/Tekinalp/Çamoğlu, Ortaklıklar ve Kooperatif Hukuku, 8. Bası 2000, S. 403 Rdn. 743; Hüffer, in MünchKomm. z. AktG, 2. Aufl. 2001, § 246 Rdn. 34.

materielle Gesetz[839]. Die geltenden Bestimmungen aller Rechtsgebiete sind eingeschlossen[840].

Im türkischen Recht führt auch die Verletzung des Grundsatzes von Treu und Glauben zur Anfechtbarkeit des Generalversammlungsbeschlusses. Eine gegen diesen Grundsatz verstoßende Rechtsausübung oder Ausnutzung einer Rechtslage ist wegen der darin liegenden Rechtsüberschreitung unzulässig. Der Grundsatz von Treu und Glauben hängt eng mit dem Grundsatz der Sittenwidrigkeit zusammen, dessen Unterfall das unzulässige Streben nach Sondervorteilen ist[841]. Sucht ein Aktionär mit der Ausübung des Stimmrechts für sich oder einen Dritten Sondervorteile zum Schaden der Gesellschaft oder der Mitaktionäre zu erlangen und ist der Beschluss geeignet, diesem Zweck zu dienen, so kann der Kapitalerhöhungsbeschluss gemäß § 243 Abs. 2 Satz 2 AktG angefochten werden. Sondervorteil ist ohne Rücksicht auf die Art seiner Erlangung jedweder Vorteil, sofern es bei einer Gesamtwürdigung der Fallumstände als sachwidrige, mit den Interessen der Gesellschaft oder ihrer Aktionäre unvereinbare Bevorzugung erscheint, dem Aktionär oder einem Dritten den Vorteilserwerb zu gestatten oder den bereits vollzogenen Erwerb hinzunehmen[842].

Nach § 255 Abs. 2 AktG kann eine Anfechtungsklage gegen eine Kapitalerhöhung auch darauf gestützt werden, dass der sich aus dem Erhöhungsbeschluss ergebende Ausgabebetrag oder der Mindestbetrag, unter dem die Aktien nicht ausgegeben werden sollen, unangemessen niedrig ist.

II. Nichtigkeit

Statt Anfechtungsklage zu erheben, kann ein Aktionär auch die Nichtigkeit eines Hauptversammlungs-/Generalversammlungsbeschlusses durch Nichtigkeitsklage geltend machen[843]. Der Unterschied zur Anfechtungsklage besteht darin, dass das

---

839 Hüffer, in MünchKomm. z. AktG, 2. Aufl. 2001, § 243 Rdn. 16; Poroy, in Poroy/Tekinalp/Çamoğlu, Ortaklıklar ve Kooperatif Hukuku, 8. Bası 2000, S. 397 Rdn. 733; Pulaşlı, Şirketler Hukuku, 3. Bası 2001, S. 355 f.

840 Hüffer, in MünchKomm. z. AktG, 2. Aufl. 2001, § 243 Rdn. 16; Poroy, in Poroy/Tekinalp/Çamoğlu, Ortaklıklar ve Kooperatif Hukuku, 8. Bası 2000, S. 397 Rdn. 733; Pulaşlı, Şirketler Hukuku, 3. Bası 2001, S. 355 f.

841 Hüffer, in MünchKomm. z. AktG, 2. Aufl. 2001, § 243 Rdn. 69.

842 Hüffer, in MünchKomm. z. AktG, 2. Aufl. 2001, § 243 Rdn. 75.

843 Nichtigkeitsgründe sind in § 241 AktG abschließend aufgelistet. Das bedeutet, dass ein Hauptversammlungsbeschluss wegen eines Mangels nur nichtig ist, wenn diese Rechtsfolge im Gesetz ausdrücklich vorgesehen ist. Dies ist insbesondere dann der Fall, wenn ein Beschluss mit dem Wesen der Aktiengesellschaft nicht vereinbar ist

Gericht bei der Nichtigkeitsklage eine Nichtigkeit bloß festzustellen hat, während bei der Anfechtungsklage die Nichtigkeit erst durch die gerichtliche Entscheidung erzeugt wird. Somit handelt es sich bei der Nichtigkeitsklage im Gegensatz zur Anfechtungsklage nicht um eine Gestaltungsklage, sondern um eine Feststellungsklage. Ansonsten sind Anfechtungsklage und Nichtigkeitsklage als Instrumente unterschiedlicher Form auf dasselbe Rechtsschutzziel gerichtet, nämlich auf die richterliche Klärung der Nichtigkeit des Gesellschafterbeschlusses mit Wirkung für und gegen jedermann. Der Nichtigkeitsantrag schließt daher den Anfechtungsantrag mit ein[844].

III. Registerrichterliche Kontrolle

Nach § 127 FGG kann das Registergericht, wenn eine von ihm zu erlassende Verfügung von der Beurteilung eines streitigen Rechtsverhältnisses abhängig ist, die Verfügung aussetzen, bis über das Verhältnis im Wege des Rechtsstreits entschieden ist. In Anlehnung an diese Vorschrift wird im deutschen Schrifttum allgemein die Auffassung vertreten, dass das Registergericht im Falle der Anfechtung des ins Handelsregister einzutragenden Hauptversammlungsbeschlusses über die Kapitalerhöhung die Eintragung auszusetzen hat, wenn nicht aufgrund geringer Erfolgsaussichten der Anfechtung das Interesse der Gesellschaft an baldiger Eintragung überwiegt[845]. Ein solcher Schutz erweist sich in der Praxis jedoch nicht als hinreichend wirkungsvoll, zumal die Eintragung der Kapitalerhöhung den Maßnahmen zu ihrer Durchführung nicht zwingend zeitlich voraus liegen muss. Dies folgt ohne weiteres bereits aus § 188 Abs. 4 AktG, wonach Anmeldung und Eintragung der Durchführung der Erhöhung des Grundkapitals mit Anmeldung und Eintragung des Beschlusses über die Erhöhung verbunden werden können.

---

oder der Beschluss durch seinen Inhalt Vorschriften verletzt, die ausschließlich oder überwiegend zum Schutze der Gläubiger der Gesellschaft oder sonst im öffentlichen Interesse bestehen (§ 241Nr. 3 AktG). Ein weiterer Nichtigkeitsgrund liegt vor, wenn der Hauptversammlungsbeschluss durch seinen Inhalt gegen die guten Sitten verstößt (§ 241 Nr. 4 AktG). Neben diesen materiellen Voraussetzungen, deren Fehlen die Nichtigkeit des Beschlusses zur Folge hat, müssen auch bestimmte formelle Bedingungen erfüllt sein, damit der Beschluss nicht nichtig wird. Formelle Nichtigkeitsgründe sind gemäß § 241 Nr. 1 und Nr. 2 AktG Verstöße gegen die Einberufungsvorschriften des § 121 II, III, IV AktG und gegen die Beurkundungsvorschriften des § 130 I, II, IV AktG. Sonstige Formverstöße führen zur Anfechtbarkeit.

844 BGHZ 116, S. 359, 372; Hüffer, AktG, 7. Aufl. 2006, § 249 Rdn. 13.

845 Vgl. Hüffer, AktG, 7. Aufl. 2006, AktG § 181 Anm. 17; Wiedemann, in Großkomm. AktG, 4. Aufl. 1995, § 181 Rdn. 28 m.w.N.

Die Verbindung der Anmeldungen und somit Eintragungen stellt in der Praxis aus Kostengründen den Regelfall dar[846].

IV. Abwehrklage

Über die Anfechtungsklage ist Rechtschutz nur gegen die Beschlüsse der Hauptversammlung zu erreichen. Für die ordentliche Kapitalerhöhung ist dies ausreichend, während durch eine Anfechtung des Ermächtigungsbeschlusses bei dem genehmigten Kapital jedenfalls nach Siemens/Nold die Rechtswidrigkeit des Bezugsrechtsausschlusses in der Regel nicht geltend gemacht werden kann, da diese erst bei der Vorstandsentscheidung beurteilt werden kann. Gegen die Entscheidung des Vorstands besteht per Gesetz kein Rechtsmittel. Dennoch ist spätestens seit der Mangusta/Commerzbank II-Entscheidung des BGH[847] ein Abwehrrecht des einzelnen Aktionärs gegen rechtswidrige Eingriffe in seine Mitgliedschaft anerkannt. Hat der Vorstand mit Zustimmung des Aufsichtsrats bei der Ausnutzung des genehmigten Kapitals mit Bezugsrechtsausschluss unter Verstoß gegen seine Amtspflichten Entscheidungen getroffen, die von den gesetzlichen Vorgaben und/oder dem Ermächtigungsbeschluss der Hauptversammlung nicht gedeckt sind, so kann der dadurch in seinen Mitgliedschaftsrechten beeinträchtigte Aktionär das pflichtwidrige Organhandeln zum Gegenstand nicht nur einer (vorbeugenden) Unterlassungsklage, sondern auch einer (allgemeinen) Feststellungsklage machen, die jeweils gegen die Gesellschaft zu richten sind.

A. Allgemeine Feststellungsklage gemäß § 256 ZPO

1. Entwicklung in Rechsprechung und Schrifttum

a. Stand von Wissenschaft und Rechtsprechung vor Mangusta/ Commerzbank II

Der Gedanke an eine Einzelklagebefugnis des Aktionärs ist nicht neu. Bereits Ende des 19. Jahrhunderts stand die Einzelklage des Aktionärs im Mittelpunkt der Diskussion. In den Vordergrund rückte dabei insbesondere die Frage, ob der Einzelaktionär in seiner Eigenschaft als Gesellschaftsmitglied ein Recht auf Einhaltung der Gesellschaftsverfassung habe. Der – soweit ersichtlich – erste publizierte Entscheid, der sich explizit zu dieser Frage äußert, stammt vom ROHG. Diesem Entscheid vom 20. Oktober 1877[848] lag folgender Sachverhalt zugrunde: Vorstand

---

846 Hüffer, AktG, 7. Aufl. 2006, AktG § 188 Anm. 18.
847 BGH, Urt. v. 10.10.2005 – II ZR 90/03, BHGZ 164, S. 250 ff.
848 ROHGE 23, S. 273 ff.

und Aufsichtrat einer Aktiengesellschaft hatten mit nachträglicher Genehmigung der Generalversammlung entgegen dem Verbot des Art. 215 Abs. 3 ADHGB eigene Aktien angekauft. Ein Aktionär erhob gegen die Gesellschaft eine Klage mit dem Antrag, „die Beschlüsse und Contracte des Aufsichtsrathes, Vorstands und der Generalversammlung, zufolge welcher die 16 Actien angekauft, für nichtig, für die Gesellschaft nicht existent und für die Kläger nicht rechtsverbindlich oder (…) für sie ohne Rechtsfolge zu erklären“[849]. Bereits zu Beginn seiner Erwägung stellte das Gericht fest, die Kläger verfolgten mit ihrer Klage nicht etwa Sonder- oder gesellschaftliche Vorrechte, sondern „vielmehr das Recht des Actionärs, um der Gesellschaft und seiner Mitgliedschaft willen zu verlangen, dass der Geschäftswille sich entsprechend den Gesetzen und den statutarischen Bestimmungen bethätige. Dieses Recht des Einzelactionärs, gemeinhin gegenüber geschehenen gesetz- oder statutenwidrigen Beschlüssen Anfechtungsrecht genannt, kann im Prinzip als bestehend anerkannt werden“[850]. Dementsprechend finde die Anfechtungsklage ihren eigentlichen Anwendungsbereich dort, wo „Handlungen, die nach Aussen wirken sollen, beschlossen, aber nicht ausgeführt sind“[851].

Mit seiner zwei Jahre später ergangenen Entscheidung vom 9. September 1879[852] bestätigte das gleiche Gericht diese Rechtsprechung. In dem zu entscheidenden Fall billigte das ROHG dem klagenden Einzelaktionär das Recht zu, einen von „Directorium und Ausschuss“[853], den dazu verbandsintern letztinstanzlich zuständigen Organen, verabschiedeten Bilanzfeststellungsbeschluss anzufechten. Wiederum hielt das Gericht ausdrücklich fest, jeder Aktionär habe ein nach § 89 der Einleitung zum PreußALR, wo es heißt, „wem die Gesetze ein Recht geben, dem bewilligen sie auch die Mittel, ohne welche dasselbe nicht ausgeübt werden kann“[854], einklagbares Recht auf Einhaltung von Gesetz und Statuten durch die Gesellschaftsorgane[855].

Eine allgemeine Einzelklagebefugnis des Aktionärs stieß aber in der Folgezeit auf Widerstand zunächst in der Literatur, was sich bei der Novellierung des Aktiengesetzes von 1884 auswirkte. Der Gesetzgeber von 1884 war gegenüber Minderheiten- und Individualrechten generell zurückhaltend. Seiner Ansicht nach

849 ROHGE 23, S. 274.
850 ROHGE 23, S. 276.
851 ROHGE 23, S. 279.
852 ROHGE 25, S. 307.
853 Heute Vorstand und Aufsichtsrat.
854 § 89 Einleitung PreußALR, in Hattenhauer (Hrsg.), Allgemeines Landrecht für die Preußischen Staaten.
855 ROHGE 25, S. 310 f.

war das Einzelklagerecht des Aktionärs weder sachlich noch prozessual durchführbar. Die Einräumung einer Einzelklagebefugnis würde zur völligen Anarchie führen, Erpressungen aller Art Vorschub leiten und den Halt der Organisation gefährden[856]. Damit blieb die Weiterentwicklung der vom ROHG hergeleiteten Grundsätze über die Anfechtung von Vorstands- und Aufsichtratsbeschlüssen durch Aktionäre der Literatur überlassen.

Über ein Klagerecht des Aktionärs wegen gesetz- und satzungswidriger Maßnahmen der Geschäftsführung wurden insbesondere in der wissenschaftlichen Literatur der Nachkriegzeit verschiedene Aufsätze verfasst. Besonders hervorzuheben ist hierbei der Aufsatz von Keuk-Knobbe[857], in dem sie einleitend die Fragestellung am Beispiel der Überschreitung des in der Satzung festgelegten Unternehmensgegenstands problematisiert und anschließend auf allgemein anerkannten aktienrechtlichen Maximen basierende Lösungen aufzeigt, die auch denjenigen Aktionären gerecht werden, die willens und in der Lage sind, dem Interesse der Gesellschaft an rechtsmäßiger Verwaltung zum Durchbruch zu verhelfen. Keuk-Knobbe setzt sich mit ihrer Untersuchung bei den §§ 243 ff. Akt und deren historischen Wurzeln an und kommt zu dem Schluss, dass sich das Anfechtungsrecht gegenüber Hauptversammlungsbeschlüssen „nur als eine Erscheinungsform des allgemeinen Grundrechts des Aktionärs auf gesetz- und satzungsgemäße Betätigung der Gesellschaft“[858] darstellt. Zur Gewährleistung dieses vom Gesetzgeber als schützenswert anerkannten Grundrechts sei indessen „ein Klagerechts des Aktionärs gegen die Gesellschaft wegen gesetz- und satzungswidriger Maßnahmen der Geschäftführung auch dann erforderlich, wenn die Hauptversammlung nicht eingeschaltet worden ist“[859]. Es bleibe nur zu klären, ob ein solches Klagerecht (…) „nicht den gesetzlichen Regelungen über die innere Ordnung der Kapitalgesellschaften widersprechen würde“[860], wobei der Tatsache, dass es im Gesetz nicht vorgesehen sei, keine entscheidende Bedeutung zukomme[861]. Am Ende ihrer Untersuchung stellt sie fest: „In dem Bereich, in dem die Hauptversammlung zuständig ist, kann der Aktionär die gesetz- und satzungs-

856 All. Begr. z. Gesetz betrf. Kommanditgesellschaften auf Aktien und die Aktiengesellschaften, abgedruckt in Schubert/Hammelhof, 100 Jahre modernes Aktienrecht, S. 404, 469.

857 Knobbe-Keuk, FS Ballerstedt, S. 239 ff.

858 Knobbe-Keuk, FS Ballerstedt, S. 239, 248.

859 Knobbe-Keuk, FS Ballerstedt, S. 239, 246.

860 Knobbe-Keuk, FS Ballerstedt, S. 239, 246.

861 Knobbe-Keuk, FS Ballerstedt, S. 239, 247.

mäßige Betätigung der Gesellschaft erzwingen"[862]. Nachdem Gesetz und Satzung Inhalt und Grenzen der Geschäftsführungsbefugnis des Vorstands definierten, vermöge sich diese Befugnis niemals auf gesetz- oder satzungsmäßige Maßnahmen zu erstrecken. Vielmehr sei in Fällen solcher Kompetenzverletzungen „der Vorstand für das Verhältnis des Aktionärs zur Aktiengesellschaft nicht mehr als Organ der Gesellschaft anzusehen"[863]; hinnehmen müsse der Aktionär nur Verstöße des Vorstands „gegen allgemein gesetzliche Vorschriften"[864].

Eine andere Meinung weist auf die Ähnlichkeit der Einzelklage des Aktionärs mit der actio pro socio bei Personengesellschaften. Actio pro socio bezeichnet das dem einzelnen Gesellschafter einer Personengesellschaft zustehende Klagerecht, gegen einen anderen einzelnen Gesellschafter einen Anspruch geltend zu machen[865]. Der Gesellschafter kann dabei jedoch immer nur Leistung an alle Gesellschafter fordern. Dies ergibt sich daraus, dass die geltend gemachten Ansprüche nicht dem einzelnen Gesellschafter allein, sondern der Gesellschaft zustehen. Diese Klagemöglichkeit bezieht sich aber nur auf Sozialansprüche der Gesellschaft, d.h. Verpflichtungen der Gesellschafter aufgrund des Gesellschaftsvertrages. Nicht erfasst werden davon Ansprüche, die die Gesellschaft Dritten gegenüber besitzt. Hintergrund des Instituts der actio pro socio, die gesetzlich nicht geregelt ist, ist der Gedanke, dass durch den Gesellschaftsvertrag nicht nur ein Rechtsverhältnis zwischen dem Gesellschafter und der Gesellschaft, sondern auch zwischen den Gesellschaftern selbst begründet wird. Großfeld erweitert diesen Gedanke auf das Innenverhältnis der Aktiengesellschaft und begründet dies damit, dass „einer gesetzlichen Übernahme der „actio pro socio" in das Recht der Kapitalgesellschaften der Charakter dieser Gesellschaften als juristischen Person nicht entgegensteht"[866]. Die für die actio pro socio bei den Personengesellschaften vertretene Ansicht, dass der Gesellschafter sein Klagerecht aus dem Gesellschaftsvertrag ableiten oder sich auf § 432 BGB stützen kann, lasse sich zwar hier nicht halten. Der Mangel einer eigenen Rechtszuständigkeit des klagenden Aktionärs könne aber durch die Annahme eines eigenen materiellen Rechts zur gerichtlichen oder außergerichtlichen Durchsetzung des Anspruchs (Prozessstandschaft)

862 Knobbe-Keuk, FS Ballerstedt, S. 239, 252.

863 Knobbe-Keuk, FS Ballerstedt, S. 239, 252 f.

864 Knobbe-Keuk, FS Ballerstedt, S. 239, 253.

865 Die actio pro socio findet nicht nur bei Personengesellschaften, sondern auch bei einer Gesellschaft mit beschränkter Haftung. Dann allerdings nur, wenn der Geschäftsführer die Rechte selbst nicht durchsetzen will oder die Gesellschaft keinen Geschäftsführer hat, vgl. hierzu BGHZ 65, S. 15, 21.

866 Großfeld, Aktiengesellschaft, S. 216 ff.

überbrückt werden. Die entscheidende Frage sei bei alldem nur, ob und unter welchen Voraussetzungen die Ausübung eines selbständigen Klagerechts mit der körperschaftlichen Verfassung des Zusammenschlusses vereinbar sei. Für die Entscheidung sei letztlich ausschlaggebend, wie man die Stellung der Gesellschaft zu den Aktionären umfasse. Sollte man versuchen, den Aktionär wieder stärker als innergesellschaftliches Kontrollorgan einzuschalten, so bestünden jedenfalls keine grundsätzlichen dogmatischen Bedenken gegen die Zulassung einer Einzelklagebefugnis. Ob der Einzelaktionär oder ein Organ der Gesellschaft den Anspruch geltend mache, hänge nicht von der juristischen Konstruktion der Aktiengesellschaft ab, sondern von einer vernünftigen und gerechten Interessenabwägung[867].

b. Mangusta/Commerzbank II-Entscheidung des BGH

Gestützt auf die Vorarbeiten im Schrifttum hat nun auch der Bundesgerichtshof die Zulässigkeit der Gesellschafterklage des Einzelaktionärs anerkannt. In seinen Entscheidungen Mangusta/Commerzbank I[868] und II[869] entschied er, dass der in seinen Mitgliedschaftsrechten beeinträchtigte Aktionär pflichtwidriges, kompetenzüberschreitendes Organhandeln des Vorstands und des Aufsichtsrats einer Aktiengesellschaft bei der Ausnutzung eines genehmigten Kapitals mit Bezugsrechtsausschluss (§§ 203, 204 AktG) zum Gegenstand einer gegen die Gesellschaft zu richtenden allgemeinen Feststellungsklage (§ 256 ZPO) machen kann. Gegenstand beider Verfahren waren drei Kapitalerhöhungen mit Bezugsrechtsausschluss, deren Durchführung der Vorstand der Beklagten, der Commerzbank AG, in Ausübung satzungsmäßiger Ermächtigungen nach § 202 AktG mit Zustimmung des Aufsichtsrates beschlossen hatte. Die Kapitalerhöhungen wurden kurz darauf durchgeführt und im Handelsregister eingetragen. Die Klägerin, die Mangusta Beteiligungs-Gesellschaft mbH, eine Minderheitsaktionärin der beklagten Commerzbank AG, hatte zuvor ohne Erfolg versucht, im Wege des einstweiligen Rechtsschutzes die Eintragung dieser Kapitalerhöhungen ins Handelsregister zu verhindern[870]. In dem Hauptsacheverfahren „Mangusta/Commerzbank I“ machte die Klägerin das Fehlen eines schriftlichen Vorstandsberichts über die Gründe des Bezugsrechtsausschlusses im Vorfeld der Kapitalerhöhungen zum Gegenstand verschiedener, gestaffelter Leistungs- und Unterlassungsanträge. In dem

867 Großfeld, Aktiengesellschaft, S. 225 f.
868 BGH, Urt. v. 10.10.2005 – II ZR 148/03, BHGZ 164, S. 242 ff.
869 BGH, Urt. v. 10.10.2005 – II ZR 90/03, BHGZ 164, S. 250 ff.
870 Vgl. hierzu LG Frankfurt, Urt. v. 25. 9. 2000–3/1 O 129/00, in ZIP 2001, S. 117 f.; OLG Frankfurt/M., Urt. v. 12. 12. 2000–5 U 146/00, in WM 2001, S. 206 ff.

Hauptsacheverfahren „Mangusta/Commerzbank II“ begehrte dieselbe Klägerin mit ihrem Hauptantrag, die drei Beschlüsse des Vorstands der Beklagten über die Ausübung der Ermächtigung und die drei zugehörigen Zustimmungsbeschlüsse des Aufsichtsrates über die Kapitalerhöhungen für nichtig zu erklären. Mit ihren drei Hilfsanträgen wollte sie die Nichtigkeit, die Unwirksamkeit oder zumindest die Pflichtwidrigkeit des Verhaltens von Vorstand und Aufsichtsrat anlässlich der beanstandeten Beschlüsse festgestellt wissen.

Die Leistungsklage betreffend die Berichtspflicht des Vorstands blieb in allen drei Instanzen ohne Erfolg[871]. Der BGH stellte in seinem Urteil „Mangusta/Commerzbank I“ fest, dass der Vorstand nicht verpflichtet sei, vor Ausübung einer Ermächtigung zur Kapitalerhöhung mit Bezugsrechtsausschluss die Aktionäre (schriftlich) über den Bezugsrechtsausschluss und dessen Gründe zu unterrichten. Der Vorstand sei lediglich gehalten, nach Inanspruchnahme der Ermächtigung über die Einzelheiten seines Vorgehens auf der nächsten ordentlichen Hauptversammlung der Gesellschaft zu berichten und Rede und Antwort zu stehen. Der II. Senat des BGH bezog sich insoweit ausdrücklich auf seine Entscheidung in Sachen „Siemens/Nold“ aus dem Jahr 1997[872].

In dem Verfahren „Mangusta/Commerzbank II“ wies BGH den Hauptantrag als unbegründet zurück. Demgegenüber hob er das Berufungsurteil des OLG Frankfurt[873] insoweit auf, als dieses die Klage bezüglich der Hilfsanträge als unzulässig zurückgewiesen hat. Der BGH stellt zunächst klar, dass die für Beschlüsse von Hauptversammlungen geltenden Klagevorschriften der §§ 241 ff. AktG nicht auf Beschlüsse von Vorstand und Aufsichtsrat übertragen werden können. Eine unmittelbare Anwendung der aktienrechtlichen Anfechtungsvorschriften (§§ 241 ff. AktG) scheide aus, weil diese allein für mängelbehaftete Hauptversammlungsbeschlüsse Geltung beanspruchen würden. Das folge schon aus der Überschrift des ersten Abschnitts des siebenten Teils des Aktiengesetzes, die von der Nichtigkeit von Hauptversammlungsbeschlüssen spreche[874]. Aber auch eine analoge Anwendung der genannten Vorschriften komme nicht in Betracht, weil eine solche Analogie auf einen „Systembruch des geltenden Aktienrechts“ hinauslaufe[875]. Im Rahmen des aktienrechtlichen Kompetenzgefüges obliege die Kontrolle des Vorstands dem Aufsichtsrat. Soweit diese Kontrolle wegen eines

871 OLG Frankfurt, Urt. v. 1. 4. 2003–5 U 54/01, in ZIP 2003, S. 902 ff.; BGH, in „Der Konzern“ 2006, S. 269 ff.

872 BGHZ 136, S. 133 ff.

873 OLG Frankfurt, Urt. v. 4. 2. 2003–5 U 63/01, in ZIP 2003, S. 1198 ff.

874 BGHZ 164, S. 250, 252.

875 BGHZ 164, S. 250, 252.

Zusammenwirkens von Vorstand und Aufsichtsrat „strukturell“ weniger wirksam sei, verbleibe es bei der Rechenschaftspflicht der Mitglieder beider Organe gegenüber der nächsten ordentlichen Hauptversammlung, der möglichen Verweigerung der Entlastung und etwaigen Regress- und Schadensersatzansprüchen[876]. Darüber hinaus stehe den Aktionären gerichtlicher Rechtsschutz in Gestalt einer (vorbeugenden) Klage auf Unterlassung der Eintragung der Maßnahme in das Handelsregister sowie in Gestalt einer Klage auf Feststellung der Pflichtwidrigkeit des Handelns der beiden Organe zur Verfügung[877]. Das Feststellungsbegehren könne zwar nicht im Wege der Nichtigkeitsfeststellungsklage entsprechend § 249 AktG, aber im Wege der allgemeinen Feststellungsklage gemäß § 256 Abs. 1 ZPO geltend gemacht werden. Die Klage sei gegen die Gesellschaft zu richten. Das Rechtsschutzinteresse an einer solchen Klage entfalle auch nicht mit dem Wirksamwerden der Kapitalerhöhung durch ihre Eintragung in das Handelsregister gemäß §§ 203 Abs. 1, 189 AktG, da die Beschlüsse der Verwaltung im Rahmen eines genehmigten Kapitals nicht durch die Eintragung gemäß §§ 242, 256 Abs. 6 AktG geheilt würden[878].

Maßgebliche Erwägung für die Zulassung eines derartigen gerichtlichen Rechtsschutzes gegen unrechtmäßiges, kompetenzüberschreitendes Organhandeln ist, dass die durch die „Siemens/Nold“-Entscheidung beabsichtigte und bewirkte Erleichterung bei der Herbeiführung eines Ermächtigungsbeschlusses zur Schaffung von genehmigtem Kapital nicht zu einer die Mitgliedschaftsrechte der Aktionäre, darunter insbesondere das Bezugsrecht, ungerechtfertigt verkürzenden, unkontrollierten Blankettermächtigung der Geschäftsleitung führen dürfe[879]. Dazu führt der Senat aus: „Mit dem Absenken der Anforderungen an den Ermächtigungsbeschluss zur Schaffung genehmigten Kapitals wurde allein auf die Erfordernisse des Wirtschaftslebens reagiert, Beteiligungs- und Erwerbschancen schnell und flexibel nutzen zu können. Keinesfalls sollte aber der vom Gesetzgeber beabsichtigte Schutz der Aktionäre herabgesetzt und der Kompetenzbereich des Vorstands zu Lasten der Hauptversammlung erweitert werden“[880]. Mit der allgemeinen Feststellungsklage stehe den Aktionären eine angemessene, systemkonforme gerichtliche Möglichkeit zur Kontrolle des Organhandelns zur Verfügung. Zwar obliege die Kontrolle des Vorstands grundsätzlich dem Aufsichtsrat. Da dieser an dem fraglichen Vorstandsbeschluss aber selbst mitgewirkt habe, sei

876 BGHZ 164, S. 250, 252 f.
877 BGHZ 164, S. 250, 254.
878 BGHZ 164, S. 250, 257.
879 BGHZ 164, S. 250, 254 f.
880 BGHZ 164, S. 250, 254 f.

diese Kontrolle strukturell weniger effizient[881]. Die praktische Bedeutung eines Feststellungsurteils liege darin, dass eine erneute Verletzung der Mitgliedschaftsrechte der Aktionäre in Form eines unrechtmäßigen Bezugsrechtsausschlusses bei einer weiteren Ausschöpfung der erteilten Ermächtigung zur Entscheidung über den Bezugsrechtsausschluss unterbleibe oder etwa bereits eingetretene Schäden kompensiert würden[882]. Schon die bloße Feststellung der Nichtigkeit eröffne dementsprechend die Möglichkeit einer Selbstregulierung der Gesellschaft[883]. Das Urteil könne Aktionären weiterhin als Grundlage konkreter Sekundäransprüche im Klagewege dienen und Anträge in der Hauptversammlung auf Versagung der Entlastung der Verwaltung, auf Abberufung der Aufsichtsratsmitglieder (§ 103 AktG) oder auf Geltendmachung von Ersatzansprüchen nach § 147 AktG rechtfertigen[884].

2. Rechtsverhältnis

Die Feststellungsklage ist in § 256 ZPO geregelt; mit ihr soll das Bestehen oder Nichtbestehen eines Rechtsverhältnisses festgestellt werden. Unter einem Rechtsverhältnis wird im Allgemeinen die rechtliche Beziehung zwischen Personen oder von einer Person zu einer Sache verstanden[885]. Nach allgemeiner Meinung muss dieses Rechtsverhältnis nicht unbedingt zwischen den Parteien des Rechtsstreits bestehen; es kann auch zu einem Dritten oder zwischen Dritten bestehen, solange es nur für die Rechtsbeziehungen der Parteien untereinander von Bedeutung ist und der Kläger ein berechtigtes Interesse an der Feststellung gerade gegenüber dem Beklagten hat[886]. Dementsprechend weist der BGH in seinen Ausführungen zum Rechtsverhältnis darauf hin, dass das festzustellende Rechtsverhältnis nicht unmittelbar zwischen den Parteien, also zwischen dem klagenden Aktionär und der beklagten Gesellschaft, bestehen müsse. Eine Klage nach § 256 ZPO könne auch auf die Feststellung gerichtet sein, dass zwischen der beklagten Partei und einem Dritten ein Rechtsverhältnis bestehe oder nicht bestehe, wenn dies zugleich für die Rechtsbeziehungen der Parteien untereinander von Bedeutung sei, der Kläger an einer alsbaldigen Klärung dieses Drittverhältnisses ein rechtli-

881 BGHZ 164, S. 250, 258.

882 BGHZ 164, S. 250, 255 f.

883 BGHZ 164, S. 250, 258.

884 BGHZ 164, S. 255 f., Bungert, BB 205, S. 2757, 2758 f.; Paschos, DB 2005, S. 2731; Waclawik, ZIP 2006, S. 397, 403 ff.

885 Vgl. BGHZ 22, S. 43, 47.

886 Vgl. nur BGH, in NJW 1994, S. 459; Reichold, in Thomas/Putzo/Reichold, ZPO, 26. Aufl., § 256 Rn. 9.

ches Interesse habe und das Aktienrecht für die Austragung eines solchen Streits keine abschließende Regelung treffe. Eine derartige Konstellation ist laut dem Senat in der Regel auch dann gegeben, wenn im Rahmen der Ausübung des genehmigten Kapitals die Rechtswidrigkeit des Kapitalerhöhungsbeschlusses der Geschäftsleitung mit gleichzeitigem Bezugsrechtsausschluss und als Folge davon eine Verletzung individueller Mitgliedschaftsrechte, insbesondere des Mitverwaltungs- und des Vermögensrechts, des einzelnen Aktionärs geltend gemacht wird. Die in einem solchen Fall von dem Feststellungskläger aufgeworfene Frage nach der Rechtswidrigkeit der mit einem Bezugsrechtsauschluss verbundenen Kapitalerhöhung berühre dessen Stellung als Aktionär und damit sein Rechtsverhältnis zur Gesellschaft[887].

3. *Rechtliches Interesse*

Um eine Feststellungsklage erheben zu können, muss der klagende Aktionär über ein rechtliches Interesse an der Feststellung des Bestehens oder Nichtbestehens des zur Beurteilung stehenden Rechtsverhältnisses verfügen. Das rechtliche Interesse des Aktionärs an der Feststellung ist nach der Auffassung des BGH gegeben, weil der Aktionär im Fall der Feststellung der Nichtigkeit des Beschlusses und damit der Pflichtwidrigkeit des Verhaltens der Verwaltung die begründete Aussicht habe, dass die Gesellschaftsorgane hieraus die notwendigen Folgerungen ziehen[888] (Signalwirkung der Feststellungsklage). Das für die Zulässigkeit einer Feststellungsklage nach § 256 I ZPO erforderliche rechtliche Interesse fehlt, wenn der klagende Aktionär sich allein auf formale Mängel bei der Beschlussfassung von Vorstand und Aufsichtsrat beruft. Dies lässt sich aus dem Umkehrschluss der Formulierung des BGH herauslesen, in welcher der Senat als maßgebliche Erwägung für die Zulassung einer allgemeinen Feststellungsklage anführt, dass die durch die Siemens/Nold-Entscheidung bewirkte Erleichterung bei der Schaffung von genehmigtem Kapital nicht zu einer Kompetenzerweiterung des Vorstands führen dürfe. Sofern Vorstand und Aufsichtsrat unter Überschreitung des ihnen durch das Gesetz und den Ermächtigungsbeschluss gesteckten Rahmens pflichtwidrig von dem genehmigten Kapital Gebrauch machten, täten sie dies als Organe der Gesellschaft, die sich damit Kompetenzen anmaßten, die ihnen nach dem Gesetz und der Satzung nicht zustünden. Es sei daher Sache der Gesellschaft, durch ihre Organe Abhilfe zu schaffen und den betroffenen Aktionären dadurch Genüge zu tun, dass entweder – sofern noch möglich – eine (erneute) künftige

887 BGHZ 164, S. 250, 255.
888 BGHZ 164, S. 250, 255 f.

Verletzung ihrer durch Art. 14 GG geschützten Mitgliedschaftsrechte bei einer etwaigen weiteren Ausschöpfung der erteilten Ermächtigung unterbleibt oder etwa bereits eingetretene Schäden kompensiert werden[889].

4. *Subsidiarität der Feststellungsklage*

Die Erhebung einer Feststellungsklage ist grundsätzlich unzulässig, soweit der Kläger seine Rechte durch eine Leistungsklage verfolgen kann oder hätte verfolgen können (Subsidiarität der Feststellungsklage)[890]. Der BGH führt insoweit aus, der Grundsatz der Subsidiarität der Feststellungsklage gegenüber der Leistungsklage finde in der vorliegenden Fallkonstellation keine Anwendung, da die Feststellungsklage dazu diene, eine Gesetzeslücke zu schließen und gebotenen Rechtsschutz zu schaffen[891]. Diese Ausführungen des Senats überzeugen zwar im Ergebnis, die Begründung stößt hingegen auf Bedenken; denn die Subsidiarität ergibt sich aus der Tatsache, daß man aus einem Feststellungsurteil nicht vollstrecken kann. Hat man ein Feststellungsurteil über das Bestehen eines Anspruchs erwirkt, müsste man mit einer zweiten Klage ein entsprechendes Leistungsurteil erwirken. Das ist unökonomisch. Sinnvoller ist es direkt eine Leistungsklage zu erheben, im Rahmen dieses Verfahrens wird dann über das Bestehen des Anspruchs mitentscheiden. Stehen dem Aktionär wegen der Verletzung seines Bezugsrechts Schadensersatzansprüche zu, so kann er diese grundsätzlich direkt mit einer Leistungsklage verfolgen, in deren Rahmen auch die Nichtigkeit der Verwaltungsbeschlüsse geprüft werden kann[892]. Eine Rechtsschutzlücke besteht insofern nicht.

5. *Klagefrist*

Die Frage, ob die Klage auf Feststellung der Nichtigkeit eines Verwaltungsbeschlusses zur Ausübung der Ermächtigung einer Kapitalerhöhung unter Bezugsrechtsausschluss aus Gründen der Rechtssicherheit binnen einer bestimmten Frist zu erheben ist, lässt der BGH ausdrücklich offen. Unter Hinweis auf die in seiner Entscheidung vom 25.02.1982 zum Ausdruck gekommenen Auffassung, dass Aktionäre bei rechtswidrigem Verwaltungshandeln ihre Rechte nicht unter Verletzung der Rücksichtnahmepflicht gegenüber der Gesellschaft missbräuch-

889 BGHZ 164, S. 250, 256.

890 EinhM, vgl. BGH, Urt. v. 9.6.83–3 ZR 74/82, in NJW 1984, S. 1118.; Reichold, in Thomas/Putzo/Reichold, ZPO, 26. Aufl., § 256 Rn. 18.

891 BGHZ 164, S. 250, 259.

892 Paschos, DB 2005, S. 2731, 2732; Busch, NZG 2006, S. 81, 85.

lich ausüben dürften, hält er eine Feststellungsklage nur dann für zulässig, wenn sie „ohne unangemessene Verzögerung“ erhoben wird[893]. Im Schrifttum wird die Anwendung der Monatsfrist des § 246 Abs. 1 AktG befürwortet[894]. Für diese Auffassung spricht der Umstand, dass die Feststellungsklage mangels eines Hauptversammlungsbeschlusses an die Stelle der Anfechtungsklage tritt, für die die Frist des § 246 AktG gerade konzipiert ist[895]. Bei einem Bezugsrechtsausschlusses im Rahmen einer regulären Kapitalerhöhung kann der betroffene Aktionär Rechtsschutz durch Erhebung einer Anfechtungsklage erlangen, die innerhalb der Monatsfrist des § 246 Abs. 1 AktG zu erheben ist. Sofern die endgültige Entscheidung über den Bezugsrechtsausschluss von der Hauptversammlung auf die Verwaltung verlagert wird, wird dem in seinen Mitgliedschaftsrechten verletzten Aktionär Rechtsschutz in Form der allgemeinen Feststellungsklage gewährt. Hierdurch wird die Rechtsschutzlücke geschlossen, die sich daraus ergibt, dass Maßnahmen der Verwaltung nicht nach §§ 241 ff AktG angefochten werden können. Die allgemeine Feststellungsklage tritt damit in dem konkreten Fall an die Stelle der Anfechtungsklage[896].

6. *Streitwert*

Eine weitere Frage, die der Bundesgerichtshof im Zusammenhang mit der Zulassung einer allgemeinen Feststellungsklage offen ließ, betrifft den Streitwert der Feststellungsklage. Im Schrifttum wird überwiegend eine analoge Anwendung des § 247 AktG vorgeschlagen[897]. Hierfür spricht dasselbe Argument, das bereits für die analoge Anwendung der Monatsfrist des § 246 Abs. 1 AktG aufgeführt wurde, nämlich das Argument, dass die allgemeine Feststellungsklage beim genehmigten Kapital mit Bezugsrechtsausschluss lediglich an die Stelle der Anfechtungsklage

893 BGHZ 164, S. 250, 259.

894 Lutter, BB 1981, S. 861, 864; Hirte, Bezugsrechtsausschluss, S. 122; Hüffer, AktG, 7. Aufl. 2006, § 203 Rn. 38; Kubis; DStR 2006, S. 188, 192; differenzierend nach „minderschweren“ und „schweren“ Mängeln Paefgen, ZIP 2004, S. 145, 152, der zudem auf die Übertragung von Regeln der Anfechtungsklage auf die positive Beschlussfeststellungsklage durch den BGH, BGHZ 76, S. 191 ff., verweist.

895 Lutter, BB 1981, S. 861, 864; Hüffer, AktG, 7. Aufl. 2006, § 203 Rn. 38; für eine analoge Anwendung von § 246 Abs. 1 AktG auch Waclawik, ZIP 2006, S. 397, 405.

896 Lutter, BB 1981, S. 861, 864.

897 Schon vor der Mangusta/Commerzbank II-Entscheidung Cahn, ZHR 164 (2000), S. 113, 117 f.; zustimmend Waclawik, ZIP 2006, S. 397, 405; auch Hüffer, AktG, 7. Aufl. 2006, § 203 Rn. 38; anders Bungert, BB 2005, S. 2757, 2759, der für Streitwerte plädiert, die den Umfang der angegriffenen Kapitalerhöhung widerspiegeln.

bei einer ordentlichen Kapitalerhöhung mit Bezugsrechtsausschluss tritt. Durch den Austausch des prozessualen Vehikels wird der sachliche Gehalt der Klagen aber nicht verändert[898]. Nach § 247 Abs. 1 Satz 1 AktG wird der Streitwert unter Berücksichtigung aller Umstände des einzelnen Falles, insbesondere der Bedeutung der Sache für beide Parteien bestimmt; er darf jedoch ein Zehntel des Grundkapitals oder, wenn dieses Zehntel mehr als 500 000 Euro beträgt, 500 000 Euro nur insoweit übersteigen, als die Bedeutung der Sache für den Kläger höher zu bewerten ist (§ 247 Abs. 1 Satz 2 AktG).

B. Vorbeugende Unterlassungsklage

Solange das genehmigte Kapital noch nicht in das Handelsregister eingetragen ist oder zumindest die neuen Aktien noch nicht ausgegeben worden sind, kann jeder Aktionär die Verwaltung im Wege einer gegen die Gesellschaft gerichteten Unterlassungsklage dazu anhalten, das Bezugsrecht der Aktionäre nicht auszuschließen oder die neuen Aktien nicht auszugeben[899]. Die vorbeugende Unterlassungsklage steht den Aktionären anstelle der in Ermangelung eines Hauptversammlungsbeschlusses nicht gegebenen Anfechtungsklage zur Verfügung[900]. Sie setzt nicht nur eine Kompetenzüberschreitung des Vorstands, sondern insbesondere auch einen Eingriff in den Kompetenzbereich der Hauptversammlung voraus[901]. Diese Voraussetzung ist erfüllt, wenn der Vorstand in seinem Beschluss über die Ausnutzung des genehmigten Kapitals mit Bezugsrechtsausschluss die durch die Ermächtigung der Hauptversammlung gezogenen Grenzen überschreitet, da die Entscheidung über den Bezugsrechtsausschluss in einem solchen Fall nicht mehr von der Kompetenz des Vorstands gedeckt ist, sondern gemäß § 186 Abs. 3 AktG originär in den Kompetenzbereich der Hauptversammlung fällt. Sobald die Kapitalerhöhung in das Handelsregister eingetragen ist und die neuen Aktien unter Ausschluss des Bezugsrechts ausgegeben worden sind, wird die Wirksamkeit der durchgeführten Kapitalerhöhung und der durch sie geschaffenen neuen Mitgliedschaftsrechte nicht durch die Pflichtwidrigkeit der Verwaltungsentscheidung

898 Cahn, ZHR 164 (2000), S. 113, 117 f.

899 BGHZ 136, S. 133, 141; Cahn, ZHR 164 (2000), S. 113, 118.; Wiedemann, in Großkomm. AktG, 4. Aufl. 1995, § 182 Rdn. 73; Hüffer, AktG, 7. Aufl. 2006, § 203 Rdn. 39; Lutter, in Kölner Komm. z. AktG, 2. Aufl. 1995, § 203 Rn. 44; Knobbe-Keuk, FS Ballerstedt, S. 239, 246; Kindler, ZGR 1998, S. 35, 66 ff.

900 Hüffer, AktG, 7. Aufl. 2006, § 203 Rdn. 39; Lutter, in Kölner Komm. z. AktG, 2. Aufl. 1995, § 203 Rdn. 31.

901 Knobbe-Keuk, FS Ballerstedt, S. 239, 251 f.; Kindler, ZGR 1998, S. 35, 66 ff.

berührt[902]. Eine Rückabwicklung der Kapitalerhöhung im Wege der Naturalrestitution[903] ist praktisch nur in den Fällen möglich, in denen dem Inferenten aufgrund eines Zusammenwirkens mit Vorstand und Aufsichtsrat eine vorsätzliche sittenwidrige Schädigung der Altaktionäre vorgeworfen werden kann[904].

C. Anfechtung von Vorstandsbeschlüssen?

Die vorausgegangenen Ausführungen dürften verdeutlicht haben, dass der gerichtlichen Überprüfung von Vorstandsbeschlüssen bei der Durchsetzung des Aktionärsrechts auf gesetz- und satzungsmäßige Verwaltung zentrale Bedeutung zukommt. Zu untersuchen bleibt, ob dem Aktionär die Anfechtungsklage de lege lata versagt ist.

I. Zulässigkeit der Anfechtungsklage de lege lata

Die Klärung dieser Frage erfordert als erstes eine Interpretation des Schweigens des Gesetzes bezüglich der Anfechtbarkeit von Vorstandsbeschlüssen.

a. Auslegung des geltenden Rechts

Als Ausgangspunkt dazu dienen die Regelungen in §§ 241 ff. AktG. Die Vorschriftenstehen stehen unter der Abschnittsüberschrift „Nichtigkeit von Hauptversammlungsbeschlüssen". Ferner wird auch aus § 243 Abs. 1 AktG zweifelsfrei klar, dass die Anfechtungs- und die Nichtigkeitsklage Beschlüsse der Hauptversammlung zum Gegenstand haben. Eine Interpretation dahingehend, dass die genannten Vorschriften ein Indiz für die Anerkennung der – im Gesetz nirgends ausdrücklich erwähnten – Anfechtungsklage gegen Vorstandsbeschlüsse durch den Gesetzgeber enthielten, ist nicht haltbar. Trotz dieser Eingangsfeststellung muss allerdings die Frage gestattet sein, ob die in §§ 241 ff. AktG geregelten Beschlussmängelrechtsbehelfe analog auf die Geltendmachung von Beschlussmängeln anderer Gesellschaftsorgane als der Hauptversammlung Anwendung finden.

b. Vorliegen einer planwidrigen Regelungslücke?

Das Hauptproblem bei der Anwendung des Analogieschlusses besteht im richtigen Verständnis des Schweigens des Gesetzes. Hat der Gesetzgeber einen bestimmten Konfliktsachverhalt bewusst ungeregelt gelassen, so liegt keine planwidrige Re-

902 BGHZ 164, S. 250, 257.
903 Hierzu ausf. Cahn, ZHR 164 (2000), S. 113, 143 ff.
904 Cahn, ZHR 164 (2000), S. 113, 143.

gelungslücke[905] vor. In diesem Fall darf die Entscheidung des Gesetzgebers durch den Gesetzanwender nicht mit Hilfe der Lückentheorie überspielt werden[906]. Eine Analogie ist nur zulässig, wenn das Gesetz eine planwidrige Regelungslücke enthält[907] und der zu beurteilende Sachverhalt in rechtlicher Hinsicht so weit mit dem Tatbestand vergleichbar ist, den der Gesetzgeber geregelt hat, daß angenommen werden kann, der Gesetzgeber wäre bei einer Interessenabwägung, bei der er sich von den gleichen Grundsätzen hätte leiten lassen wie bei dem Erlass der herangezogenen Gesetzesvorschrift, zu dem gleichen Abwägungsergebnis gekommen[908]. Erblickt man – in Übereinstimmung mit den Erwägungen des BGH – im Schweigen des Gesetzes eine Regelungslücke hinsichtlich des Rechtsschutzes gegen gesetz- und satzungswidrige Vorstandsbeschlüsse, so bleibt die Frage zu klären, ob diese Lücke dem historischen Gesetzgeber bewusst gewesen ist. Nach einer Auffassung in der Literatur sind die in §§ 241 ff. AktG geregelten Anfechtungsvorschriften auf die Klage gegen die Beschlüsse von Vorstand und Aufsichtsrat entsprechend anzuwenden[909]. Die Anfechtungsklage gegen die Beschlüsse der Hauptversammlung habe eine Doppelnatur. Sie sei zugleich Abwehklage und Gestaltungsklage. Ihre Gestaltungswirkung liege darin, dass sie zur Nichtigerklärung des Beschlusses mit Wirkung für und gegen alle Aktionäre und die Verwaltungsorgane führe. Wie der Verweis in § 249 Abs. 1 Satz 1 AktG auf § 248 AktG zeige, gelte dies auch für die Nichtigkeitsklage. Gestaltungswirkung inter omnes müsse dann auch der Aktionärsklage gegen die Platzierung genehmigten Kapitals durch die Verwaltung zukommen; denn der für die Wirkung inter omnes ausschlaggebende Gedanke der Rechtssicherheit und Rechtsklarheit verliere nicht an Gewicht dadurch, dass statt der Hauptversammlung die kraft Delegation per Aktionärsbeschluss an deren Stelle tretenden Verwaltungsorgane entscheiden[910]. Mache der Aktionär, ohne einen Kompetenzverstoß zu rügen, die Verletzung des

905 Von Larenz/Canaris, Methodenlehre der Rechtswissenschaft, 3. Aufl., S. 193, wird der Begriff der Regelungslücke als Unterfall der „Gesetzeslücke" angesehen. Im Gegensatz zur Normlücke ist bei der Regelungslücke eine bestimmte Regelung im ganzen unvollständig, wogegen von einer Normlücke dann gesprochen wird, wenn eine einzelne Gesetzesnorm schon gar nicht angewendet werden kann, ohne daß ihr eine weitere Bestimmung hinzugefügt wird, die das Gesetz vermissen lässt.

906 Vgl. Schwab, Einführung in das Zivilrecht, 15. Aufl., Rdn. 106.

907 Vgl. BGHZ 149, S. 165, 174.

908 vgl. BGHZ 105, S. 140, 143; BGHZ 110, S. 183, 193; BGHZ 120, S. 239, 252.

909 Vgl. Paefgen, ZIP 2004, S. 145, 149 ff.; 154 f.; Baums, ZGR 1983, S. 300, 329 ff.; M. Becker, Verwaltungskontrolle durch Gesellschaferrechte, S. 501.

910 Paefgen, ZIP 2004, S. 145, 149; vgl. auch Füchsel, Bezugsrechtsausschluss, S. 115 FN. 1; Hirte, Bezugsrechtsausschluss, S. 205.

Gesellschaftsinteresses oder von Verfahrensvorschriften geltend, greife er eine Entscheidung an, bei der die Verwaltungsorgane in kompetenzrechtlich zulässiger Weise an die Stelle der bei der regulären Kapitalerhöhung zuständigen Hauptversammlung treten. Erhöhe nun nicht die Hauptversammlung, sondern gemäß § 202 ff. AktG der Vorstand das Grundkapital, und schließe er dabei mit der erforderlichen Zustimmung des Aufsichtrats gemäß § 204 Abs. 1 AktG das Bezugsrecht der Aktionäre aus, so ändere sich an den materiellen Voraussetzungen, unter denen diese Verfügung über die Mitgliedschaft nur zulässig ist, nichts. Deshalb könne jeder Aktionär, ebenso wie er einen unzulässigen Bezugsrechtsausschluss durch Hauptversammlungsbeschluss mit der Anfechtungsklage angreifen kann, auch den unzulässigen Bezugsrechtsausschluss seitens der Verwaltung angreifen. Beidem liege nur der verbandsrechtliche Anspruch darauf zugrunde, dass die Gesellschaft die Mitgliedschaftsrechte achtet und alles unterlässt, was sie über das durch Gesetz und Satzung gedeckte Maß hinaus beeinträchtigt[911].

Eine Analogie der §§ 241 ff. AktG auf die Geltendmachung von Beschlussmängeln anderer Gesellschaftsorgane als der Hauptversammlung ist abzulehnen[912]. Unter Analogie wird die Übernahme einer schon vorhandenen rechtlichen Regelung auf einen Tatbestand verstanden, der zwar nicht unter den Wortlaut der Vorschrift subsumiert werden kann und auch sonst rechtlich nicht geregelt ist, auf den jedoch deren Grundgedanke und Sinn zutreffen. Vorausgesetzt wird dabei, dass die bestehende rechtliche Regelung einen wesentlichen Bezug zum zuregelnden Tatbestand aufweist[913]. Die Anwendung der Analogie darf aber nur erfolgen, wenn eine planwidrige Regelungslücke vorliegt, und es sich um eine vergleichbare Interessenlage handelt. Es ist zwar einzuräumen, dass die funktionale Vergleichbarkeit und gleiche Interessen- und Rechtsgebundenheit der Entscheidung von Hauptversammlung und Verwaltung für eine Angleichung des Rechtsinstrumentariums sprechen[914]. Es fehlt aber hier an der für eine Analogie notwendigen planwidrigen Regelungslücke. Es kann angesichts der Siemens/Nold-Entscheidung, mit der eine erhebliche Verlagerung der bis dahin an die Ermächtigungsentscheidung der Hauptversammlung über ein genehmigtes Kapital unter Ausschluss des Bezugsrechts der Altaktionäre gestellten strengen Anforderungen von der Ebene der Ermächtigung auf die Vorstandsentscheidung stattgefunden hat, den Stellungnah-

---

911 Baums, ZGR 1983, S. 300, 329.

912 Waclawik, ZIP 2006; S. 397, 400 ff.; Bungert, BB 2005, S. 2757, 2758; Paschos, DB 2005, s. 2731.

913 Vgl. Raisch, FS Stimpel, S. 29, 32; ausf. zum Analogiebegriff Langhein, Das Prinzip der Analogie als juristische Methode, S. 32 ff.

914 Paefgen, ZIP 2004, S. 145, 149.

men im Schrifttum zu den Klagemöglichkeiten der Aktionäre wegen Pflichtverletzungen der Verwaltung beim genehmigten Kapital und der ausführlich geführten Debatte über die Inhalte des UMAG, insbesondere über das erforderliche Aktionärsquorum für das Klagezulassungsverfahren gemäß § 148 AktG, keineswegs ohne weiteres davon ausgegangen werden, dass dem Gesetzgeber die Frage nach einer möglichen Klage einzelner Aktionäre gegen Beschlüsse der Verwaltung verborgen geblieben ist. Auch die Gesetzgebungsgeschichte des Aktiengesetzes, das seit über zehn Jahren Gegenstand zahlreicher Novellen ist, belegt, dass der Gesetzgeber die Problematik gesehen hat, sie aber nicht regeln wollte und dies bis heute nicht will. Hätte der Gesetzgeber eine Individualklage der Aktionäre gegen Vorstandsbeschlüsse nach dem Vorbild der §§ 241 ff. AktG tatsächlich gewollt, hätte er spätestens im Rahmen des am 1.11.2005 in Kraft getretene Gesetzes zur Unternehmensintegrität und Modernisierung des Anfechtungsrechts, dessen Anliegen es ist, die Rechte einzelner Aktionäre hinsichtlich der Geltendmachung von Ansprüchen der Gesellschaft zu stärken, eine ausdrückliche Regelung getroffen. Vor diesem Hintergrund lässt sich das Vorliegen einer planwidrigen Regelungslücke und damit auch eine analoge Anwendung der §§ 241 ff. AktG auf Beschlüsse der Verwaltung kaum rechtfertigen[915].

2. *Bedürfnis für die Zulassung einer Anfechtungsklage?*

Die vorstehenden Ausführungen haben deutlich gemacht, dass die in §§ 241 ff. AktG geregelten Beschlussmängelrechtsbehelfe nicht ausdehnungsfähig sind, d. h. dass sie keine Anwendung auf die Geltendmachung von Beschlussmängeln anderer Gesellschaftsorgane als der Hauptversammlung finden. Dem Aktionär ist die Klage auf Anfechtung von Vorstandsbeschlüssen de lege lata versagt. Noch nicht geklärt ist allerdings die Frage, ob eine Anfechtungsklage, durch die der einzelne Aktionär mit unmittelbarer Gestaltungswirkung gemäß § 248 AktG in eine Handlung der Verwaltung eingreifen könnte, aus besonderen aktienrechtlichen Gründen geboten ist. Der BGH verneint diese Frage. Er begründet seine Ablehnung zum einen mit dem Hinweis auf § 248 AktG, der für erfolgreiche Anfechtungsklagen eine unmittelbare Gestaltungswirkung inter omnes vorsieht. Eine solche weite reichende Einwirkungsmöglichkeit eines einzelnen Aktionärs – mit ggf. nur einer einzigen Aktien – will der Senat nicht zulassen. Die Zulassung einer Anfechtungsklage würde, so der Senat, auf einen Systembruch des geltenden Ak-

915 Baums, Anfechtung von Hauptversammlungsbeschlüssen, S. 9 ff, Waclawik, ZIP 2006; S. 397, 400.

tienrechts hinauslaufen[916]. Das Aktiengesetz sehe ein System der Gewaltenteilung zwischen Hauptversammlung, Vorstand und Aufsichtsrat vor. In diesem System sei den Aktionären, von einigen gesetzlich geregelten Ausnahmen abgesehen, die Mitwirkung an und die Einflussnahme auf Geschäftsführungsmaßnahmen versagt. Im Rahmen dieses Systems obliege die Kontrolle des Vorstands dem Aufsichtsrat. Soweit – wie bei der Ausübung der Ermächtigung bei genehmigtem Kapital – Vorstand und Aufsichtsrat zusammenwirken und die Kontrolle daher strukturell weniger wirksam sei, verbleibe es bei den „allgemeinen Rechtsbehelfen" der Aktionäre, namentlich der Rechenschaftspflicht des Vorstands und Aufsichtsrats gegenüber der Hauptversammlung, der möglichen Verweigerung der Entlassung, dem Risiko von Regress- und Schadensersatzansprüchen sowie schließlich der Möglichkeit von Unterlassungs- und Feststellungsklagen[917]. Angesichts dieses Spektrums von Kontroll- und Sanktionsmechanismen bedürfe es keiner „Quasi-Anfechtungsklage" gegen Vorstandsbeschlüsse.

Die Befugnis zur Herbeiführung einer Rechtsmäßigkeitskontrolle von Verwaltungsbeschlüssen stellt, wie Waclawik zutreffend betont[918], einen zu schwer wiegender Eingriff in das Gefüge der Aktiengesellschaft dar, als das sie ein Gericht im Wege der Analogie erschaffen darf. Die Neuregelung des Anfechtungsklagerechts gegen Verwaltungsbeschlüsse ist ausschließlich dem Gesetzgeber vorbehalten und darf nicht auf dem Weg der richterlichen Rechtsfortbildung erfolgen. In diesem Zusammenhang stellt sich der Frage, ob ein Bedürfnis für gesetzliche Neuerungen dieser Art besteht. Bei der Bewertung dieser Frage kommt es darauf an, ob eine angemessene innere Kontrolle für die Entscheidungen der Verwaltung vorgesehen ist. Die Zulassung einer Anfechtungsklage, durch die der einzelne Aktionär mit unmittelbarer Gestaltungswirkung in eine Handlung der Verwaltung eingreifen könnte, mag eine funktionale Lösung sein, wenn das Aktienrecht – wie das türkische – keine zusätzliche innere Kontrolle durch den Aufsichtsrat im Rahmen der unternehmerischen Entscheidungen – speziell bei der Kapitalerhöhung und dem Bezugsrechtsauschluss –, vorsieht. Im türkischen Kapitalmarktrecht, wo dem Verwaltungsrat eine pauschale Ermächtigung für die Ausnutzung des registrierten Kapitals unter Ausschluss des Bezugsrechts erteilt wird, ist die Anfechtungsklage gegen die Beschlüsse der Verwaltung aber auch nützlich. Damit wird die Anfechtungsklage gegen die Beschlüsse der Generalversammlung praktisch auf die Ebene der Verwaltungsbeschlüsse übertragen, da hier ein Beschluss der

916 BGHZ 164, S. 250, 252
917 BGHZ 164, S. 250, 252 f.
918 Waclawik, ZIP 2006; S. 397, 400.

Aktionärsversammlung praktisch nicht vorhanden ist[919]. Bedenklich ist insofern die Auffassung des Bundesgerichthofs, dass die Kontrolle des Vorstands durch den Aufsichtsrat deshalb „strukturell weniger wirksam“ sei, weil dem Aufsichtsrat bei einer bestimmten Geschäftsführungsmaßnahme des Vorstands nicht nur die allgemeinen Überwachungsbefugnisse zustehen, sondern die Maßnahme des Vorstands darüber hinaus der Zustimmung des Aufsichtsrats bedarf. Das in § 204 Abs. 1 Satz 2 AktG normierte Zustimmungserfordernis des Aufsichtsrats stellt im Gegenteil ein besonders wirksames Kontrollinstrument dar, mit dem sich überprüfen lässt, ob sich der Vorstand bei seiner Entscheidung über den Inhalt der Aktienrechte und die Bedingungen der Aktienausgabe im Rahmen von Gesetz und Satzung bewegt hat. Es mag zwar zutreffend sein, dass ein Aufsichtsrat, der möglicherweise pflichtwidrig die Zustimmung zur Ausnutzung des genehmigten Kapitals erteilt hat, die Entscheidung auch später in der Regel für richtig erachten wird. Dieses psychologische Phänomen kann allerdings schwerlich dazu führen, die Zulänglichkeit der Überwachung prinzipiell in Frage zu stellen[920].

3. *Möglichkeit einer Anfechtungsklage gegen die Beschlüsse der Verwaltung im türkischen Kapitalmarktrecht*

Die Beschlüsse des Verwaltungsrates einer Aktiengesellschaft sind nach türkischem Recht grundsätzlich nicht anfechtbar. Eine Ausnahme wird in Art. 12 Abs. 6 TKMG geregelt. Demnach können Verwaltungsratsmitglieder, Kontrolleure oder Aktionäre, deren Rechte verletzt sind, gegen die im Rahmen von Art. 12 TKMG gefassten Beschlüsse des Verwaltungsrates beim Handelsgericht am Ort des Sitzes der Aktiengesellschaft innerhalb von 30 Tagen nach der Veröffentlichung des jeweiligen Beschlusses Anfechtungsklage erheben, sofern sie gegen die Bestimmungen von Gesetz oder Satzung und vor allem auch gegen die Grundsätze von Treu und Glauben verstoßen. Die Befugnis zur Erhebung der Anfechtungsklage gegen die im Rahmen von Art. 12 TKMG gefassten Verwaltungsratsbeschlüsse steht auch dem Kapitalmarktausschuss zu (Art. 46Abs. 1 Buchstabe b TKMG).

a. *Entwicklung des Anfechtungsklagerechts*

Bis zur Einführung des Art. 12 Abs. 6 TKMG war die Anfechtung von Verwaltungsratsbeschlüssen Gegenstand eines vielfältig verzweigten Meinungsstreits. Dabei ging es insbesondere um die praktisch wichtig und juristisch stark umstrit-

---

919 S. Moroğlu, Bezugsrechtsausschluss im Spannungsfeld zwischen unternehmerischen Ermessen und Aktionärsschutz bei der Publikumsaktiengesellschaft, S. 300 f.

920 Vgl. Waclawik, ZIP 2006; S. 397, 400.

tene Frage nach der analogen Anwendbarkeit des die Anfechtung von gesetz- und satzungswidrigen Beschlüssen der Generalversammlung regelnden Art. 381 THG auf die Beschlüsse des Verwaltungsrates einer Aktiengesellschaft mit registriertem Kapital. Diese Auseinandersetzung ist zwar immer noch nicht ganz abgeklungen, jedoch nach der Einführung des Art. 12 Abs. 6 TKMG in wesentlichen Punkten überholt.

Vor Einführung des Art. 12 Abs. 6 TKMG durch das Gesetz Nr. 3794 vom 29. April 1992[921] enthielt das im Jahre 1982 in Kraft getretene Kapitalmarktgesetz (TKMG) keine Regelung über die Anfechtung von Verwaltungsratsbeschlüssen. Es blieb hinsichtlich des Anfechtungsrechts strikt im Rahmen des Handelsgesetzes, wo in Art. 381 lediglich die Möglichkeit einer Anfechtungsklage gegen die gesetz- und satzungswidrigen Generalversammlungsbeschlüsse vorgesehen ist. Trotz der bis dahin an sich klaren Gesetzeslage entwickelte sich in einem Teil der juristischen Literatur[922] die Tendenz, die Möglichkeit einer Anfechtungsklage gegen die Beschlüsse der Verwaltung einer Aktiengesellschaft mit registriertem Kapital de lege ferenda anzuerkennen. Die Vertreter dieser Auffassung bedienten sich dazu einer Analogie. Sie unterstellten dem Gesetzgeber im Anfechtungsklagerecht eine Regelungslücke gelassen zu haben. Deshalb sei es zulässig, diese mittels einer Analogie zu schließen. Bei entsprechender Anwendung der Vorschriften des allgemeinen Anfechtungsklagerechts gegen die gesetz- und satzungswidrigen Beschlüsse der Generalversammlung sei es dann folgerichtig, Verwaltungsratsbeschlüsse einer Publikumsaktiengesellschaft mit registriertem Kapital, die durch ihre Inhalte gegen die Bestimmungen von Gesetz oder Satzung und vor allem auch gegen die Grundsätze von Treu und Glauben verstoßen, anzufechten. Dabei wurden jedoch weniger die Voraussetzungen für einen die Analogie tragenden Ähnlichkeitsschluss als vielmehr die gestärkte Stellung der Verwaltung einer Publikumsaktiengesellschaft mit registriertem Kapital und damit verbundenen Gefahren betont[923].

---

921 Gesetz Nr. 3794, Resmi Gazete vom 13.05.1992, Nr. 21227.

922 Çamoğlu, in Poroy/Tekinalp/Çamoğlu, Ortaklıklar ve Kooperatif Hukuku, 8. Bası 2000, S. 299 ff. Rdn. 534; ders., Anonim Ortaklık Yönetim Kurulu Üyelerinin Sorumlulugu, S. 79 ff.; Bahtiyar, Anonim Ortaklıklarda Kayıtlı Sermaye Sistemi ve Sermaye Artırımı, 1996, S. 177 ff; Aytaç, Kayıtlı Sermayeli Anonim Ortaklıklarda Yönetim Kurulu Kararlarının Iptali Sorunu, 1986, S. 285 ff.; Karahan, Anonim Ortaklıklarda Imtiyazlı Paylar ve Imtiyazlarrın Korunması, S. 165

923 Çamoğlu, in Poroy/Tekinalp/Çamoğlu, Ortaklıklar ve Kooperatif Hukuku, 8. Bası 2000, S. 299 ff. Rdn. 534; ders., Anonim Ortaklık Yönetim Kurulu Üyelerinin Sorumlulugu, S. 79 ff.; Aytaç, Kayıtlı Sermayeli Anonim Ortaklıklarda Yönetim Kurulu

Die Rspr.[924] und ein Teil des Schrifttums[925] hingegen lehnten eine Ausdehnung des allgemeinen Anfechtungsrechtes auf die Verwaltungsratsbeschlüsse ab mit der Begründung, man könne nicht von einer Gesetzeslücke ausgehen, die eine Analogie zu Art. 381 THGB rechtfertigen würde, da der Gesetzgeber in Anbetracht des unmittelbaren systematischen Zusammenhangs bewusst auf eine Regelung der Anfechtungsklage gegen die Beschlüsse der Verwaltung verzichtet habe. Darüber hinaus sorge das Gesetz durch verschiedenartige Vorschriften (so z.B. durch Art. 336 ff. THGB) für einen wirksamen Schutz der Aktionäre gegen eine Beeinträchtigung ihres Mitgliedschaftsrechtes und für einen Schutz der Gläubiger gegen einen Verlust der ihnen haftenden Vermögensmasse, so dass das Anfechtungsrecht unter dem Gesichtspunkt eines dahingehenden Schutzes nicht erforderlich sei. Ein weiterer Einwand bestand darin, dass die Anfechtungsklage zu mitgliedschaftsfremden Zwecken missbraucht werden könne, was in der Praxis der großen Publikumsaktiengesellschaften nicht selten vorkomme. Der möglicherweise jahrelange Rechtsstreit würde dazu führen, dass wichtige Verwaltungsratsbeschlüsse nicht umgesetzt werden können. Dies würde den Handlungsspielraum des Leitungsorgans erheblich einschränken und das System des registrierten Kapitals somit in einem zentralen Punkt zerstören.

Die Bestrebungen im Schrifttum führten zwar zu weitreichenden Reformvorschlägen, denen indessen zunächst nur ein bescheidener Erfolg vergönnt war. Der durch die Kapitalmarktrechtsreform von 1992[926] dem Art. 12 TKMG neu

Kararlarının Iptali Sorunu, 1986, S. 285 ff.; Karahan, Anonim Ortaklıklarda Imtiyazlı Paylar ve Imtiyazların Korunması, S. 165; Bahtiyar, Anonim Ortaklıklarda Kayıtlı Sermaye Sistemi ve Sermaye Artırımı, 1996, S. 168 ff., 177 ff.

924 Die Rspr. des türkischen Obersten Gerichtshofes ist uneinheitlich: Grundsätzlich verneint er die Möglichkeit einer Anfechtungsklage, vgl. Yargıtay 11 HD, 13.11.1980, E. 4369/K. 5255, in Ankara Barosu Dergisi, 1981, Nr. 1S. 85; Yargıtay 11 HD, 7.6.1981, E. 2606/K. 2410, in Eriş, Türk Ticaret Kanunu Şerhi, 2. Bası 1992, S. 1130 Nr. 32; Dagegen hat der Oberste Gerichtshof die Anfechtung von Verwaltungsratsbeschlüssen, welche die Mitgliedschaftsrechte der Aktionäre verletzen, in dem Fall Yargıtay 11. HD., 5.4.1993, E. 1379/K. 2195, in Eriş, Anonim Şirketler Hukuku, 1995, S. 270 Nr. 13, für möglich gehalten.

925 Hirsch, Ticaret Hukuku Dersleri, 3. Bası 1948, S. 315 f; Ansay, Anonim Şirket Idare Meclisi Kararlarının Iptali Meselesi, Batider 1964, C. II Sayı 3, S. 371 ff.; Arslanlı, Anonim Şirketler, C. II–III, Istanbul 1960, S. 120 ff.; E. Moroğlu, Türk Ticaret Kanununa Göre Anonim Ortaklıkta Genel Kurul Kararlarının Hükümsüzlügü, S. 131 ff.; Karayalçın, Anonim Şirketlerde Yönetim Kurulunun Hangi Kararları Aleyhine Dava Açılabilir?, S. 239 ff.

926 Änderungsgesetz Nr. 3794 vom 29.04.1992, Resmi Gazete, 13.5.1992, Nr. 21227.

angefügte Abs. 6 eröffnete zwar erstmals die Möglichkeit einer Anfechtungsklage gegen die Beschlüsse des Verwaltungsrates. Das Anfechtungsrecht beschränkte sich aber aufgrund des dort enthaltenen Verweises auf Abs. 4 desselben Artikels auf die Beseitigung von gegen den Grundsatz der Gleichbehandlung der Aktionäre verstoßenden Beschlüsse des Verwaltungsrates über die Einschränkung bzw. den Ausschluss des Bezugsrecht bei der Kapitalerhöhung aufgrund eines registrierten Kapitals. Die Befürworter des Anfechtungsrechtes gaben sich hiermit nicht zufrieden und drängten auf eine Ausdehnung der Anfechtungsgründe. Als Art. 12 Abs. 6 TKMG vom Verfassungsgericht (TVG) im Jahre 1995 aufgehoben wurde[927], griff der Gesetzgeber erneut ein und schaffte durch das Gesetz Nr. 4487[928] zur Änderung des Kapitalmarktgesetzes weitere Anfechtungsmöglichkeiten.

b. *Anfechtungsklage*

Nach der durch das Gesetz Nr. 4487 abgeänderten Neufassung des Art. 12 Abs. 6 TKMG sind nun diejenigen Verwaltungsratsbeschlüsse einer Aktiengesellschaft mit registriertem Kapital, die im Rahmen von Art. 12 TKMG gefasst wurden, anfechtbar.

aa. Gegenstand

Die Anfechtbarkeit von Verwaltungsratsbeschlüssen ist eine Ausnahme. Nicht jeder Verwaltungsratsbeschluss ist anfechtbar. Anfechtbar sind lediglich die im Rahmen von in Art. 12 TKMG gefassten Beschlüsse des Verwaltungsrates einer Publikumsaktiengesellschaft mit registriertem Kapital, sofern sie gegen die Bestimmungen von Gesetz oder Satzung und vor allem auch gegen die Grundsätze von Treu und Glauben verstoßen. Die in Art. 12 TKMG genannten Bestimmungen betreffen die Ausgabe von Vorzugsaktien, die Ausgabe der den Nennwert übersteigende Aktien, die Beschränkung des Bezugsrechts sowie die Beschränkung der Rechte der Aktionäre von Vorzugsaktien. Eine Anfechtungsmöglichkeit besteht gemäß Art. 15 Abs. 4 TKMG auch dann, wenn der Verwaltungsrat beschließt, einen Vorschuss auf die Dividende des laufenden Jahres auszuschütten. Die Auszahlung einer Vorschussdividende bedarf einer Regelung in der Satzung. Überdies soll der Verwaltungsrat durch die Generalversammlung ermächtigt werden, gemäß den gesetzlichen Bestimmungen Vorschussdividende auszuzahlen. Die Ermächtigung ist gemäß der ausdrücklichen Bestimmung des Art. 15 Abs. 4 TKMG auf das betreffende Jahr zu beschränken. Zudem darf der Betrag der aus-

---

927 Anayasa Mahkemesi. 13.11.1995, E. 45/K. 58, in Resmi Gazete, 18.11.1995, Nr. 22467.

928 Gesetz Nr. 4487, Resmi Gazete, 18.12.1999, Nr. 23910.

geschütteten Vorschussdividende die Hälfte des Restbetrags, welcher sich aus dem Jahresgewinn abzüglich der gemäß Gesetz und Satzung anzulegenden Reserven und deren Versteuerung ergibt, nicht überschreiten (Art. 15 Abs. 4 TKMG).

bb. Anfechtungsgründe

Aufgrund des Verweises in Art. 12 Abs. 6 TKMG auf Art. 381 Abs. 1 THG gelten die in Art. 381 Abs. 1 THG abschließend[929] aufgezählten Gründe für die Anfechtung von Generalversammlungsbeschlüsse auch für die Anfechtung der im Rahmen des Art. 12 gefassten Verwaltungsratsbeschlüsse. Anfechtbar sind demnach diejenigen Beschlüsse des Verwaltungsrates, die gegen ein Gesetz verstoßen. Gesetz im Sinne des Art. 381 Abs. 1 THG ist jede Rechtsnorm, also nicht nur das formelle, sondern auch das materielle Gesetz[930]. Hierbei spielt es keine Rolle, ob es sich um die Verletzung der die Aktiengesellschaft regelnden Bestimmungen oder sonstiger Bestimmungen des Handelsgesetzes handelt. Die geltenden Bestimmungen aller Rechtsgebiete sind eingeschlossen[931].

Auch Verstöße gegen die Satzung können einen Verwaltungsratsbeschluss anfechtbar machen[932]. Eine Verletzung von Satzung kann sich nicht nur aus der Nicht-Anwendung, sondern auch aus der unrichtigen Anwendung entsprechender Bestimmungen ergeben, z. B. von Bestimmungen, welche die Anwesenheit einer bestimmten, qualifizierten Anzahl von Verwaltungsratsmitgliedern für einen Beschluss vorschreiben[933].

Die Anfechtung kann ferner auf die Verletzung des Grundsatzes von Treu und Glauben gestützt werden. Typischer Fall ist die ungleiche Behandlung von Aktionären. Das Gesetz stellt aus diesem Bereich einen Fall besonders heraus, nämlich den Ausschluss des Bezugsrechts. Beim Ausschluss des Bezugsrechts ist gemäß Art. 12 Abs. 4 TKMG der Grundsatz der Gleichbehandlung zu wahren. Dieses schon seit langem anerkannte Prinzip des Aktienrechts verlangt, dass Aktionäre unter gleichen Voraussetzungen gleich behandelt werden. Wegen des Gleichbehandlungsgebots der Aktionäre gemäß Art. 12 Abs. 4 TKMG kommt im

---

929 Arslan Ibrahim, Şirketler Hukuku Bilgisi, 3. Baskı 1998, S. 238.

930 Poroy, in Poroy/Tekinalp/Çamoğlu, Ortaklıklar ve Kooperatif Hukuku, 8. Bası 2000, S. 397 Rdn. 733.

931 Poroy, in Poroy/Tekinalp/Çamoğlu, Ortaklıklar ve Kooperatif Hukuku, 8. Bası 2000, S. 397 Rdn. 733.

932 Hierin ist ein wesentlicher Unterscheid zur Nichtigkeit begründet. Diese tritt nur im Falle einer Verletzung des Gesetzes ein.

933 Tekinalp, Hakların En Az Zarar Verecek Şekilde Kullanılması Ilkesi, in Ikt. ve Mal., C. XXVI, S. 78 ff.

türkischen Recht grundsätzlich nur ein Bezugsrechtsausschluss für alle Altaktionäre in Frage. Gelingt dies, so kann der Verwaltungsrat entscheiden, an wen die neuen – vom Bezugsrecht befreiten – Aktien ausgegeben werden sollen. Verstößt der Verwaltungsratsbeschluss, durch den das Bezugsrecht der Aktionäre ganz oder zum Teil ausgeschlossen wird, gegen das Gebot der Gleichbehandlung, so kann er aus diesem Grund angefochten werden.

cc. Zuständigkeit

Die Anfechtung eines Verwaltungsratsbeschlusses kann nur durch Erhebung einer Anfechtungsklage vor dem zuständigen Gericht erfolgen. Ausschließlich zuständig ist das Handelsgericht am Sitz der Gesellschaft (Art. 12 Abs. 6 TKMG). Die Zuständigkeit eines Schiedsgerichts kann weder in der Satzung noch ad hoc vereinbart werden, weil Art. 12 Abs. 6 TKMG voraussetzt, dass die Anfechtungsklage vor den staatlichen Gerichten erhoben wird[934].

dd. Klagefrist

Art. 12 Abs. 6 TKMG setzt für Erhebung der Anfechtungsklage eine 30-tägige Frist. Maßgeblich für den Fristbeginn ist die Veröffentlichung des anzufechtenden Beschlusses.

ee. Unterrichtung des Kapitalmarktausschusses

Wird eine Anfechtungsklage gegen einen Beschluss des Verwaltungsrates eingelegt, so ist der Verwaltungsrat dazu verpflichtet, den Kapitalmarktausschuss innerhalb von 3 Tagen nach Kenntnisnahme der Klageerhebung davon zu unterrichten (Art. 12 Abs. 6 TKMG). Der Sinn und Zweck dieser Unterrichtungspflicht ist es, die Funktion des Kapitalmarktes zu sichern und die Interessen von Kapitalmarktteilnehmern vor möglichen Schädigungen zu bewahren. Da für ein transparentes und zuverlässiges Funktionieren des Kapitalmarktes richtige und verlässliche Unternehmensinformationen benötigt werden, aufgrund derer die Kapitalmarktteilnehmer ihrer Entscheidungen treffen können, werden solch wichtige Ereignisse und Fälle, die den Wert der Kapitalmarktmittel und die Investitionsentscheidungen oder die Ausübung der Investorenrechte beeinflussen können, wie z. B. eine Anfechtungsklage vom Kapitalmarktausschuss, der Öffentlichkeit bekannt gemacht. Betrifft die Anfechtungsklage eine börsennotierte Gesellschaft, so erfolgt die Bekanntmachung nach Maßgabe der von der Börse

---

934 Bahtiyar, Anonim Ortaklıkta Kayıtlı Sermaye Sistemi ve Sermaye Artırımı, 1996, S. 182.

bestimmten Anforderungen; in anderen Fällen durch ein Mitteilungsblatt des Kapitalmarktausschusses (Art. 16 Abs. 1 des Kapitalmarktausschusserlasses Serie VIII Nr. 39 betreffend die Richtlinien für die Bekanntmachung der wichtigen Ereignisse und Fälle).

ff. Anfechtungsberechtigte

Die Klagebefugnis ist in Art. 12 Abs. 6 TKMG und Art. 46 TKMG geregelt. Klagebefugt sind demnach Verwaltungsratsmitglieder, Kontrolleure und Aktionäre, deren Rechte verletzt sind, sowie der Kapitalmarktausschuss. Der Kreis der Anfechtungsberechtigten ist zwingend und abschließend festgelegt. Es kann durch Satzung oder Absprache weder vergrößert noch beschränkt werden. Gegen Art. 12 Abs. 6 THG verstoßende Satzungsbestimmungen oder Hauptversammlungsbeschlüsse sind gemäß Art. 20 TOG nichtig.

aaa. Aktionäre, deren Rechte verletzt sind

Zur Anfechtungsklage berechtigt sind in erster Linie die Aktionäre. In deren Interesse ist das Anfechtungsrecht vorrangig begründet, da sich nur so der einzelne Aktionär gegen die Übermacht der Verwaltung zur Wehr setzen kann. Dabei ist nicht jeder Aktionär anfechtungsberechtigt, sondern nur derjenige, der geltend machen kann, er sei durch den anzufechtenden Verwaltungsratsbeschluss in seinen Rechten verletzt. Sein allgemeines Interesse daran, dass Verwaltungsratsbeschlüsse mit Gesetz und Satzung im Einklang stehen, reicht für die Klagebefugnis nach Art. 12 Abs. 6 TKMG nicht aus. Die Verletzung von Rechten des anfechtenden Aktionärs als Klagevoraussetzung unterscheidet die Anfechtungsklage gegen Beschlüsse des Verwaltungsrates von der Aktionärsklage gegen Generalversammlungsbeschlüsse, bei der der klagende Aktionär nicht geltend zu machen braucht, dass er durch den angefochtenen Generalversammlungsbeschluss in eigenen Rechten verletzt wird[935]. Die praktische Relevanz dieses Unterschieds stellt sich im doppelten Sinne: Zum einen kann der Aktionär einen ihn belastenden, seine Rechte als Aktionär verletzenden Beschluss der Generalversammlung mit der Anfechtungsklage angreifen und somit seine Individualinteressen wahren bzw. durchsetzen. In diesem Falle hat die Anfechtungsklage einen rein individuellen Charakter. Zum anderen kann der anfechtende Aktionär die Klage gegen den Generalversammlungsbeschluss auf die Verletzung einer sog. „drittschützenden“ Norm stützen, obwohl er davon in seinen individuellen Rechten nicht berührt ist. Dabei setzt er nicht nur eigentlich drittschützende Norm durch, sondern betätigt primär sein

---

935 BGHZ 70, S. 117, 118; Brandes, WM 1984, S. 298.

Interesse an der verbindlichen Klärung, ob der von ihm angegriffene Beschluss nun gilt oder nicht. Ein der Klage stattgebendes, rechtskräftiges Urteil wirkt für und gegen alle Aktionäre. Denn es ändert unmittelbar die Rechtslage, indem es die vom angefochtenen Beschluss geschaffenen Rechtswirkungen beseitigt. Eine Anfechtungsklage gegen Hauptversammlungsbeschlüsse ist somit eine Gestaltungsklage, die im Erfolgsfalle zur Nichtigkeitserklärung des Beschlusses führt. Diese beiden Elemente machen den klagenden Aktionär zum „Kontrollorgan". Die Aktionärsklage gegen Beschlüsse der Generalversammlung kann daher im Hinblick auf ihre Doppelfunktion als Mittel des individuellen Rechtsschutzes und der gleichzeitigen objektiven Rechtskontrolle sowohl als Funktionärs-, als auch als Individualklage bezeichnet werden. Für die Zulässigkeit einer Anfechtungsklage nach Art. 12 Abs. 6 TKMG hingegen kommt es allein auf die Geltendmachung einer subjektiven Rechtsverletzung an. Insofern stellt die Anfechtungsklage des Aktionärs nach Art. 12 Abs. 6 TKMG eine Individualklage dar.

Die Anfechtungsklage setzt keinen Mindestanteilsbesitz voraus. Zur Anfechtung genügt eine einzige Aktie im Nennbetrag von einer „Neu Kuruş" (Vgl. Art. 399 Abs. 1 THG)[936]. Dabei ist es für die Klagebefugnis eines Aktionärs unerheblich, ob die Aktie mit Stimmrechten verbunden ist oder nicht[937]. Nach Art. 18 Abs. 2 des Kapitalmarktausschusserlasses betreffend die Richtlinien der stimmrechtslosen Aktien (Serie I Nr. 30)[938] sind auch Aktionäre mit Aktien ohne Stimmrecht befugt, Anfechtungsklage gegen Verwaltungsratsbeschlüsse zu erheben.

Die Rechtsmäßigkeitskontrolle von Beschlüssen des Verwaltungsrates durch die Anfechtungsklage des Aktionärs ist ein subjektives Recht des Aktionärs, welches auf einer zwingenden gesetzlichen Vorschrift beruht. Die das gesetzliche Anfechtungsrecht von Aktionären entziehende oder beschränkende Hauptversammlungsbeschlüsse oder Satzungsbestimmungen sind daher nichtig[939].

---

936 Nach Art. 399 Abs. 1 THG beträgt der Nennwert der Aktien mindestens eine „Neue Kuruş".

937 Nach Art. 373 Abs. 1 Satz. 1 THG gewährt jede Aktie mindestens eine Stimme. Das Kapitalmarktgesetz lässt jedoch die Ausgabe von stimmrechtslosen Aktien zu. Publikumsaktiengesellschaften mit registriertem Kapital können gemäß Art. 14/A TKMG die mit einem Vorzug bei der Verteilung des Gewinns ausgestatteten stimmrechtslosen Aktien ausgeben und die Aktienurkunden, die diese Aktien repräsentieren, an das Publikum verkaufen, sofern in der Satzung der Gesellschaft eine diesbezügliche Bestimmung vorgesehen ist.

938 Erlass des Kapitalmarktausschusses betreffend die Richtlinien der stimmrechtslosen Aktien, Serie I Nr. 30, Resmi Gazete Nr. 25054 vom 20.03.2003.

939 Bahtiyar, Anonim Ortaklikta Kayıtlı Sermaye Sistemi ve Sermaye Artırımı, 1996 S. 179.

bbb. Verwaltungsratsmitglieder

Das Recht zur Anfechtung steht gemäß Art. 12 Abs. 6 TKMG auch den Mitgliedern des Verwaltungsrates zu. Zur Konkretisierung der Kriterien für das Vorliegen der Anfechtungsbefugnis von Verwaltungsratsmitgliedern verweist das Kapitalmarktgesetz auf die in Art. 381 Abs. 1 THG genannten Fälle. Klagebefugt ist demnach jedes in der über den anzufechtenden Beschluss beratenden Verwaltungsratssitzung anwesende Mitglied, das gegen den Beschluss einen Wiederspruch zu Protokoll gegeben hat. Zur Anfechtung befugt ist ferner dasjenige Verwaltungsratsmitglied, welches zu Unrecht in der Ausübung seines Stimmrechts gehindert wurde oder behauptet, dass die Einladung zur Sitzung nicht ordnungsgemäß[940] erfolgt wäre. Außerdem kann jedes einzelne Mitglied des Verwaltungsrates eine Anfechtungsklage erheben, wenn sich Personen an der Abstimmung beteiligt hätten, die zur Teilnahme an der Sitzung des Verwaltungsrates nicht befugt gewesen wären.

Im Gegensatz zum anfechtenden Aktionär braucht das klagende Verwaltungsratsmitglied nicht geltend zu machen, dass der angegriffene Beschluss seine Rechte als Verwaltungsratsmitglied unter Verletzung von Gesetz oder Satzung entzieht bzw. beschränkt. Ein persönliches und individuelles Rechtsschutzinteresse für die Klageerhebung ist insofern nicht erforderlich. Es kann dahingestellt bleiben, ob sich das Rechtschutzinteresse bereits aus dem persönlichen Interesse eines Verwaltungsratsmitglieds ergibt, sich von einem rechtswidrigen Beschluss des Verwaltungsrates zu distanzieren und möglichen Regressansprüchen nach Art. 320[941] THG wegen der Mitwirkung an rechtswidrigem Organhandeln vorzubeugen.

---

940 Das türkische Handelsgesetz sieht für die Einladung zur Verwaltungsratssitzung keine bestimmte Form vor. Es kann also schriftlich, telefonisch, telegrafisch oder in sonstiger Weise zur Verwaltungsratssitzung eingeladen werden. Der Sitzungstermin sollte jedoch zeitlich so liegen, dass allen Verwaltungsratsmitgliedern die Teilnahme an der Sitzung ermöglicht wird.

941 Art. 320 THG regelt das Maß der Sorgfalt von Verwaltungsratsmitgliedern. Das Maß der Sorgfalt und Umsicht, die die Mitglieder des Verwaltungsrates in den Angelegenheiten der Gesellschaft anzuwenden haben, bestimmt sich hierbei durch den Verweis in Art. 320 THG auf Art. 528 TOG nach den in Art. 528 TOG aufgezählten Kriterien. Die Mitglieder des Verwaltungsrates sind demnach verpflichtet, in den Angelegenheiten der Gesellschaft den Arbeitseifer und die Sorgfalt an den Tag zu legen, die sie üblicherweise anwenden. Sie sind den Aktionären gegenüber verpflichtet, die Schäden, welche sie durch ihre Verschulden verursacht haben, zu ersetzen, ohne das Recht zu haben, hiermit die Vorteile zu verrechnen, die sie der Gesellschaft in anderen Fällen verschafft haben. Verwaltungsratsmitglieder, welche die Gesellschaftsgeschäfte gegen Entgelt führen, sind wie ein Beauftragter verantwortlich.

Immerhin kann dem entgegengehalten werden, die Regressgefahr lasse sich ohne weiteres durch die Dokumentation des Abstimmungsverhaltens abwehren. Ausgangspunkt dieser Argumentation ist der in Art. 338 THG verankerte Haftungsausschluss. Nach Art. 338 THG wird ein Verwaltungsratsmitglied von der Haftung frei, wenn es beweist, dass es bei den eine gesamtschuldnerische Haftung begründeten Geschäften kein Verschulden trifft; insbesondere ist ein Mitglied nicht verantwortlich, das gegen die Vornahme dieser Geschäfte gestimmt und diesen Umstand in die Niederschrift hat aufnehmen lassen. Auf jeden Fall folgt das Rechtsschutzinteresse aus der Organstellung der Verwaltungsratsmitglieder und ihrer sich daraus ergebenden gemeinsamen Verantwortung für die Rechtmäßigkeit der von ihnen gefassten Beschlüsse. Das Verwaltungsratsratsmitglied hat nicht nur das Recht – und die Pflicht –, die ihm im Rahmen seiner Organtätigkeit zugewiesenen Aufgaben in Übereinstimmung mit den Anforderungen, die Gesetz und Satzung an die Erfüllung stellen, wahrzunehmen; aus seiner organschaftlichen Stellung ergibt sich zumindest auch das Recht, darauf hinzuwirken, dass das Organ, dem es angehört, seine Entscheidungen nicht in Widerspruch zu Gesetzes- und Satzungsrecht trifft. Kann es dieses Ziel im Rahmen der Diskussion und Entscheidungsfindung im Verwaltungsrat nicht erreichen, so ist es berechtigt, eine Klärung auf dem Klagewege anzustreben.

ccc. Kontrolleure

Gemäß Art. 12 Abs. 6 TKMG können auch die Kontrolleure Verwaltungsratsbeschlüsse anfechten. Kontrolleure haben aufgrund ihrer Aufgabe, die Angelegenheiten und Geschäfte der Gesellschaft zu überwachen (Art. 353 Abs. 1 Satz. 1 THG), die Pflicht, die Verwaltungsratsmitglieder dahingehend zu kontrollieren, ob sie den Bestimmungen von Gesetz und Satzung in vollem Umfang Rechnung tragen (Art. 353 Abs. 1 Ziff. 10 THG). Wenn diese Überwachungspflicht vernachlässigt wird, kann dies zu einer gesamtschuldnerischen Haftung der Kontrolleure führen, soweit sie nicht nachweisen, dass sie kein Verschulden trifft (Art. 356 THG).

ddd. Kapitalmarktausschuss

Der Kapitalmarktausschuss ist aufgrund seiner Aufsichtspflicht sowie seiner Untersuchungen und Überprüfungen berechtigt, gegen die im Rahmen von Art. 12 TKMG gefassten Verwaltungsratsbeschlüsse innerhalb von dreißig Tagen nach dem Tag der Bekanntmachung dieses Beschlusses, bei dem Gericht, das sich am Sitz der beklagten Gesellschaft befindet, zu erheben (Art. 46 Abs. 1 Ziff. b TKMG).

gg. Wirkung der Anfechtung

Das Anfechtungsrecht ist ein Gestaltungsrecht; denn durch die erfolgreiche Anfechtung wird der anfechtbare Verwaltungsratsbeschluss vernichtet und zwar rückwirkend, d. h. mit Wirkung ex tunc[942].

V. Einstweilige Verfügungen der Aktionäre

Ein weiteres Schutzmittel, das den Aktionären beim genehmigten/registrierten Kapital mit Bezugsrechtsausschluss zur Verfügung steht, ist die einstweilige Verfügung. Darunter versteht man eine vorläufige Anordnung des Gerichts, die der Sicherung eines Anspruchs auf eine gegenständliche Leistung dient, aber auch auf vorläufige Befriedigung eines Anspruchs gerichtet sein kann[943]. In dieser Anordnung kann eine bestimmte Handlung untersagt oder umgekehrt eine solche vorgeschrieben werden. Im Rahmen des genehmigten Kapitals mit Bezugsrechtsausschluss kann die einstweilige Verfügung auf das Verbot der Ausgabe von aufgrund des genehmigten Kapitals mit Bezugsrechtsausschluss geschaffenen neuen Aktien bzw. Ausgabe dieser Aktien an bestimmte Personen gerichtet sein, sodass die Rechtstellung der Altaktionäre und die Durchführung der Transaktion nicht durch die bezugsrechtsfreie Emission beeinträchtigt wird[944]. Die Unwirksamkeit des Ausschlusses des gesetzlichen Bezugsrechts hat in der Regel auch die Unwirksamkeit des gesamten Beschlusses des Vorstands über die Ausgabe neuer Aktien zur Folge, da der Bezugsrechtsausschluss ein untrennbarer Bestandteil des Kapitalerhöhungsbeschlusses ist (§ 186 Abs. 3 Satz 1 AktG). In diesem Fall darf der Vorstand die von ihm beschlossene Kapitalerhöhung nicht durchführen. Gibt er aber dennoch Aktien aus, so sind die Folgen des durch die Aktienausgabe bewirkten Eingriffs des Vorstands in die Mitgliedschaftsrechte der Aktionäre wegen des Interesses der Aktienbesitzer, der Allgemeinheit und der Gläubiger nicht mehr zu beseitigen. Diese Gefahr besteht selbst dann noch, wenn eine Unterlassungs- oder Feststellungsklage der Aktionäre vorliegt. Um eine solche Gefahr abzuwehren, können die Aktionäre verlangen, dass der Vorstand zur Unterlassung der Anmeldung der von ihm

942 E. Moroğlu, Türk Ticaret Kanununa göre Anonim Ortaklıkta Genel Kurul Kararlarının Hükümsüzlüğü, S. 197.

943 Vgl. Grunsky, in Stein/Jonas (Hrsg.), Komm. z. ZPO, 22. Aufl., Band 9, 2002, vor § 935 Rdn. 1; Vollkommer, in Zöller, ZPO, 25. Aufl., 2005, § 935 Rdn. 2.

944 S. Moroğlu, Bezugsrechtsausschluss im Spannungsfeld zwischen unternehmerischen Ermessen und Aktionärsschutz bei der Publikumsaktiengesellschaft, S. 319 f.

durchgeführten Kapitalerhöhung durch Anordnung einer einstweiligen Verfügung angehalten wird[945].

VI. Bestellung von Sonderprüfern nach §142 AktG

Zur Prüfung von Vorgängen bei der Gründung oder der Geschäftsführung, namentlich auch bei Maßnahmen der Kapitalbeschaffung und Kapitalherabsetzung, kann die Hauptversammlung mit einfacher Stimmenmehrheit einen Sonderprüfer bestellen (§ 142 Abs. 1 AktG). Lehnt die Hauptversammlung einen Antrag auf Bestellung von Sonderprüfern zur Prüfung eines Vorgangs bei der Gründung oder Geschäftsführung ab, so sind gemäß § 142 Abs. 2 AktG Aktionäre befugt, einen Antrag auf gerichtliche Bestellung von Sonderprüfern zu stellen. Das Gericht hat auf Antrag von Aktionären, deren Anteile bei Antragstellung zusammen den hundertsten Teil des Grundkapitals oder einen anteiligen Betrag von 100.000 Euro erreichen, Sonderprüfer zu bestellen, wenn Tatsachen vorliegen, die den dringenden Verdacht rechtfertigen, dass der Gesellschaft durch Unredlichkeiten oder grobe Verletzungen des Gesetzes oder der Satzung Schaden zugefügt wurde (§ 142 Abs. 2 AktG). Ist der Antrag zulässig und begründet, bestellt das Gericht Sonderprüfer, die im Gerichtsbeschluss namentlich zu bezeichnen sind[946].

Das Institut der Sonderprüfung hat den Zweck, die tatsächliche Grundlage für Ersatzansprüche der Aktiengesellschaft gegenüber ihren Gründern und Verwaltungsmitglieder zu ermitteln und festzustellen[947]. Zu diesem Zweck wird in § 145 Abs. 1 Satz 1 AktG festgelegt, dass der Vorstand den Sonderprüfern zu gestatten hat, die Bücher und Schriften der Gesellschaft sowie die Vermögensgegenstände, namentlich die Gesellschafterkasse und die Bestände an Wertpapieren und Waren zu prüfen. Die Sonderprüfer können von den Mitgliedern des Vorstands und des Aufsichtsrats alle Aufklärungen und Nachweise verlangen, welche die sorgfältige Prüfung der Vorgänge notwendig macht (§ 145 Abs. 2 AktG). Sie haben das Aufklärungs- und Nachweisrecht auch gegenüber einem Konzernunternehmen sowie gegenüber einem abhängigen oder herrschenden Unternehmen (§ 145 Abs. 3 AktG).

---

945 Bayer, in MünchKomm. z. AktG, 2. Aufl. 2005, § 203 Rdn. 175; Wiethölter, Interesse und Organisa- tion der AG, S. 130; Lutter, in Kölner Komm. z. AktG, 2. Aufl. 1995, § 186 Rdn. 36, 41, 101; Martens, FS Steindorf, S. 163; Bruns, Der Eingriff, S. 211; Hirte, Bezugsrechtsausschluss, S. 207 f.

946 Hüffer, AktG, 7. Aufl. 2006, AktG § 142 Anm. 27.

947 Vgl. Hüffer, AktG, 7. Aufl. 2006, AktG § 142 Anm. 1; Schröer, in MünchKomm. z. AktG, 2. Aufl. 2003, § 142 Rn. 4.

Die Ergebnisse der Sonderprüfung sind in einem Sonderprüfungsbericht festzuhalten (§ 145 Abs. 6 Satz 1 AktG). Nach § 145 Abs. 6 Satz 2 AktG müssen auch Tatsachen, deren Bekanntwerden geeignet ist, der Gesellschaft oder einem verbundenen Unternehmen einen nicht unerheblichen Nachteil zuzufügen, in den Prüfungsbericht aufgenommen werden, wenn ihre Kenntnis zur Beurteilung des zu prüfenden Vorgangs durch die Hauptversammlung erforderlich ist. Die Sonderprüfer haben gemäß § 145 Abs. 6 Satz 3AktG den Bericht zu unterzeichnen und unverzüglich dem Vorstand und zum Handelsregister des Sitzes der Gesellschaft einzureichen. Auf Verlangen hat der Vorstand jedem Aktionär eine Abschrift des Prüfungsberichts zu erteilen (§ 145 Abs. 6 Satz 4 AktG). Der Vorstand hat den Bericht dem Aufsichtsrat vorzulegen und bei der Einberufung der nächsten Hauptversammlung als Gegenstand der Tagesordnung bekannt zumachen (§ 145 Abs. 6 Satz 3 AktG).

Die praktische Bedeutung des Sonderprüfungsrechts nach § 142 AktG ist gering[948]; seine Bedeutung beschränkt sich nach allgemeiner Meinung auf die mit diesem Rechtsinstitut verbundene Präventiv-/Vorfeldwirkung[949]. Auch in der Praxis wird diese Sonderprüfung nur selten eingesetzt[950]. Die Gründe für den seltenen Einsatz dieses Rechtsinstruments in der Praxis liegen vor allem in den Anforderungen und Beschränkungen, die erfüllt bzw. beachtet werden müssen: Zum einen ist es erforderlich, dass die Hauptversammlung vor Antragstellung die Einsetzung eines Sonderprüfers abgelehnt hat. Zudem wird den antragstellenden Aktionären dadurch eine weitere Hürde aufgestellt, dass sie eine gewisse Wahrscheinlichkeit für den Verdacht vorbringen müssen, dass bei einem Geschäftsvorgang Unredlichkeiten oder grobe Verletzung des Gesetzes oder der Satzung vorgekommen sind. Außerdem verlangt § 142 Abs. 2 S. 2 AktG eine Inhaberschaft während des Sonderprüfungsverfahrens. Es genügt also nicht, dass der Antragsteller zum Zeitpunkt der Antragsstellung Anteilseigner ist. Dazu müssen die antragstellenden Aktionäre gemäß § 142 Abs. 2 Satz 2 AktG ihre Aktien bis zur Entscheidung bei der Hinterlegungsstelle des Amtsgerichts oder bei der Aktiengesellschaft hinterlegen. Um zu vermeiden, dass Aktien lediglich zu dem Zweck erworben werden, eine Sonderprüfung zu veranlassen, müssen die Antragsteller darüber hinaus glaubhaft machen, dass sie seit mindestens drei Monaten, vor

948 Vgl. Noack, WPg 1994, S. 225, 226; Gernoth/Meinema, RIW 2000, S. 844; Hüffer, AktG, 7. Aufl. 2006, § 142 Anm. 1.

949 Hüffer, AktG, 7. Aufl. 2006, § 142 Anm. 1; Fleischer, RIW 2000, S. 809, 810.

950 In neuerer Zeit gibt es von Zeit zu Zeit Berichte zu Anträgen auf Durchführung einer Sonderprüfung, vgl. Bericht bei Financial Times Deutschland: http://www.ftd.de/unternehmen/industrie/ 1075534252153.html

dem Tage, an dem die Hauptversammlung die Bestellung von Sonderprüfern abgelehnt hat, Inhaber der Aktien sind[951]. Ferner regelt § 146 AktG ausdrücklich, dass der Antragssteller bei offenbar unbegründeten Sonderprüfungsanträgen der Aktiengesellschaft die Kosten zu erstatten hat. Voraussetzung ist dabei, dass die Bestellung der Prüfer mindestens durch einen grob fahrlässig unrichtigen Vortrag des Antragsstellers verursacht wurde (§ 146 Satz 2 AktG). Schließlich werden die Rechte des Sonderprüfers gegenüber den Organen der zu prüfenden Gesellschaft von den überwiegenden Belangen der Gesellschaft abhängig gemacht. Nach § 145 Abs. 4 AktG hat das Gericht auf Antrag des Vorstands zu gestatten, dass bestimmte Tatsachen nicht in den Bericht aufgenommen werden, soweit überwiegende Belange der Gesellschaft dies gebieten.

VII. Klageerzwingungsrecht der Aktionäre nach § 147 Abs. 1 Satz 1 AktG

In § 93 AktG wird die aktienrechtliche Haftung der Vorstandsmitglieder geregelt. Demnach haben die Vorstandsmitglieder bei ihrer Geschäftsführung die Sorgfalt eines ordentlichen und gewissenhaften Geschäftsleiters anzuwenden (§ 93 Abs. 1 Satz 1 AktG). Eine Verletzung dieser Sorgfaltspflicht führt zu Schadensersatzpflicht der Geschäftsleitung gegenüber der Gesellschaft (§ 93 Abs. 2 AktG). Voraussetzungen für das Entstehen des Anspruchs aus § 93 Abs. 2 AktG sind eine schuldhafte Pflichtverletzung des Vorstands und ein daraus resultierender Schaden der Aktiengesellschaft. Ob eine Pflichtverletzung vorliegt, ist anhand der Pflichten zu bestimmen, die dem Vorstand aus seiner Geschäftsführungsaufgabe gemäß § 76 Abs. 1 AktG erwachsen. Eine Pflichtverletzung liegt jedenfalls dann vor, wenn der Vorstand eine im Gesellschaftsinteresse liegende Maßnahme unterlassen hat[952]; denn die Führung der Geschäfte ist nicht nur ein Recht, sondern auch eine Pflicht der Vorstands[953]. Besteht eine günstige Kapitalmarktlage und liegt die Kapitalerhöhung bei dieser Situation im Interesse der Gesellschaft, so hat der Vorstand von seiner Ermächtigung Gebrauch zu machen und die Erhöhung des Grundkapitals zu beschließen[954]. Zwar steht die Entscheidung darüber, ob eine Kapitalerhöhung überhaupt vorgenommen werden soll oder nicht, wie

---

951 Zur Glaubhaftmachung genügt eine dementsprechende eidesstattliche Versicherung vor einem Notar oder die Vorlage eines Depotauszuges, vgl. Hüffer, AktG, 7. Aufl. 2006, § 142 Anm. 23.

952 Vgl. Yanli, Stellung des Vorstands, S. 24, 27.

953 A. Hueck, in Baumbach/Hueck, AktG, § 82 Rdn. 14.

954 Yanli, Stellung des Vorstands, S. 24, 27.

bereits erläutert, im pflichtgemäßen Ermessen des Vorstands, aber er darf nicht durch Nichtvornahme schuldhaft pflichtwidrig handeln[955]. Handelt der Vorstand schuldhaft pflichtwidrig, so hat die Gesellschaft einen Anspruch auf Ersatz des daraus entstehenden Schadens. Dieser Anspruch steht allerdings nur der Gesellschaft zu, nicht deren Gesellschaftern. Die Verneinung einer direkten Haftung der Vorstandsmitglieder gegenüber den Aktionären wird mit dem rechtssystematischen Grundgedanken begründet, dass die Organmitglieder lediglich zur Gesellschaft selbst in Rechtsbeziehung stehen, zwischen Vorstandsmitgliedern und Aktionären aber keine schuldrechtlichen Sonderbeziehungen bestehen[956].

Um ein Vorgehen der Gesellschaft gegen Vorstand und Aufsichtsrat durchzusetzen, sieht das Aktiengesetz ein Klageerzwingungsrecht für Aktionäre vor. Das Recht der Aktionäre, eine Haftungsklage der Gesellschaft gegen ihre Organe durchzusetzen, wird in § 147 Abs. 1 Satz 1 AktG geregelt. § 147 Abs. 1 Satz 1 AktG besagt, dass Ersatzansprüche der Gesellschaft aus der Gründung gegen die nach §§ 46 bis 48, 53 verpflichteten Personen oder aus der Geschäftsführung gegen die Mitglieder des Vorstands und des Aufsichtsrats oder aus § 117 geltend gemacht werden müssen, wenn es die Hauptversammlung mit einfacher Stimmenmehrheit beschließt oder es eine Minderheit verlangt, deren Anteile zusammen den zehnten Teil des Grundkapitals erreichen. Nach §147 Abs. 2 Satz 2 AktG hat das Gericht auf Antrag von Aktionären, deren Anteile zusammen den zehnten Teil des Grundkapitals oder den anteiligen Betrag von einer Million Euro erreichen, als Vertreter der Gesellschaft zur Geltendmachung des Ersatzanspruchs andere als die nach den §§ 78, 112 oder nach Satz 1 zur Vertretung der Gesellschaft berufenen Personen zu bestellen, wenn ihm dies für eine gehörige Geltendmachung zweckmäßig erscheint.

Bis zum Inkrafttreten des Gesetzes zur Unternehmensintegrität und Modernisierung des Anfechtungsrechts (UMAG)[957] hatte die Vorschrift des § 147 Abs. 1 Satz 1 AktG kaum praktische Bedeutung in der Praxis. Als Grund für die Bedeutungslosigkeit der Vorschrift wurde vor allem das für die Einberufung benötigte, verhältnismäßig hohe Mindestquorum von 10 % des Grundkapitals aufgeführt. Dieses sehr hohe Quorum führte in der Praxis oftmals dazu, dass berechtigte Haftungsansprüche selbst bei grober Pflichtverletzung nicht durchgesetzt werden konnten. Insbesondere bei Gesellschaften, die von einem Großaktionär beherrscht werden, war die Gefahr von nachteiligen Maßnahmen zu Lasten der

955 Yanli, Stellung des Vorstands, S. 24, 27.
956 Vgl. Bruns, Der Eingriff, S. 218
957 UMAG, BR-Drs. 454/05, S. 10 f.

Minderheitsaktionäre besonders groß. Bei diesen Gesellschaften war es häufig schwierig, die erforderlichen Schwellenwerte zu erreichen.

Mit dem am 1. 11. 2005 in Kraft getretenen Gesetz zur Unternehmensintegrität und Modernisierung des Anfechtungsrechts (UMAG)[958] hat der deutsche Gesetzgeber die relativ hohe Schwelle von 10 % des Grundkapitals zugunsten von Minderheitsaktionären gesenkt. Nunmehr können Aktionäre, deren Anteile zusammen 1 % des Grundkapitals oder einen anteiligen Betrag von 100.000 Euro erreichen, die in § 147 Abs. 1 Satz 1 AktG genannten Ersatzansprüche der Gesellschaft gegen Mitglieder des Vorstand im Wege der gesetzlichen Prozessstandschaft[959] geltend machen (§ 148 Abs. 1 AktG n.F)[960]. Bezweckt werden sollte mit der Änderung angesichts der Häufung unseriöser Vorstands- und Aufsichtsratsaktivitäten in den letzten Jahren eine größere Verantwortlichkeit der Mitglieder dieser Gesellschaftsorgane[961]. Voraussetzung ist allerdings, dass die Aktionäre ihre Aktien schon vor dem der Klage zugrunde liegenden Pflichtenverstoß oder Schadenseintritt erlangt haben und sie die Gesellschaft vor Klageerhebung unter Setzung einer angemessenen Frist vergeblich aufgefordert haben, selbst Klage zu erheben. Außerdem müssen Tatsachen vorliegen, die den Verdacht rechtfertigen, dass der Gesellschaft durch Unredlichkeit oder grobe Verletzung des Gesetzes oder der Satzung ein Schaden entstanden ist und dass der Geltendmachung des Ersatzanspruchs keine überwiegenden Gründe des Gesellschaftswohls entgegenstehen. Nicht erforderlich ist somit der Nachweis, dass ein Schaden entstanden ist, weil dies erst Gegenstand des sich anschließenden Klageverfahrens ist.

VIII. Ergebnis

Die Anfechtungsklage stellt im deutschen und türkischen Recht das vorrangige und geeignete Instrument gegen einen sachlich nicht gerechtfertigten Bezugsrechtsausschluss dar. Sie kann von jedem Aktionär, der in der Haupt-/Generalversammlung Widerspruch zur Niederschrift erklärt hat, innerhalb eines Monats bzw. drei Monaten erhoben werden. Durch ein stattgebendes Urteil wird der Haupt-/Generalversammlungsbeschluss über den Bezugsrechtsausschluss mit

958 UMAG, BR-Drs. 454/05, S. 10 f.

959 Vgl. Regierungsbegründung zum Entwurf des UMAG, BR-Drs. 3/05, S. 45.

960 Um auch Kleinaktionären, die mit ihren eigenen Aktien die genannten Grenzen nicht erreichen, diese vom Gesetzgeber neu geschaffene Möglichkeit zu eröffnen, hat der Gesetzgeber die Einrichtung des Aktionärsforums im elektronischen Bundesanzeiger geschaffen.

961 Vgl. Regierungsbegründung zum Entwurf des UMAG, BR-Drs. 3/05, S. 40.

Wirkung für und gegen alle für nichtig erklärt, wenn die formellen und materiellen Voraussetzungen des Bezugsrechtsausschlusses nicht vorliegen.

Im deutschen Recht kommt eine Anfechtung oder Nichtigkeit pflichtwidriger Beschlüsse des Vorstands über die Ausnutzung eines genehmigten Kapitals mit Bezugsrechtsausschluss weder in direkter noch in analoger Anwendung der §§ 241 ff. AktG in Betracht. Zum einen enthält das Aktiengesetz nicht den mindesten Anhaltspunkt für eine solche Befugnis. Zum anderen ist eine solche Befugnis ein zu schwer wiegender Eingriff in das Gefüge der Aktiengesellschaft, als dass sie im Wege der Analogie erschaffen darf. Der Aktionär wird allerdings nicht schutzlos gestellt. Hat der Vorstand bei einer genehmigten Kapitalerhöhung mit Bezugsrechtsausschluss z. B. die neuen Aktien zu einem unangemessen niedrigen Betrag ausgegeben, dann kann dieses pflichtwidrige Verhalten des Vorstands zum Gegenstand einer Unterlassungsklage oder einer Feststellungsklage gemacht werden. Diese beiden Klagearten treten an die Stelle der den Aktionären in Ermangelung eines Hauptversammlungsbeschlusses nicht gegebenen Anfechtungsklage.

Solange das genehmigte Kapital noch nicht in das Handelsregister eingetragen ist oder zumindest die neuen Aktien noch nicht ausgegeben worden sind, kann jeder Aktionär den Vorstand im Wege einer gegen die Gesellschaft gerichteten Unterlassungsklage dazu anhalten, das Bezugsrecht der Aktionäre nicht auszuschließen oder die neuen Aktien nicht auszugeben. Sobald die Kapitalerhöhung in das Handelsregister eingetragen ist und die neuen Aktien unter Ausschluss des Bezugsrechts ausgegeben worden sind, wird die Wirksamkeit der durchgeführten Kapitalerhöhung und der durch sie geschaffenen neuen Mitgliedschaftsrechte nicht durch die Pflichtwidrigkeit der Verwaltungsentscheidung berührt. In diesem Falle kann kompetenzüberschreitendes Organhandeln des Vorstands zum Gegenstand einer allgemeinen Feststellungsklage gemacht werden. Die Feststellungsklage ist innerhalb eines Monats ab Kenntnis von der Ausnutzung des genehmigten Kapitals zu erheben.

Im türkischen Recht besteht die Möglichkeit einer Anfechtungsklage gegen die Beschlüsse des Verwaltungsrats einer Publikumsaktiengesellschaft. Anfechtbar sind allerdings nur Verwaltungsbeschlüsse hinsichtlich des registrierten Kapitals. Die Anfechtungsklage dient zur gerichtlichen Überprüfung der Frage, ob die Entscheidungen des Verwaltungsrats rechts- und zweckmäßig sind. Während sich die Rechtsmäßigkeitsprüfung auf die Einhaltung der gesetz- und satzungsmäßigen Bestimmungen bezieht, beschränkt sich die Zweckmäßigkeitsprüfung nur auf die Einhaltung der Verhaltenspflichten. Die Kläger können über die Anfechtungsklage hinaus auch eine einstweilige Verfügung beantragen, um zu verhindern, dass der Vorstand die angegriffene Maßnahme während der Klage durchführt.

Zusammenfassung der wesentlichen Ergebnisse

1. Während das türkische Handelsgesetz die Erhöhung des Grundkapitals einer Aktiengesellschaft nur dann zulässt, wenn die auf das Grundkapital zu leistenden Aktienbeträge voll eingezahlt sind, macht das deutsche Aktiengesetz die Vornahme einer Kapitalerhöhung davon abhängig, ob die noch offenen Einlagen erlangt werden können. Ist die Erfüllung von ausstehenden Einlagen unmöglich geworden, so kann die Gesellschaft zur Deckung seines Kapitalbedarfs auf das Finanzierungsmittel „Kapitalerhöhung" greifen. Die Kapitalerhöhung ist subsidiär, wenn noch die Möglichkeit besteht, die ausstehenden Einlagen zu erlangen. Einlagen, die aus tatsächlichen oder rechtlichen Gründen „nicht rechtzeitig" erlangt werden können, schließen eine Kapitalerhöhung dann nicht aus, wenn die Erreichung des mit der von der Gesellschaft beabsichtigten, noch vorzunehmenden Kapitalerhöhung verfolgten Zwecks durch das vorübergehende Leistungshindernis in Frage gestellt wird und deshalb der Aktiengesellschaft unter angemessenen Abwägung der Interessen der Gesellschaft und ihrer Aktionäre ein Abwarten bis zum Wegfall des Leistungshindernisses nicht zugemutet werden kann.
2. Im deutschen und türkischen Recht steht jedem Aktionär ein Bezugsrecht zu. Das Bezugsrecht ist eines der wirtschaftlich wichtigsten Mitgliedschaftsrechte. Es schützt den Aktionär vor Verwässerung seiner Stimmrechtsquote und seines Vermögens. Dieses Recht kann jedoch ganz oder zum Teil ausgeschlossen werden, sofern spezifische Interessen der Gesellschaft dies erfordern. Das deutsche Aktiengesetz und das türkische Handelsgesetz lassen einen Bezugsrechtsausschluss zu. Da der Ausschluss des Bezugsrechts in der Regel einen schweren Eingriff in die Mitgliedschaft darstellt, unterliegt er in beiden untersuchten Rechtsordnungen formellen Schranken. Die an einen Bezugsrechtsausschluss gestellten formellen Voraussetzungen sind allerdings nicht ausreichend, um die vom Bezugsrecht ausgeschlossenen Aktionäre effektiv zu schützen. Die deutsche Rechtsprechung und Lehre haben daher die ungeschriebenen materiellen Voraussetzungen entwickelt. Demnach ist ein Bezugsrechtsausschluss nur zulässig, wenn er im Zeitpunkt der Beschlussfassung auch bei gebührender Berücksichtigung der Folgen für die vom Bezug ausgeschlossenen Aktionäre durch sachliche Gründe im Interesse der Gesellschaft gerechtfertigt erscheint. Dies macht eine Abwägung der Interessen und der Verhältnismäßigkeit von Mittel und Zweck erforderlich. Die Beurteilung, ob ein Bezugsrechtsausschluss nach den entwickelten Grundsätzen im Interesse der Gesellschaft liegt, und

darüber hinaus, angemessen und erforderlich ist, ist eine unternehmerische Entscheidung. Das mit der Beurteilung befasste Gericht kann eine derartige unternehmerische Entscheidung nicht durch seine eigene Entscheidung ersetzen. Es genügt, wenn die an der Entscheidung über den Bezugsrechtsausschluss beteiligten Gesellschaftsorgane bei sorgfältiger, von sachfremder Erwägung freien Beurteilung davon ausgehen konnten, die tatsächlichen Voraussetzung für die sachliche Rechtfertigung des Bezugsrechtsausschlusses seien gegeben.

3. Im türkischen Recht wird als materielle Voraussetzung des Bezugsrechtsausschlusses überwiegend auf den Grundsatz der gleichmäßigen Behandlung der Aktionäre abgestellt. Dieser Grundsatz verbietet zwar eine unsachliche Ungleichbehandlung der Aktionäre. Dieser Schutz ist allerdings nicht effektiv genug, solange eine Aussage über den sachlichen Grund fehlt. Will man einer willkürlichen Differenzierung beim Bezugsrechtsausschluss einen Riegel verschieben, so müssen die im deutschen Recht von der Rechsprechung und Lehre entwickelten Grundsätze in das türkische Recht Eingang finden.
4. Die Erforderlichkeit materieller Voraussetzungen für Bezugsrechtsausschluss wird durch die Berichtspflicht des Vorstands bestätigt. Die 2. EG-Richtlinie verlangt in Art. 29 einen schriftlichen Bericht über den Grund für den Ausschluss des Bezugsrechts. Diesem Erfordernis hat die deutsche Gesetzgebung durch Einfügung eines Satzes 2 in § 186 Abs. 4 AktG entsprochen. Ein eingehender Vorstandsbericht ist deshalb erforderlich, weil die Aktionäre nur durch einen ausführlichen Bericht in der Lage sind, die Interessen der Gesellschaft an einer Kapitalerhöhung mit Bezugsrechtsausschluss gegenüber anderen Alternativen zu bewerten, die Nachteile für die vom Bezug ausgeschlossenen Aktionäre zu erkennen und beides gegeneinander abzuwägen. Der türkische Gesetzgeber sollte daher für Kapitalerhöhungen mit Bezugsrechtsausschluss eine Berichtspflicht des Verwaltungsrats in Anlehnung an § 186 Abs. 4 AktG einführen.
5. Die Besonderheit des genehmigten Kapitals besteht darin, dass dort die Zuständigkeit der Hauptversammlung zur Erhöhung des Grundkapitals gemäß § 202 AktG auf den Vorstand übertragen wird. Insofern stellt die Ermächtigung des Vorstands zur Kapitalerhöhung gemäß 202 AktG eine zulässige Abweichung von der Regelung des § 119 Abs. 1 Nr. 6 AktG dar. Diese Abweichung vom Kompetenzgefüge der Aktiengesellschaft kann jedoch nur innerhalb der im § 202 AktG im öffentlichen Interesse gesetzten Grenzen geschehen. Demnach darf der Vorstand gemäß § 202 Abs. 1 und Abs. 2 Satz 1 AktG nur für höchstens fünf Jahre ermächtigt werden, das Grundkapital zu erhöhen. Für die Ermächtigung des Vorstands muss ferner ein Höchstbetrag festgelegt werden, bis zu

dem er das Grundkapital erhöhen kann (§ 202 Abs. 1 AktG). Gemäß § 202 Abs. 3 Satz 1 AktG darf dieser Höchstbetrag nicht höher sein als die Hälfte des zur Zeit der Ermächtigung vorhandenen Grundkapitals.

6. Im Gegensatz zu § 202 AktG, der die Ermächtigung des Vorstands, das Grundkapital mit Zustimmung des Aufsichtsrates durch Ausgabe neuer Aktien gegen Einlagen zu erhöhen, zeitlich und betragsmäßig beschränkt, enthält das türkische Kapitalmarktgesetz keine Bestimmungen über die zeitliche und betragsmäßige Begrenzung der Ermächtigung des Verwaltungsrats beim registrierten Kapital. Um der Gefahr einer völligen Umgestaltung der Kapitalgrundlage der Aktiengesellschaft durch den Verwaltungsrat vorzubeugen, ist eine zeitliche und betragsmäßige Begrenzung der Ermächtigung des Verwaltungsrats erforderlich.
7. Das türkische Kapitalmarktgesetz enthält keine Aussage über die Höchstgrenze des in der Satzung festzusetzenden Betrags des registrierten Kapitals. In seinem Erlass Serie IV Nr. 7 vom 14. Juli 1992 betreffend die Richtlinien des System des registrierten Kapitals[962], legt sich der Kapitalmarktausschuss die Zuständigkeit auf, den Betrag des registrierten Kapitals zu bestimmen. Dieses Vorgehen des Kapitalmarktausschusses widerspricht zum einen dem in Art. 19 Abs. 1 des Obligationengesetzes (TOG) verankerten Grundsatz der Vertragsfreiheit, wonach der Inhalt des Vertrages innerhalb der Schranken des Gesetzes beliebig festgestellt werden kann. Es stützt sich zum anderen auf keine gesetzliche Bestimmung, die die in diesem Erlass enthaltenden Einschränkungen der Satzungsfreiheit rechtfertigen kann. Das Kapitalmarktgesetz stellt ein Rahmengesetz dar, das die grundlegenden Regeln für die Ordnung von Kapitalmarkteinrichtungen, die rechtliche Bewältigung von Vorgängen am Kapitalmarkt und die Sicherung des Anlegerschutzes festlegt. Da es aufgrund der wachsenden Vielfältigkeit und Komplexität der vom Geltungsbereich des Gesetzes umfassten Themen nicht möglich ist, alle Aspekte des Kapitalmarktes in das Gesetz einzubeziehen, wird nur das absolut Notwendigste auf der Ebene des Gesetzes geregelt. In Art. 22 a TKMG ermächtigt der Gesetzgeber zwar den Kapitalmarktausschuss, die näheren Einzelheiten in Form von Erlassen zu regeln. Diese Ermächtigung gilt jedoch nur mit der Maßgabe, dass die vom Kapitalmarktausschuss erlassenen Bestimmungen der Anwendung des Gesetzes dienen. Die Befugnis des Kapitalmarktausschuss zum Erlass von Bestimmungen, die die Anwendung des Gesetzes erleichtern sollen, ist insoweit

962 Erlass des Kapitalmarktausschusses betreffend die Richtlinien des System des registrierten Kapitals, Serie IV Nr. 7, Resmi Gazete Nr. 21284 vom 14.7.1992.

subsidiär. Der Kapitalmarktausschuss darf nur auf dem Gebiet tätig werden, auf dem er dazu vom Gesetzgeber ausdrücklich im Gesetz ermächtigt wurde. Sachkomplexe, die durch Gesetz oder durch Rechtsverordnung aufgrund eines Gesetzes geregelt werden müssen, sind der selbständigen Regelung durch den Kapitalmarktausschuss entzogen (Grundsatz des Gesetzesvorbehalts). Der Kapitalmarktausschuss besitzt also keine Kompetenz-Kompetenz, kraft derer er seine Befugnisse autonom bestimmen könnte.

8. Anders als im deutschen Recht, wo die Kontrolle der Maßnahmen des Vorstands allein dem Aufsichtsrat obliegt und die Aktionäre auf die Möglichkeit der Verweigerung der Entlastung in der nächsten Hauptversammlung und die Möglichkeit von Unterlassungs- und Feststellungsklagen sowie das in den §§ 147 ff. AktG geregelte System der Geltendmachung von Schadensersatzansprüchen verwiesen sind, ist im türkischen Recht eine Anfechtungsklage gegen Verwaltungsratsbeschlüsse hinsichtlich des registrierten Kapitals zulässig. Mit dieser Klage kann die Rechts- und Zweckmäßigkeit einer Maßnahme der Verwaltung gerichtlich überprüft werden. Führt die Verwaltung die Maßnahme während die Klage durch, ohne die Entscheidung des Gerichts abzuwarten, ist sie im Falle des Unterliegens verantwortlich. Die Kläger können über die Anfechtungsklage hinaus auch eine einstweilige Verfügung beantragen, damit die Verwaltung während des Klageverfahrens die in Frage gestellte Maßnahme nicht durchführt.